데일 카네기
성공대화론

데일카네기 성공대화론
Public Speaking and Influencing Men In Business

1판 1쇄 발행 2007년 11월 10일
개정판 12쇄 발행 2022년 10월 4일

지은이	Dale Carnegie
옮긴이	강성복, 권오열
펴낸이	박찬영
기획편집	박시내, 김혜경, 한미정
마케팅	조병훈, 박민규, 최진주
교정	송인환

발행처	리베르
주소	서울특별시 성동구 왕십리로58 서울숲포휴 11층
등록번호	제2013-17호
전화	02-790-0587, 0588
팩스	02-790-0589
홈페이지	www. liber. site
커뮤니티	blog. naver. com/liber_book(블로그)
	www. facebook. com/liberschool(페이스북)
e-mail	skyblue7410@hanmail. net

ISBN	978-89-91759-74-9(04320)
	978-89-91759-67-1(세트)

리베르(Liber 전원의 신)는 자유와 지성을 상징합니다.

데일 카네기
성공대화론

Public Speaking and Influencing Men In Business

데일 카네기 지음 ✦ 강성복 · 권오열 옮김

리베르

D a l e
C a r n e g i e

말 잘하는 사람이 성공한다

세상 사람 누구나 말을 할 줄 알지만 모두가 말을 잘할 수 있는 것은 아니다. 교육을 많이 받고 사회적으로도 성공한 어떤 사람이 어느 날 "매번 연단에 서려면 떨린다."라고 말했다. 실제로 들어보니 평소의 입담이 무색할 정도로 연단 위에서 횡설수설하고 있는 것이 아닌가. 많은 눈이 바라보는 연단 위에서 자신의 생각을 조리 있게 정리하여 알아듣기 쉽게 말하는 것은 무척 까다롭고 어려운 일이다. 그러나 이것은 노력만 하면 충분히 극복할 수 있는 일이며 인생에서 만나는 수많은 어려움 중 하나일 뿐이다. 연단 위에서 조리 있고 알아듣기 쉽게 말하는 기술은 타고 나는 것이 아니라 후천적으로 길러지는 것이다.

서양 사람들이 말의 중요성에 관심을 기울이기 시작한 것은 고대 그리스 시대부터이다. 아리스토텔레스가 정리한 말하기 기술책인 『수사학』은 서양 최초의 교육 교재라고 해도 과언이 아니다. 그리고 『수사학』은 말 그대로 '말하는 기술'을 서술한 책이다. 기원전부터 말하기 기술을 별도로 배워온 서양 사람들도 연단 위에서 말하는 것은 두려워한다. 연단에 서는 것은 "추락하는 비행기 안에서 추락을 기다리는 것과 같다."라고 말하는 사람이 있을 정도로 두려운 일이다.

수많은 미국인들에게 수십 년간 말하기 기술을 가르쳐 사회적 성공을 이루도록 도와준 데일 카네기는 자신의 노하우를 집대성해서 수십 년 전의 미국처럼 성장 가도를 달리는 한국 같은 나라 사람들에게 참고가 될 만한 책들을 내놓고 있다. 이 책은 말하기를 두려워하는 미국인들에게 말하기에 대한 자신감을 일깨웠던 체험들을 토대로 오늘날의 우리도 다각도로 활용할 수 있도록 구성되어 있다. 또한 미국인이지만 우리도 알 만한 유명 인사들, 즉 수많은 명언을 남겨 현재에도 많이 회자되고 있는 링컨, 루스벨트, 벤자민 프랭클린 등이 '연설의 달인'이 되기까지의 과정과 연설에 쏟은 열정을 옛날이야기를 들려주듯 흥미롭게 펼쳐놓고 있다. 독자들은 이 책에서 말을 잘하는 것은 결코 저절로 되는 일이 아니고, 누구나 '특별한' 노력을 기울여야 한다는 것과 그 방법을 알면 그렇게 어려운 것이 아니라는 것을 깨달을 수 있을 것이다.

친절하게도 데일 카네기는 이 책에서 노력 대비 효과 극대화 방법을 제시한다. 그는 대화의 기본 역량인 용기와 자신감을 기를 수 있는 방법으로 이 책을 시작한다. 이 책에는 카네기가 수많은 미국인들을 훌륭한 연설가로 훈련시키고 스피치 코칭을 하며 쌓은 경륜이 녹아 있어 '어떻게 용기 내어 말을 걸지?' '사람들 앞에서 무슨 말을 어떻게 하지?'와 같은 막연한 걱정거리부터 해결할 수 있게 해준다. 마치 일대일로 코치해주듯 풍성한 사례들을 친절하게 제공하고 있어 이 책만 보고도 독자들은 스스로 대화 훈련을 할 수 있을 것이다. 특히 미국 내 수많은 유명 인사들의 대화법과 연설 방법들을 자세히 소개하고 있어 마치 옆에서 보듯 명사들이 말하는 방법을 벤치마킹할 수 있을 것이다.

또한 대다수 사람들이 경험하는 문제, 즉 말하면서 순간적으로 해야 할 말을 잊거나 서두와 결말을 구성하는 데 어려움을 겪을 때 어떻게 대처해야 하는지에서부터 연설할 때 옷은 어떻게 입어야 하는지에 이르기까지의 그 해결책들을 사례 중심으로 친절히 소개하고 있다.

그동안 나는 기업과 정부 기관 등에서 수많은 사람들을 대상으로 커뮤니케이션 관련 교육을 하며 '연설 때문에 고민입니다'라고 말하는 수강자들을 아주 많이 만났다. 그런 고민을 하는 사람들의 대다수가 한 기업의 대표이거나 사회의 오피니언 리더들이었다. 직위의 높고 낮음, 나이의 많고 적음에 관계없이 취업 면접, 사내외 프레젠테이션, 대내외 연설 등 말할 기회가 많아진 요즈음, 말하기가 성공의 걸림돌이 되고 있는 사람들에게 이 책은 하나의 희망이 될 수 있을 것이다.

이젠 말 잘하는 사람이 성공하는 시대다!

이정숙 | 대화 전문가

연설과 대화 능력은 21세기의 핵심 경쟁력!

연설과 대화는 서양의 일상적인 문화 가운데 하나다. 드라마나 영화를 통해서 우리는 서양의 연설 문화를 접할 수 있다. 만찬장에서, 결혼식에서, 심지어는 장례식에서도 사람들은 축사나 조사를 하기 위해 일어선다. 그리고는 청중을 눈물짓게 하거나 폭소를 터뜨리게 한다. 아이팟으로 화려하게 재등장한 애플 컴퓨터사의 스티브 잡스가 스탠퍼드 대학교 졸업식 축사에서 한 역설적인 다음과 같은 맺음말이 많은 사람들의 마음을 사로잡은 적도 있다. "Stay hungry, stay foolish(항상 갈구하며, 우직하게 살아라)." 좋은 연설과 대화는 현실 생활은 물론 정신세계까지도 고양시킨다.

우리 일상생활 속에서도 연설과 대화 능력에 대한 요구가 점점 높아지고 있다. 어려서는 영어 연설을 준비한다. 대기업에 들어가기 위해서는 면접시험의 토론에서 좋은 점수를 따야 한다. 최근 어떤 대학은 입학생을 선발하는 과정에서도 대기업처럼 토론을 시킨다. 기업에 들어가면 상사, 거래 상대방, 때로는 대중을 대상으로 발표를 잘 해내야 한다. 로스쿨 제도도 본질적으로 연설 능력을 필요로 하는 제도다. 연설은 고대 그리스에서 배심원이나 시민을 대상으로 자신의 주장을 설득시키는 과정에서 나온 것이다.

이외에도 각종 경조사와 만찬, 회의에서 순간순간 연설의 능력이 필요할 것이다. 연설과 대화의 능력은 있으면 좋고 없어도 그만인 그런 능력이 아니다. 실제 생활 속에서 연설과 대화를 하지 않고 살 수 있는 사람은 아무도 없다. 다른 사람보다 나를 돋보이게 해주고, 사람들의 생각을 내가 원하는 대로 이끌 수 있는 대화 능력은 결국 나를 성공으로 이끄는 핵심 경쟁력이 될 것이다.

카네기는 사람들에게 바로 이런 능력을 갖추기를 요구한다. 물론 사람마다 속도가 다르고 성취도도 다르겠지만, 누구나 이런 능력을 갖출 수 있다. 다만 이런 능력을 갖추고 싶다는 깊은 욕구와 목표를 이룰 때까지 견디는 끈기가 필요할 것이다.

『데일 카네기 성공 대화론』은 『Public Speaking and Influencing Men in Business』의 완역본이다. 완역이라는 말은 역자 마음대로 더하거나 보태지 않고 원전에 충실하면서 가능한 자연스럽게 번역했음을 뜻하기 위해 사용했다. 다만 시대와 문화적인 차이로 역주를 달지 않고서는 이해하기 어려운 곳에서는 독자의 편의를 위해 역주 대신 본문에 약간의 설명을 넣기도 했으니 이해를 바란다.

이번에 리베르 출판사를 통해 새롭게 출간되는 영어 원서를 읽는다면 번역본에서 느낄 수 없는 카네기의 숨결을 생생하게 느낄 수 있을 것이다. 예컨대 족제비가 알의 내용물을 빼먹고 껍데기만 남기는 데서 유래한 '족제비 어구'라는 것도 우리말보다 'Weasel Word'라는 말로 이해하는 것이 더 자연스럽게 받아들여질 것이다.

카네기가 쓴 책을 영어로 읽다가 도저히 해석이 안 되는 부분에서는 이 책을 참조하기 바란다. 물론 그 반대로 이 책을 읽다가 이해하지 못하는 부분은 영어 원서를 봐야 하겠지만 두 가지 경우가 모두 생기지 않았으면 하는 게 역자의 바람이다.

'카이사르의 것은 카이사르에게, 신의 것은 신에게' 돌려야 하겠지만, 공역자로서 번역계의 선배인 권오열 선생님을 대신하여 역자 서문을 쓰는 만큼 책임감이 더 느껴진다.

이 책을 통해 독자 여러분이 21세기의 멋진 연설 및 대화 문화를 선도하는 핵심 경쟁력을 갖춘 인재로 거듭나기를 기원한다.

2007년 11월

강성복

1

Developing Courage
And Self–Confidence

용기와 자신감을
기르는 법

"용기는 남자의 제1요건."

_대니얼 웹스터

"두려움에 찬 눈으로 미래를 들여다보는 것은 결코 안전하지 않다."

_E. H. 해리먼

"결코 두려움과 상의하지 말라."

_스톤웰 잭슨의 좌우명

"어떤 일이 가능하다는 전제하에, 당신이 그 일을 할 수 있다고 당신 자신을 설득한다면, 당신은 어떤 어려움이 있더라도 그 일을 해낼 것이다. 하지만 그와 반대로 세상에서 가장 손쉬운 일이라도 당신 스스로가 할 수 없다고 생각한다면 그 일을 해내는 것은 불가능하다. 그런 사람에게는 손바닥만 한 두둑도 측량할 수 없는 태산(泰山)이 된다."

_에밀리 쿠

"효과적으로 말하는 능력은 천부적인 재능이라기보다 후천적인 노력에 의한 것이다."

_윌리엄 제닝스 브라이언

개인적 발전을 이루기 위해서는 회의 석상에서 현명하고 진지한 태도를 보이는 것보다 말을 잘하는 것이 더 유리하다.

_〈런던 데일리 텔레그래프〉

용기와 **자신감**을 기르는 법

❧ I ❧

1912년 이래로 나는 대중 강연에 관한 다양한 교육 과정을 진행해왔는데, 그 과정을 거쳐간 비즈니스맨이 1만 8천 명이 넘는다. 나는 그 사람들에게 왜 이 훈련 과정에 등록했으며 이 훈련을 통해 얻고 싶은 게 무엇인지 적도록 했다. 물론 표현 방식은 다양했지만 그 글에 담긴 주요한 욕구와 대다수 사람들이 원하는 기본적인 바람은 놀라울 정도로 똑같았다. 수많은 사람들은 이렇게 적었다. "사람들 앞에 서서 발표를 해야 할 때 사람들이 모두 나만 보는 것 같아 두렵고 당황스러워서 생각도 잘 안 나고, 집중도 못 하겠고, 무슨 말을 하려고 했는지 기억이 나지 않습니다. 남들 앞에 섰을 때 자신감과 안정감, 그리고 제대로 생각할 수 있는 능력을 갖고 싶습니다. 사업상의 모임이나 청중 앞에서 내 생각을 논리적으로 정돈해서 하고 싶은 말을 분명하고 설득력 있게 전달할 수 있기를 바랍니다." 수천 명의 사람들이 고백한 내용은 대략 이런 것이었다.

구체적인 사례를 하나 살펴보자. 수년 전 D. W. 겐트라고 하는 사람이 필라델피아에서 진행된 대중 강연 과정에 참가했다. 교육 과정이 시작되고 얼마 지나지 않아 그가 나를 어느 고급 식당으로 초대해서 점심을 대접했다. 중년의 그는 자신이 설립한 제조회사 사장이자 교회와 지역사회에서 지도자 역할을 하며 지금까지 적극적으로 인생을 살아왔다. 나를 초대한 날, 그는 식사를 하던 중 탁자 위로 몸을 기대더니 이렇게 말했다. "지금까지 여러 가지 모임에서 연설을 하라고 요청 받은 적이 한두 번이 아닌데 아직 한 번도 연설을 못했습니다. '연설' 얘기만 들으면 머릿속이 하얗게 변해버려서 도무지 어찌해야 할지를 모르겠습니다. 그래서 여태껏 그런 자리를 사양해왔습니다. 하지만 지금은 대학 이사회 의장을 맡게 되어 어쩔 수 없이 회의를 진행할 수밖에 없게 되었습니다. 요컨대 무슨 말이라도 해야 하는 것이지요.…… 이렇게 다 늦은 나이에도 대중 연설에 대해 배우는 게 가능하다고 생각하시나요?"

나는 이렇게 대답했다. "어떻게 생각하냐고요, 겐트 씨? 그건 생각하고 말고의 문제가 결코 아닙니다. 당연히 그러실 수 있고, 또 해내실 거라고 확신합니다. 단지 몇 가지 원칙과 가르치는 내용을 제대로 따르기만 하면 됩니다."

그는 내 말을 믿고 싶었지만, 그러기에는 내 말이 너무 장밋빛이고 너무 낙관적으로 그에게 보이는 듯했다. 그는 이렇게 말했다. "그 얘기는 순전히 제게 용기를 북돋아주기 위해 하시는 친절한 말씀 같군요."

그가 훈련 과정을 마친 뒤 우리는 얼마간 서로 연락을 하지 못했다. 그 후 1921년 우리는 다시 만났다. 그리고 처음 만났던 그 식당에서 다시 점심 식사를 같이했다. 우리는 그때와 똑같은 자리, 똑같은 식탁에 자리를 잡았다. 나는 그에게 지난번에 우리가 나누었던 대화 내용을 상기시키면서 당시 내가 너무 낙관적이었는지 물어보았다. 그는 주머니에서 자그마한 붉은 표지의 수첩을 꺼내더니 그가 앞으로 해야 할 강연 목록과 스케줄을 보여주었다. 그러면서 그는 이렇게 고백했다. "이런 강연을 할 수 있다는 것, 강연을 하는 데서 오는 즐거움, 그리고 이를 통해 내가 지역사회에 공헌을 할 수 있다는 사실은 내 인생에서 가장 뿌듯한 것들입니다."

우리가 만나기 얼마 전, 워싱턴에서 군비 제한을 위한 국제회의가 열렸다. 그 회의에 로이드 조지 영국 총리가 참가한다는 사실을 알게 된 필라델피아 침례교파에서는 조지 총리에게 필라델피아에서 열리는 대규모 집회에 와서 연설을 해달라고 요청하는 전보를 보냈다. 그랬더니 조지 총리로부터 자신이 워싱턴에 가게 된다면 그 집회에 참석하겠다는 답신이 왔다. 그리고 겐트 씨는 그 도시의 모든 침례교인들 가운데서 바로 자신이 청중들에게 영국 총리를 소개하는 사람으로 뽑혔다고 내게 털어놓았다.

이 사람은 채 3년도 지나지 않은 과거에 바르 이 자리에서 내게 자신이 대중들 앞에서 연설을 하는 것이 가능하겠느냐고 진지하게 물어보던 바로 그 사람이었다!

이 사람이 대중 연설 능력을 너무나 특별하게 빨리 끌어올린 것 같은가? 전혀 그렇지 않다. 이와 비슷한 사례가 수백 건 이상 있었다. 예를 들어 한 가지만 더 구체적인 사례를 살펴보자. 몇 년 전 브루클린에 사는 한 의사가 (여기서는 그를 닥터 커티스라고 부르겠다.) 플로리다에 있는 자이언츠 팀 훈련장 근처에서 겨울을 보냈다. 그는 열렬한 야구광이어서 자이언츠 팀 선수들이 훈련하는 것을 자주 보러갔다. 시간이 가면서 그는 팀 사람들과 무척 친한 사이가 되어 선수들을 위해 여는 만찬회에 초대를 받기에 이르렀다.

후식으로 커피와 땅콩이 나온 뒤 몇몇 저명한 초대 인사들에게 일어나서 '한마디하라'는 요청이 있었다. 그때 마치 폭발이 일어날 때와도 같이 갑작스럽고도 예기치 못하게, 사회자가 그에게 이런 말을 하는 게 들려왔다. "오늘 밤 의사 한 분이 우리와 함께 자리했습니다. 지금부터 닥터 커티스 씨를 모시고 야구 선수의 건강에 관해 강연을 듣도록 하겠습니다."

그는 그 주제에 대해 강연할 준비가 되어 있었을까? 물론, 그렇다. 그는 이미 더할 나위 없을 정도로 준비가 되어 있는 사람이었다. 그는 위생에 대해 연구해왔으며 이미 30년 이상 의료계에 종사하고 있었다. 자리에 앉아서라면 왼쪽이나 오른쪽 옆에 앉은 사람에게 밤이 새도록 그 주제에 대해 얘기를 할 수 있었다. 하지만 아무리 작은 규모라 하더라도 청중들 앞에 서서 똑같은 얘기를 하는 것, 그것은 완전히 다른 문제였다. 그것은 몸을 뻣뻣하게 만들어버리는 일이었다. 심장 박동이 두 배나 빨라지면서 연설이라는 생각만으로도 심장이 덜컹 내려앉았다. 일생 동안 그는 대중 연설을 해본 적이 한 번도 없었다. 그의 머리에 들어 있던 모든 생각들이 날개를 달고 날아가버렸다.

그는 어떻게 해야 했을까? 청중은 환호를 보내고 있었다. 사람들은 모두 그를 쳐다보고 있었다. 그는 머리를 가로저으며 사양의 뜻을 표했다. 하지만 오히려 사람들은 더 크게 환호하며 더 강하게 요청하고 있을 뿐이었다. "연설! 연설! 닥터 커티스!" 하고 외치는 소리는 점점 더 커져갔고, 더 고집스럽게 변해갔다.

그는 그야말로 곤궁에 빠져 버렸다. 그는 자신이 겨우겨우 일어선다 해도 서너 마디도 채 꺼내지 못하고 실패하리라는 것을 알고 있었다. 그래서 그는 일어나서 아무런 인사도 없이 돌아서서는 조용히 방 밖으로 걸어나가고 말았다. 너무나 무안하고 창피한 순간이었다.

그가 브루클린으로 돌아와서 맨 처음 한 일 가운데 하나가 YMCA 중앙 지부에 찾아와 대중 연설 과정에 등록한 일이라는 사실은 전혀 놀랄 만한 일이 아니다. 얼굴만 붉히면서 한마디도 못하는 상황을 다시는 맞이하고 싶지 않았던 것이다.

　그는 선생을 기쁘게 만드는 그런 종류의 학생, 즉 진정을 다하는 학생이었다. 그는 연설을 할 수 있기를 원했고, 그런 그의 심정은 절실했다. 그는 자신의 연설을 철저하게 준비했고, 정성을 다해 연습했다. 그리고 단 하루도 교육 과정에 빠지는 법이 없었다.

　그런 학생에게 언제나 일어나는 변화가 정혹히 그에게도 일어났다. 그 자신도 놀랄 만큼 빠른 속도로, 그가 그토록 희망했던 목표치에 도달하는 수준으로 발전했다. 그가 몇 강좌를 듣고 난 후 두려움에서 벗어나고 점차 자신감을 갖기 시작했다. 2개월이 지나자 그는 자신이 속한 그룹에서 가장 뛰어난 발표자가 되었다. 그리고 금세 그는 외부로부터 강연을 해달라는 초청을 받기 시작했다. 이제 그는 강연이 주는 느낌과 환희, 또 그로 인해 얻게 되는 유명세와 서로이 사귀게 되는 친구들을 너무도 좋아하고 있다.

　닥터 커티스의 연설을 듣고 뉴욕 시 공화당 유세 본부의 한 인사는 그에게 뉴욕 시 순회 유세를 하는 데 공화당측 연사가 되어주지 않겠냐고 요청했다. 이 연설자가 바로 1년 전만 해도 청중에 대한 공포로 혀가 굳어 당혹스러움과 창피를 무릅쓰고 공개 만찬장에서 도망쳐 나온 사람이라는 사실을 알게 된다면 그 정치인은 얼마나 놀랐겠는가!

　자신감과 용기를 갖는 것, 그리고 사람들 앞에서 얘기할 때 침착하고 명확하게 생각할 수 있는 능력을 갖는 것은 보통 사람들이 생각하는 것의 10분의 1만큼도 어렵지 않다. 그것은 신이 극소수의 재능 있는 사람들에게만 부여해주는 능력이 아니다. 그것은 마치 골프를 치는 능력과 같다. 하고자 하는 의지만 충분하다면 누구나 자신이 갖고 있는 잠재적인 능력을 계발할 수 있다.

여러분은 청중 앞에 섰을 때 앉아 있을 때만큼 머리가 원활하게 돌아가지 말아야 할 논리적인 이유를 조금이라도 댈 수 있는가? 물론 그러지 못할 것이다. 그리고 사실은 사람들 앞에 섰을 때 여러분은 평소보다 더 잘 생각을 할 수 있어야 한다. 청중이 있다는 사실은 여러분을 자극하고 분발시켜야 한다.

수많은 위대한 연설가들이 여러분에게 청중의 존재가 자신들의 두뇌를 더 명쾌하게, 더 날카롭게 움직이게 하는 자극제이자 영감이 된다는 얘기를 들려줄 것이다. 청중 앞에 섰을 때, 내가 이런 걸 알고 있었나 하고 여겨질 만한 생각과 사실들, 그리고 아이디어들이, 헨리 워드 비처의 표현을 빌자면, 폴폴 연기를 뿜으며 스쳐 지나간다. 해야 할 일이라고는 손을 뻗어 따끈따끈한 그것들을 잡아채기만 하면 되는 것이다. 이런 경험이 여러분의 경험이 되어야 한다. 꾸준히 연습을 계속한다면 아마 여러분의 경험이 될 것이다.

어쨌거나 여러분은 적어도 이 정도에 대해서는 절대적으로 확신해도 된다. 즉, 훈련과 연습을 통해 여러분은 대중에 대한 공포를 없앨 수 있으며 자신감과 불굴의 용기를 갖출 수 있다.

여러분의 경우가 특별히 어려운 경우라고 생각하지 말라. 나중에 당대 최고로 유창한 연사가 된 사람들도 연설을 시작한 초기에는 이런 맹목적인 두려움과 소심함에 시달렸다.

역전의 용사인 윌리엄 제닝스 브라이언조차도 처음에는 무릎이 후들거렸다고 털어놓았다. 마크 트웨인 역시 처음 강의를 하는 자리에 섰을 때 입에는 솜이 가득 찬 듯하고 맥박은 우승컵을 향해 달리는 것처럼 뛰었었다.

남북전쟁 때 북군의 총사령관이었던 그랜트 장군은 빅스버그를 점령하면서 인류 역사상 강력한 군대를 승리로 이끌었다. 하지만 이런 그도 연설을 하기 위해 대중 앞에 섰을 때 마치 보행성 운동 실조증에나 걸린 것처럼 다리가 흔들리는 게 느껴졌다고 고백했다.

당대 프랑스가 배출한 가장 강력한 정치 선동가로 알려져 있는 장 조레스는 하원에서 1년 동안이나 입을 꼭 다물고 앉아 있은 다음에야 첫 연설을 할 수 있을 정도의 용기를 갖게 되었다.

또한 로이드 조지는 이렇게 고백했다. "대중 앞에서 처음 연설을 하려고 했을 때, 순간 나는 정말 당황했습니다. 혀가 입천장에 딱 달라붙어 떨어지지 않았던 것이지요. 이건 비유적인 얘기가 아닙니다. 말 그대로입니다. 그래서 처음에는 말 한마디 제대로 할 수 없었습니다."

남북전쟁 당시 영국에서 북부군과 노예해방을 옹호함으로써 유명해진 영국인 존 브라이트가 맨 처음 대중 연설을 한 것은 어느 시골 학교 교사(校舍)에 모인 지역 주민들 앞에서였다. 그는 연설 장소로 가는 동안 무척 겁도 나고 혹시나 연설을 망치면 어떻게 하나 하는 두려움에 사로잡혀 있었다. 그래서 같이 가는 동료에게 자신이 불안해 하는 기미가 보일 때마다 칭찬을 해서 기운을 북돋아달라고 부탁을 했을 정도였다.

아일랜드의 위대한 지도자 찰스 스튜어트 파넬 또한 대중 연설을 시작한 초기에 무척 긴장하곤 했다. 그의 형은 그가 손톱이 살에 박혀 손바닥에 피가 맺힐 정도로 주먹을 꼭 쥐었다고 증언했다.

디즈레일리는 처음 하원의원들 앞에 섰을 때 차라리 기병대 돌격의 선봉에 서는 편이 낫겠다는 생각을 했다고 고백했다. 그 당시 그의 개막 연설은 정말 끔찍한 실패였다. 셰리든 역시 마찬가지였다.

사실 영국에서 연설을 잘하기로 소문난 사람들 가운데 많은 사람들은 첫 연설에서 형편없는 모습을 보여주었다. 그래서 지금 하원에서는 젊은 사람이 첫 연설을 대단히 성공적으로 마치는 것을 불길한 징조로 보려는 분위기가 있다. 그러니 용기를 가져라.

많은 연사들의 발전 과정을 지켜보고 또 어느 정도 도와주기도 하면서 나는 학생들이 처음에 어느 정도 흥분이나 긴장감을 보이면 언제나 반가웠다.

비록 스무 명 남짓의 비즈니스맨과 함께하는 사업상의 회의라 하더라도 일어서서 발표를 하는 데는 어느 정도의 책임감과 일종의 긴장, 충격 혹은 흥분이 있기 마련이다. 발표자는 언제든 튀어나가려고 준비하고 있는 명마처럼 긴장하고 있어야 한다. 이미 2천 년 전에 유명한 키케로가 말했듯 진정으로 가치 있는 대중 연설은 항상 긴장감이란 특징을 갖고 있기 마련이다.

연설가들은 심지어 라디오를 통해 얘기할 때도 이와 똑같은 감정을 경험한다. 이런 증세를 보통 '마이크 공포증'이라고 한다. 찰리 채플린은 방송에 나가서 할 말을 전부 종이에 적어놓았다. 그는 누구보다 청중을 대한 경험이 많은 사람이었다. 그는 이미 1912년에 '연주회장에서 하룻밤을'이라는 보드빌 스케치, 즉 촌극 형태의 코미디를 가지고 미국 전역을 순회공연했다. 그 이전에는 영국에서 정식 연극 무대에 서기도 했었다. 이런 그였지만 방음벽으로 둘러싸인 방에 들어가서 마이크 앞에 서기만 하면 마치 태풍이 이는 2월에 대서양을 건널 때 느껴지는 것과 비슷한 느낌이 가슴속으로 밀려들곤 했다.

유명한 영화배우이자 감독인 제임스 커크우드 또한 비슷한 경험을 겪었다. 그는 강연 무대에서는 스타였다. 하지만 눈에 보이지 않는 청중들을 대상으로 얘기를 하고 방송실을 나설 때면 이마에서 땀이 줄줄 흘렀을 정도였다. 그는 다음과 같이 토로했다. "브로드웨이에서 개막 공연을 하는 게 이보다 훨씬 쉽습니다."

아무리 자주 강연을 하더라도 강연을 시작하기 전이면 항상 이런 자의식을 경험하는 사람들이 더러 있다. 하지만 강연을 시작하고 나면 금세 그런 자의식은 사라진다.

심지어는 링컨조차 연설을 시작하면서 이런 두려움을 가진 적이 몇 차례 있었다. 그의 법률사무소 동료인 헌돈은 이렇게 말한다. "처음에 그는 무척 서툴렀습니다. 그리고 주변 환경에 자신을 맞추는 것이 무척 힘들어 보였습니다. 자신감도 없고 지나치게 예민하다는 생각 때문에 한동안 고통을 겪기도 했습니다. 이 시기에 나는 종종 링컨을 찾아가 위로를 했습니다. 연설을 시작할 때 링컨은 가늘고 날카로워서 듣기 거북한 목소리를 냈습니다. 그의 태도며 동작, 검고 누르스름할 뿐 아니라 거칠고 주름진 얼굴, 엉거주춤한 모습, 자신감 없는 움직임 등 모든 것이 그에게 불리해보였습니다. 하지만 그런 건 잠시뿐이었습니다." 얼마 지나지 않아 그는 안정감과 열정, 의욕을 찾게 되었고, 그때부터 그의 진짜 연설은 시작되었다.

여러분도 이와 비슷한 경험을 할 수 있다. 이 훈련에서 최대의 효과를 거두기 위해서, 그것도 빠르고 신속하게 그런 결과를 내기 위해서는 다음의 네 가지 사항이 필수적이다.

첫째, 강하고 끈질긴 욕망을 가지고 시작하라

이것은 여러분이 생각하는 것보다 훨씬 더 중요한 의미를 가진다. 여러분을 가르치는 사람이 지금 여러분의 정신과 마음속을 들여다보고 여러분의 욕망의 정도를 확실히 파악할 수 있다면, 그는 여러분이 얼마나 빠른 성취를 보일지 거의 확실하게 예측할 수 있다. 욕망이 흐리고 약하면 그 성취 또한 흐리고 약하기 마련이다. 하지만 만일 여러분이 이 문제를 마치 불독이 고양이를 악착같이 쫓아가듯 그렇게 끈질기게 파고든다면 이 세상 어떤 것도 여러분의 앞길을 막을 수 없다.

그러므로 이 주제에 관해 여러분의 열정을 불러일으켜라. 그 이점을 열거하라. 그로 인해 얻게 되는 부가적인 자신감과 사업을 하면서 더 설득력 있게 말할 수 있는 능력이 여러분에게 가져오게 될 결과에 대해 생각해보라. 그것이 여러분의 수입에 영향을 미칠 수 있고, 또 반드시 영향을 미치게 된다는 점을 명심하라. 그것은 또한 여러분의 사회적 지위에도 영향을 미치게 됨을 생각하라. 그로 인해 여러분의 친구가 달라지고, 여러분의 개인적인 영향력이 커지고, 무엇보다 여러분에게 리더십이 생길 것이다. 여러분이 생각할 수 있는 그 어떤 활동보다도 이것으로 인해 더 빠르게 리더십이 형성될 것이다.

유에스 철도회사의 법률고문이자 뛰어난 연설가인 촌시 M. 데퓨는 이렇게 말했다. "누구나 할 수 있는 방법 가운데 설득력 있게 말하는 능력만큼 빨리 출세도 하고 확실한 명성을 얻게 하는 방법은 없다."

필립 D. 아머는 수백만 달러를 벌어들이고 나서 이렇게 말했다. "나는 엄청난 자본가보다 위대한 연사가 되는 편을 택하겠다."

이것은 제대로 교육을 받은 사람이라면 누구나 바라는 능력이다. 앤드류 카네기 사후 그의 문서들 가운데서 그가 서른셋에 세운 인생계획서가 발견되었다. 당시 그는 앞으로 2년 동안 사업을 잘 꾸려서 향후 매년 5만 달러의 수입이 생기도록 만들 수 있을 것으로 기대하고 있었다. 그러고는 서른다섯이 되면 은퇴를 해서 옥스포드 대학에 입학하여 철저히 교육을 받으면서 '대중 연설에 특별한 관심을 기울일' 생각을 하고 있었다.

이 새로운 능력을 사용함으로써 얻게 되는 만족감과 즐거움에 대해 생각해보라. 나는 이 동그란 지구의 적지 않은 지역을 여행하고 다니면서 다양한 경험을 했다. 하지만 진실된 만족, 오랫동안 사라지지 않는 내적인 만족을 주는 것으로는 청중 앞에 서서 사람들로 하여금 여러분의 생각을 좇아오게 만드는 일에 비견될 수 있는 것을 거의 알지 못한다. 그것은 여러분으로 하여금 강한 힘을 느끼게 만든다. 스스로 이룬 성취에 대한 자부심을 느낄 수 있게 해준다. 여러분을 동료보다 돋보이게 하고 그들보다 앞서게 만든다. 거기에는 마법이, 그리고 결코 잊혀지지 않는 짜릿함이 들어 있다. 어떤 연사는 이렇게 고백했다. "연설을 시작하기 2분 전에는 연설을 시작하느니 차라리 매를 맞고 싶은 심정인데, 연설을 마치기 2분 전에는 연설을 끝내느니 차라리 총을 맞고 싶은 심정이 됩니다."

어떤 과정에서든 마음이 약해지면서 낙오하는 사람들이 있게 마련이다. 그러니 여러분은 이 과정이 여러분에게 어떤 의미가 있는지 끊임없이 상기하면서 여러분의 욕망을 뜨겁게 유지시켜야 한다. 이 프로그램을 시작함에 있어 여러분은 끝까지 승리하면서 모든 과정을 마칠 수 있을 정도의 열정을 준비해야 한다. 여러분이 이 과정에 참가했음을 여러분의 친구들에게 공표하라. 이 책에 나온 가르침을 읽고 또 여러분의 연설을 준비하기 위한 시간으로 일주일 가운데 하루 저녁을 확실히 비워놓아라. 간단히 말해, 최대한 전진하기 쉽도록, 그리고 최대한 후퇴하기 어렵도록 만들어놓아라.

줄리어스 시저가 부대를 거느리고 골 지방에서부터 해협을 건너 지금 영국이라고 알려져 있는 땅에 도착했을 때, 자신의 군대의 승리를 확실히 하기 위해 그는 어떻게 했던가? 아주 단순 명쾌했다. 그는 자신의 군대를 도버 해협의 하얀 절벽 위에 세웠다. 60미터 아래에서 철썩거리고 있는 파도를 내려다보던 그의 부하들은 자신들이 타고 온 배가 하나도 남김 없이 붉은 화마에 휩싸이는 것을 지켜보았다. 적지에서, 대륙과 이어주는 마지막 끈이 사라지는 것을, 후퇴할 수 있는 최후의 수단이 불타는 것을 보면서 그들이 할 수 있는 일이라곤 단 한 가지밖에 남아 있지 않았다. 전진하는 것, 오직 승리하는 것뿐이었다. 그리고 그들은 실제로 그렇게 했다.

위대한 시저가 보여준 정신은 그랬다. 대중 공포라는 어리석음을 극복하기 위한 이 싸움에서 여러분 또한 이런 정신을 보여주지 못할 게 무엇인가?

둘째, 말하려는 내용을 철저히 꿰고 있어야 한다

연설에 대해 철저히 구상하고 기획함으로써 자신이 말하려는 내용에 대해 확실하게 알고 있지 않으면 청중 앞에 섰을 때 편안한 느낌을 가질 수가 없다. 마치 맹인이 맹인을 인도하는 것과 같아진다. 이런 상황에서는 그 어떤 연사도 예민해지고 후회하게 마련이다. 게으른 자신을 부끄럽게 생각할 수밖에 없게 된다.

테디 루스벨트는 『자서전』에 이렇게 적고 있다. "나는 1881년 가을 의원으로 선출되었는데, 주 의회에서 가장 젊은 의원이었다. 젊고 경험이 없는 사람들 누구나 그렇듯이 나도 발언하는 법을 배우는 것이 상당히 힘들었다. 그러던 중 어느 완고한 시골 노인이 건네준 충고에서 많은 것을 배우게 되었다. 그 노인은 자신도 모르게 웰턴 공작의 말을 되풀이하고 있었지만, 공작 역시 다른 사람의 말을 되풀이했을 것임에 틀림없다. 그 충고는 이랬다. '발언하고 싶은 내용이 있다는 확신이 들고, 또 그 내용을 정확히 알게 될 때까지는 발언하지 말게. 그러고는 앉게나.'"

이 '완고한 시골 노인'은 루스벨트에게 소심증을 극복하는 다른 방법에 대해서도 알려주었어야 했다. 이런 말을 덧붙였어야 했던 것이다. "청중 앞에서 할 만한 어떤 행동을 찾아낸다면 자네가 당황스러움에서 벗어나는 데 도움이 될 것이네. 무언가를 보여주거나, 칠판에 글을 쓰거나, 지도의 어떤 부분을 가리키거나 책상을 옮기거나 창문을 열거나 책이나 보고서를 옮기는 것 같은 행동 말이네. 어떤 목적을 가지고서 하는 육체적인 움직임은 그게 어떤 것이든 마음을 편하게 하는 데 도움이 된다네."

사실 그런 행동을 할 만한 구실을 발견해내는 일이 언제나 쉽지는 않다. 하지만 충고의 내용은 그러하다. 충고대로 할 수 있으면 하라. 다만 처음 몇 번만 그렇게 하라. 일단 걸음마를 배우고 난 아기는 더 이상 의자에 매달리지 않는 법이다.

셋째, 자신감 있게 행동하라

미국이 낳은 가장 유명한 심리학자 윌리엄 제임스 교수는 다음과 같이 적었다.

행동이 감정을 따라오는 것 같지만, 실제로는 행동과 감정은 동시에 일어난다. 그러므로 더 직접적으로 의지의 통제를 받는 행동을 조절하면 의지의 통제에서 먼 감정을 간접적으로 조절할 수 있다.

그러므로 유쾌함이 사라졌을 때 유쾌해지기 위한 최고의 자발적인 방법은 이미 유쾌한 것처럼 행동하고 얘기하는 것이다.

그러니 용감하다고 느끼기 위해서는 이미 용감한 것처럼 행동하라. 모든 의지를 그 목적에 사용하라. 그러면 거의 틀림없이 용감함이 솟구쳐서 두려운 감정을 대신할 것이다.

제임스 교수의 조언을 활용하라. 청중 앞에 서서 용기를 불러일으키고 싶다면 이미 용기 있는 것처럼 행동하라. 물론 여러분이 준비가 되어 있지 않다면 이 세상 그 어떤 행동도 그다지 도움이 되지 않을 것이다. 하지만 자신이 하려는 얘기를 알고 있다면 씩씩하게 나서라. 그리고 숨을 깊이 들이쉬어라. 어떤 대중 앞에 설 때도 30초 정도 숨을 깊이 들이쉬어라. 산소 공급량이 증가하면서 여러분의 기분도 상승하고 용기가 생기게 된다. 위대한 테너 가수 장 드 레슈케는 '초조한 마음을 깔고 앉을 수 있을 정도로' 그렇게 숨을 깊이 들이쉬면 그 초조함이 사라진다고 말하곤 했다.

중앙아프리카 기니에 사는 풀라니 족의 젊은이는 성장하여 부인을 맞이하기를 원하면 채찍질을 당하는 의식을 거쳐야 한다. 종족의 여인들은 모여서 북소리에 맞추어 박수를 치면서 노래를 부른다. 허리춤까지 아무것도 걸치지 않은 지원자가 앞으로 걸어 나온다. 갑자기 한 남자가 날카로운 채찍을 들고 그 젊은이에게 다가가서 악귀처럼 그의 맨몸을 때리고 채찍질을 하며 몽둥이질을 해댄다. 채찍 자국이 돋아나고 때로는 피부가 찢어져 피가 흘러나온다. 평생 지워지지 않는 상처가 만들어진다. 이런 고통을 당하는 동안 마을의 존경 받는 원로가 희생자의 발치에 앉아서 그가 움직이는지 아니면 약간이라도 고통스런 모습을 보이는지 확인한다. 이 시험을 무사히 통과하려면 매질을 당하는 지원자는 시련을 견뎌내야 할 뿐 아니라 동시에 성스러운 노래도 불러야 한다.

어느 시대 어느 지역을 막론하고 인간은 언제나 용기를 찬양해왔다. 그러므로 안으로는 심장이 얼마나 빨리 뛰고 있을지 모르지만 용감하게 걸어 나온 후 멈춰 서서 매질 당하는 중앙아프리카의 젊은이가 그러듯 청중 앞에 조용히 서 있어라. 또한 그 젊은이가 보여주었듯이 지금 처한 상황을 즐기는 것처럼 행동하라.

여러분 자신을 최고도로 끌어올리고 청중의 눈을 똑바로 쳐다보면서 거기 있는 모든 사람이 마치 여러분에게 돈이라도 빚지고 있기나 한 것처럼 자신 있게 말을 시작하라. 실제로 그들이 돈을 빚지고 있다고 상상하라. 그 사람들이 여러분에게 채무 기한 연장을 요청하기 위해 거기에 모였다고 상상하라. 여러분에게 아주 긍정적인 심리적 효과를 미칠 것이다.

옷에 달린 단추를 초조하게 만지작거리거나 손을 어디에 두어야 할지 몰라 허둥대지 말라. 어떤 식의 움직임으로든 초조함을 표현하고 싶다면 손을 등 뒤로 돌려서 아무에게도 들키지 말고 손가락을 꼬집거나 발가락을 꼼지락거려라.

일반적으로 연사가 가구 뒤에 서는 것은 그리 좋은 게 아니다. 하지만 처음 몇 번은 탁자나 의자 뒤에 서서 그 가구들을 단단히 붙잡고 서거나 손바닥 안에 동전을 꽉 쥐고 있으면 어느 정도 용기가 생길 수도 있다.

루스벨트는 용기와 자기 신뢰라는 그의 특성을 어떻게 만들어내었을까? 태생적으로 모험적이고 도전적인 성격을 타고났던 것일까? 결코 그렇지 않다. 그는 『자서전』에서 이렇게 고백하고 있다. "어렸을 적에 병약하고 매사에 서투른 아이였기 때문에 커서도 나는 처음에는 소심하고 자신감 없는 젊은이었다. 나는 내 몸뿐 아니라 내 영혼과 정신과 관련해 내 스스로에게 고통스럽고도 힘든 훈련을 받게 해야만 했다."

다행히도 그는 우리에게 어떻게 변화를 이루어냈는지에 대해 말해준다. 그는 또 이렇게 썼다.

어렸을 적에 메리엇이 쓴 책에서 한 구절을 읽었는데, 그 구절이 언제나 내게 영향을 미쳤다. 그 구절에서 영국의 작은 군함의 선장이 주인공에게 어떻게 대담해질 수 있는지 다음처럼 설명하고 있다. 작전에 참가하게 되면 처음에는 누구나 겁에 질리게 된다. 그럴 때 그 사람이 해야 하는 일은 스스로 마음을 단단히 먹고 전혀 겁에 질리지 않은 것처럼 행동하는 것이다. 이런 태도를 충분히 오래 지속하면 가장(假裝)이 현실이 되어 그 사람은 자신이 대담하다고 생각지 않더라도 순전히 대담한 척하는 것 때문에 실제로 대담하게 된다. (나는 지금 메리엇이 한 말을 그대로 옮기는 게 아니라 내 나름대로 바꾸어 표현하고 있다.)

내가 따른 원리는 바로 이것이었다. 처음에 나는 회색 곰에서부터 사나운 말과 총잡이들에 이르기까지 온갖 것들이 다 무서웠다. 하지만 무섭지 않은 것처럼 행동함으로써 나는 점차 무서움을 극복하게 되었다. 대부분의 사람들도 하고자 하는 생각만 있으면 나와 똑같은 경험을 가질 수 있다.

여러분도 원하기만 한다면 이 교육 과정에서 이와 똑같은 경험을 겪을 수 있다. 포슈 사령관은 이렇게 말했다. "전쟁에서 최선의 방어는 공격이다." 그러므로 여러분의 두려움에 공격적인 태도를 취하라. 기회가 있을 때마다 아주 대담하게 두려움을 직시하고, 두려움과 싸우고, 두려움을 정복하라.

이와 함께 메시지를 결정하라. 그리고 나서 여러분 스스로를 마치 그 메시지를 전달하도록 지시 받은 웨스턴 유니언 사의 배달부인양 생각하라. 사람들은 배달부에게는 거의 신경을 쓰지 않는다. 그들이 원하는 것은 배달되는 내용이다. 메시지, 이것이 중요하다. 메시지에 정신을 집중하라. 메시지에 마음을 담아라. 자신의 손금을 보듯이 메시지를 잘 알고 있어라. 진심으로 메시지에 대해 확신을 가져라. 그런 후 그 메시지를 반드시 말해야 하겠다는 생각을 가진 것처럼 말하라. 그렇게 하면 얼마 지나지 않아 여러분은 어떤 상황이든 지배하고, 여러분 자신을 지배하는 사람이 될 것임에 틀림없다.

넷째, 연습하라! 연습하라! 연습하라!

마지막으로 제시하는 내용은 단연코 그 무엇보다도 중요하다. 여러분이 지금까지 읽은 모든 것을 잊어버리더라도 이것만은 기억하라. 대중 연설을 함에 있어 자신감을 기르는 첫 번째 방법이자 마지막 방법이며 결코 실패하지 않는 방법은 바로 실제로 연설을 해보는 것이다. 진정으로 모든 문제의 핵심은 바로 이것으로 귀결된다. 연습하라, 연습하라, 또 연습하라. 이것이야 말로 '시네 쿠오 논(sine quo non)', 즉 없어서는 안 될 필수 요소이다.

루스벨트는 이렇게 경고의 말을 했다.

초심자는 누구든지 첫 사냥에서 사슴을 볼 때 생기는 열인 '사슴열'을 갖게 마련이다. '사슴열'이란 신경이 고도로 흥분되어 있는 상태를 뜻하는 말로 주저함과는 완전히 다르다고 할 수 있다. 이것은 많은 대중 앞에서 처음 연설하는 사람에게 어떤 영향을 미치는데, 그 영향은 사슴 사냥에서 사슴을 처음 발견했거나 전투에 처음 참가하는 사람에게 미치는 영향과 똑같다. 그런 사람에게 필요한 것은 용기가 아니라 예민한 신경의 통제, 냉정한 정신 상태를 유지하는 것이다. 이런 것은 오로지 실제 훈련을 통해서만 얻을 수 있다. 각자에게 적합한 자기 극복 훈련을 반복함으로써 사람들은 자신의 신경을 완벽하게 통제할 수 있게 된다. 이것은 대개 습관의 문제이다. 반복적으로 꾸준히 노력해야 하고 의지력을 사용해야 한다는 의미에서 그러하다. 애초에 가능성이 없는 사람이 아니라면 의지력을 사용할 때마다 그 사람은 점점 더 강해진다.

그러니 끈질기게 노력하라. 주중에 사업상의 일 때문에 너무 바빠서 뭔가 준비해야 할 것을 못했다는 이유로 이번 교육 과정에 참가하지 않겠다는 생각을 하지 말라. 준비했건 준비하지 못했건, 참가하라. 일단 교육 과정에 참가한 후 강사나 같은 반 사람들이 여러분에게 주제를 제시하도록 만들어라.

대중에 대한 공포를 없애고 싶은가? 그렇다면 대중 공포가 왜 생기는지를 먼저 살펴보도록 하자.

『정신의 형성』에서 로빈슨 교수는 "두려움은 무지와 불확실성에서 생긴한다."고 말한다. 다른 식으로 말해본다면 두려움은 자신감 부족의 결과이다.

그렇다면 그것은 왜 생기는가? 그것은 여러분이 실제로 무엇을 할 수 있는지 알지 못하는 데서 오는 결과이다. 여러분이 할 수 있는 것을 알지 못하는 것은 경험 부족에서 비롯된다. 여러분이 배후에 성공적인 경험에 대한 기록을 갖고 있다면 그 두려움은 사라질 것이다. 7월의 찬란한 햇살 아래 밤이슬이 사라지듯 녹아 없어질 것이다.

한 가지 분명한 사실은 물에 뛰어드는 것만이 누구나 인정하는, 수영을 배우는 방법이라는 점이다. 여러분은 이미 이 책을 충분히 오랫동안 읽었다. 이제 책을 옆으로 치우고 실제 행동에 들어가기로 하자.

가능하면 여러분이 잘 아는 것으로 주제를 하나 정해서 3분 발표문을 만들어라. 혼자서 여러 번 그 발표를 연습해보라. 그러고는 여러분의 모든 힘과 능력을 다해서 그 발표문을 원래 의도했던 대상에게, 혹은 여러분이 속해 있는 반 사람들에게 발표하라.

용기와 자신감을 기르는 방법

....

1 이 과정에 참가한 수천 명의 수강생들이 나에게 편지를 써서 자신들이 왜 이 훈련 과정에 참가했으며 또 여기서 어떤 것을 얻고자 하는지 얘기했다. 그들 거의 전부가 제시한 가장 큰 이유는 다음과 같았다. 즉, 그들은 자신들의 소심함을 극복하고 사람들 앞에 서서도 생각을 할 수 있게 되기를 바라며, 모인 사람의 수에 관계없이 자신감 있게, 그리고 편안하게 말할 수 있게 되기를 원했다.

2 그런 능력을 가지는 것은 어려운 일이 아니다. 그것은 하늘이 아주 소수의 선택 받은 사람들에게만 부여하는 재능이 아니다. 그것은 골프를 치는 것과 같다. 어떤 사람이라도, 모든 사람은 하고자 하는 의지만 충분하다면 자신이 갖고 있는 잠재 능력을 계발할 수 있다.

3 경험이 많은 연사들 가운데는 개인과 대화를 나눌 때보다 청중 앞에 섰을 때 더 잘 생각하고 더 잘 말할 수 있는 사람이 많이 있다. 그들에게 많은 수의 청중은 자극제이자 영감이 된다. 이 과정을 충실히 따라온다면 여러분도 그런 경험을 하게 될 것이다.

4 여러분의 경우가 특별한 경우라고 생각하지 말라. 나중에 유명한 연사가 된 사람들 가운데에도 연설을 시작한 초기에는 자의식에 사로잡히고 청중에 대한 공포로 인해 거의 마비가 되다시피 한 사람들이 많다. 윌리엄 제닝스 브라이언이 그랬고, 장 조레스가 그랬으며, 로이드 조지, 찰스 스튜어트 파넬, 즌 브라이트, 디즈레일리, 셰리든 등 많은 사람들이 그랬다.

5 아무리 자주 연설을 하더라도 연설을 시작하기 직전에는 언제나 이런 자의식을 경험하게 될 것이다. 하지만 연설을 시작하고 나면 얼마 지나지 않아 자의식은 완전히 사라진다.

6 이 교육 과정에서 최대의 효과를 거두기 위해, 그것도 빠르고 신속하게 그런 결과를 내기 위해 다음의 네 가지를 실천하라.

1) 강하고 끈질긴 욕망을 가지고 이 과정을 시작하라. 이 훈련이 여러분에게 가져올 이득을 열거해보라. 그리고 그것에 관한 여러분의 열정을 불러일으켜라. 그것이 여러분에게 재정적으로, 사회적으로, 그리고 영향력과 리더십 증대라는 측면에서 여러분에게 어떤 의미가 있을지 생각하라. 여러분이 가지는 욕망의 깊이에 따라 여러분이 이루려는 성취의 속도가 결정된다는 점을 명심하라.

2) 준비하라. 자신이 무슨 말을 하려고 하는지 분명히 알지 못하면 자신감을 가질 수 없다.

3) 자신감 있게 행동하라. 윌리엄 제임스 교수는 이렇게 조언한다. "용감하다고 느끼고 싶다면 이미 용감한 것처럼 행동하라. 모든 의지를 그 목적에 사용하라. 그러면 거의 틀림없이 용감함이 솟구쳐서 두려운 감정을 대신할 것이다." 루스벨트는 이 방법을 활용해서 회색 곰과 사나운 말, 총잡이들에 대해 갖고 있던 공포를 극복했노라고 고백했다. 여러분도 이 심리학적인 사실을 이용하면 여러분이 갖고 있는 청중에 대한 공포를 극복할 수 있다.

4) 연습하라. 이것이 다른 모든 것보다 더 중요하다. 두려움은 자신감이 결여된 결과이다. 그리고 자신감 결여는 여러분이 무엇을 할 수 있는지 모르는 데서 오는 결과인데, 이것은 경험 부족에서 비롯된다. 여러분 배후에 성공적인 경험에 대한 기록을 만들어놓아라. 그러면 두려움은 사라질 것이다.

PART

2

Self-Confidence Through
Preparation

준비를 잘하면
자신감이 생긴다

"자신감을 갖는 가장 좋은 방법은 여러분이 정말로 하고 싶은 얘기에 대해 많은 준비를 함으로써 실패할 가능성을 최대한 없애는 것이다."

_록우드 소프 〈퍼블릭 스피킹 투데이〉

"'그 순간의 영감에 의존한다'는 말이야말로 많은 유망한 사람들을 실패로 이끈 치명적인 말이다. 영감으로 가는 가장 확실한 길은 준비이다. 나는 용기도 있고 능력도 갖춘 사람들이 노력 부족으로 실패하는 것을 많이 보았다. 자신의 주제에 정통한 사람만이 좋은 연설을 할 수 있다."

_로이드 조지

"연설을 하려는 사람은 청중 앞에 서기 전에 친구에게 이런 편지를 써야 한다. '나는 이러저러한 주제에 대해 연설을 하려고 하네. 그리고 나는 이런 내용을 전달하고 싶네.' 그러고는 자신이 말하려는 내용을 올바른 순서로 열거해야 한다. 그 편지에 쓸 게 없다면 그 연사는 자신을 초대해준 모임에 할머니가 돌아가실지도 몰라서 어쩌면 불참할지도 모르겠다는 편지를 보내는 편이 낫다."

_에드워드 에버렛 헤일 박사

"사람들은 저보고 천재성을 갖고 있다고 합니다. 내가 가진 천재성은 바로 이것입니다. 어떤 주제가 주어지면 나는 그 주제에 대해 깊이 공부합니다. 낮이고 밤이고 그 주제는 내 앞에 있습니다. 나는 그것이 갖는 의미를 구석구석 찾아봅니다. 온 정신을 그 주제에 몰입시킵니다. 이렇게 내가 쏟는 노력을 사람들은 천재성의 산물이라고 부르고 싶어합니다. 하지만 그것은 노력과 사고의 산물입니다."

_알렉산더 해밀턴

준비를 잘하면
자신감이 생긴다

❧ 2 ❧

나는 1912년 이래로 매 시즌마다 연설을 듣고 비평하는데, 그 숫자가 대략 일 년에 육천 건 정도 된다. 이는 나의 직업적 의무이기도 했지만 또한 즐거움이기도 했다. 이 연설을 한 사람들은 학생들이 아니고 비즈니스맨들이거나 전문직에 종사하는 성인들이다. 이 경험을 통해 내가 가장 강하게 느낀 점을 들라면, 그것은 단연코 다음과 같은 것이다. 즉, 연설을 시작하기 전에 연설을 준비하는 것이 필요한데, 분명하고 명확한 어떤 것, 사람들에게 강한 인상을 남길 수 있는 어떤 것, 말하지 않고는 견디지 못할 어떤 것을 준비하는 것이 무엇보다 필요하다는 것이다. 여러분은 자신의 정신과 마음에 어떤 진정한 메시지를 갖고 있으며 그것이 여러분의 정신과 마음에 전달되기를 진정으로 바라는 연사에게 자신도 모르게 빨려 드는 경험을 해보지 않았는가? 이것이 연설을 잘하는 비밀의 절반에 해당한다.

연사가 정신적으로, 감정적으로 이런 상태에 있다면 그는 연설이 저절로 이루어진다는 중요한 사실 하나를 발견하게 될 것이다. 그 멍에는 메기 쉽고 그 짐은 가벼울 것이다. 잘 준비된 연설은 이미 10분의 9는 전달된 것이나 다름없다.

1장에서 말했던 것처럼 대부분의 사람들이 이 훈련 과정을 택한 가장 큰 이유는 자신감과 용기, 자기 신뢰를 획득하기 위해서이다. 그런데 많은 사람들이 저지르는 가장 결정적인 실수는 연설 준비를 소홀히 한다는 것이다. 전투에 나가는 사람이 젖은 화약이나 총알 없는 빈 총을 가지고 간다면, 혹은 아무런 무장도 없이 간다면, 두려움이라는 적군 혹은 초조함의 공격을 물리치기를 바라는 게 가능한 일이겠는가? 이런 상황이라면 청중 앞에서 좌불안석인 것이 조금도 놀랄 일이 아니지 않겠는가? 링컨은 대통령 시절 이런 말을 했다. "나는 아무리 나이가 들어도 할 말이 없는 상황에서 당황하지 않고 연설할 수 있으리라고 생각지 않는다."

여러분이 만일 자신감을 원한다면, 왜 자신감을 불러일으키기 위해 필요한 일을 하지 않는가? 사도 요한은 이렇게 말했다. "완전한 사랑은 두려움을 물리친다." 완벽한 준비 또한 그런 작용을 한다. 웹스터는 "준비가 덜 된 채 청중 앞에 서느니 차라리 옷을 덜 입고 나타나는 게 낫다."고 말했다.

이 훈련 과정에 참가한 사람들이라면 각자 자신의 연설을 더 꼼꼼하게 준비하는 게 어떻겠는가? 왜 그래야 하느냐고? 어떤 사람들은 준비가 무엇인지, 그리고 준비를 잘하려면 어떻게 해야 하는지 명확히 이해하지 못한다. 또 어떤 사람들은 시간 부족 타령을 한다. 그러므로 이번 장에서는 이런 문제를 좀 더 상세하게, 그리고 기대하기로는 명쾌하면서도 좋은 효과가 나타날 수 있도록 다루어보겠다.

연설을 준비하는 올바른 방법

준비란 무엇인가? 독서? 그것도 한 가지 방법이긴 하지만 가장 좋은 방법은 아니다. 독서는 도움이 되기도 한다. 하지만 여러분이 책에서 '박제된' 사고를 많이 끄집어내서 그것을 여러분의 것인 양 바로 사용하려고 한다면 어디엔가 부족한 부분이 있을 수밖에 없다. 청중은 부족한 부분이 어딘지 명확히 알지 못할지도 모른다. 하지만 그렇더라도 그들은 연사에게 호응하지 않을 것이다.

실제 사례를 보자. 얼마 전 나는 뉴욕 시에 있는 여러 은행 임원들을 위해 대중 연설 강좌를 진행했다. 거기 모인 사람들은 굉장히 바쁜 시간들을 보내기 때문에 자연히 충분한 준비를 하지 못하거나, 아예 자신들이 준비해야 한다는 생각 자체를 못 하는 경우가 빈번히 발생했다. 그들은 평생 자신의 독자적인 사고를 해왔고, 자신의 개인적인 확신을 유지했으며, 자신의 독특한 시각으로 세상을 바라보고 자신만의 유일한 경험을 겪으며 살아왔다. 이런 식으로 그들은 40여 년 동안 연설에 사용할 소재를 축적해왔다. 하지만 이들 가운데는 그런 사실을 깨닫기 힘들어 하는 사람들도 있었다. 그들은 '속삭이듯 소리를 내는 소나무와 전나무'만 볼 뿐 숲은 볼 수 없었다.

이들은 매주 금요일 저녁 5시에서 7시 사이에 모임을 가졌다. 어느 금요일 오후, 시내 중심가 은행에서 근무하는 한 임원이 (일단 여기서는 잭슨 씨라고 부르겠다.), 그러니까 잭슨 씨가 시간이 4시 30분이 되었음을 깨달았다. '무슨 얘기를 해야 하지?' 이런 생각을 하며 그는 사무실에서 나와 신문 가판대에서 〈포브스〉 지를 한 부 사서 강좌가 열리는 연방 은행으로 가는 지하철을 탔다. 그리고 〈포브스〉 지에 실린 '성공을 위해서 남은 시간은 10년뿐'이라는 글이 눈에 띄자 지하철 안에서 그 글을 읽었다. 그 내용에 특별히 관심이 있어서라기보다는 그게 무엇이건 어떤 주제에 관해 연설을 함으로써 자신에게 배당된 시간을 채워야 했기 때문에 그 글을 읽었던 것이었다.

한 시간 후, 그는 사람들 앞에서 그 글의 내용에 대해 설득력 있게 그리고 재미있게 얘기하려고 애썼다.

결과는 어떠했겠는가? 여러분도 예상하고 있는 당연한 결과가 아니었겠는가?

그는 자기가 말하려고 노력한 것을 자신도 전혀 이해하지 못했고, 자기 것으로 만들지도 못했다. 그것은 정확히 '말하려고 노력한 것'에 불과했다. 그는 정말로 노력했다. 하지만 그에게는 표출하고자 하는 진짜 메시지가 없었다. 그의 태도와 어조를 통해 그렇다는 것이 여지없이 드러나고 있었다. 그 자신이 감명을 받지 않았는데 어떻게 청중에게 감명받기를 기대할 수 있겠는가? 그는 〈포브스〉 지의 글만을 계속 언급하면서 그 필자의 이야기만 전달할 뿐이었다. 잭슨 씨의 연설에는 〈포브스〉 지만 지나치게 들어 있었을 뿐 아쉽게도 그 자신의 얘기는 거의 없었다.

그래서 나는 그에게 대략 이런 식으로 말했다.

잭슨 씨, 우리는 우리가 잘 모르는 그 글의 필자에게는 관심이 없습니다. 그 사람은 여기 없습니다. 우리는 그를 보고 있지 않습니다. 우리는 당신과 당신의 생각에만 관심이 있을 뿐입니다. 다른 사람이 뭐라고 했다는 얘기 말고 당신이 개인적으로 생각하는 것을 우리에게 말해주세요. 잭슨 씨 자신이 더 들어 있는 이야기를 하십시오. 다음 주에도 다시 한 번 같은 주제를 택해보시지 않겠습니까? 같은 글을 다시 읽고 당신 자신이 그 필자에게 동의하는지 하지 않는지 생각해보십시오. 저의 제안을 충분히 숙고한 뒤 만일 동의한다면 당신 자신의 경험에서 우러나온 관찰을 통해 이야기를 구체화시켜 보십시오. 만일 동의하지 않는다면 그렇다고 얘기하고,

그 이유를 말해주십시오. 그 글을 당신 자신의 연설을 시작하기 위한 출발점으로만 사용하십시오.

잭슨 씨는 이 제안을 받아들여서 그 글을 다시 읽어보고는 자신이 그 의견에 전혀 동의하지 않는다는 결론을 내렸다. 그 뒤 그는 지하철에 앉아 시간을 때우는 방법으로 연설을 준비하는 짓 따위는 하지 않았다. 그는 연설 내용이 스스로 자라도록 놔두었다. 그것은 순전히 그의 머리에서 자라났다. 그러고는 더 자라고 성장하여 실제 그럴듯한 몸집을 갖추게 되었다. 마치 그의 딸들이 그랬듯 이 '아이' 역시 그가 전혀 의식하지 못한 순간에도 밤낮을 안 가리고 쉴 새 없이 자랐다. 신문에서 어떤 기사를 읽으면 한 가지 생각이 떠올랐다. 친구와 그 주제에 대해 토론을 할 때면 예기치 않게 또 다른 사례가 눈에 띄었다. 그 주에 짬짬이 그 주제에 관한 생각을 할 때마다 그의 생각은 깊어지고, 높아지고, 길어지고, 두터워졌다.

다음 시간, 잭슨 씨가 그 주제에 관해 발표를 했을 때, 그는 그 자신만의 생각을 자신만의 광산에서 캐낸 원광석을 갖고 있는 것처럼, 자신만의 조폐국에서 찍어낸 화폐를 갖고 있는 것처럼 온전히 표현했다. 더군다나 그는 그 글의 필자의 생각에 동의하지 않고 있었기에 더 나은 발표를 할 수 있었다. 어느 정도 반대되는 생각을 표시하는 것만큼 사람을 분발시키는 것도 없기 마련이다. 같은 사람이 일주일 사이에 같은 주제에 관해 발표를 했는데, 이 얼마나 믿기 힘든 변화인가? 제대로 된 준비는 정말 엄청난 변화를 만들어내지 않는가?

그럼 어떻게 해야 하고, 어떻게 하지 말아야 하는지를 보여주는 다른 사례를 하나 살펴보자. 워싱턴 D. C.에서 열린 교육 과정에 한 남자가 참여했다. 여기서는 그를 플린 씨라고 부르기로 하겠다. 어느 날 오후

플린 씨는 발표 시간에 미국의 수도를 찬양하는 연설을 했다. 그는 워싱턴에서 발간되는 석간신문 〈이브닝 스타〉에서 발간하는 후원 책자에서 여러 피상적인 사실들을 급히 긁어모았다. 내용은 예상 그대로 무미건조하고, 서로 연관되어 있지도 않았으며, 제대로 이해되어 있지도 않았다. 그는 자신의 주제에 대해 충분히 깊게 생각하지 않았다. 그 주제는 그의 열정을 불러일으키지도 못했다. 그는 자신이 말하는 것을 발표해도 될 만큼 충분히 깊이 체감하지도 않았다. 그의 발표는 밋밋하고, 아무런 맛도 느껴지지 않았으며, 전혀 도움이 되지 않았다.

연설에서 절대 실패하지 않는 방법

보름 정도가 지난 후, 플린 씨에게 뼈에 사무친다고 할 만한 일이 생겼다. 어떤 도둑이 공용 주차장에 세워놓은 그의 캐딜락을 훔쳐갔던 것이다. 그는 경찰서로 달려가서 현상금을 걸었지만 아무런 소용이 없었다. 경찰은 그런 범죄에 대처한다는 것은 거의 불가능에 가깝다는 말을 했다. 하지만 바로 일주일 전, 경찰은 손에 분필을 들고 거리를 걸어 다니다가 플린 씨에게 딱지를 끊을 시간은 갖고 있었다. 플린 씨가 주차 시간을 15분 초과했다는 이유였다. 모범적인 시민들을 귀찮게 하느라 범죄자를 잡을 시간이 없다는 이 '딱지 경찰'은 그의 분노를 일으켰다. 그는 무척 화가 났다.

이제 그에게는 이야깃거리가 생겼다. 그것은 〈이브닝 스타〉에서 발간한 책에서 발췌한 내용이 아니라 그의 생활과 경험에서 직접 나온 살아 있는 어떤 것이었다. 그것은 살아 있는 한 사람이 생생하게 느낀 어떤 것, 그의 감정과 소신을 자극한 어떤 것이었다. 워싱턴을 찬양하는 연설을 할 때 그는 한 문장 한 문장을 어렵게 이어나가야 했다. 하지만 이번에는 그가 해야 할 일은 일어서서 입을 여는 것뿐이었다. 경찰에 대한 비난이 활화산인 베수비오스처럼 부글부글 끓어올라 넘쳐 나왔다. 이런 식의 연설은 누구나 가능하다. 이런 연설은 거의 실패하지 않는다. 경험에 사고가 더해진 것이기 때문이다.

무엇이 진정한 준비인가

연설을 준비한다는 것이 완벽한 문장 몇 개를 모아서 적어놓거나 외우는 것을 뜻할까? 아니다. 그렇다면 여러분 개인에게 별로 의미가 없는 생각들을 되는 대로 서너 개 골라서 도으는 것을 뜻할까? 전혀 아니다. 연설을 준비한다는 것은 여러분의 생각과 아이디어, 소신, 여러분의 충동을 총집합시키는 것을 의미한다. 그리고 여러분은 그럴 만한 생각과 그럴 만한 충동을 갖고 있다. 누구나 매일매일 생활을 하면서 그런 것들을 갖는다. 심지어 그것들은 여러분의 꿈속에 나타나기도 한다. 여러분의 존재는 온통 느낌과 경험으로 채워져 있다. 이런 것들은 바닷가의 조약돌들만큼이나 여러분의 잠재의식 아래 두텁게 깔려 있다. 준비란 사색하고 기억을 떠올리고 거기서 여러분에게 가장 깊게 인상을 남긴 것을 선택하고 그것들을 다듬어서 어떤 형태로, 즉 여러분만의 고유한 무늬로 만들어내는 것을 의미한다. 이것은 그리 어려운 과정이라고 여겨지지 않을 것이다. 그렇지 않은가? 실제로 그리 어렵지 않다. 단지 하나의 목적을 위한 집중과 사고가 요구될 뿐이다.

지난 세대 복음의 역사를 새로 쓴 드와이트 L. 무디 목사는 과연 자신의 설교를 어떻게 준비했을까? 이 질문에 대해 그는 '아무런 비밀도 없다'고 대답했다.

주제를 고르면 나는 그 주제의 제목을 커다란 봉투 겉면에 써놓습니다. 나는 이런 봉투들을 많이 만들었습니다. 글을 읽다가 내가 설교하려고 하는 주제 가운데 하나에 딱 맞는 글을 보게 되면, 나는 그 글을 해당되는 봉투에 집어넣고는 거기 그냥 놔둡니다. 그리고 언제나 공책을 들고 다니면서 설교를 듣다가 어떤 주제를 더 잘 이해할 수 있게 해주는 말을 듣게 되면 기록했다가 봉투에 집어넣습니다. 아마 1년 혹은 그 이상 그렇게 모았을 것입니다. 그러다 새로운 설교를 준비할 때 그간 모은 모든 것을 활용합니다. 거기서 나온 것과 내 스스로 공부한 결과를 합치면 소재는 충분해집니다. 그런 후 설교를 할 때마다 여기는 조금 빼고 저기는 조금 더하곤 합니다. 그런 식으로 절대 구태의연해지지 않게 합니다.

예일대 브라운 학장의 현명한 충고

몇 해 전 예일 신학대는 창립 100주년 기념행사를 열었다. 그 행사에서 학장인 찰스 레이놀드 브라운 박사는 설교의 기술이라는 강좌를 진행했다. 그리고 그 강좌는 지금 뉴욕에 있는 맥밀란 출판사를 통해 같은 제목의 책으로 나와 있다. 브라운 박사는 30년 이상 매주 자신의 설교를 준비해왔을 뿐 아니라 다른 사람들이 설교를 준비하고 설교할 수 있도록 훈련시키는 일을 해왔다. 그러니 그야말로 이 주제에 관해 현명한 충고를 해줄 수 있는 입장이라고 해야 할 것이며 그의 충고는 시편 91편에 대해 설교를 해야 하는 성직자이건 아니면 노동조합에 대해 연설을 해야 하는 구두 제조공이건 할 것 없이 누구에게나 유효한 충고일 것이다. 여기에 브라운 박사의 글을 인용하려고 한다.

여러분이 정한 성경 구절과 주제에 대해 스스로 깊이 생각하십시오. 그것들이 잘 익어 말랑말랑해지고 반응을 잘할 때까지 말입니다. 여러분이 거기 들어 있는 자그마한 생각의 씨앗들을 확장하고 성장하도록 한다면 여러분은 거기서 유익한 생각들을 많이 거두게 될 것입니다.

이런 과정은 오랫동안 할수록 더 낫습니다. 일요일을 위해 실제로 여러분이 마지막 준비를 해야 하는 토요일 오전까지 미뤄놓지 마십시오. 설교자가 설교를 할 때까지 어떤 진실을 한 달, 혹은 여섯 달, 어쩌면 일 년 동안 마음속에 품고 있다면 그 사람은 거기서 새로운 생각들이 끊임없이 솟구쳐 나와 풍족한 열매를 맺는 것을 보게 될 것입니다. 하나의 주제에 관해서 길을 걸으면서도 생각할 수 있고, 서너 시간 기차를 타고 가다가 눈이 너무 피로해 책을 읽을 수 없는 시간에도 생각할 수 있습니다.

심지어는 한밤중에도 생각을 계속할 수 있습니다. 설교자가 습관적으로 교회 일이나 설교 제목을 잠자리에까지 가지고 가는 것은 그리 좋은 일이 아닙니다. 설교단은 설교를 하기에 좋은 자리지만 그다지 좋은 잠자리 친구는 아닙니다. 하지만 그럼에도 불구하고 나는 가끔 한밤중에 침대에서 일어나 머리에 떠오른 생각을 적곤 합니다. 아침이면 잊어버릴지 모른다는 생각에서입니다.

여러분이 실제로 어떤 특정 주제에 관한 설교를 하기 위해 소재를 모으는 중일 때 그 구절이나 주제와 관련이 있는 것이라면 떠오르는 모든 것을 기록하십시오. 어떤 구절을 선택했을 때 여러분이 그 구절에서 본 것을 기록하십시오. 그와 관련이 있다면 떠오르는 모든 생각을 기록하십시오.

여러분의 모든 생각을 기록하십시오. 생각을 알아볼 수 있도록 다만 몇 단어라도 적으십시오. 그리고 마치 지금 보는 책이 내가 보는 마지막 책인 것처럼 더 많이 깨닫기 위한 노력을 끊임없이 하십시오. 이것이 여러분의 정신이 더 많은 수확을 내도록 훈련하는 길입니다. 이 방법을 택함으로써 여러분은 자신의 지적 능력이 신선하고 개성적이며 창의적으로 작동하도록 유지할 수 있을 것입니다.

다른 사람의 도움 없이 스스로 탄생시킨 여러분의 모든 생각을 기록하십시오. 그것들은 여러분의 지적인 발현을 위해서 루비나 다이아몬드 혹은 순금보다도 더 소중합니다. 그것들을 기록하십시오. 종잇조각이라면 좋고 그게 아니라면 오래된 편지 뒷면이나 봉투 한 귀퉁이, 휴지, 아니면 여러분 손에 닿는 그 어떤 것에든 기록하십시오. 그러는 편이 풀스캡 판처럼 길고 깨끗한 멋진 종이 위에 쓰는 것보다 모든 면에서 훨씬 낫습니다. 이것은 단순히 경제적인 문제가 아닙니다. 여러분이 기록물을 정리하려고 할 때 조그만 종이가 배열하고 구성하는 데 더 편리합니다.

항상 깊이 사고하면서 여러분에게 떠오르는 모든 생각을 기록하는 습관을 들이십시오. 이 과정을 급하게 할 필요는 없습니다. 이것은 가장 중요한 정신 활동 가운데 하나입니다. 여러분은 이런 과정에 참여할 특권이 있습니다. 이 방법은 진정한 생산력이란 측면에서 여러분의 정신을 성장시킬 것입니다.

여러분이 가장 즐겁게 할 수 있고, 또 듣는 사람들의 인생에 실제로 가장 좋은 영향을 미치는 설교는 주로 여러분 자신 속에서 나온 설교라는 것을 알게 될 것입니다. 그것은 여러분의 뼈 중의 뼈요, 살 중의 살이며, 지적 노고의 산물이고, 창조적 에너지의 결과물입니다. 여기저기서 조금씩 떼어다가 적당히 섞어 만든 설교에는 항상 남의 얘기 같은, 재탕한 듯한 냄새가 나기 마련입니다. 살아 움직이는 설교, 걷고 뛰며 하느님을 찬양하는 저 성전에 들어가는 설교, 사람들의 마음속으로 들어가서 그들로 하여금 날개를 펼쳐 솟아오르는 독수리처럼 날아오르게 하고 의무의 짐을 지고 걸어가더라도 지쳐 쓰러지지 않게 하는 설교, 이런 진정한 설교는 설교를 하는 사람의 생명의 힘에서 나온 설교입니다.

링컨은 어떻게 연설을 준비했는가

링컨은 어떻게 연설을 준비했을까? 다행히도 우리는 사실을 알고 있다. 그리고 여러분은 지금 그 방법에 대해 읽으면서 브라운 학장이 70

여 년 전 링컨이 사용했던 방법 가운데 몇 가지를 추천하고 있다는 걸 알게 될 것이다. 링컨의 가장 유명한 연설 가은데 하나가 다음과 같은 선견지명이 담긴 연설이다. "'서로 갈라져 싸우는 집안은 무너지리라.' 나는 반은 노예로 반은 주인으로 나뉜 이런 정부가 영원히 존속할 수 없다는 것을 믿습니다." 링컨은 식사를 할 때나 길을 걸을 때나 헛간에서 소젖을 짜는 등 평소에 하던 일을 열심히 하는 중에도, 어깨에 낡은 회색 망토를 두르고 팔에 장바구니를 걸고서 재잘거리기도 하고 질문도 하다가 토라져서 아빠의 앙상하고 긴 손가락을 흔들며 자기에게 말 좀 해보라고 매달려보지만 아무런 소득도 얻지 못하는 어린 아들을 데리고 매일 정육점이나 가게로 가는 길에도 그 연설에 대해 생각했다. 링컨은 아이의 존재에 대해서는 아무런 의식도 못한 채 연설에 관한 자신의 생각에만 몰두해서 성큼성큼 걸어갔다.

이렇게 생각에 몰두하고 생각을 정리하는 증간증간 그는 빈 봉투나 종이 쪼가리, 종이봉지에서 찢어낸 자투리 등 손에 닿는 모든 것을 이용해 메모를 하거나 생각의 단편, 혹은 문장을 기록했다. 그는 이런 것들을 모자에 넣어서 갖고 다니다가 시간이 나면 자리에 앉아 그것들을 정리한 후 전체적으로 글을 쓰고 재구성해서 연설과 출판에 적합한 형태로 만들어냈다.

1858년에 벌어진 합동 토론회에서 더글러스 상원의원은 어디를 가든 똑같은 연설을 반복했다. 하지만 링컨은 "쉬지 않고 연구하고 사색하고 고민함으로써 예전 연설을 반복하는 대신 매일 새로운 연설을 만들어낸다."고 말했다. 그의 머릿속에서는 그 주제가 계속해서 넓어지고 커지고 있었던 것이다.

대통령으로 당선된 링컨이 백악관으로 들어가기 얼마 전, 그는 헌법한 부와 세 개의 연설문 외에는 그 어떤 참고 자료도 없이 스프링필드의 한 가게에 있는 우중충하고 먼지 덮인 골방으로 들어갔다. 그리고 거기서 어떤 방해나 간섭도 받지 않고 자신의 취임 연설문을 작성했다.

링컨은 게티즈버그 연설문을 어떻게 준비했을까? 불행히도 여기에 대해서는 잘못된 정보가 돌아다니고 있다. 그와는 달리 실제 이야기는 정말 흥미롭다. 그 내막을 살펴보자.

게티즈버그 묘지를 맡은 위원회는 공식 봉헌식을 하기로 결정하고 에드워드 에버렛에게 연설을 부탁했다. 에버렛은 보스턴의 교회 목사, 하버드 대학 총장, 매사추세츠 주지사, 미국 상원, 주영 대사, 국무장관을 지냈으며 일반적으로 미국에서 가장 유능한 연사로 인정받는 사람이었다. 처음에는 1863년 10월 23일에 봉헌식을 하는 것으로 예정되어 있었다. 에버렛은 대단히 현명하게도 그렇게 촉박한 기간 안에는 연설을 제대로 준비하는 것이 불가능하다고 통보했다. 그래서 그에게 연설을 준비할 수 있는 여유를 더 주기 위해 봉헌식은 거의 한 달 정도 미뤄진 11월 19일로 옮겨졌다. 연설을 준비하는 마지막 사흘 동안 그는 게티즈버그에 가서 전투 지역도 살펴보고 거기서 일어났던 모든 일을 몸으로 직접 익히며 시간을 보냈다. 이런 식으로 생각하고 고민하는 시간은 매우 뛰어난 준비 작업이었다. 그러는 동안 '전투'가 그에게 생생하게 다가왔다.

참석 초대장이 의회의 모든 의원들과 대통령, 각료들에게 발송되었다. 대부분의 사람들이 거부 의사를 밝혔다. 링컨이 참석하겠다고 하자 위원회는 깜짝 놀랐다. 링컨에게도 연설을 요청해야 하나? 위원회는 그럴 계획이 없었다. 그가 연설을 준비할 시간이 없을 것이라는 이유로 반대 의견이 나왔다. 시간이 있다고 해도 멋지게 연설할 능력이 있을까라는 의문도 제기됐다. 사실 링컨은 노예제도에 관한 토론이나 쿠퍼 유니언에서 한 연설에서는 매우 뛰어났다. 하지만 그가 봉헌 기념사를 하는 것을 들어본 사람은 아무도 없었다. 이번은 장엄하고 엄숙해야 할 상황이었다. 기회가 된다고 아무에게나 연설을 맡길 수는 없었다. 링컨에게 연설을 요청해야 하나? 그들은 고민에 고민을 거듭했다. 하지만 만일 그들이 미래를 내다볼 수 있었다면, 그래서 그들이 능력을 의심하는 바로 이 사람이 그 봉헌식에서 지금까지 그 어떤 사람이 했던 연설보다도 더 훌륭한 연설을 하리라는 것을 알 수 있었다면, 그들은 오히려 천 번은 더 고민을 거듭했을지도 모른다.

마침내 봉헌식이 예정된 날로부터 보름 전, 그들은 뒤늦게야 링컨에게 '짧은 인사말'을 요청하는 초청장을 보냈다. 그들은 딱 한마디를 썼다. '짧은 인사말'. 미국 대통령에게 이런 요청의 글을 써보냈다는 것을 생각해보라.

링컨은 즉시 준비 작업에 들어갔다. 그는 에드워드 에버렛에게 편지를 보내서 이 권위 있는 학자가 준비한 연설문 사본을 받았다. 그리고 하루 이틀 후 사진을 찍기 위해 사진관에 갈 일이 생긴 링컨은 에버렛의 연설문 초고를 가지고 가서 사진을 찍는 중간 남는 시간에 읽었다. 그는 자신의 연설에 대해 오랫동안 생각을 거듭했다. 백악관과 전시 사무실 사이를 이동할 때도 그 생각을 했고, 전시 사무실에서 밤 늦게 도착하는 전신 보고를 기다리는 가운데도 가죽 소파에 몸을 누인 채 생각을 멈추지 않았다. 그는 연설문 초고를 커다란 풀스캡 판 종이에 적어서 자신의 높다란 실크 모자 안에 넣고 다녔다. 그는 끊임없이 연설에 대해 생각했고, 연설할 내용을 구체화하고 있었다. 연설을 하기 전 일요일, 그는 자신이 신임하던 기자 노아 브룩스에게 이렇게 얘기했다. "아직 연설을 정확하게 쓰지 못했다네. 어쨌거나 아직 완성이 안 됐어. 두어 번 연설문을 쓰긴 했는데, 만족하려면 아직 손을 좀 더 봐야 할 것 같네."

그는 봉헌식 전날 게티즈버그에 도착했다. 그 작은 마을은 사람들로 넘쳐나고 있었다. 평소 천삼백 명에 불과하던 마을 인구가 갑자기 만 오천 명으로 늘어났던 것이다. 길은 꽉 막혀 움직일 수 없었으며 남자고 여자고 지저분한 거리에 익숙해졌다. 여기저기에서 밴드들이 음악을 연주하고 있었고, 사람들은 모여서 북부 연합의 행진가인 '존 브라운의 시체'라는 노래를 부르고 있었다. 사람들은 링컨이 묵고 있는 윌즈 씨 집 앞으로 몰려들었다. 그들은 링컨을 소리쳐 불렀다. 그리고 그에게 연설을 요청했다. 링컨은, 아마도 아무런 기교도 없이 똑 부러지는 몇 마디 말로, 내일까지는 연설을 할 의사가 없음을 밝혔다. 하지만 사실은 그날 밤 늦도록 자신의 연설을 한 번 더 손보고 있었던 것이다. 심지어 그는 옆집에 묵고 있던 국무장관 시워드를 찾아가서 자신의 연설문을 소리 내어 읽고는 비평을 요구하기도 했다. 다음 날 아침 식사를 끝낸 후에도 링컨은 '연설문을 손보는' 일을 계속했고, 그 작업은 밖에서 문을 두드리며 행사에 참석할 시간이 다 되었다고 알려줄 때까지 계속되었다. 대통령을 바로 뒤에서 수행하던 카 대령은 "사열이 시작되자 대통령은 말 위에 꼿꼿이 앉아 군 지휘자를 바라보았지만 행렬이 지나가자 몸을 앞으로 숙이고 팔을 늘어뜨린 채 머리를 수그렸다. 그는 생각에 잠긴 것으로 보였다."라고 말했다.

우리로서는 그 순간에도 링컨이 열 문장밖에 되지 않을 정도로 짧지만 앞으로 영원히 빛나게 될 자신의 연설을 검토하면서 '다시 한번 손보고 있었다'고 추측할 따름이다.

링컨이 그리 깊은 관심을 갖지 않은 몇몇 연설은 재고의 여지가 없는 실패였다. 하지만 그는 노예제도와 연방에 대해 연설을 할 때는 놀라운 능력을 보유하고 있었다. 왜 그럴까? 그것은 그가 이 문제들에 대해서는 끊임없이 사고를 계속했고 또 깊이 느끼고 있었기 때문이다. 일리노이 주에 있는 한 여인숙에서 링컨과 함께 방을 썼던 어떤 사람에 따르면 다음 날 아침 날이 밝아 일어났더니 링컨은 그때까지도 침대 위에 앉아서 벽을 보고 있었다고 한다. 그러고는 대뜸 다음의 말을 던졌다고 한다. "반은 노예로 반은 자유인으로 나뉜 이런 정부는 영원히 존속할 수 없다."

예수는 어떻게 연설을 준비했을까? 그는 군중으로부터 물러났다. 그는 생각했다. 그는 사색했다. 그는 숙고했다. 홀로 황야로 나가 40일 간이나 단식을 하며 명상에 잠겼다. 마태복음에는 '그때부터 예수께서 비로소 말씀을 전파하기 시작하셨다'고 기록되어 있다. 그로부터 얼마 지나지 않아 예수는 세상에서 가장 유명한 연설 가운데 하나인 산상수훈(山上垂訓)을 설파했다.

여러분은 이렇게 반박할지도 모른다. "아주 재미있는 얘기이긴 한데, 나는 불멸의 연사가 되고 싶은 생각은 없습니다. 나는 다만 가끔씩 사업상 모임에서 간단하게 몇 마디 하고 싶을 뿐입니다."

그럴 것이다. 그리고 여러분의 욕구에 대해서는 충분히 잘 알고 있다. 이 과정은 여러분 혹은 여러분과 비슷한 다른 비즈니스맨들이 앞의 경우처럼 할 수 있도록 도와준다는 특정한 목적을 가지고 있다. 그러나 아무리 여러분의 연설이 평범한 종류라 할지라도 지난 시절의 유명한 연설가들이 사용한 방법을 알면 도움을 받을 수도 있고 어느 정도는 실제로 사용할 수도 있을 것이다.

여러분이 연설을 준비하는 방법

이 과정에서 여러분은 어떤 주제로 연설을 해야 하는가? 여러분이 관심을 갖는 것이라면 무엇이든 괜찮다. 가능하면 여러분 스스로 주제를 정하라. 특정 주제에 여러분이 끌린다면 더 좋은 일이다. 하지만 때로는 강사가 여러분에게 주제를 제안하는 경우도 있을 것이다.

거의 누구나 하는 잘못이지만 짧은 발표문에 너무 많은 내용을 담으려고 노력하지 말라. 어떤 주제에 관해 하나 혹은 두 개 정도의 시각만 선택해서 그것을 충분히 제시하기 위해 노력하라. 이 과정의 진행 계획상 불가피한 짧은 발표문에서 그렇게 할 수 있다면 정말 잘한 것이다.

연설 주제는 일주일 전에 정하라. 그래야 틈틈이 그 주제에 대해 생각할 시간을 가질 수 있다. 칠 일 낮 동안 그 주제에 대해 생각하고, 매일 밤 그 주제에 관해 꿈을 꾸어라. 잠자리에 들면서 마지막으로 그 주제에 관해 생각하라. 다음 날 아침 일어나서 면도를 하고, 세수를 하면서도, 차를 몰고 시내로 가면서도, 엘리베이터나 점심 혹은 약속 시간을 기다리면서도 그 주제에 관해 생각하라. 그 주제에 관해 친구들과 토론하라. 그 주제를 대화의 소재로 만들어라.

여러분 자신에게 그 주제와 관련해 가능한 모든 질문을 던져라. 예를 들어 만일 여러분이 이혼에 관해 발표할 생각이라면, 이혼은 왜 발생하며 이혼의 경제적, 사회적 효과는 어떤 것인지 스스로에게 물어보라. 그런 문제를 어떻게 해야 해결할 수 있을 것인가? 연방 단위의 통일 이혼법이라도 만들어야 하는가? 이혼을 불가능하게 만들어야 할까? 더 어렵게? 더 쉽게?

가령 여러분은 왜 이 과정에 참여했는지에 대해 발표한다고 해보자. 그럴 경우 여러분은 스스로에게 이런 질문을 던져야 한다. 내 문제는 무엇인가? 이 훈련을 통해 나는 무엇을 얻기를 바라는가? 내가 대중 연설을 해본 적이 있던가? 있다면 언제였는가? 어디서였는가? 반응은 어땠는가? 나는 왜 이 과정이 비즈니스맨들에게 유용하다고 생각하는가? 내가 아는 사람 중에 주로 자기 확신과 자기 존재감, 설득력 있는 말솜씨 덕분에 금전적으로 잘나가고 있는 사람이 있는가? 내가 아는 사람 중에 이런 긍정적인 자산을 소유하지 못해서 만족할 만한 성공을 결코 거두지 못할 것 같은 사람이 있는가? 구체적으로 대답해보라. 이름은 숨긴 채 그 사람들에 대해 얘기해보라.

사람들 앞에 서서 생각을 명확하게 하면서 2~3분가량 얘기를 계속할 수 있다면, 그것이 처음 몇 번의 발표를 통해 여러분에게 기대할 수 있는 전부이다. 예를 들어 왜 이 과정에 참여했는지와 같은 주제는 매우 쉬운 주제이다. 그런 주제는 아주 뚜렷하기 때문이다. 그 주제에 관해 여러분이 이야깃거리를 찾고 다듬는 데 어느 정도 시간을 들인다면 여러분은 그 내용을 잊어버리는 일이 거의 없을 것이다. 왜냐하면 여러분은 여러분 자신의 관찰, 욕망, 경험에 대해 말하고 있을 것이기 때문이다.

이번에는 그와는 달리 여러분의 사업이나 직업에 관해 발표하기로 결정했다고 생각해보자. 그런 발표에 대해서는 어떤 식으로 준비하기 시작해야 하겠는가? 여러분은 이미 그 주제에 관해 풍부한 재료를 가지고 있다. 그러므로 여러분의 당면 과제는 선택하고 정돈하는 것이 될 것이다. 3분 내에 모든 것을 말하려고 노력하지 말라. 그것은 이루어질 수 없는 일이다. 그런 시도는 너무 피상적이며 너무 단편적인 것이 되고 말 것이다. 여러분이 고른 주제의 한 면, 단 한 면만을 선택하라. 그리고 그것을 확장하고 확대하라. 예를 들어, 여러분이 현재의 특정한 사업 혹은 직업을 갖게 된 사연에 관해 발표하는 것은 어떨까? 그것은 우연의 결과였는가, 아니면 선택의 결과였는가? 여러분이 초기에 겪은 어려움, 여러분이 겪은 좌절, 여러분의 희망과 승리에 대해 얘기하라. 한 인간의 관심사에 관한 얘기, 직접 경험에 기반한 실제 인생의 그림을 제시하라. 어느 누구에 관한 것이든 한 인간의 진실한 내적인 이야기는 조심스럽게 다른 사람의 심기를 어지럽히는 일 없이 제시만 된다면 가장 흥미진진하다. 그것은 거의 언제나 성공을 거두는 발표 소재이기도 하다.

아니면 여러분 사업의 다른 측면을 보자. 어떤 문제가 있는가? 여러분의 사업 분야에 진출하려는 젊은이에게 어떤 조언을 해줄 것인가?

아니면 여러분이 만나는 사람들 중 정직한 사람들과 정직하지 않은 사람들에 대한 얘기를 해보라. 또는 직원들과의 마찰이나 고객들과의 마찰에 대한 얘기를 해보라. 여러분은 사업을 통해 세상에서 가장 흥미로운 주제인 인간 본성에 관해 어떤 교훈을 얻었는가? 만일 여러분이 사업이나 일의 기술적인 측면에 대해 말을 한다면 그것은 다른 사람들에게 재미없는 발표가 되기 십상이다. 하지만 사람들이나 그들의 성격들, 이것은 거의 실패를 모르는 연설 소재이다.

다른 무엇보다도 여러분의 발표를 추상적인 설교로 만들지 말라. 그것은 사람들을 지루하게 만든다. 여러분의 발표에 구체적인 사례와 일반적인 진술이 규칙적으로 반복되도록 만들어라. 여러분이 관찰한 구체적인 사례에 대해 생각하고 그 구체적인 사례가 보여준다고 생각되는 기본적인 진실에 대해 생각하라. 여러분은 또한 이런 구체적인 사례들이 추상적인 것보다 훨씬 더 기억하기도 쉽고 훨씬 더 얘기하기도 쉽다는 것을 발견하게 될 것이다. 그럼으로써 여러분의 연설은 더 쉬워지고 더 밝아진다.

대단히 흥미로운 연설 방식을 소개하겠다. 이 글은 경영진이 직원들에게 책임을 위임해야 하는 필요성에 대해 B. A. 포브스가 쓴 글에서 발췌한 것이다. 사람들에 대한 일화에 주목하기 바란다.

현대의 대규모 기업들 중 많은 기업이 한때는 일인 기업이었다. 하지만 그중 대부분의 기업은 성장하며 그런 형태에서 벗어났다. 그 이유는 비록 모든 위대한 조직들이 '한 사람의 거대한 그림자'이긴 하지만, 지금은 사업과 산업들이 어마어마하게 대규모로 이루어지기 때문에 아무리 위대한 거인이라 하더라도 필연적으로 주위에 모든 고삐를 조정할 수 있도록 도와줄 수 있는 똑똑한 협력자들을 끌어모아야 한다.

울워스는 언젠가 내게 자신의 기업은 기본적으로 오랫동안 일인 기업이었다고 털어놓았다. 그러다 그는 자신의 건강을 잃게 되었다. 그가 병원에서 누워 있던 몇 주 동안 그는 비로소 그의 사업이 자신이 원하는 대로 확장할 수 있으려면 경영 책임을 나누어야 한다는 사실을 깨달았다.

베들레헴 스틸은 오랫동안 명백히 일인 기업 형태를 유지하고 있었다. 찰스 M. 슈워브가 기업의 전부였다. 조금씩 유진 G. 그레이스가 위상을 키워나갔고 마침내는, 슈워브가 반복해서 밝힌 대로라면, 슈워브 자신보다 더 유능한 철강맨으로 성장했다. 오늘날 베들레헴 스틸은 더 이상 슈워브 그 자체가 아니다.

이스트만 코닥도 초기 단계에서는 주로 조지 이스트만이 기업의 대부분이었다. 하지만 그는 현명하게도 아주 으래전에 효율적인 조직을 만들어냈다. 시카고의 대형 통조림 공장들은 설립자가 있는 동안에는 대부분 비슷한 경험을 했다. 하지만 일반적으로 알려져 있는 것과는 달리 스탠다드 오일은 어느 정도의 규모를 갖춘 뒤에는 한 번도 일인 기업 조직이 된 적이 없다.

J. P. 모건은 그 자신이 위대한 거인이었지만 유능한 파트너를 선택하고 그들과 책임을 공유해야 한다고 굳게 믿었던 사람이다.

원대한 꿈을 가진 기업가들 가운데 아직까지도 기업을 일인 기업 체제로 유지하고자 하는 사람들이 있긴 하지만, 그들이 원하건 원치 않건 간에 현대 기업 운영의 엄청난 규모 그 자체로 인해 자신들의 책임을 타인에게 위임할 수밖에 없게 된다.

사람들이 자신의 사업에 관해 얘기하면서 저지르는 용서하기 어려운 실수 가운데 하나는 자신이 관심을 갖는 사실만 얘기하는 것이다. 자기 자신이 아니라 남의 관심을 끌 만한 얘기를 하려고 노력해야 하지 않을까? 듣는 사람들의 이기적인 관심에 호소하려고 노력해야 하지 않을까? 가령 화재보험을 파는 사람이라면 어떻게 해야 화재를 예방할 수 있는지에 대해 얘기해야 하지 않을까? 만일 은행원이라면 사람들에게 재무나 투자에 관한 조언을 해줘야 하지 않을까?

연설을 준비하면서 청중에 관해 연구하라. 그들의 요구와 그들의 희망에 대해 생각하라. 때로는 이것이 전투의 절반이다.

어떤 주제에 관해 준비를 할 때 시간이 있다면 독서를 통해 같은 주제에 대해 다른 사람은 어떻게 생각했는지, 어떻게 얘기했는지에 대해 알아보는 것이 바람직하다. 다만 여러분 스스로 생각을 철저히 정리한 다음에 책을 읽어라. 이 점이 중요하다. 대단히 중요하다. 그런 다음에야 도서관에 가서 사서에게 여러분이 찾는 책에 관해 말하라. 여러분이 이러저러한 주제에 관해 연설을 준비하고 있음을 말하라. 그리고 솔직하게 도움을 청하라.

여러분이 자료 조사에 익숙한 사람이 아니라면 여러분은 아마 도서관 사서가 여러분에게 제공해주는 편의에 깜짝 놀랄 것이다. 그것은 정확히 여러분이 고른 주제에 관한 한 권의 책일 수도 있고, 현안이 되고 있는 공적인 문제에 관한 토론에서 찬반 양측의 주요한 주장에 관한 개요나 보고서일 수도 있으며, 금세기 초 이래 다양한 주제에 관해 잡지에 실린 글을 모아놓은 문학 잡지 안내서일 수도 있고, 『실록 백 년』이나 『세계 연감』, 백과사전 혹은 기타 수십 종의 참고 서적일 수도 있다. 이 자료들은 여러분이 준비 작업을 하는 데 사용할 도구들이다. 이 자료들을 활용하라.

여분의 능력의 비밀

루서 버뱅크는 세상을 뜨기 얼마 전 이런 말을 했다. "나는 종종 식물 표본 수백만 종을 생산한 뒤 거기서 아주 뛰어난 품종 하나 혹은 두 개만 선택한 후 나머지 열등한 표본들은 모두 폐기하곤 했다." 연설도 어느 정도 이처럼 넉넉하면서도 까다로운 마음가짐을 가지고 준비해야 한다. 100가지 생각을 모으고 그 가운데 90개는 버려라.

사용할 가능성이 없어 보이는 것까지 더 많은 재료와 더 많은 정보를 수집하라. 그럼으로써 여러분은 추가적인 자신감 혹은 주제에 대해 상세히 알고 있다는 느낌을 갖게 될 것이다. 또한 심리적 안정을 갖게 해주는데, 이는 연설하는 전반적인 태도에 영향을 미친다. 이것은 준비 과정에서 기본적이고도 중요한 요인이다. 하지만 사적인 영역에서든 공적인 영역에서든 연설을 하는 사람들은 이 점을 잊기 일쑤다.

아서 던은 이렇게 말한다.

나는 수많은 세일즈맨과 외판원, 시연 판매인들을 훈련시켰습니다. 그러면서 발견한 그들의 커다란 약점은 그들 자신이 파는 물건에 대해 모든 것을 아는 것, 그리고 판매하기 전에 그 지식을 깨달아야 한다는 것의 중요성을 모른다는 것입니다.

많은 세일즈맨들이 내 사무실로 와서 상품 설명서와 판매 화술 몇 가지를 얻어 가지고는 바로 나가서 판매를 시작하려그 욕심을 냅니다. 이 가운데 많은 사람들은 단 일주일도 버티지 못하며, 48시간도 버티지 못하는 사람도 적지 않습니다. 특히 식품 판매를 위해 세일즈맨과 외판원을 교육하고 훈련시키는 경우 나는 그들을 식품 전문가로 만들기 위해 노력합니다. 나는 그들에게 미국 농무부에서 발표하는 식품 영양표를 공부하게 했습니다. 그 표는 수분과 단백질, 탄수화물, 지방, 회분(灰分) 등의 함유량을 보여쭙니다. 그리고 나는 그들에게 자신들이 파는 상품을 구성하는 성분을 연구하게 했고, 그들을 며칠 동안 학교에 보낸 다음 시험에 통과하도록 했습니다. 또 다른 세일즈맨에게는 자신의 상품을 판매하도록 했습니다. 나는 가장 뛰어난 판매 화법을 제시하는 사람에게 상을 주었습니다.

나는 자신이 팔 상품에 대해 학습하는 데 필요한 준비 기간을 지겹게 여기는 세일즈맨들을 가끔 보았습니다. 그들은 이렇게 말했습니다. "식품점 주인들에게 이걸 다 얘기해줄 만한 시간이 절대 없습니다. 그들은 너무 바쁩니다. 단백질이니 탄수화물이니 하고 얘기하면 들으려고 하지도 않겠지만, 설령 듣는다 해도 내가 무슨 말을 하는지 이해하지도 못할 것입니다." 그러면 나는 이렇게 대답해주었습니다. "당신이 이 모든 지식을 습득하는 것은 당신의 고객을 위해서가 아닙니다. 당신 자신을 위해서입니다. 당신이 만일 자신이 파는 상품에 대해 A에서 Z까지 다 알고 있다면 그 상품에 대해 당신은 뭐라고 설명하기 힘든 어떤 힘을 갖게 됩니다. 당신은 심리적인 측면에서 뭔가 꽉 차 있고, 단단하게 강한 사람이 됨으로써 거부할 수도 없고 꺾을 수도 없는 그런 사람이 될 것입니다."

스탠더드 석유회사의 역사에 관한 책을 펴낸 것으로 유명한 언론인 아이다 M. 타벨이 수년 전 필자에게 얘기해준 바에 따르면, 그녀가 파리에 머무르고 있을 때 〈맥클루어즈 매거진〉의 설립자인 S. S. 맥클루어 씨가 애틀랜틱 케이블에 관해 짧은 기사를 써달라고 연락했다고 한다. 그녀는 런던으로 가 그 대형 통신사의 유럽 책임자를 만나서 그녀가 맡은 일을 하기에 충분한 양의 자료를 수집했다. 하지만 그녀는 거기서 멈추지 않았다. 그녀는 관련 사항에 대해 더 많은 사실을 원했다. 그래서 그녀는 대영박물관에 전시되어 있는 모든 종류의 케이블에 대해 연구했다. 그녀는 케이블의 역사에 관한 책을 읽었고 심지어는 런던 근교에 있는 제조 공장에 찾아가서 케이블 제조 과정을 살펴보기도 했다.

　그녀가 자신이 쓸 수 있는 양보다 열 배나 많은 정보를 수집한 이유는 무엇이었을까? 그녀가 그랬던 이유는 그럼으로써 자신에게 여분의 능력이 생길 것이라고 생각했기 때문이었다. 그녀는 알고 있지만 표현하지 않은 것들이 그녀가 표현한 얼마 안 되는 것들에 힘과 생생함을 부여한다는 것을 깨닫고 있었기 때문이었다.

　에드윈 제임스 커텔은 대략 3천만 명의 사람들에게 연설을 했다. 그럼에도 불구하고 최근 그가 내게 털어놓은 바에 따르면 그는 집으로 돌아가는 길에 연설에서 어떤 좋은 내용을 미처 말하지 못했음을 안타까워하지 않는 날에는 '이번 연설은 망쳤음에 틀림없구나' 하고 생각한다고 한다. 무슨 이유일까? 오랜 경험을 통해 그는 자신에게 주어진 시간에 쓸 수 있는 양보다 훨씬 더 많은 예비 자료가 과도할 정도로 충분히 있을 경우에라야 정말 연설이 잘 된다는 것을 알고 있기 때문이었다.

　여러분은 이렇게 반박한다. "뭐라고! 이 사람 내게 그 일을 모두 해낼 시간이 있다고 생각하나 보지? 내가 사업도 해야 하고, 아내에 아이들도 둘이나 되고, 에어데일테리어 두 마리도 키워야 한다는 걸 이 친구가 알아주면 좋겠군 ……. 나는 박물관으로 달려가서 케이블을 살펴보거나 책을 뒤적거리거나 대낮에 침대에 앉아서 연설문을 중얼거리고 있을 수는 없거든."

　경애하는 여러분, 여러분의 사정에 대해서는 잘 알고 있고, 또 그런 점에 대해 배려할 마음도 충분히 갖고 있다. 앞으로 주어질 주제는 여러분이 이미 상당히 생각한 문제들이 될 것이다. 때로는 연설에 대해 미리 아무런 준비도 하지 말라고 할 수도 있다. 그런 뒤 여러분이 청중 앞에 섰을 때 쉬운 주제를 제시하고 즉석 연설을 하게 만들 것이다. 이것은 여러분에게 가장 필요한 훈련, 즉 남들 앞에 서서 떨지 않고 제대로 생각하기에 관한 훈련을 제공해줄 것이다. 사업적인 만남에서 여러분이 해야만 하는 종류의 일이 바로 이런 것이기 때문이다.

이 훈련 과정에 참여하는 사람 가운데 몇몇은 연설을 미리 준비하는 법을 배우는 데 그리 관심이 없을지도 모른다. 그들은 사람들 앞에서 제정신을 차리고, 다양한 사업상의 만남에서 벌어지는 토론에 참여할 수 있게 되기를 바란다. 이런 학생들은 종종 수업에 와서 다른 사람들이 발표하는 것을 듣고 몇 가지 배울 점을 얻는 편을 선호하기도 한다. 제한적으로 사용한다면 이런 방법도 추천할 만하다. 하지만 지나치게는 하지 말라. 이 장에서 제시하는 방법을 따르라. 이 방법은 여러분이 찾고 있는 편안함과 자유로움, 그리고 연설을 효과적으로 준비하는 능력을 안겨줄 것이다.

만일 여러분이 발표를 준비하고 계획할 만한 여유가 생길 때까지 미루기만 한다면, 여러분은 결코 그런 여유를 찾지 못할 것이다. 하지만 습관적이고 익숙한 일을 하는 것이 그리 어려운 일은 아니다. 그렇지 않은가? 그러니 일주일에 어느 특정한 하루를 정해서 8시부터 10시까지는 오로지 이 과제에만 전념하는 게 어떻겠는가? 그것이 확실한 방법이며 체계적인 방법이다. 그렇다면 당연히 당장 시도해봐야 하지 않을까?

준비를 잘하면 자신감이 생긴다

....

1 머릿속에, 마음속에 분명한 메시지를 담고, 말하고자 하는 강한 내적 동기를 갖고 있는 발표자는 틀림없이 좋은 결과를 만들어낸다. 준비가 잘 되어 있는 연설은 이미 10분의 9는 전달된 것이나 다름없다.

2 준비란 무엇인가? 상투적인 문장 서너 개를 종이 위에 기록하는 것일까? 멋진 구절을 암기하는 것일까? 전혀 아니다. 진정한 준비란 여러분 마음속에서 무언가를 퍼 올리는 것, 생각을 모으고 정리하는 것, 그리고 자신의 확신을 소중히 여기며 발전시키는 것이다. 사례 하나. 뉴욕에 사는 잭슨 씨가 〈포브스〉지에 실린 글에서 다른 사람의 생각을 단순히 반복하려고 했을 때, 그는 실패했다. 하지만 그 글을 자신의 연설을 위한 출발점으로만 이용하고 자신의 생각을 발전시키며 자신의 사례를 제시했을 때, 비로스 그는 성공했다.

3 자리에 앉아서 30분 안에 연설을 만들어내려고 노력하지 말라. 연설은 스테이크처럼 주문하면 바로 요리될 수 있는 게 아니다. 연설문은 성장해야 한다. 미리 주초에 주제를 정하고, 그 주제에 관해 틈틈이 생각하라. 그 주제에 관해 곰곰이 생각하라. 그 주제를 생각하면서 잠들라. 꿈도 그 주제에 관한 것을 꾸라. 또한 그 주제를 대화의 소재로 삼고 친구들과 토론하면서 그 주제와 연관이 있을 만한 모든 문제를 살펴보라. 여러분에게 떠오르는 모든 생각과 사례를 종이에 기록하고, 더 많은 것을 찾기 위해 계속 노력하라. 그러면 목

욕을 하거나, 차를 몰고 시내로 나가거나, 저녁 식사를 기다리는 시간 등에도 아이디어와 제안과 사례들이 수시로 여러분의 머릿속을 스쳐 지나갈 것이다. 이것이 링컨이 사용한 방법이다. 또한 대부분의 성공적인 연사들이 사용한 방법이기도 하다.

4 독립적으로 생각을 정리한 다음에 시간이 된다면, 도서관으로 가서 여러분이 고른 주제에 관한 책을 읽어라. 사서에게 도움을 청하라. 사서는 여러분이 연설문을 준비하는 데 커다란 영향을 미칠 참고 서적을 찾아줄 것이다.

5 여러분이 사용하려고 생각하는 것보다 훨씬 더 많은 양의 자료를 수집하라. 루서 버뱅크의 방식을 본받아라. 그는 단지 하나 혹은 두 개의 매우 뛰어난 품종을 얻기 위해 백만 개의 식물표본을 만들어내곤 했다. 100가지의 생각을 모으고 90개는 버려라.

6 여분의 능력을 확보하는 방법은 여러분이 쓸 수 있는 것보다 훨씬 더 많은 양을 아는 것이다. 정보 저장고를 가득 채우는 것이다. 연설을 준비할 때는 아서 던이 아침 특별식을 판매할 때 세일즈맨들을 교육시킨 방법이나 아이다 타벨이 애틀랜틱 케이블에 대해서 기사를 준비할 때 사용한 방법을 활용하라.

3

How Famous Speakers Prepared
Their Addresses

유명 연사들의
연설 준비 방법

"머릿속에 엄청난 양의 잡다한 사실들이 뒤죽박죽 들어 있는 것과 정보들이 잘 분류되고 포장되어 있어서 편하게 처리할 수 있고 즉각적으로 전달될 수 있는 것 사이에는 엄청난 차이가 있다."

_로리머, 〈자수성가한 기업인이 대학에 다니는 아들에게 보내는 편지〉

"교육을 받은 사람과 안 받은 사람 간의 커다란 차이는 문제의 핵심을 파악하는 능력이다. 대학 교육을 통해 얻을 수 있는 가장 커다란 이득은 훈련된 정신을 습득할 수 있다는 점이란 사실에 의심의 여지가 없다."

_존 그리어 히번(프린스턴 대학 총장)

"교육 받은 사람임을, 그리고 교육 받은 사람 가운데서도 더 뛰어난 정신을 갖춘 사람임을 다른 무엇보다도 먼저, 그리고 한눈에 즉각적 으로 알아볼 수 있게 해주는 것은 무엇일까?…… 우리가 그런 인상을 받게 되는 진정한 이유는 그 사람의 정신이 질서 정연하기 때문이다."

_S. T. 콜리지

"연설과 관련해 흔히 저지르는 오류는 '말하고 싶은 것'이 생기기만 하면 말할 준비가 다 되었다고 생각하는 것이다. 결코 그렇지 않다! 그 '말하고 싶은 것'이란 말이 확신을 관장하는 인간 정신의 법칙에 순응해서 나온 말이 아니라면, 그 말은 바람에 대고 한 말이나 마찬가지다……. 현대의 연설가들은 '말하고 싶은 것' 외에도 그것을 가장 잘 전달할 수 있는 방법을 배워야 한다는 점을 깨달아야 한다. 또한 채텀이나 웹스터, 비처를 포함해 위대한 연설가들은 '말하고 싶은 것'을 갖고 있었을 뿐 아니라 그것을 전달하는 방식이나 순서를 세심하게 연구해야 한다는 점을 깨닫고 있었다는 사실을 기억해야 한다."

_아서 에드워드 필립스, 『효과적인 연설』

유 명 연 사 들 의
연 설 준 비 방 법

❧ 3 ❧

언젠가 뉴욕 로터리 클럽 식사 모임에 참여한 적이 있다. 그날 초청 연설자는 유명한 정부 관료였다. 고위 공직에 있다는 사실이 그를 돋보이게 하는 요소였던 관계로 모두들 그의 연설을 듣기를 고대하고 있었다. 그는 자신이 속해 있는 정부 부처의 활동에 대해 설명하기로 약속되어 있었으며, 이것은 뉴욕에서 사업하는 사람이라면 거의 모든 사람이 관심을 갖는 내용이었다.

그는 자신의 연설 주제에 관해 상세하게, 실제 사용할 수 있는 양보다도 훨씬 더 많이 알고 있었다. 하지만 그는 어떻게 연설을 해야 할지 계획을 세우지 않았다. 말할 소재를 선별하지도 않았고, 차곡차곡 정리해놓지도 않았다. 더구나 모르면 용감하다고, 그는 아무런 준비도 없이 무작정 연설을 시작했다. 그는 어디론가 가고는 있었지만 자신이 어디로 가고 있는지는 전혀 모르고 있었다.

간단히 말해 그의 머릿속은 뒤죽박죽 상태였으며, 그가 우리에게 내놓은 '정신적인 만찬' 역시 뒤죽박죽이었다. 그는 먼저 아이스크림을 가져온 다음 수프를 내놓았다. 생선과 땅콩이 뒤따라 나왔다. 그리고 거기에 더해서 수프와 아이스크림과 먹음직스런 훈제 청어를 섞어놓은 듯한 것도 있었다. 나는 언제 어디서도 이 정도로 철저하게 혼란스런 연사는 한 번도 본 적이 없다.

그는 즉석 연설을 하려고 시도했지만 도저히 못하겠던지 주머니에서 주섬주섬 메모지 한 뭉치를 꺼내면서 사실은 비서가 자료를 찾아줬다고 고백했다. 그리고 이 말의 사실성에 의문을 가지는 사람은 아무도 없었다. 그 메모지들 또한 고철 더미를 잔뜩 싣고 있는 무개화차처럼 전혀 정돈되어 있지 않다는 게 뚜렷이 보였다. 그는 여기저기 메모지들을 신경질적으로 뒤적거리면서 어떻게든 정리를 해서 혼란으로부터 빠져나오려고 애썼고, 또 그와 동시에 연설을 하기 위해 노력했다. 하지만 불가능한 일이었다. 그는 사과를 하고 물을 달라고 해서는 떨리는 손으로 한 모금 마시더니 아무 맥락도 없는 말을 몇 마디 하고, 한 말을 다시 하고 그러더니 또 다시 메모지를 들여다 보았다.

시간이 흐를수록 그는 점점 더 도대체 무슨 말을 해야 하고 어떻게 해야 할지 알 수 없어 당황스런 상황이 되어갔다. 속이 바싹 타는지 이마에서는 땀이 배어 나왔고 땀을 훔치는 손수건은 부들부들 떨리고 있었다. 자리에 앉아서 이런 파국적인 장면을 보고 있노라니 그 사람이 너무나 불쌍하게 여겨지고 마음도 아팠다. 그 사람의 일이 우리 일인 것만 같아서 청중 또한 간접적이면서도 또한 직접적인 당황스러움을 느끼고 있었다. 하지만 앞뒤 분별도 못하면서 미련하게 고집스럽기만한 그 연사는 어찌할 바를 모르면서도 메모를 뒤적거리고, 사과를 하고, 물을 들이켜며, 발언을 계속했다. 그를 제외한 모든 사람은 상황이

총체적인 실패에 급격히 가까워지고 있음을 알고 있었기에 마침내 그가 자리에 앉음으로써 자신의 필사적인 노력을 끝냈을 때 우리는 안도하지 않을 수 없었다. 그 자리는 내 평생 가장 듣고 있기 거북했던 연설 가운데 하나였다. 그리고 그는 내가 본 그 누구보다도 더 창피하고 수치스러운 연사였다. 만일 루소가 연애편지 쓰는 법에 대해 연설을 했다면 그와 같았을지도 모르겠다. 무슨 말을 해야 할지 모르면서 연설을 시작했고, 또 무슨 말을 했는지 알지도 못한 채 연설을 끝냈다.

이 얘기에서 배울 점은 바로 이것이다. "생각이 정리되어 있지 않은 사람은 생각을 많이 할수록 생각이 점점 더 혼란스러워진다." 이 말은 허버트 스펜서가 한 말이다.

정신이 똑바로 박힌 사람이라면 설계도도 없이 집을 지으려고 덤벼들지는 않을 것이다. 그렇다면 전체적인 윤곽이나 순서에 대해 아무런 생각도 없이 연설을 하겠다고 덤비는 사람은 도대체 어떤 사람인가?

연설은 목적이 있는 항해이므로 미리 항해 지도를 작성해야 한다. 어딘지 모르는 곳에서 출발한 사람은 대개 어딘지 모르는 곳에 도착하기 마련이다.

나는 대중 연설을 공부하는 학생들이 모이는 전 세계 모든 건물 현관 위에 화염이 이는 듯한 붉은 글씨로 나폴레옹이 한 다음과 같은 말을 새겨놓고 싶다. "전쟁의 기술은 과학이다. 철저히 계산되고 고려되지 않은 것은 그 어떤 것도 성공하지 못한다."

이 말은 전투뿐만 아니라 연설에도 정확히 들어맞는다. 하지만 연설을 하는 사람들이 이런 사실을 이해하고 있을까? 혹은 이해한다 하더라도 그 원칙을 지키며 행동하고 있을까? 그렇지 않다. 결단코, 전혀 그렇지 않다. 많은 연설들에서 계획이나 구성이란 것은 양고기에 감자, 양파, 당근 등 주변에서 흔한 재료를 넣어 끓이기만 하면 되는 아이리 시스튜를 만들 때 하는 정도에 불과하다.

일정한 아이디어가 있을 때 최선의, 그리고 가장 효과적인 구성이란 어떤 것이겠는가? 그 아이디어에 대해 연구하기 전에는 누구도 이 질문에 대답하지 못할 것이다. 그것은 언제나 새로운 문제이며 연설을 준비하는 사람이라면 누구나 몇 번씩 스스로 묻고 또 스스로 대답해야 하는 영원한 숙제이다. 오류가 없는 어떤 원칙은 주어지지 않는다. 하지만 우리는 여기에서 구체적인 사례를 통해 질서 정연한 구성이란 무엇을 의미하는지를 간단히 살펴볼 수 있을 것이다.

대상을 수상한 연설은 어떻게 구성되어 있는가

아래에 실린 글은 이 교육 과정을 수강한 사람이 부동산 중개인 모임 전국 연합 제13차 연례 회의에서 했던 연설이다. 이 연설은 다양한 도시에서 제출한 27개의 다른 연설들과 경쟁을 벌여 대상을 수상했다. 이 연설은 치밀하게 구성되어 있으며 명확하고 생생하며 흥미롭게 제시되어 있는 사실들로 가득 차 있다. 이 연설은 활기 있고, 속도감이 있다. 이 연설은 읽으며 연구할 만한 가치가 있다.

존경하는 의장님, 그리고 존경하는 회원 여러분.

144년 전, 이 위대한 나라 미합중국은 내가 사는 도시 필라델피아에서 탄생했습니다. 그러므로 이런 역사적인 기록을 갖고 있는 도시에 그 강한 미국 정신이 있고, 그 정신이 이 도시를 이 나라에서 가장 큰 산업 중심지로 만들었을 뿐 아니라 전 세계에서 가장 커다란, 그리고 가장 아름다운 도시 가운데 하나로 만들었다는 사실은 너무나 자연스러울 따름입니다.

필라델피아에는 거의 2백만에 육박하는 인구가 있으며, 밀워키와 보스턴, 그리고 파리와 베를린을 모두 합친 것과 비슷한 크기의 넓은 땅이 있습니다. 또한 130평방마일에 달하는 영토 가운데 8천 에이커에 이르는 가장 좋은 땅을 내놓아 아름다운 공원과 광장, 거리를 만들었으며, 그럼으로써 지역 주민들에게 휴식과 놀이를 위해 적당한 공간, 즉 모범적인 미국인라면 누구나 누려야 할 제대로 된 환경을 제공하고 있습니다.

회원 여러분, 필라델피아는 넓고 깨끗하며 아름다운 도시일 뿐만 아니라 세계의 대규모 공장으로 어디에서나 알려져 있습니다. 이곳이 세계의 공장으로 알려져 있는 이유는 우리가 9,200개의 산업 시설에 40만 명에 달하는 산업 역군을 보유함으로써 근로일 기준으로 매 10분마다 10만 달러의 가치가 있는 유용한 상품을 생산하는 데 있습니다. 또한 어느 유명한 통계학자의 말대로 미국 내에는 양모와 가죽 제품, 편물, 직물, 펠트 모자, 하드웨어, 공구, 축전지, 강선(鋼船) 및 기타 수많은 품목의 생산에서 필라델피아에 필적할 만한 도시가 없기 때문입니다. 우리는 밤낮 가리지 않고 두 시간에 한 대씩 철도 차량을 만들어내고 있으며, 이 위대한 국가의 국민 절반 이상이 필라델피아에서 만든 시내 전차를 타고 다닙니다. 우리는 매분 천 개의 시가를 생산해내며, 지난해에 우리 시에 있는 115개의 양말 공장에서는 남녀노소를 불문하고 우리나라의 모든 국민 1인당 2켤레의 스타킹을 생산해냈습니다. 우리는 영국과 아일랜드의 생산량을 합친 것보다 더 많은 카펫과 러그를 생산합니다. 사실상 우리의 총체적인 상공업 규모는 너무나 거대합니다. 370억 달러에 달한 지난해 우리의 어음 교환액은 미국 전체의 자유공채를 남김 없이 갚을 수 있는 금액입니다.

하지만 회원 여러분, 우리가 이룬 놀라운 산업 발전이 매우 자랑스럽지만, 그리고 우리나라에서 가장 큰 의료, 예술, 직업 중심지 가운데 하나임을 자랑스럽게 여기지만, 무엇보다도 우리는 필라델피아에 전 세계 그 어느 도시보다 더 많은 단독주택이 있다는 사실을 훨씬 더 자랑스럽게 생각합니다. 필라델피아에는 39만 7천 채의 단독주택이 있는데, 이 주택들을 너비가 7.5미터가 되도록 한 줄로 나란히 늘어놓는다면 필라델피아에서부터 캔자스에 있는 이 컨벤션 홀을 통과하여 덴버에 이르기까지 총 1,881마일에 달할 정도로 긴 줄이 될 것입니다.

그러나 제가 회원 여러분의 특별히 관심을 가져주기를 원하는 것은 이런 주택들 수만 채를 우리 도시의 노동자들이 소유 혹은 거주하고 있다는 사실입니다. 한 사람이 자신이 살고 있는 땅과 머리 위의 지붕을 소유하고 있을 때, 사람들을 사회주의나 볼셰비즘이라고 알려진 수입된 질병에 걸리게 만드는 IWW, 즉 세계산업노동자동맹과 같은 논쟁은 발생하지 않습니다.

필라델피아는 '유럽의 혼란'이 자리 잡기 좋은 땅이 아닙니다. 왜냐하면 우리의 가정, 우리의 교육제도, 우리의 거대 산업은 우리 시에서 탄생한 진정한 미국 정신에 의해 만들어졌으며 우리 선조들의 유산이기 때문입니다. 필라델피아는 이 위대한 나라의 어머니 도시이며 미국 자유의 발상지입니다. 필라델피아는 최초로 미국 국기가 만들어진 도시이고, 제1차 미합중국 대륙회의가 열린 도시이자 독립선언문 서명이 이루어진 도시이며, 미국에서 가장 사랑 받는 유물인 자유의 종이 수만 명의 남자와 여자, 어린이들의 가슴을 뛰게 하던 도시입니다. 그러므로 우리에게는 신성한 임무, 즉 황금 송아지를 경배하는 것이 아니라 미국 정신을 전파하고 자유의 불꽃이 계속 타오르게 만드는 신성한 임무가 있다고 우리는 믿습니다. 그럼으로써 하느님의 허락하에, 워싱턴과 링컨, 그리고 시어도어 루스벨트 정부는 전 인류에게 정신적인 영감이 될 것입니다.

이 연설을 분석해보자. 이 연설이 어떻게 구성되어 있으며, 어떻게 효과를 획득하는지 살펴보자. 우선, 이 연설에는 시작과 결말이 있다. '친애하는 독자 여러분.' 이것은 정말 보기 드문 장점이다. 여러분이 생각하는 것보다 훨씬 보기 드문 장점이다. 이 연설은 구체적인 데서 시작한다. 날개를 펼친 기러기처럼 그곳으로 곧장 간다. 꾸물대지 않는다. 잠시도 시간을 낭비하지 않는다.

그리고 참신하고, 독창적이다. 이 연사는 다른 연사들이 자기 도시에 대해서 말하지 못할 그런 사실을 말하는 것으로 시작한다. 다시 말해 그는 자신이 사는 도시가 미국 전체의 탄생지임을 지적하는 것으로 시작한다.

그는 필라델피아가 지구상에서 가장 크고, 가장 아름다운 도시 가운데 하나라고 말한다. 하지만 이 진술은 일반적이고, 진부하다. 이것만으로는 어느 누구에게도 그다지 인상적이지 않다. 연사는 이런 점을 알고 있었다. 그래서 그는 필라델피아에는 '밀워키와 보스턴, 그리고 파리와 베를린을 모두 합친 것과 비슷한 크기의 넓은 땅이 있다'고 말함으로써 청중들이 도시의 규모를 시각화할 수 있도록 도와준다. 이것은 명확하며, 구체적이다. 흥미를 끈다. 놀랍다. 시선을 모은다. 통계치를 한 장 가득 제시하는 것보다 이 표현이 더 명확한 인식을 갖게 한다.

그런 다음 그는 필라델피아가 '세계의 대규모 공장으로 어디에서나 알려져 있다'고 단언한다. 과장으로 들린다. 그렇지 않은가? 선전 문구 같다. 여기서 만일 다음 주장으로 바로 넘어갔다면 아무도 믿지 않았을 것이다. 하지만 그는 그러지 않았다. 그는 잠깐 멈춰 '양모와 가죽 제품, 편물, 직물, 펠트 모자, 하드웨어, 공구, 축전지, 강선(鋼船)' 등 필라델피아가 세계를 선도하고 있는 품목을 열거한다. 그러자 이제는 그다지 선전 문구 같아 보이지는 않는다. 그렇지 않은가?

"필라델피아는 밤낮 가리지 않고 두 시간에 한 대씩 철도 차량을 만들어내고 있으며, 이 위대한 국가의 국민 절반 이상이 필라델피아에서 만든 시내 전차를 타고 다닙니다."

이 말을 듣고 우리는 이런 생각을 하게 된다. '흠, 이런 사실은 몰랐는걸. 어쩌면 내가 어제 시내에 가면서 탔던 시내 전차도 그런 전차 가운데 하나일지도 모르겠군. 내일은 잘 살펴보고 우리 시는 어디서 전차를 사오는지도 알아봐야겠군.'

"매분 천 개의 시가를 …… 남녀노소를 불문하고 우리나라의 모든 국민 1인당 2켤레의 스타킹 ……."

이 말에서 우리는 더욱 강한 인상을 받는다. '어쩌면 내가 좋아하는 시가도 필라델피아에서 만든 것일지도 모르겠군. 그리고 내가 신고 있는 이 양말도 …….'

이 다음에 연사가 말하는 건 무엇인가? 맨 처음에 얘기했던 필라델피아의 크기에 관한 주제로 돌아가서 잊고 말하지 못한 몇 가지 사실을 다시 전달하는 것? 아니다, 결코 아니다. 그는 한 가지 주제를 끝까지 물고 늘어져서 완결을 지은 다음에는 결코 다시 그 주제로 돌아가지 않는다. 이 점에 대해서는 이 연사에게 당연히 감사하지 않을 수 없다. 마치 저녁 무렵의 박쥐만큼이나 종잡을 수 없게, 한 주제에서 다른 주제로 훌쩍 넘어갔다가 다시 되돌아오는 연사만큼 우리를 혼란스럽고 당황하게 만드는 게 또 어디 있겠는가? 그럼에도 불구하고 많은 연사들이 이런 실수를 범하고 있다. 그들은 자신이 하고 싶은 얘기를 1, 2, 3, 4, 5와 같이 순서대로 말하는 대신에, 미식축구 팀 주장이 작전을 지시할 때 번호를 부르듯 27, 34, 19, 2와 같은 순서로 말을 한다. 아니, 그보다 훨씬 더 안 좋다. 27, 34, 27, 19, 2, 34, 19 이런 순서로 하니까 말이다.

하지만 이 연사는 정해진 시간표대로 곧장 앞으로 달려간다. 빈둥거리지도 않고, 되돌아서지도 않으며, 왼쪽이나 오른쪽으로 빗나가지도 않는다. 꼭 자신이 언급한 철도 차량처럼 움직인다.

그런데 그 뒷부분에서 그는 자신의 전체 연설 가운데 가장 약한 부분을 드러낸다. 그는 '필라델피아는 우리나라에서 가장 큰 의료, 예술, 직업 중심지 가운데 하나'라고 단언한다. 그는 이렇게 언급할 뿐이다. 그러고는 서둘러 다른 주제로 넘어간다. 이 구절에 생동감을 부여하고, 생생하게 만들고, 기억에 남도록 만들기 위해 단 열두 단어를 썼을 뿐이다. 예순다섯 개의 단어로 되어 있는 문장 속에 묻혀 있는, 가라앉아 있는 열두 단어, 이걸로는 되지 않는다. 될 리가 없다. 인간의 정신은 강철로 된 올무의 철사처럼 기계적으로 작동하는 게 아니다. 그가 이 구절의 사실을 밝히는 데 쓴 시간이 너무 적었을 뿐 아니라 지나치게 일반적이고 모호하며, 그 자신이 그다지 중요하게 생각하지 않는다는 느낌을 주기 때문에 듣는 사람에게 미치는 영향은 제로에 가깝다. 그는 어떻게 해야 했을까? 그는 필라델피아가 세계의 공장이라는 사실을 확립할 때 사용한 것과 똑같은 기법을 사용해서 이 구절의 사실을 확립할 수 있다는 것을 잘 알고 있었다. 그는 분명 알고 있었다. 그는 또한 연설을 하는 동안 스톱워치로 자신의 시간을 재고 있었고, 자신에게 주어진 시간이 정확히 5분이며 1초도 넘기지 못한다는 사실도 잘 알고 있었다. 그래서 이 구절을 간략하게 하지 않으면 다른 어딘가를 간략하게 처리할 수밖에 없었다.

"필라델피아에는 전 세계 그 어느 도시보다도 더 많은 단독주택이 있다." 그의 주제에서 이 사실을 인상적이고 설득력 있게 만들기 위해 그는 어떤 방법을 쓰고 있을까? 우선, 그는 39만 7천이라는 숫자를 제시한다. 둘째로 그는 그 숫자를 시각화한다. "이 주택들을 너비가 7.5미터가 되도록 한 줄로 나란히 늘어놓는다면 필라델피아에서부터 캔자스에 있는 이 컨벤션 홀을 통과하여 덴버에 이르기까지 총 1,881마일에 달할 정도로 긴 줄이 될 것입니다."

청중들은 그가 이 문장을 다 말할 때쯤이면 앞에 말한 숫자를 잊어버렸을지도 모른다. 하지만 그가 예로 든 이미지마저 잊어버릴까? 그것을 잊는 것은 거의 불가능에 가까울 것이다.

딱딱한 사실 관계에 대해서는 이만하기로 하자. 사실 이 연설의 유창함은 사실 관계에 의해 만들어진 게 아니다. 이 연사는 서서히 고조되면서 클라이맥스에 이르러서 심금을 울리고 감정을 움직이게 만들기를 원했다. 이제 마지막 직선코스에 이른 연사는 감정 문제를 꺼내 든다. 집을 소유하고 있다는 것이 그 도시의 정신에 어떤 의미인지를 말한다. 그는 '유럽의 혼란, 즉 사회주의나 볼셰비즘이라고 알려진 수입된 질병'을 비난한다. 그리고 그는 필라델피아가 '미국 자유의 발상지'라고 찬양한다. 자유! 마법의 단어, 감정으로 충만한 단어, 수백만 명의 사람들이 자신의 목숨을 바쳐 지키고자 했던 어떤 정서! 이 구절은 그 자체로 훌륭하다. 하지만 그것을 청중들이 가슴속으로 소중하게, 신성하게 여기는 역사적 사건과 기록에 대한 구체적인 언급을 통해 강화시킨 점은 그보다 천 배나 더 좋다. "필라델피아는 최초로 미국 국기가 만들어진 도시이고, 제1차 미합중국 대륙회의가 열린 도시이자 독립선언문 서명이 이루어진 도시이며 …… 자유의 종 …… 미국 정신을 전파 …… 자유의 불꽃이 계속 타오르게 만드는 신성한 임무 …… 하느님의 허락 하에, 워싱턴과 링컨, 그리고 시어도어 루스벨트 정부는 전 인류에게 정신적인 영감이 될 것입니다." 이것이야말로 진정한 클라이맥스다!

이 연설의 구성에 대해서는 이 정도로 끝내자. 그런데 비록 구성의 관점에서는 감탄할 만하긴 하지만 만일 아무런 기백도 없이, 생기도 없이 조용한 방식으로 연설을 했다면 이 연설은 실패하면서 쉽게 별볼일 없는 것이 되었을지도 모른다. 하지만 연사는 구성을 한 그대로, 그러니까 깊디깊은 진심에서 우러나오는 감정과 열정을 담아서 연설을 했다. 이 연설이 대상으로 선정되어 시카고 컵을 받았다는 게 전혀 이상한 일이 아니다.

콘웰 박사가 연설을 준비한 방법

이미 얘기한 것처럼 어떻게 하면 구성을 가장 잘할 수 있는가라는 문제를 해결해주는 데 오류가 없는 규칙 따위는 없다. 모든 연설, 아니 과반수 이상의 연설에 들어맞을 만한 설계나 구조, 혹은 지도 같은 것은 없다. 다만 여기에서는 몇몇 경우에 유용한 연설 구성 몇 개를 제시해보고자 한다. 널리 알려진 『다이아몬드의 땅』이라는 책의 저자인 러셀 H. 콘웰은 언젠가 내게 다음의 순서대로 수많은 연설을 구성했다고 말한 적이 있다.

1. 말하고자 하는 사실을 제시하라.
2. 사실로부터 논지를 발전시켜라.
3. 행동에 호소하라.

이 교육 과정에 참여한 많은 학생들은 다음의 구성이 상당한 도움과 자극이 됨을 확인했다.

1. 잘못된 것을 제시하라.
2. 잘못을 어떻게 고칠지 제시하라.
3. 협조를 구하라.

이를 다른 식으로 표현해보면 다음과 같다.

1. 여기에 개선이 필요한 상황이 있다.
2. 이 문제에 대해 우리는 이러저러하게 대응해야 한다.
3. 이것을 위해서 여러분은 이렇게 도와야 한다.

이 교육 과정의 15장은 '행동을 이끌어내는 법'이라는 제목이 붙어 있는데, 거기에는 또 다른 연설 구성이 들어 있다. 그 부분을 요약해서 말하면 다음과 같다.

1. 관심을 유도하라.
2. 신뢰를 받을 만한 자격을 갖추라.
3. 전하고자 하는 사실을 제시하고, 그 주장의 장점을 이해시켜라.
4. 사람들로 하여금 행동하게 만드는 동기에 호소하라.

관심이 있는 사람은 지금 15장을 펴서 이 구성을 상세히 살펴보기 바란다.

베버리지 상원의원이 연설을 준비한 방법

상원의원 앨버트 J. 베버리지는 『대중 연설법』이라는 아주 짧으면서도 대단히 실용적인 책을 썼다. 이 유명한 정치 운동가는 이렇게 말한다.

연사는 자신의 주제에 관해 통달하고 있어야 한다. 이 말은 모든 사실들을 수집하고, 정리하고, 연구하고, 내용을 충분히 소화하고 있어야 함을 의미한다. 데이터뿐만이 아니라 소재 또한 모든 면에서 그래야 한다. 그리고 그것들이 단지 추정이나 확인되지 않은 주장이 아니라 확실하게 사실임을 확인해야 한다. 아무것도 당연히 받아들이지 말라.

따라서 모든 항목을 검토하고 확인하라. 이것은 힘든 조사 과정이 될 것임에 틀림없다. 하지만 그래서 어떻단 말인가? 당신은 지금 동료 시민들에게 정보를 제공하고, 교육하고, 충고를 하겠다고 나서지 않았는가? 당신은 당신 자신을 권위자라고 내세우고 있는 것 아닌가?

어떤 문제에 관해 사실들을 수집하고 정리한 다음에는 그 사실들에서 도출되는 해법에 관해 당신 스스로 철저히 검토하라. 그렇게 함으로써 당신의 연설은 독창성과 당신 고유의 강력함을 가지게 될 것이다. 생명력이 넘치고 강력하게 될 것이다. 그 안에 당신이 들어 있게 될 것이다. 그런 뒤에 가능하면 명확하고 논리적으로 당신의 생각을 기록하라.

이를 다르게 표현해본다면, 사실의 양면을 제시하고, 그런 다음 그 사실들에서 명확하고 구체적으로 떠오른 결론을 제시하라.

우드로 윌슨의 요지 구성법

우드로 윌슨에게 그가 자주 쓰는 연설 준비 방법에 관해 물었더니 그는 이렇게 대답했다. "나는 우선 내가 다루고 싶은 소재를 나열하고 마음속에서 그것들의 자연스런 관계를 정리하는 것으로 시작합니다. 그러니까 요지를 구성하는 것이지요. 그리고 나서 그것을 빠르게 기록합니다. 나는 항상 속기하는 습관을 갖고 있었습니다. 시간이 아주 많이 절약되니까요. 그런 다음 속기한 내용을 타이핑하면서 구절도 바꾸고 문장도 수정하고 소재도 추가합니다."

루스벨트는 자신만의 독특한 루스벨트식 방법으로 연설을 준비했다. 그는 우선 모든 사실을 찾아내어 하나씩 살펴보고 평가해서 사실 관계를 결정한 후 흔들리지 않을 정도의 확신을 가지고 자신의 결론에 도달했다.

그런 뒤 종이를 가져오게 해서 받아 적도록 했는데, 그럴 때에는 상당히 빠른 속도로 구술을 함으로써 연설문 속에 속도감과 즉흥성, 그리고 살아 있는 듯한 느낌이 들도록 만들었다. 그리고 나서 타이핑된 원고를 보면서 수정하거나 삽입 또는 삭제하면서 연필 자국으로 종이를 채운 뒤 전체를 다시 구술했다. 그는 이렇게 말했다. "나는 많은 수고를 들여 최선의 판단을 하고, 오래전에 미리 주의 깊게 계획하고 작업하지 않고서 어떤 결과를 만들어낸 적이 한 번도 없다."

때로는 비판자들을 불러들여서 구술을 할 때 듣게 하거나 혹은 직접 그 사람들에게 읽어주었다. 그는 자신이 한 말이 현명한지에 대해 그들과 토론하는 것은 사양했다. 내용에 대한 그의 생각은 확고해서 돌이킬 수 있는 여지가 없었다. 그가 듣고자 한 것은 무엇을 말한 것인지가 아니라 어떻게 말해야 하는가였다. 몇 차례나 그는 타이핑한 원고를 가감하고 수정하면서 손을 보았다. 신문에 실린 연설문은 이런 과정을 거쳐 나온 연설문이었다. 물론 그는 연설문을 외우지 않았다. 그는 즉흥적으로 연설했다. 그래서 종종 그가 실제로 한 연설은 신문에 실린 깔끔한 연설문과는 약간 차이가 있었다. 하지만 구술을 하고 수정하는 작업은 무척 훌륭한 준비 과정이었다. 이런 과정을 통해 그는 자신의 소재에 익숙해지고 전달하려는 요지에 맞게 순서대로 정리할 수 있었다. 또한 다른 어떤 과정을 통해서도 얻기 어려운 매끄러움과 확실성, 그리고 세련미가 이런 과정을 통해 획득되었다.

올리버 로지 경은 내게 연설문을 구술하는 것, 빠르면서도 내용을 담아서 구술하고 마치 실제로 청중에게 연설하듯 구술하는 것이 매우 뛰어난 준비와 연습 수단이 된다는 것을 발견했다고 말했다.

이 교육 과정에 참여한 많은 수강생들은 녹음기에 대고 자신들 스스로 연설한 다음 그것을 다시 듣는 과정에서 상당한 깨우침을 얻는 것을 알게 되었다. 깨우침을 얻는다? 그렇긴 하다. 하지만 염려스럽게도 때로는 환상이 깨지며 벌을 받는 과정이 되기도 한다. 이것은 대단히 유익한 훈련이다. 적극 추천한다.

여러분이 전달하고자 하는 것을 실제로 써보는 이런 연습은 여러분으로 하여금 생각하지 않을 수 없도록 한다. 이 방법은 여러분의 생각을 명료하게 만들어준다. 그리고 기억에 각인시킨다. 여러분의 지적인 방황을 최소화시킨다. 또한 여러분의 어휘력을 증진시킨다.

벤자민 프랭클린의 옛날이야기 활용법

벤자민 프랭클린은 그의 자서전에서 자신이 어떻게 어휘력을 증진시켰는지, 어휘 활용 능력을 어떻게 계발했는지, 생각을 정리하는 방법을 스스로 어떻게 익혔는지에 대해 밝히고 있다. 그의 생을 기록한 이 책은 문학 고전이지만 여타의 고전들과는 다르게 읽기 편하면서도 철저히 즐길 수 있도록 되어 있다. 이 책은 평이하고 직설적인 영어의 전범(典範)에 가깝다. 비즈니스맨이라면 누구나 이 책을 재미있게 읽을 수 있고 또 거기서 배우는 점도 있을 것이다. 독자 여러분이 좋아하기를 기대하며 그 책 가운데 일부를 선정하여 아래에 싣는다.

이 무렵 나는 우연히 정치 주간지인 〈스펙테이터〉한 권을 보게 되었다. 제3호였다. 그때까지는 한 번도 그 책을 본 적이 없었다. 나는 그 책을 사서 몇 번이나 읽고 또 읽으며 거기서 커다란 즐거움을 느꼈다. 그 책의 글은 매우 뛰어나 보였고 나는 가능하다면 그 글을 모방하고 싶었다. 이런 생각으로 나는 종이를 갖다가 각 문장의 개요에 대해 짧은 메모를 하고는 며칠 동안 놔두었다. 그러고는 책을 보지 않고 그 문장들을 완성시키려고 노력했다. 메모된 각각의 요지를 상세히 표현하고 적합하다고 여겨지는 단

어느 뭐든지 사용해서 전에 표현되어 있던 것만큼 충분히 표현하려고 했다. 이렇게 한 다음 내가 쓴 스펙테이터를 원래의 책과 비교해보고 내가 잘못한 부분을 찾아내서 교정했다.

하지만 나는 만일 내가 운문 짓는 법을 훈련해놓았더라면 그 이전에 많은 단어를 알고 있었을 것이고, 또 그 단어들을 자유자재로 불러내서 사용할 수 있는 능력을 갖추고 있었을 것이라는 점을 깨달았다. 왜냐하면 같은 뜻을 지니면서도 강약을 맞추기 위해서 길이가 다른 단어를 찾거나 운을 맞추기 위해 소리가 다른 단어를 끊임없이 찾아야 하는 일은 나로 하여금 항상 다양함을 추구하게 만들었을 것이기 때문이다. 또한 그런 다양함을 확실하게 익힘으로써 그와 같은 일에 능숙하게 되었을 것이기 때문이다.

그래서 나는 가끔씩 옛날이야기 가운데 일부를 골라 운문으로 만들고 어느 정도 놔두었다가 원래의 산문을 완전히 잊을 때쯤 그 운문을 다시 산문으로 만들었다. 때로는 적어놓은 메모를 아무렇게나 섞어놓고 몇 주를 보낸 다음 내가 보기에 가장 좋은 순서가 되도록 추려내서 완벽한 문장을 만들고 글을 완성했다. 이것은 나 스스로에게 생각을 가다듬는 방법을 가르치기 위한 것이었다. 내 작업물을 나중에 원본과 비교하면서 나는 많은 잘못을 발견해서 개선했다. 하지만 때로는, 그리 중요하지 않은 사소한 부분에서, 운 좋게도 더 나은 글을 썼다고 느낄 때도 없지는 않았다. 이럴 때면 나도 언젠가는 내가 그렇게 바라 마지않는 괜찮게 영어 문장을 쓰는 사람이 되는 날이 오지 않을까 하는 희망을 강하게 품곤 했다.

메모를 정리하고 선별하라

앞에서 여러분은 메모를 하라는 조언을 들었다. 여러분이 갖고 있는 다양한 생각과 사례들을 종이에 적은 다음 그것들을 가지고 놀이를 하라. 하나씩 분류해 서로 연관이 있는 것들끼리 모아놓아라. 이렇게 모은 묶음들이 대략 여러분이 할 연설의 주요 내용이 되어야 한다. 그 묶음들을 더 작은 단위로 나누어라. 쭉정이는 날려버리고 일등품의 알곡만 남겨놓아라. 때로는 그 알곡조차도 일부는 사용하지 않고 구석에 처박아놓아야 한다. 제대로 작업을 한 사람이라면 누구든 자신이 수확한 재료 가운데 일부밖에는 사용하지 못한다.

연설문이 만들어질 때까지 이런 수정 작업을 결코 멈추지 말아야 한다. 심지어 연설문이 만들어진 후에도 이런 내용을 넣고, 이렇게 개선하고 다듬었어야 하는데 하는 생각을 하게 될 가능성이 높다.

좋은 연사라면 대개는 연설을 마치고 나서 다음과 같은 네 종류의 연설이 있음을 보게 된다. 하나는 자신이 준비한 연설이고, 다른 하나는 그가 실제로 전달한 연설이며, 또 다른 하나는 그가 연설했다고 신문에 난 연설이며, 마지막 하나는 집으로 돌아가는 길에 이런 식으로 할 걸 하고 후회하는 연설이다.

연설할 때 메모를 활용해야 할까

링컨은 비록 즉흥 연설에 대단히 뛰어난 인물이었지만 대통령이 된 후 주의 깊게 미리 작성하지 않은 연설은 한 번도 한 적이 없다. 심지어는 각료들을 대상으로 비공식적인 연설을 할 때도 마찬가지였다. 물론 대통령 취임 연설 시에는 당연히 연설문을 읽어야만 했다. 이런 종류의 정부 공식 문서의 구체적인 어구들은 즉흥적으로 하기에는 너무 큰 중요성을 띠고 있었다. 하지만 그 이전 일리노이에서 지낼 적에는 연설할 때 메모조차 사용하는 법이 없었다. '메모는 언제나 청중을 피곤하게 하고 혼란스럽게 만드는 경향이 있다'고 그는 말했다.

링컨이 그렇다면 과연 우리들 가운데 이 말을 반박할 수 있는 사람이 누가 있겠는가? 메모는 연설에 대한 흥미를 반감시키지 않는가? 연사와 청중 간에는 소통의 느낌, 즉 친밀감이 반드시 존재해야 하는데, 메모는 이런 소중한 느낌이 생기지 못하게 하지 않는가? 메모는 일종의 작위적이라는 느낌이 들게 하지 않는가? 메모는 청중으로 하여금 '연사라면 반드시 갖고 있어야 할 자신감, 혹은 여분의 능력을 갖고 있구나' 하는 신뢰를 갖지 못하게 하지 않는가?

다시 한 번 말하지만 준비를 할 때는 기록을 하라. 그것도 공들여서 충분하게 메모를 하라. 혼자서 연설을 연습할 때라면 메모지가 보고 싶을지도 모르겠다. 청중을 앞에 두고 있을 때도 주머니에 메모지를 넣어 두면 마음이 더 편해질지도 모른다. 하지만 그것들은 기차의 침대 차량에서 쓰는 망치와 톱, 도끼처럼 비상 도구라야 한다. 전복이나 파손 등 죽음이나 재난의 위협을 당한 경우에만 사용해야 한다.

만일 굳이 메모를 사용하고 싶다면, 커다란 종이 한 장에 커다란 글씨로 짧게 작성하라. 그러고는 여러분이 연설을 하기로 되어 있는 장소에 미리 도착해서 단상 위에 있는 책들 사이에 그것을 숨겨놓아라. 꼭 봐야 할 때 얼른 보되, 이 약점을 청중에게 최대한 들키지 않도록 하라. 존 브라이트는 메모지를 자신 앞에 걸어놓는 커다란 모자 안에 숨겨두곤 했다.

이렇게 말을 하긴 했지만 메모지를 이용하는 것이 현명할 때가 있다. 예를 들어 연설을 몇 번 해보지 않은 사람들 가운데는 너무 긴장하고 자의식에 넘친 나머지 준비한 연설이 하나도 떠오르지 않는 사람들도 있다. 그 결과는? 엉뚱한 곳으로 접어든다. 그동안 공들여 준비한 내용을 다 잊어버리고 바른 길에서 벗어나 늪지에 빠져 버둥거린다. 이런 사람들은 연설이 익숙해질 때까지는 아주 짧게 요약된 메모지를 손에 들고 있는 게 낫지 않을까? 아이들은 맨 처음 걸음마를 배울 때 가구와 같은 뭔가를 잡고 일어선다. 하지만 그런 기간은 그리 길지 않다.

연설문을 일일이 외우지 말라

연설문을 글자 그대로 읽거나 일일이 외우려고 하지 말라. 시간만 걸리고 실패를 초래할 뿐이다. 이렇게 경고했음에도 불구하고 이 글을 읽는 독자 가운데는 이와 같은 방법을 시도하는 사람들이 있을 것이다. 그럴 경우 청중 앞에 섰을 때 그 사람들은 과연 무슨 생각을 할까? 자신들이 하고 싶은 말에 대해서? 아니다. 그들은 정확한 어구를 떠올리려고 노력할 것이다. 인간의 정신이 대개 작동하는 것과는 정반대로, 즉 앞으로가 아니라 뒤쪽으로 생각을 진행한다. 이때 전체적으로 보여지는 인상은 딱딱하고 차갑고 아무런 개성도 없고 비인간적이다. 바라건대 이런 무익한 일로 시간과 정력을 낭비하지 말라.

중요한 사업상의 만남을 앞두고 있을 때 여러분은 책상 앞에 앉아서 앞으로 해야 할 말을 일일이 외우는가? 그러는가? 물론 그렇지 않을 것이다. 여러분은 핵심적인 내용이 명확히 정리될 때까지 숙고한다. 약간의 메모를 할 수도 있고 서류를 뒤져볼 수도 있다. 그러고는 이런 생각을 한다. '이런 점과 저런 점을 제시해야 하겠다. 이런 일을 해야 하는데, 이유는 이런 게 있다고 해야 하겠다……' 그러고는 이유를 정리하고 거기에 구체적인 사례들을 덧붙인다. 여러분이 사업상의 만남을 준비하는 방식은 이러하지 아니한가? 연설을 준비할 때도 이와 같은 상식적인 방법을 사용하는 게 어떻겠는가?

애퍼매턱스의 그랜트 장군

리 장군이 항복 조건을 적어달라고 요청했을 때 북부 연합군의 수장이던 그랜트 장군은 파커 장군을 돌아보며 펜과 종이를 달라고 했다. 그랜트 장군은 자신의 『자서전』에서 이를 이렇게 기록하고 있다. "펜을 들어 항복 조건을 적을 때 어떤 말을 사용해야 할지 나는 전혀 모르고 있었다. 내가 아는 것은 오로지 내 생각뿐이었으므로 나는 오해의 여지가 없을 정도로 내 생각을 명확하게 표현하고자 했다."

그랜트 장군은 자신이 무슨 말을 해야 할지 몰랐다 하더라도 그는 자신의 생각을 갖고 있었던 것만으로도 충분했다. 그는 확신이 있었다. 그리고 간절히 그리고 명확하게 말하고 싶은 것이 있었다. 이런 결과 의식적으로 노력하지 않아도 그랜트가 자주 쓰는 구절들이 저절로 튀어나왔다. 다른 사람들의 경우도 이와 마찬가지다. 믿기 어렵다면 한번 길거리 청소부 한 사람을 때려 눕혀보라. 벌떡 일어선 그가 무슨 말을 해야 할지 몰라 더듬거리는 일 따위는 전혀 없을 테니까.

지금으로부터 2천년 전, 호라티우스는 이렇게 적었다.

어떻게 말할까 궁리하지 말고 오직 사실과 생각을 추구하라.
말은 찾지 않아도 저절로 넘쳐날 것이다.

생각을 완전히 정리한 다음에는 연설을 처음부터 끝까지 구현해보라. 거리를 걷거나 차나 엘리베이터를 기다리는 동안 조용히, 마음속으로 연습하라. 일을 끝내고 혼자 방에 있게 되었을 때는 큰 목소리로, 몸짓을 섞어가며 생명과 열정을 담아서 연설해보라. 캔터베리의 카논 녹스 리틀은 성직자가 같은 설교를 열 번 이상은 해야 비로소 거기서 진짜 메시지를 전할 수 있게 된다고 말하곤 했다. 그렇다면 여러분은 적어도 그 정도의 연습을 하지 않고 연설을 통해 진짜 메시지를 전할 수 있기를 바라는 게 가능한 일이겠는가? 연습을 할 때는 여러분 앞에 진짜로 청중이 있다고 상상하라. 이런 상상을 정말 실감나게 한다면 여러분 앞에 실제로 청중이 있을 때 여러분은 그 상황을 이미 겪은 일인 것처럼 자연스럽게 여겨질 것이다. 수많은 범죄자들이 교수대로 향하면서도 허풍을 떨 수 있는 것은 바로 이런 이유 때문이다. 즉, 그들은 이미 상상 속에서 수천 번이나 그런 상황을 그려왔기 때문에 두려움이 사라진 것이다. 실제로 처형 당하는 순간이 그들에게는 마치 예전에 몇 번이나 겪었던 일처럼 여겨진다.

농부는 링컨이 '엄청 게으르다'고 여겼다는데

이런 식으로 연설을 연습하는 것은 많은 유명한 연설가들이 보여준 선례를 충실히 따르는 길이다. 로이드 조지는 고향 웨일스에 있는 토론 모임의 회원이던 시절, 종종 시골길을 따라 걸으면서 나무와 울타리를 상대로 몸짓을 섞어가며 연설을 하곤 했다.

젊은 시절 링컨은 브레켄리지와 같은 유명한 연설가의 연설을 듣기 위해 왕복 30~40마일가량 되는 거리를 걸어 다니곤 했다. 연설 장면을 보고 오는 날이면 그는 너무나 흥분하여 연설가가 되고 말겠다는 굳은 결심을 했다. 그래서 종종 들판에서 일하던 다른 일꾼들을 불러모아서는 그루터기 위에 올라가 그들에게 연설을 하기도 하고 얘기를 늘어놓기도 했다. 그러자 고용주는 화가 나서 "이 촌구석의 키케로 녀석은 엄청 게으른 놈이며 농담과 연설로 다른 일꾼들을 망쳐놓고 있다"고 소리쳤다.

영국의 총리였던 애스퀴스는 옥스포드에 있는 학생 토론 모임에 적극적으로 참여하면서 처음 연설 솜씨를 익혔다. 그리고 그는 후에 자신이 직접 토론 모임을 창설했다. 우드로 윌슨도 토론 모임에서 연설하는 법을 익혔다. 헨리 워드 비처나 위대한 에드먼드 버크 역시 마찬가지이다. 노벨 평화상을 받은 일라이휴 루트는 뉴욕 23번가에 있는 YMCA에서 열리는 문학 모임에서 연설 실력을 길렀다.

유명한 연설가들의 경력을 들여다보면 여러분은 그들 모두에게 공통

된 한 가지 사실, 즉 그들은 열심히 연습했다는 사실을 발견하게 될 것이다. 그들은 연습했다. 그리고 지금의 교육 과정에서 가장 빠르게 실력이 향상되는 사람이 바로 가장 열심히 연습하는 사람이다.

그렇게 연습할 시간이 어디 있냐고? 그렇다면 조지프 초트가 사용했던 방식을 써보라. 그는 아침 일터로 갈 때면 조간신문 한 부를 사서 거기에 머리를 파묻었다. 그러면 아무도 방해하지 않았기 때문이었다. 그러고는 그날 실린 시시껄렁한 풍문들과 사건 기사를 읽는 대신 자신이 해야 할 연설을 구상하고 기획했다.

촌시 M. 데퓨는 철도회사 사장으로, 미국 상원의원으로 무척 바쁜 삶을 살았다. 하지만 그런 와중에도 그는 거의 매일 저녁 연설을 했다. 그는 이렇게 말한다. "나는 연설이 내 사업을 방해하게 놔두지 않았습니다. 나는 언제나 저녁 늦게 퇴근해서 집에 온 다음에야 연설을 준비했습니다."

누구든 하루에 세 시간 정도는 자신이 원하는 대로 쓸 수 있다. 다윈이 연구를 한 시간도 딱 그만큼이었다. 건강에 문제가 있었기 때문이었다. 하루 스물네 시간 가운데 세 시간, 이 시간을 현명하게 사용함으로써 다윈은 유명해졌다.

루스벨트는 대통령으로 재임하던 시절 오전 내내 짧은 인터뷰를 계속해야 하는 경우가 종종 있었다. 하지만 그는 약속 시간 틈틈이 몇 초의 여유라도 활용하기 위해 늘 책을 옆에 끼고 있었다.

만일 여러분이 너무 바빠서 시간이 부족하다면, 아널드 베넷이 지은 『하루 스물네 시간으로 살아가기』라는 책을 읽어보기 바란다. 그 가운데 백 장 정도를 뜯어내어 주머니에 넣고 짬짬이 여유가 날 때마다 읽어라. 나는 그런 식으로 이 책을 이틀 만에 읽었다. 그 책은 시간을 아끼는 법과 하루를 좀 더 효율적으로 활용하는 법을 가르쳐준다.

여러분에게는 여유와 규칙적인 작업으로부터의 변화가 필요하다. 연설을 준비하는 것은 바로 그런 것이 되어야 한다. 가능하다면 이 과정에 참여한 다른 사람들과 함께 일주일에 한 번 정도 추가적으로 만나서 연설을 연습하라. 그것이 불가능하다면 여러분의 가정에서 여러분 가족과 함께 즉흥 연설을 하는 놀이를 하라.

더글러스 페어뱅크스와 찰리 채플린이 하던 놀이

더글러스 페어뱅크스와 찰리 채플린이 충분한 여흥을 즐겨도 될 정도 수입을 벌어들였다는 것은 잘 알려진 사실이다. 하지만 그들의 부와 명성에도 불구하고 그들이 발견해낸 저녁 시간을 보내기에 가장 좋은 오락거리, 즉 가장 즐거운 방법은 다름 아닌 즉흥 연설을 하는 것이었다.

몇 주 전 〈아메리칸 매거진〉에 기고한 글을 통해 더글러스 페어뱅크스는 이런 사실을 다음처럼 밝혔다.

어느 날 저녁 우리는 가벼운 농담을 하고 있었는데 내가 저녁 식사에서 찰리 채플린을 소개하는 흉내를 냈다. 그러자 그는 자리에서 일어나서 소개에 걸맞은 인사를 해야만 했다. 그로 인해서 한 가지 게임이 생겨났고, 우리는 지금까지 2년 동안 거의 매일 저녁 그 게임을 하고 있다. 우리, 그러니까 메리 픽퍼드와 나 그리고 채플린 이렇게 세 사람이 종이 쪽지에 각각 한 가지 주제를 적는다. 그러고는 그 쪽지를 모아서 섞은 다음 각자 한 장씩 뽑는다. 어떤 단어가 뽑히건 우리들은 각자 1분 동안 그 단어를 주제로 연설을 해야 한다. 한 번 적었던 단어는 다시 적지 않는다. 바로 이 점이 이 '묘기 부리기'를 새롭게 만드는 요인이다. 그리고 적는 단어에는 온갖 종류가 다 포함된다.

언젠가 '신앙'과 '전등갓'이라는 두 개의 단어가 제시되었던 날이 생각이 난다. 그 가운데 '전등갓'이라는 단어가 내 몫이 되었기 때문에 나는 '전등갓'이라는 주제로 60초 동안 연설을 하느라 그 어느 때보다도 힘든 시간을 보냈다. 쉽다는 생각이 드는 사람은 실제로 한 번 해보라. 시작은 용감하게 한다. "전등갓에는 두 가지 용도가 있다. 하나는 불빛을 부드럽게 바꾸는 것이고, 다른 하나는 장식적인 효과를 내는 것이다." 당신이 만일 나보다 전등갓에 대해 훨씬 많이 알고 있지 않다면, 여기서 끝이다. 어쨌거나 나는 어렵게 연설을 끝냈다.

하지만 내가 말하고자 하는 요지는 이 게임을 시작한 이후 우리 세 사람이 정말 민감해졌다는 점이다. 우리는 수도 없이 많은 잡다한 주제들에 대해 상당히 많은 것을 알게 되었다. 하지만 그보다 훨씬 더 중요한 점은 우리가 어떤 주제에 대해서든 아주 짧은 시간 안에 우리가 알고 있는 지식과 생각을 결합하고 그것을 간략하게 제시하는 법을 배우고 있다는 것이다. 우리는 남들 앞에 서서 생각하는 법을 배우고 있다. '배우고 있다'고 한 이유는 우리가 아직도 이 게임을 하고 있기 때문이다. 지난 2년 동안 우리는 그 게임에 싫증 난 적이 거의 한 번도 없으며, 그것은 우리가 지금도 성장하고 있음을 의미한다.

유명 연사들의 연설 준비 방법

....

1 나폴레옹은 이렇게 말했다. "전쟁의 기술이란 과학이다. 철저히 계산되고 고려되지 않은 것은 그 어떤 것도 성공하지 못한다." 이 말은 전투뿐만 아니라 연설에도 정확히 들어맞는다. 연설은 항해이다. 미리 항해 지도를 작성해야 한다. 어딘지 모르는 곳에서 출발한 사람은 대개 어딘지 모르는 곳에 도착하기 마련이다.

2 아이디어를 어떻게 정리하고 연설을 어떻게 구성해야 하는지에 대해 어떤 경우에나 들어맞는 오류가 없는, 철갑을 두른 규칙은 존재하지 않는다. 각각의 연설에는 그 나름대로의 문제들이 있다.

3 연사가 한 가지 내용을 다룰 때는 철저히 다루어야 하고 나중에 그 내용을 다시 다루어서는 안 된다. 그런 사례로 필라델피아를 주제로 상을 받은 연설을 참고하라. 마치 저녁 무렵의 박쥐만큼이나 종잡을 수 없게, 한 주제에서 다른 주제로 훌쩍 넘어갔다가 다시 되돌아오는 모습을 보이지 말라.

4 콘웰 박사는 연설문을 만들 때 다음과 같은 구성을 사용했다.
   1) 말하고자 하는 사실을 제시하라.
   2) 사실로부터 논지를 발전시켜라.　　　3) 행동에 호소하라.

5 다음과 같은 구성도 도움이 될 것이다.
   1) 잘못된 것을 제시하라.
   2) 잘못을 어떻게 고칠지 제시하라.　　　3) 협조를 구하라.

6 훌륭한 연설 구성 예시(자세한 사항은 15장 참조)

　　1) 상대의 흥미를 끌어내라.　　2) 신뢰를 확보하라.

　　3) 자신의 경험을 제시하라.

　　4) 사람들이 행동하게 만드는 동기에 호소하라.

7 앨버트 J. 베버리지 상원의원은 이렇게 조언했다.

　　"당신이 다루는 주제의 양면에 관한 모든 사실들을 수집하고, 정리하고, 연구하고, 그 내용을 충분히 소화하고 있어야 한다. 그것들이 사실임을 분명히 증명하라. 그러고는 그 사실들에서 도출되는 해법에 대해 당신 스스로 철저히 검토하라."

8 연설을 하기 전에 링컨은 수학적 엄밀성을 가지고 결론을 내렸다. 마흔 살이 되어 의원이 된 후에 링컨은 유클리드를 공부했다. 궤변을 밝혀내고 자신의 결론을 예시하기 위해서였다.

9 루스벨트는 연설을 준비할 때 모든 사실을 확인하고 평가한 다음, 매우 빠른 속도로 구술을 하고, 그렇게 타이핑된 원고를 수정하고는 마지막으로 다시 한 번 더 구술했다.

10 가능하다면 녹음기에 대고 연설을 한 후에 들어보라.

11 메모는 청중들로 하여금 여러분이 하는 연설에 대한 관심을 반감시킨다. 메모지를 사용하지 말라. 무엇보다도 연설문을 그대로 읽지 말라. 연설문을 읽는 것을 견디고 있을 청중은 거의 없다.

12 연설문에 대한 구상과 기획을 마쳤다면 거리를 걸으며 조용히 연설을 연습하라. 또한 혼자만 있을 장소를 구해서 처음부터 끝까지 몸짓을 써가며 열광적으로 연습하라. 여러분 앞에 진짜로 청중이 있다고 생각하면서 연설하라. 이 연습을 많이 할수록 여러분이 실제로 연설을 할 순간이 되었을 때 안정된 마음을 가질 수 있다.

The Improvement of Memory

기억력 향상

"비즈니스맨에게 가장 필요한 것은 무엇이건 즉각적으로 떠올릴 수 있는 좋은 기억력이라고 말해도 과언이 아니다."

_E. B. 고윈, 『경영 능력의 계발』

"사업 면에서 가장 사람을 속상하게 하면서 또한 비싼 대가를 치러야 하는 것 가운데 하나가 건망증이다 ……. 어떤 인생 길을 걸어가고 있건 좋은 기억력은 분명히 이루 말할 수 없는 가치를 지니고 있다고 할 수 있다."

_〈새터데이 이브닝 포스트〉

"예전에 알고 있었지만 지금은 잊어버린 것을 다시 학습하느라 대부분의 시간을 보내는 사람들은 자신의 것을 유지할 뿐이지만, 한 번 습득한 것을 절대 놓치지 않는 사람은 언제나 성취하고 진보한다."

_윌리엄 제임스 교수

"내가 중요하다고 생각하는 것에 대해 연설하려고 할 때 나는 내가 청중에게 전달하려고 하는 게 무엇인지 생각해본다. 나는 사실이나 주장을 적지 않는다. 대신 두 장이나 석 장, 혹은 넉 장 정도의 종이에 머리에 떠오르는 논지와 사실들의 흐름을 메모한다. 그리고 구체적인 구절들은 연설할 때 떠오르는 것을 사용하도록 놔둔다. 때로 짧은 구절들은 정확성을 기하기 위해 기록을 해두기도 한다. 가끔씩, 거의 대부분은, 결어나 결구를 적는 게 그런 경우이다."

_존 브라이트

기 억 력   향 상

❧ 4 ❧

유명한 심리학자 칼 시쇼 교수는 다음과 같이 말한다. "보통 사람들은 자신이 실제로 물려받은 기억력의 10퍼센트도 사용하지 못한다. 우리는 기억의 자연법칙을 위반하고 90퍼센트를 낭비하고 있다."

여러분은 이런 일반적인 인간에 속하는가? 만일 그렇다면 여러분은 사회와 금전, 양면의 제약 아래서 허덕이고 있는 셈이다. 그러므로 여러분은 이 장을 읽는 데 충분히 흥미를 가질 만하고, 읽고 또 다시 읽음으로써 얻는 게 많을 것이다. 이 장은 '기억의 자연법칙'을 묘사, 설명하고 있으며 연설이나 사업에서 이 법칙을 어떻게 활용할 수 있는지 보여준다.

이 '기억의 자연법칙'은 아주 단순하다. 단지 세 개의 법칙뿐이다. 이른바 '기억 체계'라는 것들은 모두 이 법칙들에 기반을 두고 있다. 간략히 말하자면 그 세 가지는 인상, 반복, 결합이다.

좋은 기억력을 갖기 위한 첫 번째 규칙은 간직하고 싶은 대상에 대해 깊고 생생한, 지워지지 않을 '인상'을 가지라는 것이다. 그리고 그렇게 하기 위해서는 집중이 필요하다. 시어도어 루스벨트를 만나본 사람들은 누구나 그의 놀라운 기억력에 깊은 감명을 받았다. 이런 그의 놀라운 능력은 그가 물이 아니라 철판 위에 인상을 기록한다는 점에 기인한 바가 크다. 그는 반복적인 훈련을 통해 가장 열악한 상황에서도 집중할 수 있도록 자신을 단련했다. 1912년 시카고에서 열린 불 무스 당 전당대회 당시 그는 콩그레스 호텔에 대회 본부를 설치했다. 도로에는 군중이 물밀듯 밀려들어 소리치고 깃발을 흔들며 테디! 테디! 하고 외치고 있었다. 군중은 함성을 지르고 밴드는 음악을 연주했다. 많은 정치인들이 정신없이 왔다 가고 수시로 집회와 회의가 열렸다. 이 정도 상황이면 보통 사람들은 도무지 정신을 차리지 못했을 것이다. 하지만 루스벨트는 그 모든 상황을 잊은 듯 자신의 방에서 흔들의자에 앉아 그리스의 역사가 헤로도토스의 역사를 읽고 있었다. 이것은 브라질의 황량한 지역을 여행할 때도 마찬가지였다. 저녁이 되어 캠프에 도착하자마자 그는 커다란 나무 아래서 마른 곳을 찾아냈다. 그러고는 간이 의자를 꺼내 앉아 기번이 쓴 『로마제국쇠망사』를 읽기 시작했다. 그는 순식간에 책에 푹 빠져들었다. 비가 내리는 것도, 캠프의 부산한 움직임들과 소음도, 열대우림에서 들려오는 소리도 다 잊어버린 듯했다. 이런 사람이 자신이 읽은 것을 기억한다는 것은 조금도 놀라운 일이 아니다.

정신적으로 흐리멍덩한 상태에서 며칠을 멍하니 보내는 것보다 5분이라도 생생하게, 강렬하게 집중하는 것이 훨씬 나은 결과를 가져온다. 헨리 워드 비처는 이렇게 적었다. "꿈꾸듯 보내는 몇 년보다 한 시간의 집중이 더 낫다." 또한 베들레헴 철강회사의 사장으로 일 년에 백만 달러 이상을 벌어들이는 유진 그레이스는 이렇게 말한다. "내가 배운 것

가운데 다른 무엇보다도 더 중요한 것이 있다면 그것은 지금 하고 있는 일에 집중하라는 것이다. 나는 매일 어떤 상황에서라도 그렇게 하는 훈련을 한다."

이것이 기억하는 능력의 비결 가운데 하나이다.

그들은 벚나무를 볼 수 없었다

토마스 에디슨은 직원 가운데 27명이 6개월 동안 매일 그의 전구공장에서 뉴저지 주 멘로 공원에 있는 본사 공장으로 가면서 어떤 길 하나를 계속 이용한다는 사실을 발견했다. 그 길가에는 벚나무가 한 그루서 있었지만 그들 중 나무의 존재를 알고 있는 사람은 단 한 사람도 없었다.

에디슨은 이렇게 열변을 토했다. "평범한 사람의 두뇌는 눈에 보이는 것 가운데 수천 분의 일도 인식하지 못한다. 우리가 가진 인식, 진정한 인식의 능력이 얼마나 형편없는가 하는 점은 거의 믿기지 않을 정도이다."

어떤 사람을 여러분의 친구 두어 명에게 인사시킨다고 하자. 만일 그 사람이 평범한 사람이라면 2분만 지나도 소개 받은 사람의 이름을 하나도 기억하지 못할 가능성이 높다. 왜 이런 일이 생기는 걸까? 그것은 그 사람이 처음에 충분한 주의를 기울이지 않았고, 그 결과 사람들을 정확히 인식하지 못했기 때문이다. 그는 아마 자신은 기억력이 좋지 않다고 말할지도 모른다. 하지만 그런 게 아니다. 그는 다만 관찰력이 안 좋을 뿐이다. 그는 아마 안개 속에서 찍은 사진이 잘 나오지 않았다고 해서 카메라 탓을 하지는 않을 것이다. 그러면서도 자신의 정신과 관련해서는 매우 흐릿하고 불분명한 인상이 지워지지 않기를 기대한다. 당연히 그런 일은 일어나지 않는다.

〈뉴욕 월드〉를 창간한 고(故) 퓰리처 씨는 살아 있을 때 그의 편집실에서 근무하는 모든 직원들에게 그들 책상에 다음과 같은 세 단어를 적도록 만들었다.

정확성 정확성 정확성

우리에게 필요한 것이 바로 이것이다. 상대의 이름을 정확히 들어라. 이런 노력을 한시도 쉬지 말라. 이름을 다시 말해달라고 요청하라. 어떻게 쓰는지 물어보라. 그렇게 관심을 보임으로써 상대의 기분은 좋아질 뿐 아니라 여러분은 상대의 이름을 뚜렷이 기억하게 된다. 그것은 여러분이 집중함으로써 깨끗하고도 정확한 인상을 남길 수 있었기 때문이다.

링컨은 왜 큰 소리로 읽었는가

링컨은 어려서 시골 학교에 다녔다. 마룻바닥은 판자로 되어 있고 창문에는 유리 대신 습자 교본에서 찢어낸 기름 먹인 종이가 빛을 막아주고 있는 학교였다. 교과서는 단 한 권밖에 존재하지 않았기 때문에 선생님이 큰 소리로 책을 읽어주었다. 학생들은 한목소리로 선생님을 따라 반복했다. 그러다 보니 항상 시끄러웠고, 그래서 동네 사람들은 이 학교를 '시끄러운 학교'라고 불렀다.

링컨에게 평생 떨어지지 않는 한 가지 습관이 생긴 것은 바로 이 '시끄러운 학교'에서였다. 링컨은 이때부터 언제나 자신이 기억하고 싶은 것은 큰 소리로 읽었다. 매일 아침 스프링필드의 사무실에 도착하자마자 그는 볼썽사나운 긴 다리 하나를 가까운 의자에 걸친 채 소파에 드러누워서는 소리 내어 신문을 읽었다. 이에 대해 그의 동료는 이렇게 말했다. "그는 거의 참을 수 없을 정도로 내 신경을 거슬렸습니다. 한번은 왜 그런 식으로 읽느냐고 물어보았죠. 그랬더니 그는 이렇게 설명하더군요. '소리 내어 읽으면 두 가지 감각으로 생각을 할 수 있다네. 우선은 읽는 것을 눈으로 볼 수 있고 둘째로는 귀로 들을 수 있지. 그러면 더 잘 기억할 수 있거든.'"

그의 기억력은 매우 뛰어났다. 그는 이렇게 말했다. "내 머리는 마치 철판 같아서 뭐든 새기기는 무척 어렵지만 한 번 새기고 나면 지우는 게 거의 불가능하다."

그가 무언가를 새기는 데 늘 사용하던 방법은 두 가지 감각을 사용하는 것이었다. 여러분도 이와 같이 해보라.

이상적인 방법은 기억하고 싶은 것을 보고 듣는 것뿐이 아니라 만지고 냄새 맡고 맛보는 것이다.

하지만 무엇보다도, 봐야 한다. 인간의 정신은 시각 중심적이기 때문이다. 눈을 통한 인상은 오래 남는다. 어떤 사람의 이름은 생각나지 않아도 그의 얼굴은 기억하는 경우가 종종 있다. 눈에서 뇌에 이르는 신경은 귀에서 뇌로 가는 신경보다 스무 배나 더 넓다. 중국에는 이런 속담이 있다. "백문불여일견(百聞不如一見)."

이름, 전화번호, 연설문의 개요 등 여러분이 기억하고 싶은 것을 종이에 적고 눈으로 보라. 그리고 눈을 감고 화염이 이는 듯한 글자로 시각화하라.

메모 없이 연설하는 법을 배운 마크 트웨인

시각을 활용한 기억 방법을 발견함으로써 마크 트웨인은 수년 동안 자신의 연설을 망치던 메모를 버릴 수 있게 되었다. 그는 〈하퍼스 매거진〉에 실린 글을 통해 다음과 같은 사연을 밝혔다.

날짜는 숫자로 되어 있어서 기억하기가 쉽지 않다. 숫자는 형태상 단조로워서 눈에 잘 띄지 않으며 잘 인식되지 않기 때문이다. 그리고 숫자는 그림을 만들어내지 않으므로 눈에 잘 들어오지 않는다. 그림을 이용하면 날짜 기억을 쉽게 할 수 있다. 그림은 거의 모든 것을 잘 기억할 수 있게 해준다. 특히 그 그림을 여러분이 직접 만들어냈을 경우에는 더욱 그러하다. 사실 이 점이 중요한 부분이다. 즉, 그림을 여러분 스스로 만들어내야 한다. 나는 경험을 통해 이런 사실을 깨달았다. 30년 전 나는 매일 밤 강의를 했다. 머릿속에 외우고 있는 강의였다. 나는 매일 저녁 헷갈리지 않기 위해 메모를 해야만 했다. 메모 내용은 각 문장의 첫 몇 마디들이었다. 예를 들자면 다음과 같았다.

그 지역의 날씨는

당시의 관습은

하지만 캘리포니아에서는 결코……

이런 식으로 다 해서 열하나였다. 이것들은 강의 개요의 도입부를 표시해줌으로써 내가 내용을 건너뛰지 않도록 해주었다. 하지만 종이 위에 적힌 그 내용들은 거의 비슷해보였다. 그것들은 그림을 만들어내지 않았다. 나는 그 내용을 외우고 있었지만 그 순서를 확실하게 기억하는 것은 불가능했다. 그런 이유로 나는 항상 그 메모지를 곁에 두고 수시로 쳐다보아야만 했다. 한번은 그 메모지를 둔 곳을 잊어버렸다. 그날 저녁 내가 겪은 공포에 대해서 여러분은 아마 상상도 못할 것이다. 그때 나는 비로소 새로운 방법을 모색해야 한다는 사실을 깨달았다. 그래서 그 다음 날 저녁, 나는 문장 열 개를 기억해내어 순서대로 놓고 각 문장의 첫 글자를 뽑아 내 열 손가락 손톱에 잉크로 적고는 연단에 섰다. 하지만 그것은 해결책이 되지 못했다. 얼마간은 손가락을 잘 따라갔지만 어느 순간 순서를 놓치고 말았고, 그 다음부터는 내가 마지막에 보았던 손가락이 어떤 것이었는지 전혀 알 수가 없었다. 나는 내가 읽고 난 손가락의 글자를 침을 묻혀 지울 수가 없었다. 물론 그렇게 하면 분명 효과가 있긴 했겠지만 연설할 때마다 손가락의 글자를 지워나가는 나의 행동이 청중들로 하여금 많은 궁금증을 불러일으킬 수 있기 때문이었다. 그렇지 않고도 이미 청중은 충분히 궁금해하고 있었다. 청중들에게 나는 연설 내용보다도 내 손톱에 더 관심을 갖고 있는 사람으로 보였을 것이다. 그중 한둘은 나중에 혹시 손에 무슨 문제가 있느냐고 물어보기조차 했다.

그림을 이용하자는 생각이 떠오른 건 바로 그럴 때였다. 그리고 내 문제는 깨끗이 해결되었다. 2분 만에 나는 그림 여섯 개를 그렸고, 그 그림들은 열한 개의 문장에 대한 색인 역할을 완벽하게 해주었다. 나는 그림을 다 그리자마자 그 그림들을 없애버렸다. 눈을 감기만 하면 언제든 그 그림들을 다시 떠올릴 수 있다고 확신했기 때문이었다. 이 일은 벌써 25년이나 지난 일이고 그 강의에 대한 기억은 이미 20년 전에 잊어버렸다. 하지만 나는 언제든 그 강의 내용을 다시 적어낼 수 있다. 왜냐하면 아직도 내 머릿속에서 그 그림들이 잊혀지지 않기 때문이다.

최근 나는 기억에 관해 강연을 할 일이 있었다. 나는 강연을 이 장에서 설명하고 있는 내용으로 대부분 채우고 싶었다. 나는 요지를 기억하기 위해 그림을 이용했다. 나는, 사람들은 소리 지르고 밴드는 음악을 연주하는 중에도 창문 아래서 역사책을 읽고 있는 루스벨트 모습을 시각화했다. 나는 벗나무를 쳐다보고 있는 토마스 에디슨을 떠올렸다. 신문을 큰 소리로 읽고 있는 링컨의 이미지를 그렸다. 나는 청중 앞에서 침으로 손톱에 있는 잉크를 지우고 있는 마크 트웨인을 상상했다.

그럼 그림들의 순서는 어떻게 기억했을까? 1, 2, 3, 4 이런 식으로 했을까? 아니다. 그렇게 했다면 너무 어려웠을 것이다. 나는 그 숫자들을 그림으로 바꾸어서 각각의 개요에 해당하는 그림과 결합시켰다. 예를 들자면 1(one)은 달리다(run)과 발음이 비슷하다. 그래서 나는 1에 대한 상징으로 경주마를 선택했다. 나는 방 안에서 경주마에 올라탄 채 책을 읽고 있는 루스벨트의 그림을 만들었다. 2(two)에 대해서는 동물원(zoo)을 골랐다. 나는 토마스 에디슨이 바라보고 있는 벚나무가 동물원 곰 우리에 서 있게 만들었다. 3(three)은 발음이 비슷한 나무(tree)를 골랐다. 나는 링컨이 나무 위에 아무렇게나 드러누운 채 동료들에게 큰 소리로 신문을 읽고 있게 만들었다. 4(four)도 발음이 비슷한 문(door)을 이용했다. 열려 있는 문 안에 마크 트웨인이 문설주에 기대서 청중들에게 연설을 하면서 손가락에 묻어 있는 잉크를 침으로 지우고 있게 만들었다.

　이 글을 읽는 사람들 가운데 많은 사람들은 이런 방법을 조금 우습게 여길지도 모른다는 사실을 나는 잘 알고 있다. 사실 그렇다. 바로 그 점이 효과가 있는 이유 가운데 하나이다. 괴상한 것, 웃기는 것은 비교적 잘 기억된다. 내가 만일 숫자만으로 순서를 외우려고 했다면 쉽게 잊어버리고 말았을 것이다. 하지만 조금 전 말한 방법을 쓴다면 잊어버리는 것이 거의 불가능하다. 만일 세 번째 요지를 생각해내고 싶다면, 단지 나무 꼭대기에 무엇이 있었는지 돌이켜보기만 하면 된다. 그러면 즉각적으로 링컨의 모습이 그려진다.

　이렇게 편의적으로 나는 1에서 20까지의 숫자를 그 숫자의 발음과 비슷한 그림으로 바꿔놓았다. 여기에 그 그림들을 적어두겠다. 30분 정도만 시간을 들여서 이 그림 숫자들을 기억해놓는다면, 기억에 심어놓은 20개 정도의 항목은 언제든 전후를 따지지 않고도, 예를 들어 여덟 번째가 무엇인지, 열네 번째 혹은 세 번째가 무엇인지 정확히 순서대로 불러낼 수 있다.

여기 그림 숫자들이 있다. 한번 시도해보기 바란다. 틀림없이 재미있게 여기게 될 것이다.

1(one) - run. 경주마를 시각화한다.

2(two) - zoo. 동물원에 있는 곰 우리를 그린다.

3(three) - tree. 세 번째 항목은 나무 꼭대기에 올라가 있다.

4(four) - door. 아니면 wild boar(멧돼지)처럼 발음이 비슷한 다른 동물도 괜찮다.

5(five) - bee hive. 벌집을 그린다.

6(six) - sick. 적십자 간호사를 그린다.

7(seven) - heaven. 천사들이 금으로 덮인 길에서 하프를 탄다.

8(eight) - gate. 대문을 그린다.

9(nine) - wine. 탁자 위에 병이 쓰러져 있고 포도주가 흘러 아래에 있는 물건 위에 떨어지고 있다 어떤 장면에 움직임을 넣으면 기억하는 데 도움이 된다.

10(ten) - den. 깊은 숲 속 바위 굴 안에 있는 야생동물의 소굴.

11(eleven) - foot eleven. 11명의 축구팀이 경기장을 힘차게 달리고 있다. 열한 번째로 기억하고 싶은 항목을 높이 들고 달리는 모습을 그린다.

12(twelve) - shelve. 무언가를 선반에 얹으려 하고 있다.

13(thirteen) - hurting. 상처에서 피가 솟구쳐서 열세 번째 항목을 붉게 적시고 있다.

14(fourteen) - courting. 연인들이 어떤 것 위에 앉아 사랑을 속삭인다.

15(fifteen) - lifting. 예를 들어 최초의 헤비급 세계 챔피언 존 설리반 같은 장사가 머리 위로 무언가 들어올리고 있다.

16(sixteen) - licking. 주먹다짐.

17(seventeen) - leavening. 주부가 밀가루 반죽을 하는데, 17번째 항목을 반죽 속에 넣고 있다.

18(eighteen) - waiting. 한 여인이 깊은 숲 속 갈림길에서 누군가를 기다리고 있다.

19(nineteen) - pining. 한 여인이 울고 있다. 눈물이 19번째 항목 위에 떨어지고 있다.

20(twenty) - horn of plenty. 꽃, 열매, 곡식이 넘치는 풍요의 뿔.

만일 시험해보고 싶다면 몇 분만 들여서 이 그림 숫자들을 외우기 바란다. 원한다면 자신만의 그림을 만들어내도 좋다. 10이라면 ten과 비슷한 소리를 내는 것, 가령 굴뚝새(wren)든가 만년필(fountain pen), 암탉(hen) 혹은 구취 제거제인 센센(sen-sen) 같은 단어를 사용할 수도 있다.

가령 열 번째로 기억해야 할 항목이 풍차라고 하면 암탉이 풍차 위에 앉아 있다든가 풍차가 만년필에 채울 잉크를 길어 올리고 있다고 그리면 된다. 그런 뒤 만일 열 번째 항목이 무엇이냐고 누가 물어보면 열 번째가 무엇인지에 대해서는 전혀 고민하지 않아도 된다. 단지 암탉이 어디 앉아 있는지 생각해보기만 하면 된다. 이 방법이 통할지 의문을 품는 사람도 있겠지만, 한 번 시험해보기 바란다. 아마 사람들은 당신이 보여주는 엄청난 기억력에 무척 놀랄 것이다. 그것만으로도 재미있는 일이 아닐까?

신약성서처럼 긴 책을 외우는 방법

카이로에 있는 알 아자르 대학은 세계에서 가장 큰 대학 가운데 하나다. 이슬람계 대학이며 학생 수는 2만 1천 명이다. 입학을 원하는 사람은 누구나 이슬람교의 경전인 코란을 암송하는 시험을 치러야 한다. 코란의 길이는 대략 신약성서와 비슷하며 전부 암송하려면 3일이나 걸린다!

중국 학생들, 이른바 '학동'들도 중국의 종교와 인문 관련 서적을 암기해야 한다.

이 아랍과 중국의 학생들 가운데 많은 학생들은 평범한 능력을 갖고 있을 뿐인데, 이 학생들은 어떻게 이렇게 누구나 놀랍다고 할 만한 기억력이 필요한 일을 해낼 수 있는 것일까?

그것은 기억의 두 번째 자연법칙인 '반복'을 통해서이다. 만일 충분히 자주 반복하기만 한다면 여러분은 거의 무한히 긴 내용을 암기할 수 있다. 여러분이 암기하고자 하는 지식을 반복 암기하라. 그것을 활용하라. 적용하라. 대화에 새로 배운 단어를 사용하라. 소개 받은 사람의 이름을 외우고 싶다면 그 사람의 이름을 자주 불러라. 여러분이 대중 연설에서 주장하고 싶은 내용의 요지를 대화에서 제시하라. 이용된 지식은 오래 기억되는 경향이 있다.

어떤 반복이 중요한가

하지만 어떤 것을 맹목적이고 기계적으로 외우는 일로는 충분치 않다. 현명한 반복, 즉 확고하게 정립되어 있는 몇몇 정신적 특성들에 부합하는 반복이 우리가 해야 할 일이다. 예를 들어 에빙하우스 교수는 학생들에게 'deyux', 'qoli' 등과 같은 무의미한 철자의 목록을 제시하고 외우게 하였다. 그는 학생들에게 3일에 걸쳐 38회 반복 암기하도록 하면 한 번에 68번 반복 암기할 때와 같은 수의 단어를 암기한다는 사실을 발견해냈다. 다른 심리학 테스트들도 이와 유사한 결과를 반복적으로 보여준다. 이것은 우리의 기억이 어떻게 작용하는지에 관한 대단히 중요한 발견이다. 이것은 이제 우리는 어떤 것이 외워질 때까지 한자리에 앉아 계속해서 반복 암기하는 사람은 적당한 간격을 두고 반복해서 암기하는 사람보다 같은 결과를 얻기 위해 두 배나 더 많은 시간을 써야 한다는 사실을 알고 있음을 의미한다.

이런 경우 특색이란 용어가 적합하다면, 정신이 갖고 있는 이와 같은 특색은 다음의 두 가지 요소로 설명할 수 있을 것이다.

첫째, 반복하는 동안에 우리의 무의식은 연관성을 더 공고히 하기 위해 부지런히 일한다. 제임스 교수의 현명한 지적대로 "우리는 겨울 동안 수영을 배우고 여름에는 스케이트 타는 법을 배운다."

둘째로, 정신이 간격을 두고 작업함으로써 지속적인 활동에서 오는 긴장으로 인해 피곤해지지 않는다. 『아라비안나이트』의 역자 리처드 버튼 경은 27개 국어를 자유자재로 구사했다. 하지만 그가 털어놓은 바에 따르면 그는 어떤 언어이건 한 번에 15분 이상 공부하거나 연습한 적이 없다고 한다. "15분을 넘기면 두뇌가 신선함을 잃어버리기 때문이었다."

이런 사실들을 살펴본 지금까지도 상식이 있는 사람으로서 연설을 하기 전날 밤까지 준비를 미뤄놓겠다는 사람은 분명 한 명도 없을 것이다. 만일 그런 사람이 있다면 그의 기억력은 필연적으로 자신의 잠재적인 효율성의 절반밖에는 보여주지 못하고 있을 것이다.

다음으로는 망각이 이루어지는 과정에 관한 대단히 유용한 발견 하나를 소개하겠다. 심리학적인 실험들은 우리가 학습한 새로운 내용에 대해 처음 8시간 사이에 잊어버리는 것이 그 후 3일 동안 잊어버리는 것보다 더 많다는 것을 반복적으로 보여주고 있다. 정말 놀라운 비율 아닌가! 그러므로 사업상의 회의에 들어가기 직전 혹은 연설을 하기 직전, 여러분이 준비한 자료를 다시 훑어보고 사실들을 다시 한 번 점검해서 여러분의 기억을 새롭게 만들어라.

링컨은 이런 습관의 가치를 잘 알고 있었으며 실제로 그것을 활용했다. 게티즈버그에서 열린 봉헌식에서 링컨은 더학자인 에드워드 에버렛 다음에 연설을 하도록 예정되어 있었다. 에버렛이 길고도 장중한 연설의 막을 내릴 때가 다가오자 링컨은 자기 앞사람이 연설할 때면 언제나 그렇듯이 눈에 띄게 초조해졌다. 그는 황급히 안경을 고쳐 쓰더니 주머니에서 원고를 꺼내 속으로 조용히 읽으며 기억을 새롭게 했다.

윌리엄 제임스 교수가 말하는 기억력 향상의 비결

기억의 두 가지 법칙에 대해서는 이 정도로 하는 게 좋겠다. 하지만 세 번째 법칙인 '결합'은 반드시 짚고 넘어가야 하는 요인이다. 사실 이 것은 기억 그 자체에 대한 설명이라고 할 수 있다. 제임스 교수의 현명한 발언을 들어보자.

우리의 정신은 기본적으로 결합하는 기계이다. …… 가령 내가 한동안 입을 다물었다가 갑자기 명령하는 목소리로 "기억해! 생각해내!"라고 했다고 하자. 여러분의 기억력이 이 명령어 복종해서 과거로부터 어떤 특정한 영상을 불러올 수 있을까? 물론 그렇지 않다. 여러분의 기억은 텅 빈 공간을 쳐다보며 이렇게 물을 뿐이다. '도대체 어떤 것을 기억해내라는 것이야?' 짧게 말해서 기억은 단서를 요구한다.

이와는 달리 만일 내가 여러분의 생일을 기억해내라, 아침에 무엇을 먹었는지 기억해내라, 혹은 특정한 멜로디를 기억해내라고 한다면 여러분의 기억력은 즉시 요구되는 결과를 끄집어낼 것이다. 즉, 단서가 광활한 잠재적인 사실들로부터 특정한 사실을 결정한다.

이제 여러분이 이런 일이 어떻게 발생하는지 들여다보면 여러분은 곧 연상되는 사물과 단서는 밀접한 관계를 맺고 있는 어떤 것임을 알게 된다. '내 생일'이란 말은 특정한 연월일과 밀접한 관계를 갖고 있다. '오늘 아침 식사'란 말은 커피와 베이컨, 달걀로 이끄는 것 외의 모든 연상 경로를 단절시킨다. '멜로디'는 정신적으로 도레미파솔라시도의 오래된 이웃이다.

사실 결합의 법칙은 외부에서 침입해 들어오는 감각이 방해하는 경우를 제외하고는 거의 모든 사고의 흐름을 통제한다. 마음속에 떠오르는 모든 것은 소개를 받고 들어온 것이며, 소개를 받을 때는 언제나 이미 마음속에 존재하는 어떤 것의 동료로 소개된다. 이것은 여러분이 생각해내는 것은 물론이거니와 여러분이 기억해내는 모든 것에도 적용되는 말이다. ……

훈련된 기억력은 결합에 관한 유기적인 체계를 기반으로 한다. 그리고 그 우수성은 결합의 지속성과 다양성이라는 두 가지 특성에 달려 있다. 따라서 '좋은 기억력의 비결'이란 우리가 간직하고자 하는 사실에 관해 얼마나 다양하고 많은 결합을 형성하는지의 문제이다.

그런데 이처럼 어떤 사실에 관해 결합을 형성하는 것, 이것은 그 사실에 대해 가능한 많이 생각하는 것이 아니고 무엇이겠는가? 그러므로 요약하자면 겉으로 보기에 비슷해보이는 경험을 한 두 사람 가운데 자신의 경험에 대해 더 많이 생각하고 그 경험들 상호 간에 가장 체계적인 관계를 구축하는 사람이 기억력이 더 좋은 사람이다.

사실들을 서로 결합시키는 방법

사실들을 엮어서 서로 체계적인 관계를 이루게 한다는 것은 매우 좋은 생각이다. 하지만 어떻게 해야 그렇게 할 수 있는가? 사실들의 의미를 파악하고, 사실들에 대해 깊이 성찰하는 게 그 해답이다. 가령 여러분이 모든 새로운 사실에 대해 다음과 같은 질문을 한다면, 그런 과정은 사실들 간에 체계적인 관계를 구축하는 데 도움이 될 것이다.

1. 왜 이렇게 되었는가?
2. 어떻게 이렇게 되었는가?
3. 언제 이렇게 되었는가?
4. 어디서 이렇게 되었는가?
5. 이렇다고 말한 사람은 누구인가?

예를 들어 새로운 사실이 새로 만난 사람의 이름이고, 그 이름이 흔한 이름이라면, 우리는 이 사실을 같은 이름을 가진 직장 동료와 연결시킬 수 있을 것이다. 반대로 흔한 이름이 아니라면 "흔한 이름이 아니군요"라고 말할 수 있는 기회를 얻게 된다. 이것은 종종 상대로 하여금 자신의 이름과 관련된 얘기를 하게 만든다. 가령 이 장을 쓰고 있는 사이 나는 소터 부인이라는 여성과 인사를 나누게 되었다. 나는 그 부인에게 이름을 어떻게 쓰는지 물어보았고 그런 이름이 흔하지 않다는 말을 건넸다. 그러자 그 부인은 이렇게 대답했다. "맞아요, 정말 드문 이름이지요. '구세주'라는 뜻을 가진 그리스어랍니다." 그러면서 그녀는 그녀의 시댁 가족들이 그리스의 아테네 출신이며 거기서 고위 관료를 지냈다는 얘기를 해주었다. 나는 사람들로 하여금 자신의 이름과 관련한 얘기를 하도록 만드는 일이 매우 간단하며, 그럼으로써 그들의 이름을 더 잘 외울 수 있다는 사실을 깨달았다.

새로 만나는 사람들의 얼굴을 날카롭게 살펴라. 그의 눈동자나 머리카락의 색을 확인하고 그의 생김새를 눈여겨보라. 그의 옷차림에 주의를 기울여라. 그의 대화 방식에 관심을 가져라. 그의 외모와 성격에 대해 확실하고도 날카로우며 선명한 인상을 간직하라. 그리고 이것들을 그들의 이름과 연결시켜라. 다음 번에 이런 선명한 인상을 떠올리면 그들의 이름을 기억해내는 데 도움이 될 것이다.

여러분은 어떤 사람을 두 번째, 혹은 세 번째 만났을 때 그의 사업 분야나 직업은 기억이 나는데 이름은 떠오르지 않는 경험을 갖고 있지 않은가? 그 이유는 사람들의 직업은 명확하고 구체적인 어떤 것이기 때문이다. 직업은 의미를 갖고 있다. 이름은 의미가 없어서 마치 가파른 지붕에 떨어지는 우박처럼 굴러가버리지만 직업은 반창고처럼 기억에 찰싹 달라붙어 떨어지지 않는다. 그러므로 다른 사람의 이름을 기억하는 능력을 공고히 하고자 한다면 이름을 그의 사업과 연결시키는 어구를 만들어내야 한다. 이 방법의 효율성에 대해서는 의심할 여지가 전혀 없다. 예를 들어보겠다.

최근 필라델피아 주의 펜 애슬레틱 클럽(Penn Athletic Club)에서 이 교육 과정에 참여하기 위해 20명의 사람들이 모인 일이 있었다. 이들은 서로 전혀 낯선 사람들이었다. 모든 사람들은 자리에서 일어나 자신의 이름과 사업 분야를 소개하도록 요청 받았다. 소개 후에는 그 두 가지를 연결시킬 수 있는 어구를 하나씩 만들어냈다. 그러자 거기 모인 모든 사람들은 다른 사람들의 이름을 순식간에 외울 수 있었다. 심지어는 교육 과정이 끝나고 난 뒤에도 그들의 이름이나 사업 분야가 전혀 잊혀지지 않았다. 그것은 그들의 이름과 사업이 서로 결합되어 있었기 때문이었다. 그것들은 그들의 기억 속에 달라붙어 있었다.

다음은 그때 모인 사람 열 명의 이름을 알파벳 순서대로 적은 것이다. 그리고 그 옆에 있는 것은 그들의 이름과 사업을 결합시키기 위해 엉성하게 만든 어구들이다.

G. P. Albrecht(모래 채취업) – Sand makes all bright(모래는 모든 것을 브라이트하게 만든다).

George A. Ansley(부동산 중개업) – To sell real estate, advertise in Ansley's Magazine(부동산을 매도하려면 〈앤슬리스 매거진에 광고〉하라).

S. W. Bayless(아스팔트 관련 사업) – Use asphalt and pay less(아스팔트를 사용하고 페이는 적게 내고).

H. M. Biddle(모직업) – Mr. Biddle piddles about the wool business(비들 씨는 모직업에서 빈둥빈둥).

Gideon Boericke(광산업) – Boericke bores quickly for mines(보어릭은 갱도 파는 데 선수).

Thomas J. Devery(인쇄업) – Every man needs Devery's printing(누구나 데브리의 인쇄가 필요하다).

O. W. Doolittle(자동차 매매업) – Do little and you won't succeed in selling cars(노력하지 않으면 자동차를 못 판다).

Thomas Fischer(석탄 사업) – He fishes for coal orders(석탄 주문 받으려고 낚시질하는 피셔).

Frank H. Goldey(목재업) – There is gold in lumber business(목재업에 골드가 있다네).

J. H. Hancock(〈새터데이 이브닝 포스트〉) – Sign your John Hancock to a subscription blank for the Saturday Evening Post(〈새터데이 이브닝 포스트〉 구독 신청란에 존 행콕이라는 이름을 적자).

날짜를 외우는 방법

날짜는 당신이 이미 확실히 알고 있는 중요한 날짜와 연결시키면 잘 외울 수 있다. 가령 미국인이라면 수에즈 운하가 개통된 해가 1869년이라고 외우는 것은 이 운하가 남북전쟁 종전 4년 후에 개통되었다고 외우는 것보다 훨씬 어려운 일 아니겠는가? 그리고 미국인이 호주에 유럽 사람이 처음 정착한 해가 1788년임을 외우려고 한다면, 그 연도는 마치 자동차에서 헐거운 나사가 하나 빠지듯 쉽게 잊혀질 게 분명하다. 하지만 그해가 미국이 독립을 선언한 1776년 7월 4일과 관계가 있으며, 그로부터 12년 후에 정착이 시작되었다고 기억한다면 그 연도는 잊혀지지 않을 가능성이 높다. 이것은 마치 느슨한 나사를 꽉 조이는 일과 비슷하다. 그러면 딱 붙어 있게 된다.

전화번호를 선택할 때도 이 원칙을 기억해놓는 편이 좋다. 예를 들어 세계대전 기간 중 필자의 전화번호는 1776번이었다. 이 번호를 외우기 어려워하는 사람은 없다. 만일 여러분이 전화국에 잘 얘기해서 1492나 1861, 1865, 1914, 1918과 같은 번호를 받을 수 있다면 여러분 친구들은 여러분의 전화번호를 찾기 위해 전화번호부를 뒤지는 수고를 하지 않아도 될 것이다. 만일 여러분이 사람들에게 아무 설명도 없이 밋밋하게 전화번호가 1492번이라고 알려준다면, 그들은 그 전화번호를 잊어버릴 수도 있다. 하지만 여러분이 "제 전화번호는 콜럼버스가 미국을 발견한 해인 1492번이니까 외우기 쉬울 것입니다." 하고 말한다면 그들은 절대 여러분의 전화번호를 잊지 못할 것이다.

물론 독자 여러분이 호주나 뉴질랜드 혹은 캐나다 사람이라면 1776, 1861, 1865 대신에 각자의 나라에서 중요한 연도를 선택하면 될 것이다.

그러면 다음 연도들을 외우는 가장 좋은 방법은 무엇이겠는가?

1564년 - 셰익스피어 탄생
1607년 - 영국 이주민들, 미국 제임스타운에 최초로 정착

1819년 - 빅토리아 여왕 탄생

1807년 - 로버트 리 장군 탄생

1789년 - 바스티유 감옥 붕괴

여러분에게 기계적인 반복 암기를 통해 북부 연방에 가입한 13개 주를 순서대로 외우라고 한다면 틀림없이 무척 지겨운 일이 될 것이다. 하지만 그 사실을 하나의 얘기로 엮어서 외우던 시간과 노력을 훨씬 덜 들이고도 쉽게 외울 수 있다. 아래 문단을 단 한 번 읽기 바란다. 집중해라. 다 읽고 난 다음 여러분이 13개 주를 순서대로 정확히 외우고 있는지 한 번 확인해보라.

어느 토요일 오후, 델라웨어(Delaware)에서 온 젊은 부인이 나들이 가려고 펜실베이니아(Pennsylvania)를 지나는 기차표를 샀다. 그녀는 가방에 뉴저지(New Jersey)에서 만든 스웨터를 넣고 친구 조지아(Georgia)를 만나러 코네티컷(Connecticut)으로 갔다. 다음 날 아침 두 사람은 미사(Massachusetts)에 참가했다. 메리(Maryland)네 땅에 있는 성당이었다. 그리고 그들은 집으로 가는 남행 열차(South Carolina)를 타고 새 햄(New Hampshire)으로 식사를 했다. 요리사 버지니아(Virginia)는 뉴욕(New York)에서 온 흑인이었다. 저녁을 먹고 나서 그들은 북부행 열차(North Carolina)를 타고 아일랜드(Rhode Island)로 달려갔다.

연설의 요지를 기억하는 방법

우리가 무언가를 생각해내는 데는 단 두 가지 방법만이 존재한다. 하나는 외부 자극을 통해서이고, 다른 하나는 이미 기억하고 있는 것과의 결합을 통해서이다. 이것을 연설과 관련지어 생각해보면 다음과 같은 의미가 된다. 첫째, 여러분은 메모와 같은 외부 자극의 도움을 받아 여러분의 요지를 기억할 수 있다. 그런데 메모를 사용하는 연사를 좋아할 청중이 어디 있겠는가? 둘째, 여러분은 이미 기억하고 있는 어떤 것과의 결합을 통해 연설의 요지를 기억할 수 있다. 이 경우 그것들은 마치 어떤 방의 문이 다른 방으로 연결되듯, 첫 번째에서 두 번째로, 두 번째에서 세 번째로 필연적으로 이어지도록 만드는 논리적인 순서에 따라 배열되어 있어야 한다.

이 말은 일견 쉬워 보이지만 공포로 사고력이 마비되곤 하는 초보자에게는 결코 쉬운 일이 아니다. 하지만 여러분의 요지를 통합시킬 수 있는 쉽고도 빠른, 그리고 완전 바보 천치만 아니라면 누구나 사용할 수 있는 방법이 있다. 다름 아닌 비논리적 문장(nonsense sentence)을 활용하는 방법이다. 예를 들어 서로 아무런 관련도 없이 뒤죽박죽 섞여 있어서 기억하기도 어려운 항목들인 '소, 시가, 나폴레옹, 집, 종교'라는 단어들에 대해 토론을 하고 싶어한다고 해보자. 이제 이 단어들은 다음과 같은 엉터리 문장을 이용해서 사슬 속의 고리들처럼 서로 단단히 엮을 수는 없는지 한 번 확인해보자. "소는 시가를 피우며 나폴레옹을 낳았고, 집은 종교로 타 없어졌다."

자, 이제 앞의 문장을 손으로 가리고 다음의 질문에 답해보기 바란다. 앞에서 세 번째로 말한 항목은 무엇인가? 다섯 번째는? 네 번째는? 두 번째는? 첫 번째는?

이 방법이 효과가 있는가? 물론 효과가 있을 것이다. 이 교육 과정에 참여하는 사람이라면 이 방법을 사용할 것을 권장한다.

어떤 대상이건 이런 방법을 사용해 서로 결합시킬 수 있다. 그리고 결합에 사용된 문장이 우스꽝스러울수록 기억을 되살리기는 그만큼 더 쉬워진다.

완전히 잊어버린 경우 어떻게 해야 하는가

연사가 충분히 준비를 하고 주의를 기울였음에도 불구하고 연설 중간에 갑자기 머리가 하얗게 비는 경우, 즉 한마디 말도 꺼내지 못하고 청중을 뚫어져라 바라보고만 있는 경우를 가정해보자. 정말 끔찍스런 상황이 아닐 수 없다. 당혹감과 패배감을 안고 주저앉기는 자존심이 허락하지 않는다. 단 10초나 15초만 너그럽게 허용해준다면 다음 말을, 아니면 적어도 어떤 말을 생각해낼 수 있을 것 같다. 하지만 청중을 앞에 둔 상태에서 사람을 미치게 할 것 같은 적막한 시간은 그게 단 15초일지라도 이미 파국에 가깝다. 그러면 어떻게 해야 하는가? 잘 알려진 상원의원 한 사람은 최근 이런 상황에 닥치자 청중들에게 자신의 목소리가 충분히 큰지, 저 뒤쪽에서도 목소리가 잘 들리는지 질문을 던졌다. 물론 그는 자신의 목소리가 충분히 크다는 사실을 알고 있었다. 그는 답변이 필요한 게 아니었다. 다만 시간이 필요할 뿐이었다. 그리고 그 짧은 틈을 타서 그는 생각을 정리했고, 연설을 이어나갔다.

하지만 이런 정신적인 혼란의 순간에 가장 좋은 구원책이라고 할 만한 것은 직전에 말했던 단어나 어구, 생각을 새로운 문장의 출발점으로 삼는 방법이다. 이것은 테니슨이 시에서 읊고 있는 개울처럼, 그리고 유감스런 말이지만 테니슨의 개울처럼 아무런 목적도 없이, 영원히 달려가는 무한궤도를 만들어낸다. 그러면 실제로 이 방법이 어떻게 사용되는지 살펴보자. 여기 한 연사가 있고, 사업에서의 성공이라는 주제로 연설을 한다고 하자. 그런데 그가 다음과 같은 말을 하고는 정신적인 막다른 골목에 이르고 말았다.

보통의 종업원이 성공하지 못하는 이유는 자신의 일에 대해 진정한 관심을 갖지 않고 주도성을 보이지 않기 때문입니다.

'주도성'이라는 말로 끝을 맺었으므로 이 단어로 다음 문장을 시작하라. 여러분은 어떤 말을 하게 될지 아니면 어떻게 문장을 끝내야 할지 감을 잡지 못하고 있을 수도 있다. 하지만 어찌 되었건 시작하라. 형편없는 연설이라도 하는 편이 완전히 무너지는 것보다는 나은 법이다.

주도성이란 독창성, 즉 지시를 받을 때까지 무작정 기다리지 않고 스스로 움직이는 것을 의미합니다.

이 말은 독창성이 돋보인 것은 아니다. 또 역사에 남을 만큼 명연설이 되지는 않을 것이다. 하지만 고통스럽게 침묵을 지키는 것보다는 낫지 않을까? 다시, 마지막 말이 무엇이었는가? '지시를 받을 때까지 기다린다'였다. 좋다. 그러면 그 말로 새로운 문장을 시작해보자.

독창적으로 사고하기를 거부하는 종업원을 끊임없이 지시하고 이끌고 재촉하는 일만큼 사람을 힘들게 하는 일이 무엇인지 상상이나 할 수 있을까요.

자, 이 정도로 한 단락을 마무리 지었다. 이제 다음 단락으로 들어가자. 이번에는 상상에 대해 얘기할 차례이다.

상상력, 이것이야말로 필요한 것입니다. 비전을 가져야 합니다. 솔로몬은 이렇게 말했습니다. "비전이 없는 백성은 멸망한다."

이제 아귀가 딱 들어맞는 두 단락을 만들었다. 용기를 갖고 계속해보자.

비즈니스 전선에서 패망하는 종업원의 수는 정말 안타까울 정도입니다. 저는 안타깝다고 했습니다. 약간의 충성심과 열정만 더 있었더라도 그들은 성공과 실패를 가르는 경계선 안쪽에 설 수 있었을 것이기 때문입니다. 하지만 비즈니스에서의 실패는 결코 그런 것을 눈감아주는 법이 없습니다.

이런 식으로 계속한다. 이렇게 즉석에서 평범한 의견을 개진하고 있는 동안 다른 한편으로 연사는 자신이 원래 계획한 연설의 다음 요지, 즉 그가 원래 말하려고 의도했던 것을 필사적으로 생각해내야 한다.

이런 무한궤도 방식의 연설을 너무 오랫동안 하면 어느 순간 연사는 자신도 모르게 전혀 엉뚱한 길로 빠져서 얘기하게 되는 경우도 생긴다. 하지만 망각 증세로 인해 순간적으로 모든 것을 잊어버린 상처 받은 정신에게는 이것만으로도 훌륭한 긴급 처방이 된다. 이런 처방은 지금까지 절체절명에 처한 수많은 연설들을 되살리는 수단이 되어왔다.

모든 방면의 기억력 향상은 불가능하다

나는 이 장에서 생생한 인상을 얻고, 반복하고, 사실들 간에 관계를 구축하는 방법을 어떻게 하면 더 개선할 수 있는지에 대해 말했다. 하지만 기억력이란 기본적으로 결합의 문제이므르 제임스 교수가 얘기하듯 전반적인 혹은 기본적인 기억력 향상이란 있을 수 없다. 특정한 체계로 결합된 것들에 대한 기억만 향상이 가능하다.

예를 들어 매일 셰익스피어의 작품 한 구절씩을 외운다면 우리는 우리의 문학적인 어구 인용과 관련된 기억력을 놀라울 정도로 향상시킬 수 있다. 새로 한 구절을 외울 때마다 그 구절은 우리의 정신 속에서 수많은 친구를 찾아 관계를 맺는다. 하지만 『햄릿』에서 『로미오와 줄리엣』에 이르기까지 모든 것을 다 외운다 해서 그것이 곧바로 면사 시장이나 선철에서 실리콘을 제거하는 베서머법에 관한 사실들을 외우는 데 도움이 되지는 않는다.

다시 한 번 말하겠다. 이 장에서 거론된 원칙을 활용하거나 사용하면 무엇을 외우건 그 방법이나 효율성을 개선할 수 있다. 하지만 이 원칙들을 따르지 않는다면 야구에 대해 천만 가지 사실을 외운다 해도 주식 시장에 대한 사실을 기억하는 데 하등 도움이 되지 않을 것이다. 이처럼 서로 관련이 없는 데이터들을 연결시키기는 불가능하다. "우리의 정신은 기본적으로 결합하는 기계이다."

기억력 향상

····················

1 유명한 심리학자 칼 시쇼 교수는 다음과 같이 말한다. "평균적인 인간은 자신이 실제로 물려받은 기억력의 10퍼센트도 사용하지 못한다. 우리는 기억의 자연법칙을 위반하고 90퍼센트를 낭비하고 있다."

2 '기억의 자연법칙'은 인상, 반복, 결합의 세 가지이다.

3 여러분이 기억하고 싶은 것에 대해 깊고 생생한 인상을 획득하라. 그러기 위해서는 다음을 따르라.

   1) 집중하라. 루스벨트의 기억력의 비밀도 이것이었다.

   2) 주의 깊게 관찰하라. 정확한 인상을 획득하라. 안개 속에서는 카메라에 사진이 찍히지 않는다. 여러분의 정신 또한 흐릿한 인상은 간직하지 못한다.

   3) 가능한 한 많은 감각을 통해 인상을 획득하라. 링컨은 시각적, 청각적 인상을 동시에 획득하기 위해 기억하고 싶은 것은 무엇이건 크게 소리 내어 읽었다.

   4) 다른 무엇보다도 시각적 인상을 확보하기 위해 노력하라. 시각적 인상은 오래 남는다. 눈에서 뇌에 이르는 신경망은 귀에서 뇌에 이르는 신경망보다 20배나 더 넓다. 마크 트웨인은 메모할 때에는 연설의 개요를 기억하지 못했다. 하지만 메모를 포기하고 그림을 활용해서 다양한 요지들을 기억하려고 하자 모든 문제가 해결되었다.

4 기억의 두 번째 법칙은 반복이다. 수천 명의 이슬람교 학생들은 신약성서만큼이나 긴 코란을 외우는 데 주로 반복이 가진 힘을 사용한다. 상식적인 범위 내에서는 우리는 반복을 통해 어떤 것이든 암기할 수 있다. 하지만 반복과 관련해서는 다음의 사실을 명심해야 한다.

1) 한자리에 앉아서 수없는 반복을 통해 무언가를 기억에 새겨 넣으려고 하지 말라. 한 번이나 두 번 반복하고 나서 멈춘 후 나중에 다시 반복하라. 이처럼 간격을 두고 반복하면 한 번에 기억하려고 할 때 드는 시간의 절반의 시간만 들이고도 외울 수 있다.

2) 어떤 사실을 암기하고 난 뒤 8시간이 지나는 동안 우리는 그 후 3일 동안 잊어버리는 것과 같은 양을 잊어버린다. 따라서 연설을 하러 일어서기 직전 단 몇 분만이라도 메모를 다시 살펴보라.

5 기억의 세 번째 법칙은 결합이다. 무언가를 기억할 수 있는 유일한 방법은 그것을 다른 사실과 결합시키는 것이다. 제임스 교수는 이렇게 말한다. "마음속에 떠오르는 모든 것은 소개를 받고 들어온 것이며, 소개를 받을 때는 언제나 이미 마음속에 존재하는 어떤 것의 동료로 소개된다. …… 자신의 경험에 대해 더 많이 생각하고 그 경험들 상호 간에 가장 체계적인 관계를 구축하는 사람의 기억력이 더 좋다."

6 어떤 사실을 이미 기억하고 있는 다른 사실들과 결합시키고자 한다면 새로운 사실을 모든 각도에서 살펴보아야 한다. 새로운 사실에 대해 다음과 같은 질문을 던져라. "왜 이렇게 되었는가? 어떻게 이렇게 되었는가? 언제 이렇게 되었는가? 어디서 이렇게 되었는가? 이렇다고 누가 말했는가?"

7 새로 만난 사람의 이름을 기억하고 싶다면 '그 이름을 어떻게 쓰는
   가'와 같은 많은 질문을 던져라. 그리고 그의 외모를 날카롭게 살펴
   보라. 그리고 그의 이름을 그의 얼굴과 연결시키기 위해 노력하라.
   펜 애슬레틱 클럽에서 했던 것처럼 그의 비즈니스를 파악하고 다소
   우스꽝스럽더라도 그의 이름과 그의 비즈니스를 연결해주는 어구
   를 만들어내라.

8 날짜를 기억할 때는 이미 기억하고 있는 유명한 날짜와 연결시켜
   기억하라. 예를 들어 셰익스피어 탄생 300주년 기념일은 남북전쟁
   기간 중에 있었다.

9 연설의 요지를 기억하려면 요지들을 논리적인 관계가 되도록 배열
   함으로써 하나의 요지가 다른 요지를 자연스럽게 불러오도록 해야
   한다. 여기에 덧붙여 중요 논점만으로 아래와 같은 비논리 예문을
   만들 수도 있다. "소는 시가를 피우며 나폴리옹을 낳았고, 집은 종
   교로 타 없어졌다."

10 사전에 준비를 철저히 했음에도 불구하고 갑자기 하고 싶은 말이
    생각이 나지 않을 경우에는 직전에 뱉은 말의 마지막 단어를 새로
    운 문장의 출발점으로 삼으면 적어도 완전히 실패하는 것만은 막을
    수 있다. 이 과정을 계속하면서 다음에 할 말을 생각해낼 수 있다.

Keeping
The Audience Awake

청중을 깨어 있게
만드는 비결

"천재성이란 집중력이다. 조금이라도 성취할 가치가 있는 것을 성취한 사람은 고양이를 쫓아가는 불독처럼 온몸의 신경을 곤두세우고 끈질기고도 집요하게 목표물을 쫓아간다."

_W. C. 홀먼, 내셔널 캐시 레지스터사㈜ 전 판매 담당 임원

"남성이건 여성이건 무언가를 열정적으로 추구하는 사람은 자신이 만나는 사람들을 언제나 자석처럼 끌어당긴다."

_M. 애딩턴 브루스

"진심을 다하라. 열정이 열정을 부른다."

_러셀 H. 콘웰

"나는 열정으로 부글부글 끓어오르는 사람을 좋아한다. 진흙탕보다는 간헐천(間歇泉)이 되는 편이 낫다."

_존 G. 셰드, 마셜필드사㈜ 전 CEO

"그는 최선을 다해 그 일을 하였으므로 하는 일마다 잘되었다."

_구약성경, 역대기 하편

"장점은 신뢰를 낳고, 신뢰는 열정을 낳으며, 열정은 세계를 정복한다."

_월터 H. 코팅햄, 셔윈윌리엄스사㈜ CEO

"정직은 설득력의 한 부분이다. 우리 자신이 정직할 때 우리는 남을 설득한다."

_해즐릿

청중을 깨어 있게
만드는 비결

❧ 5 ❧

언젠가 셔먼 로저스와 함께 같은 모임에서 연설을 한 적이 있다. 세인 트루이스 주에서 열린 상공회의소 모임에서였다. 내가 먼저 연설을 했고, 적당한 구실만 있었다면 아마 나는 즉시 그 자리를 벗어났을 것이다. 그에게 '벌목공 웅변가'라는 별명이 붙어 있었기 때문이었다. 나는 이른바 '웅변가'라고 하는 사람들을 화려하지만 꽃병에나 어울리는 왁스플라워와 같은 종류로 여기고 있었던 터라 솔직히 따분한 연설이나 듣게 될 것으로 예상하고 있었다. 하지만 내 예상은 보기 좋게 빗나갔다. 로저스 씨의 연설은 분명 그동안 내가 들었던 여느 뛰어난 연설에 못지않았다.

그러면 대체 셔먼 로저스는 어떤 사람인가? 그는 서부 지역의 깊은 숲 속에서 대부분의 일생을 보낸 진짜 벌목공이다. 그는 대중 연설의 원칙들에 대해 달변을 늘어놓고 있는 척들은 알지도 못했고 또 그 내용을 신경 쓰려고 하지도 않았다. 그의 연설은 매끄럽지 않았지만 날카로웠다. 세련미가 부족했지만 열정이 넘쳐났다. 그는 문법에 어긋나는 말을 하고 연설의 원칙에서 벗어나는 경우도 적지 않았다. 하지만 연설을 망가뜨리는 것은 그런 단점들이 아니었다. 장점의 부재가 연설을 망가뜨린다.

그의 연설은 벌목꾼과 작업반장으로 산 일대를 누비고, 이제 막 그의 인생에서 나와 생생하게 살아 움직이는 경험의 한 덩어리였다. 그의 연설에서는 책 냄새를 맡을 수 없었다. 그의 연설은 살아 움직였다. 웅크리고 있다가 펄쩍 튀어올라 청중들을 덮쳤다. 그의 입에서 나오는 한마디 한마디는 그의 가슴으로부터 불꽃처럼 뜨겁게 피어 올랐다. 청중들에게 짜릿한 전율을 느끼게 만들었다.

그의 성공의 비결은? 모든 대단한 성공 뒤에 숨어 있는 비결을 에머슨은 이렇게 표현했다.

역사에 기록된 모든 위대한 성취는 열정의 승리다.

이 마법의 단어, '열정(enthusiasm)'은 '안에'를 뜻하는 그리스어 'en'과 '신'을 뜻하는 그리스어 'theos'의 두 단어에서 유래되었다. 열정은 어원적으로 '우리 안에 있는 신'이라는 의미를 갖고 있다. 열정적인 사람은 결국 '신들린' 듯이 말하는 사람이다.

이것은 광고를 하거나 물건을 팔 때 혹은 어떤 일을 추진할 때 가장 효과적이면서도 중요한 요인이다. 30년 전, 단일 품목으로는 지구상에서 가장 규모가 큰 광고를 하는 어떤 사람이 주머니에 단돈 50달러도 지니지 않은 채 시카고에 도착했다. 매년 3천만 달러어치의 씹는 껌을 파는 이 사람, 리글리의 개인 사무실 벽에는 에머슨이 말한 구절이 액자에 담겨 걸려 있다.

위대한 일 가운데 열정 없이 이루어진 것은 아무것도 없다.

과거에 나도 대중 연설의 기법을 상당히 중시하던 때가 있었다. 하지만 세월이 흐르면서 나는 연설의 정신의 중요성을 점점 더 신뢰하게 되었다.

민주당 대통령 후보였던 브라이언은 이렇게 말했다. "설득력 있는 말이란 자신이 하고 있는 말의 의미를 잘 알고 있고 진심으로 그렇다고 믿는 사람이 하는 말이다. 그 말에는 진심이 담겨 있다. …… 진정성이 없는 연설자에게는 지식도 그리 도움이 되지 않는다. 설득력 있는 연설이란 오직 마음에서 마음으로 전달되기 때문이다. 연설자가 청중들에게 자신의 감정을 속이는 일은 너무나 어려운 일이다. …… 거의 이천년 전, 로마제국의 어느 시인은 이에 대한 자신의 생각을 다음과 같이 표현했다. '다른 사람의 눈에서 눈물이 흐르게 하려면 먼저 자신이 슬픈 표시를 보여야 한다.'"

또한 마르틴 루터는 이렇게 말했다. "내가 좋은 곡을 쓰거나, 좋은 글을 쓰거나, 기도를 잘하거나, 설교를 잘하고 싶다면, 반드시 화가 나야 한다. 그런 상태가 되어야 내 핏줄 속의 모든 피가 들끓으면서 이해력이 날카로워진다."

아마 여러분이나 내가 말 그대로 화를 내야 하는 것은 아닌지도 모른다. 하지만 각성되어 있어야 하며 진지함과 진실함으로 충만해야 한다는 것은 분명하다.

말과 같은 짐승조차 격려의 말을 해주면 영향을 받는다. 동물 조련사로 유명한 레이니는 말의 심장 박동수를 10 이상 올리게 하는 욕설을

알고 있다고 말했다. 청중도 말과 마찬가지로 민감하다는 것은 의심할
여지가 없다.

기억해야 할 가장 중요한 점은 이런 것이다. 즉, 연설을 할 때 청중의
태도를 결정하는 것은 언제나 연사인 우리 자신이다. 청중은 연사의 손
바닥 안에 들어 있다. 연사가 열의가 없으면 청중도 열의가 없다. 연사
가 머뭇거리면 청중도 머뭇거린다. 연사가 어정쩡한 태도를 취하면 청
중도 어정쩡한 태도를 취한다. 하지만 연사가 자신이 하는 말에 대해
진지한 자세를 보이면, 그리고 느낌을 담고 속에서 우러나오는 대로 강
하게, 그리고 남에게 전파될 정도의 확신을 가지고 연설을 하면 청중들
도 연사의 태도에 어느 정도 감염되지 않을 수 없다.

만찬 연설에 단골로 등장하는 뉴욕 출신 연설가 마틴 W. 리틀턴은
이렇게 말한다.

우리는 사람들이 이성에 의해 움직인다고 믿고 싶어하지만 사실 세상은
감정에 의해 움직인다. 진지함이나 재치로 승부하려는 사람들은 쉽게 실
패하지만 진정한 확신으로 사람들에게 호소하는 사람은 결코 실패하지 않
는다. 그 사람이 가장 하고 싶은 말이 백색레그혼 종의 닭을 사육하는 문제
이건, 아르메니아에서 기독교인들이 겪는 고난이건, 국제연맹에 관한 것
이건 아무 상관없이 그가 사람들에게 진정으로 하고 싶은 말이 있다는 확
고한 믿음만을 갖고 있으면 그의 연설은 불꽃처럼 타오르게 되어 있다. 그
가 자신의 확신을 드러내기 위해 어떤 표현을 썼는지는 중요하지 않다. 다
만 어느 정도의 진지함과 감정적인 힘을 가지고 청중에게 전달되었느냐는
것만이 중요하다.

뜨거움과 진지함, 열정만 있다면 연사는 강물과도 같은 영향을 미치

게 되어 있다. 그에게 오백 개의 단점이 있다 하더라도 그는 실패하지 않는다. 저 위대한 루빈스타인조차 틀린 건반을 누르는 경우가 수없이 많았다. 하지만 아무도 개의치 않았다. 왜냐하면 그는 전에는 석양을 보면서도 창고 너머 지평선으로 지고 있는 커다랗고 붉은 둥근 물체 말고는 아무것도 보지 못하던 사람들의 영혼에 쇼팽의 시를 들려줄 수 있었기 때문이다.

아테네의 위대한 지도자 페리클레스는 연설을 시작하기 전 신들에게 가치 없는 한마디라도 자신의 입술에서 나오지 않게 해달라는 기도를 했다고 역사는 기록하고 있다. 그는 자신이 하는 말에 영혼을 담았다. 그럼으로써 그의 말은 온 국민의 가슴속으로 곧장 파고들었다.

미국에서 가장 유명한 여류 소설가 가운데 한 사람인 윌라 캐더는 다음과 같이 말한다. "모든 예술가들의 비밀은 정열이다. 이것은 누구나 아는 비밀이지만 누구도 훔쳐가지 못한다. 영웅적인 행동과 마찬가지로 값싼 재료를 가지고는 그것을 흉내내지 못한다." 모든 대중 연설을 하는 사람은 누구나 예술가가 되어야 한다.

정열, 느낌, 영혼, 감정적인 진실성. 여러분의 연설에 이런 특징을 담아라. 그러면 청중은 여러분의 사소한 단점을 용서해줄 것이다. 아니, 전혀 인식하지도 못할 것이다. 역사가 이런 사실을 증명하고 있다. 링컨은 불쾌할 정도로 높은 음으로 연설했다. 고대 그리스의 웅변가 데모스테네스는 말을 더듬었다. 후커의 목소리는 너무 작았다. 커런은 누구나 다 아는 말더듬이었다. 셰일은 거의 쇳소리를 냈다. 최연소 영국 총리였던 젊은 피트의 목소리는 깨끗하지도 않고 듣기 편하지도 않았다. 하지만 이 모든 사람들에게는 자신들의 다른 모든 단점을 덮고도 남을 정도의 진실함과 열정, 그리고 절실함이 있었다. 그것이 다른 모든 단점을 아무것도 아닌 것으로 만들어버렸다.

절실하게 말하고 싶은 것을 가져라

브랜더 매슈스 교수는 〈뉴욕 타임스〉에 다음과 같은 흥미로운 글을 기고한 적이 있다.

좋은 연설의 핵심은 연사가 진정으로 말하고 싶은 것을 갖고 있다는 사실이다.

내가 이것을 깨달은 것은 몇 년 전 컬럼비아 대학에서 커디스 메달 수상자 선정을 위한 3인의 선정 위원 가운데 한 사람으로 일할 때였다. 대여섯명의 대학생들이 후보였는데, 그들은 모두 뛰어난 기교를 갖고 있었고 좋은 결과를 내기 위해 애쓰고 있었다. 하지만 단 한 사람을 제외하고는 그들이 추구한 것은 메달을 받는 것이었다. 그들은 누군가를 설득하고자 하는 욕구가 거의 없거나 전혀 없었다. 그들이 자신의 주제를 고른 것은 그 주제가 웅변 기교를 드러내기에 적합했기 때문이었다. 그들은 자신의 주장에 대해 개인적으로 깊은 관심을 갖고 있지 않았다. 그러므로 그들이 하는 연설은 매번 웅변 기교를 자랑하는 것에 불과했다.

단 한 명의 예외가 있었으니 그는 바로 줄루 족의 왕자였다. 그가 고른 주제는 '근대 문명에 기여한 아프리카'였다. 그는 자신이 내뱉는 모든 말에 깊은 감정을 담았다. 그의 연설은 보여주기 위한 것이 아니었다. 그의 연설은 살아 있었으며 확신과 열정에서 나오고 있었다. 그는 자신의 국민과 자신의 대륙을 대표해서 말하고 있었다. 그는 절실히 말하고 싶은 어떤 것을 갖고 있었다. 그리고 그것을 누구나 공감할 수 있을 정도로 진실되게 말했다. 그러므로 기교로만 볼 때는 다른 두세 명의 경쟁자보다 더 낫다고 하기 어려웠지만 우리는 그에게 메달을 수여했다. 그의 연설은 웅변이 가져야 할 진정한 뜨거움을 갖고 있었기 때문이었다. 그의 열정적인 호소에 비해 다른 연설들은 껍데기만 그럴듯했을 뿐이었다.

바로 이 점이 많은 연설가들이 실패하는 점이다. 그들의 표현은 확신에 의해 나온 것이 아니다. 그들의 연설에는 어떤 욕구나 힘이 들끓고 있지 않다. 화약을 담지 않은 채 총을 쏘는 꼴이다.

어떤 이는 이렇게 말할지도 모른다. "네, 좋습니다. 하지만 당신이 그렇게 높이 평가하는 이런 진실함과 영혼, 열정을 어떻게 해야 갖출 수 있겠습니까?" 이것 하나만은 분명히 대답할 수 있다. 겉핥기 식 연설을 통해서는 결코 그런 것을 갖출 수 없다. 분별력을 갖고 있는 사람이라면 누구나 여러분이 피상적인 인상만을 가지고 말하고 있는지, 아니면 가슴 깊은 곳에서 우러나오는 것을 표현하고 있는지 구별할 수 있다. 그러므로 무기력을 떨치고 일어나라. 여러분이 하는 일에 마음을 담아라. 캐내라. 여러분 안에 숨겨져 있는 숨은 자원을 찾아내라. 사실을 확인하고 사실 뒤에 숨어 있는 원인을 알아내라. 집중하라. 사실에 대해 고민하고 성찰함으로써 그 의미를 찾아내라. 결국에 가서 여러분은 모든 것이 철저하고 제대로 된 준비에 달려 있음을 깨닫게 될 것이다. 가슴으로 준비하는 것이 머리로 준비하는 것만큼이나 중요하다. 실제 사례를 들어 말해보겠다.

일전에 미국은행협회 뉴욕 지부에 속한 몇몇 사람들에게 절약 캠페인 기간에 연설을 할 수 있도록 교육한 적이 있다. 그런데 그 사람들 중에 강렬함이 부족한 한 사람이 있었다. 그가 연설하려고 했던 이유는 단지 연설을 하고 싶었기 때문이지 절약에 대단한 열정을 갖고 있었기 때문이 아니었다. 이 사람에 대한 첫 번째 교육 과정은 그의 정신과 마음을 뜨겁게 만드는 것이었다. 나는 그에게 혼자만의 시간을 갖고서 주제에 대해 열정적이 될 때까지 그 주제를 생각해보라고 말했다. 나는 그에게 유언장 집행을 확인하는 검인 법원 기록에 따르면 뉴욕 주민 가운데 85퍼센트는 사망 시에 아무런 재산도 남기지 않으며, 단지 3.3퍼센트만이 1만 불 이상의 유산을 남긴다는 사실을 잊지 말라고 말했다. 또 나는 그에게 그가 다른 사람들에게 어떤 것을 부탁하고 있지 않으며 또한 할 수 없는 일을 하라고 하는 것도 아님을 끊임없이 되새기라고 했다. 그에게 이런 생각을 해야만 한다고도 일러주었다. '나는 지금 이 사람들에게 노년에도 의식주를 해결할 수 있도록, 그리고 사후에는 부인과 자녀들이 보호 받을 수 있도록 준비시키는 일을 하고 있다.' 그리고 그에게 커다란 사회봉사를 행하러 나가고 있음을 기억하라고 했다. 또한 그에게 예수 그리스도의 복음을 실제적이면서도 현실적인 내용에 맞게 설파하고 있다는 십자군 전사와 같은 믿음으로 충만해야만 한다고도 했다.

그는 이런 사실들을 깊이 생각했고 가슴에 깊이 새겼다. 그리고 그 사실들의 중요성을 깨달았다. 그 결과 그는 자기 자신의 관심을 가지게 되었고, 자기 자신의 열정을 불러일으켰으며, 자신이 맡은 사명이 거의 신성하다고 느낄 정도가 되었다. 그러고 나서 연설을 하러 나가자, 그의 말은 확신이 담겨 있다는 느낌을 전해주었다. 실제로 절약에 관한 그의 연설은 대단한 주목을 받아서 미국 최대의 은행에서 그를 영입해 갈 정도였는데, 나중에 그는 남미 지역에 지점장으로 발탁됐다.

승리의 비결

한 청년이 볼테르에게 소리쳤다. "나는 살아야만 합니다." 그러자 볼테르는 이렇게 대답했다. "나는 그 필요성을 인식하지 못한다네."

여러분이 하려는 말에 대해 세상이 보여주는 태도는 이런 경우가 태반일 것이다. 세상은 그 말을 해야 할 필요성을 인식하지 못한다. 하지만 성공하고 싶다면 여러분 자신은, 그 필요성을 느껴야 한다. 그 필요성에 대해 확신해야 한다. 지금 당장 그것이 세상에서 가장 중요한 일로 여겨져야 한다.

　드와이트 L. 무디는 은총이라는 주제로 설교 준비를 하다가 진리를 구하고자 하는 마음에 사로잡힌 나머지 도무지 참을 수가 없어서 모자를 집어 들고 서재를 나와 거리로 나갔다. 그리고 처음 만난 사람을 붙들고 불쑥 이런 질문을 던졌다. "당신은 은총이 무엇인지 아십니까?" 이토록 진실된 감정과 열정으로 무장한 사람이 청중들에게 마법과 같은 영향력을 행사하는 것은 조금도 놀랄 만한 일이 아니지 않겠는가?

　얼마 전 내가 파리에서 이 교육 과정을 진행할 때의 일이다. 어떤 사람이 며칠씩이나 아무런 감흥도 없는 연설을 계속했다. 그는 학생으로선 괜찮은 편이었으며 어떠한 사실에 대해서도 무척 많이 그리고 정확하게 알고 있었다. 다만 그 자신이 뜨거운 관심을 갖지 못한 탓에 그 사실들을 하나로 녹여내지 못하고 있었다. 그에게는 열정이 부족했다. 그의 연설은 중요한 무언가를 얘기하고 있다는 느낌을 주지 못했다. 자연히 청중은 주의를 기울이지 않았다. 청중은 그가 중요성을 부여하는 만큼만 그의 연설을 받아들였다. 몇 번이나 나는 그의 연설을 중단시키고는 "강렬함이 있어야 한다. 깨어 있어야 한다."고 조언했다. 하지만 이미 차가워진 라디에이터에서 뜨거운 김을 뽑아내려고 애쓰고 있는 게 아닌가 하는 느낌이 들 때가 많았다. 그러나 결국 나는 그에게 그때까지의 준비 방법이 잘못되었음을 설득하는 데 성공했다. 나는 그에게 머리와 가슴 사이에 아주 긴밀한 의사소통이 이루어져야 한다는 사실을 납득시켰다. 사람들에게 단순히 사실을 제시할 뿐 아니라 그 사실에 대한 자신의 생각을 드러내야 한다는 것을 인지시켰다.

　그 다음 주 그가 나타났을 때, 그는 표현할 간한 가치가 충분하다고 여기는 어떤 생각을 갖고 있었다. 마침내 무언가에 열정적인 관심을 갖게 된 것이었다. 그는 메시지를 갖고 있었고, 口-치 새커리가 『허영의 시장』에 나오는 여주인공 베키 샤프를 사랑하듯 그 메시지를 사랑하고 있었다. 그 일을 위해서라면 어떠한 노고도 마다하지 않을 준비가 되어 있었다. 그리고 그의 연설은 길고도 열렬한 박수갈채를 받았다. 이것은 극적인 승리였다. 그는 미미하나마 가슴으로 느낄 수 있는 진실함을 만들어냈던 것이다. 이것이 준비의 기본 요건이다. 2장에서 이미 보았듯이 연설, 그것도 진정한 연설의 준비는 몇 가지 기계적인 어구를 종이에 적거나 구절을 암기하는 것이 아니다. 책이나 신문 기사에서 남의 생각 서너 개를 따오는 것은 더더욱 아니다. 결코 그런 것이 아니다. 준비란 여러분의 정신과 마음과 인생, 그 깊은 곳으로 파고 들어가서 본질적으로 여러분 자신의 것이라 할 만한 확신과 열정을 끄집어내는 것이다. 여러분의 것! 여러분 자신의 것! 그것을 파내라. 파고 파고 또 파라! 그것은 거기에 있다. 절대 의심하지 말라. 여러분이 있을 것이라고 꿈도 꾸지 못하던 엄청나게 많은 것들이, 금광이, 거기에 있다. 여러분은 여러분 자신의 잠재력에 대해 알고 있는가? 그렇지 않을 것이다. 제임스 교수는 보통 사람은 자신이 가진 잠재력인 정신력의 10분의 1도 계발하지 못한다고 말했다. 엔진은 8기통인데 그 가운데 실린더 하나에서만 불꽃이 튀는 것보다도 더 나쁜 상황 아닌가!

그렇다. 연설에서 중요한 것은 차가운 수사가 아니라 그 수사 뒤에 있는 인간, 영혼, 확신이다. 버크와 피트, 윌버포스와 폭스 같은 유명한 연설가들은 하원에서 셰리든이 워런 헤이스팅스를 공격하는 연설을 듣고는 그 연설이야말로 영국 땅에서 나온 가장 설득력 있는 연설이었다고 단언했다. 하지만 그 연설의 가장 큰 장점이 차가운 문자 안에 붙들어놓기에는 너무나 정신적이고 사라지기 쉬운 것이라고 생각한 셰리든은 출판을 허락하면 5천 달러를 주겠다는 제안을 거절했다. 오늘날 그 연설문은 남아 있지 않다. 설령 우리가 그 연설문을 읽는다 해도 실망할 것임에 틀림없다. 그 연설을 위대하게 만들어주었던 특성이 사라지고 없을 것이기 때문이다. 몸 안에 솜을 넣고서 날개를 편 채 박제 가게에 걸려 있는 독수리마냥, 빈 껍데기만 남았을 것이기 때문이다.

여러분이 하는 연설에서 가장 중요한 요인은 여러분 자신임을 항상 명심하라. 무한한 지혜를 담고 있는 에머슨의 명구에 귀를 기울이라! "무슨 말을 하건 당신 자신이 아닌 말을 할 수는 없다." 이 말은 자기를 표현하는 기술에 관한 말 가운데 가장 중요한 말에 속한다. 그리고 강조하는 의미에서 한 번 더 반복하겠다. "무슨 말을 하건 당신 자신이 아닌 말을 할 수는 없다."

재판을 승리로 이끈 링컨의 연설

링컨은 앞의 명구를 읽은 적이 없을지도 모른다. 하지만 한 가지 분명한 점은 링컨은 그 말이 뜻하는 진리를 이미 알고 있었다는 점이다. 어느 날, 독립 전쟁에서 남편을 잃고 이제는 나이가 들어 허리마저 굽은 한 노부인이 절뚝거리는 다리를 끌고 링컨의 변호사 사무실로 들어왔다. 그러고는 연금 업무 대행인이 그녀가 받아야 할 돈을 받아주면서 그 절반에 해당하는 2백 달러나 되는 거금을 수수료로 챙겼다고 말했다. 분개한 링컨은 즉각 소송을 제기했다.

그는 이 사건을 어떤 식으로 준비했을까? 그는 워싱턴의 일대기와 독립 전쟁에 관한 기록을 읽으며 열정적으로 임했다. 변론을 할 때 그는 애국자들이 자유를 위해 투쟁하게 만든 압제의 사례를 하나하나 열거했다. 그는 그들이 겪은 보이지 않는 고난과 포지 계곡의 얼음과 눈 위에서 먹을 것도 없고 신을 것도 없이 피 흘리는 발을 끌며 견뎌야 했던 고통을 묘사했다. 그리고 나서 분노에 차서는 그런 영웅의 미망인으로부터 연금의 절반을 강탈한 악당을 향해 돌아섰다. 이미 공언한 대로

피고에게 '반론의 여지가 없을 정도의' 통렬한 질타를 쏟아내는 링컨의 눈은 불타오르고 있었다. 그는 다음과 같은 말로 결론을 맺었다.

세월은 흘러갑니다. 독립 전쟁의 영웅들은 이 세상을 떠나 다른 세상에 부대를 만들었습니다. 그 용사들은 이제 영면을 취했지만, 다리를 절고 앞을 보지 못하는 상처 입은 한 미망인이 배심원 여러분에게, 그리고 제게 와서 자신의 억울함을 풀어달라고 호소합니다. 그분이 언제나 지금의 모습은 아니었습니다. 그분도 예전에는 젊고 아름다운 여성이었습니다. 걸음걸이에는 탄력이 있었고, 얼굴은 하야며, 목소리는 오래전 버지니아 산등성이에 울리던 그 어떤 소리보다도 달콤했습니다. 하지만 지금 그녀는 가난하고 의지할 데가 없습니다. 어린 시절 뛰놀던 곳으로부터 수백 마일이나 떨어져 있는 이곳 일리노이 주의 허허벌판에서 그녀는 독립 전쟁의 용사들이 쟁취한 특권을 누리고 있는 우리들에게 동정심을 갖고 도와달라고, 남자답게 보호해달라고 호소하고 있습니다. 제가 묻고자 하는 것은 단 하나입니다. 우리는 그녀의 친구가 될 것인가요?

그가 변론을 마치자 배심원 가운데는 눈물을 흘리는 사람들도 있었다. 그리고 배심원단은 그 노부인이 요구한 금액 전부를 배상하라는 평결을 내렸다. 링컨은 그녀가 부담해야 할 비용에 대한 보증인이 되어주고 호텔 숙박비와 돌아가는 여비도 부담했다. 또한 소송 비용 또한 한 푼도 받지 않았다.

그로부터 며칠 뒤, 링컨의 변호사 동료가 사무실에서 작은 종잇조각 하나를 발견했다. 거기에 적혀 있던 링컨의 변론 메모를 읽은 그는 웃음을 터트렸다.

계약 없음–전문 서비스 아님–비상식적인 수수료–피고가 유보한 돈, 원고에게 전달치 않음–독립 전쟁–포지 계곡의 비참함을 묘사할 것–원고의 남편–입대하는 군인–피고, 반론의 여지 없음–종결

여러분의 뜨거운 마음과 열정을 불러일으키기 위해 맨 먼저 필요한 것은 다른 사람에게 호소하고 싶은 진짜 메시지를 갖게 될 때까지 준비하는 것이다. 이것은 수십 번 강조하도 지나치지 않음을 알아주길 바란다.

진실되게 행동하라

우리는 이미 1장에서 제임스 교수가 한 다음과 같은 말을 살펴보았다. "행동과 감정은 동시에 일어난다. 그러므로 더 직접적으로 의지의 통제를 받는 행동을 조절하면 의지의 통제에서 먼 감정을 간접적으로 조절할 수 있다."

그러므로 진실되고 열정적인 느낌을 갖기 위해서는 진실되게 행동하고 열정적이 되어야 한다. 탁자에 기대지 말라. 몸을 꼿꼿이 세우고, 가만히 서 있으라. 몸을 앞뒤로 흔들지 말라. 위아래로 까딱거리지도 말라. 지친 말처럼 체중을 이쪽 발에 실었다 저쪽 발에 실었다 하지도 말라. 요약하자면 사람들에게 여러분이 편치 않다거나 자신감이 없다는 표시가 될 만한 많은 신경질적인 움직임을 만들지 말라. 여러분 자신의 육체를 통제하라. 그러면 안정감과 힘이 있다는 느낌을 주게 된다. '경주를 즐기는 강한 사람처럼' 우뚝 서라. 반복해 말하겠다. 여러분의 허파에 산소를 최대한 채워라. 청중을 똑바로 바라보라. 뭔가 긴급하게 말해야 할 게 있고, 또 그것이 긴급하다는 점을 잘 알고 있다는 듯이 청중을 바라보라. 선생님이 학생을 바라보듯이 자신감과 용기를 갖고 청

중을 바라보라. 지금 여러분은 선생님이고 청중은 여러분의 가르침을 받기 위해, 여러분이 하는 얘기를 듣기 위해 모인 학생들이다. 그러므로 자신 있고, 힘차게 말하라. 선지자 이사야는 이렇게 말했다. "목소리를 높여 힘껏 외치라. 두려워하지 말라."

그리고 단호한 동작을 취하라. 이때만은 동작이 아름다운지 우아한지 전혀 신경 쓰지 말라. 오로지 힘차고 자연스럽게 보이게 만들려는 생각만 하라. 이 순간에는 그 동작이 남에게 전달할 의미를 위해서가 아니고 여러분 자신에게 전달할 의미를 위해서 동작을 취하라. 그러면 기적 같은 일이 일어난다. 여러분이 라디오를 통해 연설을 할 때도 끊임없이 동작을 취하라. 물론 여러분이 취하는 동작을 못 보는 청중들도 있겠지만 그 동작의 결과는 그들에게 고스란히 전달된다. 그 동작으로 인해 여러분의 어조와 전반적인 태도에 생동감과 에너지가 증가하기 때문이다.

무기력한 연사의 연설을 중간에 멈추고 별로 내켜 하지 않는 단호한 동작을 억지로 취하게 만든 경우가 몇 번인지 모르겠다. 하지만 그렇게 억지로 취한 신체적인 움직임은 마침내 그 연사를 일깨우고 자극해서 결국에는 자발적으로 동작을 취하게 만든다. 심지어는 얼굴도 밝아지면서 전반적인 태도와 자세가 더 진실해지고 더 단호해지게 해준다.

진실된 행동은 진실된 느낌을 갖게 만든다. 셰익스피어가 충고한 대로 어떤 미덕이 부족하면, 마치 그것이 있는 것처럼 행동하라.

다른 무엇보다도 입을 크게 벌리고 큰 소리로 말하라. 위커샴 법무장관은 언젠가 내게 이런 말을 했다. "보통 사람들에게 대중 연설을 하라고 하면 10미터만 떨어져도 목소리가 들리지 않습니다."

너무 과장된 얘기 같은가? 나는 최근 유수한 대학교의 총장 옆에서 대중 연설을 들은 적이 있다. 내가 앉은 자리는 네 번째 열이었지만 나는 그가 하는 말의 절반도 채 알아들을 수 없었다. 유럽 주요국 가운데 한 나라의 대사는 최근 유니언 칼리지 졸업식에서 축사를 했다. 그가 어찌나 우물거렸던지 연단에서 기껏해야 6미터밖에 떨어져 있지 않은 곳에서도 그의 연설을 알아들을 수 없었다.

경험이 많은 연사들도 이런 잘못을 저지르는데 이제 막 시작하는 사람에게 무엇을 바라겠는가? 신참들은 청중 전체에게 들릴 정도로 목소리를 높이는 일이 익숙하지 않다. 그러므로 만일 청중이 알아듣기 충분한 정도의 연설을 할 때라면, 그는 자신이 거의 악을 쓰고 있기 때문에 사람들이 자신을 보고 웃음을 터뜨릴 것이라는 생각을 할 것이다.

대화하듯이 말하라. 다만 크게 말하라. 강도를 높여라. 눈에서 가까운 거리라면 작은 글씨도 읽을 수 있다. 하지만 커다란 강당 맞은 편에서 읽을 수 있으려면 커다란 글씨가 필요하다.

청중이 졸 경우 가장 먼저 해야 할 일

한 시골 목사가 헨리 워드 비처에게 더운 일요일 오후 신도들이 조는 것을 막으려면 어떻게 해야 하느냐고 물어보자, 비처는 뾰족한 막대기를 든 사람을 옆에 두고서 목사가 졸지 못하게 찌르면 된다고 대답했다.

내가 좋아하는 얘기다. 정말 놀라운 해법이다. 상식을 높은 경지로 끌어올렸다. 연설 방법에 관한 복잡하고 현학적인 책들보다 이 방법이 초심자들에게는 훨씬 큰 도움이 될 것이다.

연설을 배우는 사람이 자기 자신을 잊고 연설에 몰두할 수 있도록 준비시키는 가장 확실한 방법은 아마 먼저 자신을 때려눕히는 일이 아닐까 한다. 그러면 그는 격렬하고도 날카롭게, 생생하게 말을 할 것이다.

배우들은 무대에 서기 전에 자신을 각성시키는 것의 가치를 알고 있다. 후디니는 무대 뒤에서 펄쩍펄쩍 뛰고 허공에다 주먹을 휘두르며 가상의 적과 싸움을 벌였다. 맨스필드는 가끔 스태프가 숨쉬는 소리가 귀에 거슬린다는 트집이라도 잡아서 일부러 벌컥 화를 내곤 했다. 자신이 바라는 대로 자신의 에너지를 채울 수 있고 영혼을 고양시킬 수 있다면 어떤 이유라도 상관없었다. 나는 무대 입구에서 등장 신호를 기다리면서 가슴을 세차게 두드리고 있는 배우들을 보기도 했다.

나는 이제 막 연설을 해야 하는 수강생들로 하여금 옆방에 가서 맥박이 치솟고 얼굴과 눈가에 생기가 돌 때까지 자신의 몸을 때리게 하기도 했다. 또 나는 연설을 준비하는 교육 과정의 일환으로 사람들로 하여금 커다란 동작과 함께 알파벳을 순서대로 핏대를 세워 목청껏 외치게 만들기도 했다. 마치 투레질을 하며 앞으로 달려나가려는 순혈마(純血馬)처럼 청중 앞에 나서는 것이 훨씬 바람직하지 않겠는가?

연설을 하기 직전에는 가능하면 충분한 휴식을 취하라. 가장 이상적인 방법은 편한 옷으로 갈아입고 서너 시간 동안 잠을 자는 것이다. 그리고 가능하면 그 뒤에 찬물로 샤워를 하며 온몸을 문질러라. 더 나은, 훨씬 더 나은 방법은 수영을 하는 것이다.

찰스 프로먼은 배우를 기용할 때 그 사람이 얼마나 활력이 넘치는지를 본다고 했다. 볼 만한 연기, 들을 만한 연설은 상당한 정신력과 체력을 소모시킨다. 프로먼은 이런 사실을 알고 있었다. 나는 히코리 나무를 베어내어 장작을 만드는 일을 해보았다. 그리고 나는 한 번에 두 시간씩 연설을 하기도 했다. 내 경험에 의하면 이 두 가지 일은 사람을 지치게 만드는 점에서 거의 비슷하다. 제1차 세계대전 당시 더들리 필드 멀론은 뉴욕 센추리 극장에 모인 청중들에게 대단히 열정적인 연설을 했다. 연설을 시작한 지 한 시간 반이 지나 절정에 이를 무렵 그는 탈진해 쓰러졌고 의식을 잃은 채 무대에서 실려 내려왔다.

시드니 스미스는 대니얼 웹스터를 '바지를 입은 증기기관'이라고 묘사했다.

마지막으로 비처의 말을 들어보자. "연설의 대가들은 대단한 생명력과 회복력을 가진 사람들이다. 또한 그들은 다른 무엇보다도 자신이 하고 싶은 말을 강력하게 제시할 수 있는 폭발력을 갖춘 사람들이다. 그들은 투석기라서 그들 앞에 서는 사람들은 쓰러진다."

'족제비 어구'와 양파

여러분이 하는 말에 힘을 불어넣어라. 그리고 단호하게 말하라. 하지만 너무 단정적이어서는 안 된다. 무지한 자들만이 모든 일을 단정 짓는다. 이와는 반대로 나약한 자들은 모든 말에 '…… 같다'라든가 '아마', 혹은 '내 생각에는 ……'이라는 사족을 붙인다.

이제 갓 연설을 배우기 시작한 사람들이 거의 공통적으로 저지르는 잘못은 너무 단정적이라는 것이 아니라 이와 같은 약한 표현으로 연설의 힘을 빼는 것이다. 언젠가 한 뉴욕 비즈니스맨이 자동차를 타고 코네티컷을 돌아본 경험에 대해 말하는 것을 들은 기억이 난다. 그는 이렇게 말했다. "길 왼편에는 양파 같은 것을 심은 밭이 있었습니다." 하지만 양파 같은 것은 없다. 양파면 양파고 아니면 아니다. 또한 양파를 보았을 때 양파임을 알아차리기 위해 무슨 특별한 능력이 필요한 것도 아니다. 이 사례는 연설을 하는 사람들이 때로 얼마나 어처구니없는 지경에 이를 수 있는지를 보여준다.

이런 표현들을 가리켜 루스벨트는 '족제비 어구'라고 일컬었다. 족제비란 놈은 알의 내용물을 쏙 뽑아먹고 빈 껍테기만 남기기 때문이다. 앞의 표현들이 하는 역할이 바로 이런 것이다.

소극적이고 양해를 구하는 어조나 빈 껍데기 어구로는 확신이 없어 보여서 신뢰를 얻지 못한다. 사무실 벽에 다음과 같은 슬로건들이 붙어 있는 것을 한 번 상상해보라. "여러분이 결국 사는 기계는 언더우드일 것 같습니다." "프루덴셜은 지브롤터의 힘을 갖고 있다고 여겨집니다." "결국 우리 밀가루를 쓰실 거라고 생각합니다. 바로 지금 쓰시는 게 어떨까요?"

1896년 브라이언이 처음 대통령직에 도전했을 때 어린아이였던 나는 왜 그가 그렇게 강조해서, 또 그렇게 자주 자신이 당선될 것이며 맥킨리는 떨어질 것이라고 단언했는지 궁금했다. 이유는 간단했다. 브라이언은 군중들은 강조와 증명을 구분하지 못한다는 사실을 알고 있었던 것이다. 그는 만일 자신이 어떤 말을 충분히 강하게, 그리고 충분히 자주 얘기하면 그 말을 듣는 사람들 대부분은 그 말을 믿게 될 것임을 알고 있었다.

세계적으로 위대한 지도자들은 언제나 자신들의 주장을 뒤집을 만한 가능성이 조금도 없다는 듯이 호언장담을 일삼았다. 부처는 죽음을 목전에 두고 합리화하거나 애원하거나 따지지 않았다. 오로지 권위를 가진 사람으로서 말할 뿐이었다. "내가 가르친 대로 걸으라."

수백만 명의 인생을 지배하는 코란에는 다음과 같은 구절이 있다. "여기에 쓰인 말에 대해 조금도 의심을 품지 말라. 이것은 명령이니라."

빌립보 감옥의 간수가 바울에게 "선생이여, 내가 어떻게 해야 구원을 얻으리이까?" 하고 물었을 때 나온 대답은 논쟁이나 모호한 대답 혹은 이런 것 같다거나 이렇게 생각한다 등이 아니었다. 선생으로서의 지시였을 뿐이었다. "주 예수 그리스도를 믿으라. 그리하면 구원을 얻으리라."

하지만 이미 말했듯이 모든 경우에 너무 단정적이어서는 안 된다. 때와 장소, 주제와 청중에 따라 지나치게 단정적이면 도움이 되지 않고

되레 방해가 되는 경우가 있다. 일반적으로 청중의 지적 수준이 높을수록 강압적이기만 한 주장의 효과는 떨어진다. 지적인 사람들은 인도 받기를 원하지 끌려다니기를 원하지 않는다. 그들은 사실에 대해 들은 다음 스스로 결론을 내리고 싶어한다. 또 질문 받는 것은 좋아하지만 명백한 진술을 쉴 새 없이 들이대는 것을 좋아하지 않는다.

청중을 사랑하라

몇 해 전 나는 영국에서 대중 강연을 위해 몇 명의 사람들을 고용해서 훈련시켜야 했다. 많은 돈과 노력을 들여서 시도했지만 그 가운데 세 명은 해고해야 했고, 3천 마일이나 덜어진 미국으로 돌려보내야 했다. 그들의 가장 큰 문제는 청중에게 봉사하는 데 진심으로 관심을 갖지 않았다는 것이다. 그들이 주로 관심을 가졌던 부분은 다른 사람이 아니라 그들 자신과 자신들이 받는 월급봉투였다. 누구나 그것을 느낄수 있었다. 그들은 청중을 차갑게 대했으므로 청중 또한 그들을 차갑게 대했다. 결과적으로 이 연사들은 삑삑거리는 나팔 혹은 딸랑거리는 심벌즈나 마찬가지였다.

잘 알려진 이 인간이란 족속은 연사가 하는 말이 눈썹 위에서 나오는지 아니면 가슴뼈 안쪽에서 나오는지 귀신같이 구별해내는 족속이다. 하기는 강아지라도 그런 건 구분할 수 있다.

나는 대중 연설가인 링컨에 대해 깊이 연구했다. 미국이 낳은 인물 중에 가장 사랑 받는 사람이 링컨이라는 사실에는 의심의 여지가 없다. 그리고 그가 미국 최고의 명연설을 했다는 사실 또한 분명하다. 비록 그에게 일부 천재적인 부분이 없지는 않았지만, 나는 청중을 사로잡는 그의 힘은 정직성과 선량함, 그리고 사람들과 공감할 줄 아는 것에서 비롯된 바가 적지 않다고 믿고 있다. 그는 국민을 사랑했다. 그의 부인의 얘기에 따르면 "그의 팔이 길었듯 그의 가슴 또한 넓었다." 그는 예수를 닮았다. 그리고 이천 년 전 연설의 기술에 관해 쓴 최초의 책은 연설 잘하는 사람을 '말하는 기술이 좋은 선량한 사람'이라고 정의하고 있다.

유명한 프리마돈나 슈만하잉크는 이렇게 말했다. "내 성공의 비결은 청중에게 절대적으로 헌신하는 것입니다. 나는 내 청중을 사랑합니다. 그들은 모두 내 친구입니다. 그들 앞에 서는 순간 나는 그들과 유대감을 느낍니다." 이것이 그녀가 세계적인 성공을 거둔 비결이었다. 우리도 이와 같은 마음을 간직하자.

연설의 정수는 육체적인 것도 아니고 정신적인 것도 아니다. 영혼의 문제이다. 임종을 맞이한 대니얼 웹스터의 머리맡에 있던 책은 살아 있는 모든 연설가들이 책상 위에 두고 있어야 할 책이다. 바로 성경이다.

예수는 사람들을 사랑했기에 그가 사람들과 함께 길을 가면서 말을 하면 사람들의 마음은 뜨거워졌다. 대중 연설에 관한 멋진 교본이 필요하다면 멀리서 찾을 것 없다. 신약성서를 읽어보라.

청중을 깨어 있게 만드는 비결

····················

1 연설을 할 때 여러분의 얘기에 대한 청중의 태도를 결정하는 것은 항상 여러분 자신이다. 여러분이 열의가 없으면 청중도 열의가 없다. 연사가 어정쩡한 태도를 취하면 청중도 어정쩡한 태도를 취한다. 만일 여러분이 열정적이면 청중은 여러분이 갖고 있는 그런 정신 자세에 감염되지 않을 수 없다. 열정이란 전달에 있어서 최대 요건 그 자체는 아닐지라도 최대 요건 가운데 하나이다.

2 마틴 W. 리틀턴은 이렇게 말한다. "진지함이나 재치로 승부하려는 사람들은 쉽게 실패하지만 진정한 확신으로 호소하는 사람은 결코 실패하지 않는다. 사람들에게 하고 싶은 말이 있다고 진정 확고한 믿음을 갖고 있기만 하면 그의 연설은 불꽃처럼 타오르게 되어 있다."

3 확신이나 열정이 갖고 있는 감염적 성질이 이렇게나 크게 중요한 데도 불구하고 대부분의 사람들에게는 이것이 없다.

4 브랜더 매슈스 교수는 이렇게 말한다. "좋은 연설의 핵심은 연사가 진정으로 말하고 싶은 것을 갖고 있다는 사실이다."

5 사실에 대해 깊이 생각하고 그 진짜 의미를 가슴에 새겨라. 다른 사람을 설득하기 전에 여러분이 먼저 열정을 갖고 있나 확인하라.

6 머리와 가슴 사이에 긴밀한 의사소통이 이루어지게 하라. 사람들은 사실 그 자체만이 아니라 그 사실에 대한 여러분의 태도를 보고 싶어한다.

7 "어떤 언어를 사용하건 당신 자신이 아닌 말을 할 수는 없다." 연설에서 중요한 것은 말이 아니라 말 뒤에 들어 있는 그 사람의 영혼이다.

8 진실되고 열정적인 느낌을 갖기 위해서는 열정적으로 행동해야 한다. 바로 서서 청중을 똑바로 바라보라. 단호한 동작을 취하라.

9 무엇보다도 입을 크게 벌리고 청중이 알아들을 수 있도록 크게 말하라. 10미터만 떨어져도 목소리가 들리지 않는 연사가 많다.

10 한 시골 목사가 헨리 워드 비처에게 더운 일요일 오후 신도들이 조는 것을 막으려면 어떻게 해야 하느냐고 물어보자, 비처는 '뾰족한 막대기를 든 사람을 옆에 두고서 목사가 졸지 못하게 찌르면 된다'고 대답했다. 이것은 웅변술에 관한 가장 뛰어난 조언 가운데 하나이다.

11 '……인 것 같다'라든가 '제 소견에는 ……' 등의 '족제비 어구'로 연설을 약화시키지 말라.

12 청중을 사랑하라.

Essential Elements
In Successful Speaking

성공적인 연설을
위한 필수 요건

"어떤 역경이 닥치더라도 나는 내 자신이 좌절하도록 놔두지 않는다. …… 조금이라도 가치 있는 것을 성취하기 위한 세 가지 필수 요건은 첫째 근면, 둘째 끈기, 셋째 상식이다."

_토마스 A. 에디슨

"연설을 멋지게 잘 해내고 마지막에 가서 약간의 노력 부족으로 허사가 되는 경우가 많다."

_E. H. 해리먼

"결코 절망하지 말라. 혹시라도 절망했다면, 절망을 안고 계속 노력하라."

_에드먼드 버크

"모든 문제의 가장 좋은 해결책은 인내다."

_플라우투스, B.C 225년

"인내하라. 인내가 자신의 일을 끝낼 수 있도록."

_러셀 H. 콘웰 박사의 좌우명

"할 수 있다고 믿는 사람은 정복할 수 있다. …… 날마다 두려움을 극복하지 않는 사람은 인생에서 배워야 할 첫 번째 교훈을 아직 배우지 못한 사람이다."

_에머슨

"승리는 의지이다."

_나폴레옹

"강한 목적의식과 도덕성, 자기 충실성을 갖춘 사람은 어떤 일을 맡건 그 일을 완수할 수 있다. 이것이야말로 위대한 성취를 이루기 위해 반드시 갖춰야 하는 가장 중요한 요인이다."

_프레더릭 B. 로빈슨(뉴욕 시립대 총장)

"일단 결정이 끝나고 실행할 일만 남아 있다면 결과에 대한 책임감이나 염려는 완전히 잊어라."

_윌리엄 제임스 교수

성공적인 연설을
위 한 필 수 요 건

❧ 6 ❧

이 글을 쓰는 지금 1월 5일은 어니스트 섀클턴 경의 추도일이다. 그는 그 이름도 유명한 '퀘스트' 호를 타고 남극대륙으로 탐험을 가던 중 세상을 떴다. '퀘스트' 호에 오를 때 가장 먼저 눈에 띄는 것은 다음과 같은 글이 새겨진 동판이다.

만일 꿈을 갖더라도 그 꿈의 노예가 되지 않을 수 있다면,

생각을 하더라도 그 생각 자체를 목표로 여기지 않을 수 있다면,

성공과 실패를 함께 맞이할 수 있다면,

그러고도 그 두 가지 거짓을 똑같이 대할 수 있다면,

마음과 신경과 근육은 이미 오래전에 쇠약해졌지만

만일 그 모든 것을 쥐어짜서라도 사용할 수 있다면,

그래서 '견뎌내자'고 하는 의지 외에는

아무것도 남지 않았어도 결국 견뎌낸다면,

만일 무정하게 지나가는 1분이란 시간을

6초씩 뛰는 달리기로 채울 수 있다면,

온 세상과 그 안의 만물이 너의 것이 될 것이며

무엇보다도, 그때 비로소 남자가 된단다, 내 아들아.

섀클턴은 이 시를 '퀘스트 호 정신'이라고 불렀다. 그리고 남극으로 출발하는 사람이건 대중 연설로 누군가의 신뢰를 획득하려고 하는 사람이건 그 사람이 갖춰야 할 정신이 바로 이런 정신임은 두말할 나위가 없다.

하지만 유감스럽게도 대중 연설을 배우기 시작한 사람들이 모두 이런 정신을 갖고 있지는 않다는 사실을 지적해야 하겠다. 수년 전 교육 사업을 막 시작했을 때 나는 다양한 종류의 야간학교에 등록한 사람들 중 목표에 도달하기도 전에 중도에 지쳐서 포기하고 마는 사람이 무척이나 많다는 사실을 발견하고는 깜짝 놀랐다. 그리고 그런 사람들이 놀랄 정도로 많았기 때문에 너무나 가슴이 아팠다. 인간 본성에 관한 슬픈 예증이 아닐 수 없다.

이번 장은 우리가 진행하는 여섯 번째 교육 과정이므로 내 경험상 이 글을 읽고 있는 사람 가운데에도 6주라는 짧은 기간 동안에 '대중 공포'를 극복하고 자신감을 획득하지 못했다는 이유로 벌써부터 실망하는 사람들이 있다는 사실을 나는 잘 알고 있다. 참으로 안타까운 일이다. "가엾구나, 인내심이 없는 사람들이여. 서서히 아물지 않는 상처가 어디 있더란 말이냐!"

지속적인 노력이 필요하다

불어, 골프, 혹은 대중 연설처럼 새로운 것을 배우기 시작할 때 실력은 일정한 속도로 좋아지지 않는다. 실력은 차근차근 늘지 않는다. 어느 순간 갑자기 실력이 눈에 띄게 좋아진다. 그러고는 한동안 정체기가 온다. 심지어는 퇴보가 일어나서 이전보다 실력이 더 나빠지기도 한다. 심리학자들에게 이런 정체기 혹은 퇴보기는 잘 알려진 사실이다. 이 시기들에는 '학습곡선의 고원(高原)'이라는 이름이 붙어 있다. 대중 연설을 배우려는 사람들도 이런 고원들 가운데 하나에 몇 주씩 발이 묶이는 경우가 종종 있다. 아무리 열심히 노력해도 거기를 벗어나지 못한다. 약한 사람들은 좌절감으로 포기하고 만다. 끈기 있는 사람들만이 버텨낸다. 그러던 어느 날, 잘 버틴 사람들은 어떻게, 왜인지도 모르지만 하룻밤 사이에 엄청나게 발전해 있는 자신을 발견하게 된다. 그들은 마치 비행기가 날아오르듯 고원을 벗어난다. 문득 정수(精髓)를 깨달은 것이다. 갑자기 그들은 자연스럽고 힘차게, 그리고 자신감 있게 연설을 하기 시작한다.

이미 다른 곳에서 살펴본 대로 여러분은 청중들 앞에 서는 처음 몇 분간 일종의 순간적인 두려움이나 공포 혹은 정신적 불안감을 매번 느낄지도 모른다. 영국의 유명한 연설가 존 브라이트는 바쁜 일생을 마칠 때까지도 그런 느낌을 가졌다. 글래드스톤도 그랬고, 윌버포스 주교도 그랬으며, 그 밖의 많은 명연설가들도 그랬다. 심지어는 셀 수도 없이 대중 앞에 섰던 음악의 대가들 역시 그런 느낌을 경험했다. 파데레프스키는 피아노 앞에 앉기 직전이면 불안감을 감추지 못하고 옷깃을 만지작거렸다. '북방의 백합'이라는 별명으로 유명한 소프라노 여가수 노르디카는 심장이 경주하듯 빠르게 뛰는 것을 느꼈다. 폴란드 출신 여가수 젬브리히가 그랬고, 『로미오와 줄리엣』의 여주인공으로 이름을 날린

에마 임스가 그랬다. 하지만 이런 대중 공포는 모두 8월의 햇살 아래 안개가 사라지듯 순식간에 사라졌다.

그들의 경험이 이제 여러분의 경험이 될 것이다. 교육 과정을 잘 견디기만 한다면 여러분은 연설 초입에 느끼는 이런 종류의 공포를 제외한 다른 모든 것을 완전히 없앨 수 있을 것이다. 그리고 그 공포 또한 개시(開始) 공포일 뿐 그 이상의 아무것도 아니다. 서너 마디 말을 꺼내고 나면 두려움은 깨끗이 사라지고 여러분은 그야말로 연설 자체를 즐기게 될 날이 올 것이다.

포기하지 말라

언젠가 법률가가 되고자 하는 한 청년이 링컨에게 조언을 구하는 편지를 보냈다. 그러자 링컨은 다음과 같은 답장을 보냈다. "만일 법률가가 되고자 하는 자네의 결심이 확고하다면, 이미 절반 이상 이루어진 것이나 다름없네. …… 성공하겠다는 자네의 결심이 다른 무엇보다도 중요하다는 사실을 항상 명심하게."

링컨은 이런 사실을 잘 알고 있었다. 그 자신이 그런 경험을 했기 때문이다. 전 생애를 통틀어 그가 받은 정규교육은 채 1년이 되지 않는다. 그렇다면 책은 읽기나 했을까? 언젠가 링컨은 집에서 반경 50마일 이내에 있는 모든 책을 빌려다 읽었노라고 털어놓은 적이 있다. 보통 그의 오두막에선 장작불이 밤새 꺼지지 않았는데, 때로 링컨은 그 불빛 곁에서 책을 읽기도 했다. 장작더미 사이에는 틈이 나 있기 마련이라 링컨은 그 틈에 책을 끼워 놓았다. 아침이 되고 책을 읽을 수 있을 만큼 환해지면 링컨은 누워 자던 나뭇잎 더미에서 몸을 일으켜 눈을 비비고는 다시 책을 읽었다.

그는 연설을 듣기 위해서라면 20마일이나 30마일 되는 거리도 마다

하지 않고 걸어갔다. 그리고 집으로 돌아오는 길에 들판이건, 숲이건, 존스네 가게에 모인 사람들 앞에서건 어디에서나 연설을 연습했다. 그는 또한 뉴세일럼과 스프링필드의 문학 및 토론 모임에도 참가해서 이교육 과정을 듣고 있는 여러분만큼이나 열심히 시사적인 주제에 관해 연설하는 훈련을 했다.

그는 항상 일종의 열등감에 시달렸다. 여성과 함께하는 자리에서 그는 수줍음을 탔고 말이 없었다. 나중에 아내가 된 메리 토드와 연애를 할 때에도 그는 대개 거실에 앉아서 얼굴을 붉힌 채 아무 말도 없이 그녀가 말하는 것을 듣고 있기만 했다. 하지만 훈련과 독학을 통해 웅변의 대가인 더글러스 상원의원과 당당히 토론을 벌일 정도로 뛰어난 연설가가 된 사람이 바로 이 사람이다. 그리고 게티즈버그에서나 자신의 두 번째 취임 연설에서 인류 역사상 그 누구도 도달한 사람이 없을 정도로 높은 수준의 명연설을 한 사람이 바로 이 사람이다.

링컨이 안고 있던 엄청난 약점과 눈물겨운 노력을 생각한다면 그가 다음과 같은 글을 쓴 것이 조금도 놀랄 만한 일이 아니지 않겠는가? "만일 법률가가 되고자 하는 자네의 결심이 확고하다면, 이미 절반 이상 이루어진 것이나 다름없네."

백악관 대통령 집무실에는 아주 멋진 링컨 초상화 한 점이 걸려 있다. 이와 관련해 시어도어 루스벨트는 이렇게 적었다. "무언가 결정해야 할 일이 있을 때, 그리고 복잡해서 해결하기 어려운 일이나 권리나 이해관계가 상충하는 일이 있을 때 나는 종종 초상화를 바라보며 링컨이라면 이런 상황에서 어떻게 했을지 생각해보려고 노력합니다. 이상하게 들릴지 모르지만, 솔직히 말해 그렇게 함으로써 내 문제를 해결하는 것이 쉬워졌습니다."

루스벨트의 방법을 써보는 게 어떻겠는가? 단일 여러분이 의욕이 떨어져서 연설가가 되기 위한 싸움을 그만 포기하고 싶다는 생각이 든다면 지갑에서 링컨 얼굴이 그려져 있는 5달러 지폐 한 장을 꺼내서 링컨이라면 이런 상황에서 어떻게 할까 하고 자문해보는 게 어떻겠는가? 여러분은 링컨이 어떻게 할지 이미 알고 있다. 상원의원 선거에서 스티븐 A. 더글러스에게 패한 후 링컨은 지지자들에게 "한 번 패했다고 포기하지 말자. 백 번 패해도 포기하지 말자."고 얘기했다.

보상은 확실하게 주어진다

내가 만일 여러분으로 하여금 일주일 동안 아침마다 식탁에서 이 책을 꺼내 들고 유명한 심리학자 윌리엄 제임스 하버드대 교수가 한 다음과 같은 말을 통째로 외우게 할 수 있다면 정말 얼마나 좋을지 모르겠다.

어떤 식의 교육을 받건 젊은이는 자신이 받는 교육의 결과에 대해 걱정을 할 필요가 없다. 하루하루 매 시간을 충실히 공부하며 바쁘게 보내기만 한다면 결과에 대해서는 신경 쓰지 않아도 된다. 어느 화창한 날 아침, 눈을 떠보면 그는 분명 자신이 어떤 전공을 선택했건 그 분야에 있는 자신의 동료들보다 훨씬 실력 있는 사람이 되어 있음을 발견하게 될 것이기 때문이다.

저명한 제임스 교수의 얘기를 빌어 나는 이렇게 말하고 싶다. 만일 여러분이 이 교육 과정을 열성적으로 성실하게 잘 따라오고, 올바른 방식으로 훈련을 한다면 어느 날 아침 여러분은 분명 자신이 지역사회나 모임에서 뛰어난 연설가가 되어 있다는 사실을 발견하게 될 것임을 확실히 믿어도 된다고 …….

여러분은 이 말을 허황된 얘기로 여길지도 모르지만 이 말은 공리(公理)만큼이나 맞는 말이다. 물론 예외는 있다. 지성과 인격 면에서 남보다 떨어지고 남에게 얘기할 만한 게 하나도 없는 사람이 대니얼 웹스터 같은 명연설가가 되기는 어려운 일이다. 하지만 상식적인 수준에서라면 앞에서 한 말은 정확한 말이다. 구체적인 사례를 들어 설명하겠다.

트렌턴에서 대중 연설 강좌 수료를 기념하기 위해 파티가 열렸는데 그 자리에 뉴저지 주 지사였던 스톡스가 참가했다. 그는 그날 저녁 그 강좌의 수강생들이 하는 연설을 듣고는 워싱턴에 있는 상원이나 하원에서 들었던 연설에 조금도 뒤쳐지지 않는다고 말했다. 그날 트렌턴에서 연설을 한 사람들은 몇 달 전만 해도 대중 공포로 말문이 막혀서 한 마디도 꺼내지 못하던 비즈니스맨들이었다. 뉴저지 주의 그 사람들은 키케로처럼 대웅변가의 자질을 가진 사람들이 아니라 미국 도시 어디에서나 찾아볼 수 있는 평범한 비즈니스맨들이었다. 하지만 이들은 어느 날 아침 문득 눈을 뜨고는 자신들이 그 지역에서 가장 뛰어난 연설가가 되어 있음을 발견했다.

여러분이 연설가로 대성할 수 있느냐 없느냐 하는 것은 전적으로 다음 두 가지에 달려 있다. 하나는 여러분의 타고난 재능이고, 다른 하나는 여러분이 얼마나 깊고 강렬한 욕망을 갖고 있느냐 하는 점이다.

제임스 교수는 이렇게 말했다.

거의 모든 세상사에서 당신을 구원하는 것은 당신 자신이 그 일에 쏟는 열정이다. 당신이 어떤 결과를 충분하게 원하기만 하면 거의 확실하게 그 결과를 획득할 수 있다. 부자가 되기를 원하면 투자가 될 수 있고, 학식 있는 사람이 되기를 원하면 학식 있는 사람이 될 수 있으며, 선한 사람이 되기를 원하면 선한 사람이 될 수 있다. 다만 그러기 위해서는 그 일만을 진정으로 원하고 그 일과 양립할 수 없는 다른 수많은 일들을 동시에 똑같이 갈망해서는 안 된다.

제임스 교수가 다음처럼 덧붙였다 해도 그의 말의 진실성에는 아무런 차이가 없었을 것이다. "당신이 자신에 찬 대중 연설가가 되기를 원한다면 충분히 그렇게 될 수 있다. 다만 진정으로 그렇게 되기를 원해야 한다."

나는 지금까지 말 그대로 수천 명의 사람들이 대중 앞에서 연설할 수 있는 자신감과 능력을 갖기 위해 노력하는 것을 주의 깊게 지켜보았다. 뜻을 이룬 사람들 가운데 비상한 재능을 가진 사람은 아주 소수에 불과했다. 대부분의 사람들은 여러분이 주변에서 흔히 볼 수 있는 평범한 비즈니스맨들이었다. 다만 그들은 끈기를 갖고 있었다. 똑똑한 부류의 사람들은 쉽게 실망하거나 혹은 돈벌이에 너무 몰두하는 관계로 그다지 큰 진전을 이루지 못하는 경우가 많았다. 하지만 평범한 사람들 가운데 끈기가 있고 목적의식이 뚜렷한 사람, 바로 이런 사람이 결국에는 가장 뛰어난 성취를 보였다.

이것은 인간적이면서도 자연스런 사실일 뿐이다. 직장이나 사회생활에서도 언제나 이와 똑같은 일이 일어난다는 사실을 여러분도 알고 있지 않은가? 얼마 전 록펠러는 사업 성공의 첫 번째 핵심 요건은 인내라는 말을 했다. 지금의 교육 과정에서 성공하기 위한 첫 번째 핵심 요건 또한 바로 '인내'다.

포슈 장군은 인류 역사상 전례를 찾을 수 없을 정도로 최강의 군대를 상대로 승리를 이끌어냈다. 그는 자신에게 장점이 있다면 그것은 결코 좌절하지 않는 것, 그것뿐이라고 단언했다.

1914년 프랑스가 마른(Marne) 지방으로 후퇴하자 조프르 사령관은

200만의 군대를 운용하고 있던 휘하 장군들에게 후퇴를 멈추고 공세를 취하라는 명령을 내렸다. 인류 역사에 획을 긋는 전투 가운데 하나인 이 '마른 전투'가 이틀째 치열하게 벌어지고 있을 때 조프르 사령관의 본진을 맡고 있던 포슈 장군이 사령관에게 전문을 보냈다. 전쟁사에서 가장 유명한 전문 가운데 하나였다. "중앙 무너짐. 우익 후퇴함. 절호의 상황. 공격하겠음."

그 공격이 파리를 구했다. 그러니 독자 여러분, 전투가 최악의 상황이고 가장 절망적일 때, 중앙이 무너지고 우익이 후퇴할 때, 그때가 '절호의 상황'이다. 공격! 공격! 공격! 그럼으로써 여러분은 여러분 자신에게서 가장 훌륭한 부분, 즉 여러분의 용기와 신념을 구할 수 있을 것이다.

성공할 수 있다고 믿어라

몇 해 전 여름 나는 알프스 산맥 가운데 오스트리아 쪽에 자리 잡고 있는 '와일드 카이저'라는 봉우리 등반에 나선 적이 있다. 여행 안내서 『베데커』에는 오르는 길이 험하므로 전문 산악인이 아닌 경우 가이드가 필수라고 되어 있었다. 친구와 나, 이렇게 두 사람은 가이드도 없었고 전문 산악인도 아니었다. 그래서인지 또 다른 친구가 우리에게 오를 수 있을 것이라고 생각하느냐고 물어보았다. 그에 대한 우리의 대답은 이랬다. "물론이라네."

그가 다시 물었다. "그렇게 생각하는 이유가 뭔가?"

그에 대해 나는 이렇게 대답했다. "이미 가이드 없이 오른 사람들이 있으니까 오르는 일이 상식을 벗어난 일은 아니라고 보이네. 그리고 나는 무슨 일을 하건 절대로 실패할 것이라고 생각하며 시작하지 않거든."

등반가로 보자면 나는 초보 중에서도 초보인 왕초보에 불과하다. 하지만 대중 연설 훈련을 받건 에베레스트 등반에 도전하건, 모든 일에 바로 이런 정신 자세가 필요하다.

이 교육 과정에서 성공한다는 생각을 하라. 더할 나위 없이 침착하게 대중 앞에서 연설을 하고 있는 여러분 자신의 모습을 그려보라.

여러분이 이렇게 하는 것은 어려운 일이 아니다. 여러분은 분명 성공한다. 믿음을 가져라. 그렇게 굳게 믿으면 여러분은 성공하기 위해 반드시 해야 할 일을 하게 된다.

듀폰 제독은 자신이 찰스턴 항구로 전투함을 진격시키지 않은 이유 대여섯 가지를 제시했다. 그가 말하는 동안 패러것 제독은 말없이 듣고만 있다가 이렇게 대꾸했다. "아직 얘기 안 한 이유가 한 가지 더 있군요." 듀폰 제독이 물었다. "그게 무엇입니까?" 대답은 이랬다. "당신은 그 일을 해낼 수 있다고 믿지 않았던 거지요."

대중 연설 강좌를 수강함으로써 대부분의 사람들이 얻는 가장 소중한 수확은 자신감과 자신의 성취 능력에 대한 믿음이 커진다는 점이다. 무슨 일을 하건 성공하기 위한 요건으로 이보다 더 중요한 것이 무엇이 있겠는가?

필승의 의지

아래는 엘버트 허버드의 현명한 조언으로, 독자 여러분에게 꼭 소개하고 싶은 마음에서 여기에 인용한다. 보통의 사람이 이 안에 담긴 지혜를 생활 속에서 실천한다면 더 행복해지고 더 부유하게 될 것이다.

문을 나설 때는 턱을 당기고 고개를 들고 숨을 크게 들이마셔라. 햇살을 만끽하라. 웃는 얼굴로 친구를 반기고, 내미는 손에는 마음을 담아라. 오해받을까 두려워 말고 적을 염려하며 시간을 낭비하지 말라. 하고 싶은 일을 가슴속에 명확히 담기 위해 노력하라. 그러면 허매는 일 없이 목표를 향해 곧장 나아갈 수 있을 것이다. 자신이 하고 싶은 원대하고 빛나는 일에 대한 포부를 품으라. 날이 갈수록 산호가 조류에서 영양분을 흡수하듯 자신도 모르게 꿈을 이루기 위하여 필요한 기회를 포착하고 있는 자신을 보게 될 것이다. 당신이 되고자 하는 유능하고 성실하며 쓸모 있는 사람의 이미지를 가슴속에 생생하게 그려보라. 당신이 품은 생각이 매시간 당신을 그 모습으로 변화시킬 것이다. 생각이 모든 것이다. 바른 정신 자세를 견지하라. 용기, 솔직, 쾌활함이 그것이다. 바르게 생각한다는 것은 창조하는 것이다. 욕망이 있으므로 모든 것이 생기며, 모든 진정한 기도는 응답을 받는다. 우리는 마음먹은 그대로 변한다. 턱을 당기고 고개를 들라. 인간은 고치 안에 들어 있는 신이다.

나폴레옹, 웰링턴, 리, 그랜트, 포슈 같은 위대한 지휘관들은 성공을 결정하는 요인으로 다른 무엇보다도 근대의 필승 의지와 승리할 능력이 있다는 자신감이 가장 중요하다는 사실을 잘 알고 있었다.

포슈 장군은 이렇게 말한다.

싸움에 패배한 9만의 병사가 싸움에 승리한 9만의 병사보다 먼저 후퇴하는 것은 단 한 가지 이유 때문이다. 그것은 정신적인 저항 끝에 그들이 싸움에 지쳐서 이제는 더 이상 승리할 수 있다고 믿지 않는 것, 즉 사기가 꺾였기 때문이다.

이를 다르게 표현하자면, 후퇴하는 9만의 병사들은 정말로 육체적으로 져서 후퇴하는 것이 아니다. 다만 정신적으로 졌기 때문에, 용기와 자신감을 상실했기 때문에 패배한 것일 뿐이다. 그런 군대는 희망이 없다. 그런 사람 또한 인생에 희망이 없다.

미 해군의 유명한 군목인 프레이저 목사는 제1차 세계대전 당시 군목으로 근무하겠다고 지원한 사람들에 대해 면접을 실시했다. 그에게 해군 군목으로 성공하기 위해서 어떤 필수 요건이 있느냐고 물었더니 그는 다음과 같은 4G로 대답했다.

은총(Grace), 적극성(Gumption), 끈기(Grit), 용기(Guts)

이것들은 대중 연설에서 성공하기 위해서도 필수적인 항목들이다. 이것들을 여러분의 모토로 삼아라. 로버트 서비스가 지은 다음과 같은 시를 여러분의 투쟁가로 삼아라.

포기하지 말라.
숲에서 길을 잃고 어린아이처럼 두려움에 떨 때,
죽음이 코앞에 다가왔을 때,
종기라도 난 듯 괴로워 견딜 수 없을 때,
쉬운 일은 방아쇠를 당기는 것 …… 죽는 것.
하지만 남자의 기백은 말한다. "악착같이 싸워라."
방종이란 있을 수 없다.
굶주리고 비통할 때, 아, 끝장내는 것은 쉬운 일.
어려운 것은 아침이 올 때까지도 죽도록 싸우는 것.

너는 이제 사는 일에 지치고 말았구나. '그건 창피한 일이지.'
너는 젊고 씩씩하고 영리하다.
'끔찍하게도 고생했네.' 안다. 하지만 훌쩍거리지 말라.

기운 내서 죽도록 싸워라.

승리하는 길은 끝까지 노력하는 길뿐.

그러니, 친구여, 절대 움츠러들지 말라!

용기를 내라! 그만두는 것은 쉬운 일.

어려운 것은 당당하게 버티는 것.

맞아 쓰러질 때 비명을 지르고 죽는 것은 쉬운 일.

꽁무니를 빼는 것도, 납작 엎드리는 것도 쉬운 일.

하지만 희망이 보이지 않더라도 싸우고 또 싸워라.

진짜로 산다는 건 바로 이런 것이 아니겠는가.

피 튀기는 승부에서 내려올 때마다

깨지고 얻어터지고 상처 입을지라도

다시 한 번 붙어라. 죽는 것은 쉬운 일.

어려운 것은 계속 살아가는 것.

성공적인 연설을 위한 필수 요건

....

1 골프든 프랑스어든 대중 연설이든 간에 실력은 점차 향상되지 않는 다. 어느 순간 갑자기 좋아진다. 그러다가 몇 주씩 정체되기도 하고 때로는 이미 이룬 성과의 일부를 잃어버리기도 한다. 심리학자들은 이런 정체기를 '학습곡선의 고원(高原)'이라고 부른다. 이런 '고원'에 진입하면 오랫동안 열심히 노력해도 그 고원을 벗어나 더 나은 수준 으로 나아가지 못할 수도 있다. 실력의 진보와 관련된 이런 이상한 현상을 알지 못하는 사람은 이런 고원에서 좌절하고 그간의 노력을 무위로 돌리고 만다. 정말 안타까운 일이 아닐 수 없다. 잘 견디기만 하면, 연습을 계속하기만 하면 어느 날 하룻밤 사이에 비행기가 떠 오르듯 고원을 벗어나면서 실력이 급격히 늘어난 자신을 발견할 수 있을 것이기 때문이다.

2 연설을 막 시작하려고 할 때 약간의 불안감을 느끼는 일은 계속될지 도 모른다. 브라이트나 글래드스톤, 윌버포스 주교는 생애를 마칠 때까지도 그런 개시(開始) 공포를 느꼈다. 하지만 지속적으로 노력 하기만 하면 이런 모든 불안감을 근절할 수 있고, 그 개시 공포 또한 연설을 시작하고 나면 금세 사라진다.

3 제임스 교수가 지적한 바에 따르면 교육의 결과에 대해서는 걱정할 필요가 없다. 하루하루 충실히 바쁘게 지내기만 하면 "어느 화창한 날 아침, 눈을 떠보면 그는 분명 자신이 어떤 전공을 선택했건 그 분

야에 있는 자신의 동료들보다 훨씬 실력 있는 사람이 되어 있음을 발견하게 될 것이기 때문이다." 하버드 대학의 유명한 석학이 밝힌 이런 심리학적 진리는 대중 연설을 익히는 여러분과 여러분의 노력에도 적용된다. 이 점에 대해서는 의심의 여지가 없다.

이 교육 과정에서 성공한 사람들은 일반적으로 비상한 재능을 소유한 사람들이 아니었다.

다만 끈기와 끝까지 견디겠다는 인내심을 갖춘 사람들일 뿐이었다. 그들은 버텨냈고, 결국 성공에 이르렀다.

4 대중 연설이라는 분야에서 성공하는 생각을 하라. 그러면 성공을 이루기 위해 필요한 일을 할 수 있다.

5 의욕이 꺾일 때면 루스벨트가 했던 것처럼 링컨의 사진을 보면서 링컨이라면 이와 비슷한 상황에서 어떻게 했을지 자문해보라.

6 제1차 세계대전 당시 미 해군의 유명한 군목 한 사람은 군목으로 성공하기 위한 필수 요건은 4G로 요약될 수 있다고 말했다. 그것은 무엇이었는가?

7

The Secret of
Good Delivery

좋은 연설을
하기 위한 비결

"사실을 이해하고 끌어안을 것. 왜냐하면 가장 중요한 것은 열정이며 이 열정은 진실함에서 비롯되는 것이기 때문이다."

_에머슨

"내용에 대한 지식 이상의 뭔가가 필요하다. 내용을 소개할 때는 열렬하게 해야 한다. 사람들이 꼭 들어야 할 뭔가를 당신이 말하고 있다는 느낌으로 해야 하는 것이다."

_브라이언

"그대의 마음에서 우러나오는 충고에 귀를 기울여라. 이 세상의 그 누구도 그보다 더 정확히 자신을 알지 못하기 때문이다. 이러는 편이 높은 탑에 올라앉은 야경꾼 일곱보다 그대에게 더 많은 것을 보여주는 경우가 적지 않다."

_키플링

"한 번에 한 가지 일을 하되 그 한 가지 일에 마치 당신의 인생이 달린 것처럼 하라."

_유진 그레이스(베들레헴 강철회사 회장) 좌우명

"훌륭한 설교 또는 좋은 연설은 생각과 어조, 자연스러운 동작, 그리고 화제에 대해 관심을 가지면 자연스럽게 생기는 강렬함이 조화를 이루는 꾸준한 대화가 될 때 가장 효과적이다. 사람들이 일상적인 대화를 할 때에도 정확하고 자연스러우며 열정적으로 말하는 법을 배우도록 한다면, 그들은 언젠가 연단이나 설교단, 법정에서 말해야 할 때 거침없고 자연스럽게 자신을 표현할 수 있을 것이다. 그러면 누구도 '웅변'을 하고 있다는 사실 따위는 까맣게 잊어버릴 것이고 사실 그렇게 돼야 옳다."

_존 H. 빈센트 주교

좋은 연설을
하기 위한 비결

❧ 7 ❧

제1차 세계대전이 끝난 직후 나는 런던에서 로스 스미스 경과 키스 스미스 경 형제를 만났다. 그들은 사상 초초로 런던에서 호주까지 비행에 성공함으로써 호주 정부가 주는 5만 달러의 상금을 받았을 뿐 아니라 대영제국을 온통 흥분의 도가니로 돌아넣으며 영국 왕실에서 수여하는 기사 작위까지 받은 터였다.

유명한 풍경 사진 작가인 캡틴 헐러가 그들과 함께 비행 여정에 일부 참가해서 영화를 찍었다. 그들은 사진을 곁들인 여행담을 준비하는 중이었고, 나는 그 여행담 준비를 돕는 한편 연설을 훈련시키는 일을 맡게 되었다. 두 사람은 런던의 필하모닉 홀에서 한 사람은 오후, 한 사람은 밤, 이렇게 하루에 두 차례씩 넉 달 동안 여행담을 들려주었다.

두 사람은 쌍둥이처럼 똑같은 경험을 했고 나란히 앉아서 세계의 반을 비행했다. 그리고 거의 단어 하나하나까지 똑같은 강연을 했다. 그런

데도 무슨 까닭에서인지 두 사람의 연설은 전혀 똑같아 보이지 않았다.

연설에는 단어 그 자체 말고도 중요한 무언가가 있다. 그것은 바로 연설할 때 풍기는 독특한 맛이다. "중요한 것은 무엇을 말하느냐가 아니라 어떻게 말하느냐이다."

언젠가 나는 한 음악회에서 악보를 보면서 파데레프스키의 연주를 감상하던 한 젊은 여성 옆에 앉은 적이 있다. 그녀는 의아함을 금할 수 없었다. 도무지 이해를 할 수 없었다. 이전에 그녀가 연주할 때 눌렀던 것과 정확히 똑같은 건반을 파데레프스키의 손가락이 스쳐가고 있었다. 그녀의 연주는 평범했다. 하지만 파데레프스키의 연주는 영감이 넘치고 있었다. 지고의 아름다움 그 자체였다. 관객을 전율케 하는 공연이었다. 평범함과 천재성의 차이는 단지 그가 연주한 멜로디 그 자체가 결코 아니었다. 그것은 그가 연주하는 방식, 느낌, 기교, 그가 연주에 불어넣은 그 자신의 인간적인 매력이었다.

러시아의 위대한 화가인 브룰로프가 언젠가 어린 학생의 그림을 손봐준 적이 있었다. 그 어린 학생은 고쳐진 그림을 휘둥그레진 눈으로 들여다보며 이렇게 소리쳤다. "이럴 수가! 선생님이 눈곱만큼 손댔는데 아주 다른 그림이 됐군요." 브룰로프의 대답은 이랬다. "예술은 바로 그 '눈곱'에서 시작하지." 연설도 그림이나 파데레프스키의 연주와 같다.

말을 다룰 때에도 똑같은 원리가 적용된다. 영국 의회에는 모든 것은 말하는 내용이 아니라 말하는 방식에 달려 있다는 오랜 격언이 있다. 이는 영국이 로마제국의 머나먼 식민지이던 시절 쿠인틸리아누스가 한 말이다.

격언이 대개 그렇듯 이 말도 에누리해서 들을 필요가 있지만 좋은 연설은 별 내용 없는 말도 그럴듯하게 들리게 한다. 내가 대학교 경연 대회에서 종종 보게 되는 일은 가장 좋은 내용을 가진 연사가 늘 우승하는 건 아니라는 사실이다. 우승은 오히려 자신의 연설 내용이 가장 훌륭하게 들리도록 말을 잘하는 학생에게 돌아간다.

언젠가 몰리 경은 냉소적이지만 멋진 말을 남겼다. "연설에서는 세 가지, 즉 누가 말하느냐, 어떻게 말하느냐, 그리고 무엇을 말하느냐가 가장 중요한데 그중에서도 마지막 문제가 가장 덜 중요하다." 과장이 심했다고? 그럴지도 모른다. 하지만 그 표면을 살짝 긁어내고 보면 그 아래 반짝이는 진실을 발견하게 될 것이다.

에드먼드 버크가 남긴 연설문들은 논리와 논법, 작문에 이르기까지 아주 뛰어나다. 그래서 오늘날에도 전체의 50퍼센트에 이르는 대학교에서 고전적인 웅변의 모델로서 학습되고 있다. 그런데 막상 연설가로서 버크는 악명 높은 실패자였다. 그는 자신의 주옥 같은 명문들을 재미있고 힘차게 만들 능력을 가지지 못했다. 이 때문에 그는 하원에서 '만찬을 알리는 종'이라고 불렸다. 그가 말하려고 일어서면 사람들은 기침을 하거나 딴청을 부리거나 떼지어 나가는 것이었다.

총알을 누군가에게 있는 힘껏 던져봐라. 제아무리 강철로 만들어졌다 한들 맞은 사람의 옷에는 아무 흔적도 남지 않을 것이다. 그러나 한낱 양초라 할지라도 그 안에 화약을 넣는다면 송판을 뚫고 튀어나갈 것이다. 이렇게 말해서 안됐지만 화약을 품은 하찮은 양초와 같은 말하기 능력은 강철을 뒤집어썼어도 아무런 힘을 못 내는 연설보다 훨씬 강한 인상을 만들어낸다. 그러므로 이야기를 전달하는 것에 주의를 기울여야 한다.

전달이란 무엇인가?

백화점에서 당신이 구입한 물품을 '전달'한다고 할 때 그것은 무엇을 의미할까? 운전수가 당신의 뒷마당에 짐을 던져놓고 그대로 가버리는 걸 말하는가? 단지 누군가의 손으로부터 물건을 받았다는 말이 곧 전달 받았다는 말과 같은 의미일까? 전보를 가져온 배달 소년은 전보를 받아야 할 사람에게 직접 '전보'를 전달한다. 하지만 모든 연설자들이 그렇게 할까?

수많은 사람들이 이야기하는 전형적인 예를 한 가지 들어보자. 내가 스위스의 알프스 산맥에 있는 여름 리조트인 뮈렌에 머물렀을 때의 일이다. 나는 런던에 있는 한 회사가 운영하는 호텔에 머무르고 있었는데, 그 회사는 영국에서 이곳으로 매주 두 명씩 연사를 보내 손님들에게 강연을 하게 했다. 그중에는 유명한 영국 소설가도 끼어 있었는데 그녀의 주제는 '소설의 미래'였다. 하지만 그녀 자신이 인정했듯이 그것은 연설자가 직접 선택한 주제가 아니었다. 그러니 요점부터 말하자면 그녀는 거기에 대해 딱히 해줄 이야기가 전혀 없었다. 급히 작성한 어지러운 메모를 들고 연단에 선 그녀는 청중을 무시하는 양 청중에게는 눈길 한 번 제대로 주지 않고 때때로 사람들 머리 너머나 자신이 적어온 쪽지 아니면 바닥만 빤히 쳐다보는 것이었다. 그녀가 내뱉는 한마디 한마디는 그녀의 눈에 담긴 아득한 시선과 그녀의 목소리에 담긴 아련한 울림과 함께 태초의 허공으로 빨려 들어갔다.

이런 것은 연설이라고 할 수도 없다. 그것은 독백이다. 거기에는 의사소통이란 개념이 전혀 없다. 의사소통의 느낌, 그것이야말로 좋은 연설의 첫 번째 필수 요소이다. 청중은 이야기의 내용이 연사의 마음으로부터 자신들의 마음에 곧바로 전달되고 있다는 사실을 느껴야 한다. 내가 바로 앞에서 예로 든 종류의 연설은 모래투성이 불모지인 고비 사막에서 했다 해도 전혀 다르지 않았을 것이다. 솔직히 말하자면 그때의 강연은 살아 있는 사람에게 전달한다기보다 그런 허허벌판에서 연설하는 것처럼 들렸다.

이야기를 전달하는 문제는 아주 간단하면서도 지극히 복잡한 과정이다. 또한 제대로 이해되지 않고 정당한 대우를 못 받는 경우도 허다하다.

잘 전달하는 비결

전달에 대해 서술한 책 가운데에는 전혀 터무니없거나 쓸모없는 글들이 이루 말할 수 없이 많다. 온갖 규칙과 관습이 결부되어 신비화되기까지 한 것도 있다. 신의 눈에 거슬릴 뿐 아니라 사람들에게도 환영받지 못하는 구닥다리 '웅변술'로 인해 더욱 우스꽝스럽게 되는 경우도 적지 않다. 도서관이나 책방에 가면 '웅변술'에 관한 수많은 책을 찾아볼 수 있지만 그 책들은 비즈니스맨들에게 전혀 쓸모가 없다. 미국은 다른 방면에서는 진보를 거듭하고 있지만 아직도 거의 모든 주에서 학생들은 웹스터와 잉거솔의 지극히 수사적인 '웅변'을 암기하도록 강요받고 있다. 그것들은 잉거솔 부인과 웹스터 부인이 무덤에서 부활할 때 그들의 머리에 얹혀 있음직한 모자만큼이나 이기 오늘날의 시대정신과 문체에서 동떨어진 게 되었는데도 말이다.

남북전쟁 이후 전혀 새로운 연설의 흐름이 생기고 있다. 시대정신에 맞추어 그것은 〈새터데이 이브닝 포스트〉만큼 현대적이고 전보만큼 직접적이며 자동차에 붙이고 다니는 광고판만큼 능률적이다. 한때 유행하던 언어의 불꽃놀이는 현대를 살아가는 청중에게는 더 이상 받아들여지지 않는다.

오늘날의 청중은 그 자리가 열댓 명이 둘러앉은 업무 회의장이든 천여 명이 들어선 천막 안이든 연사가 마치 잡담을 나누듯이, 그러니까 누군가 청중 중의 한 사람과 대화를 나눌 때 하는 것처럼 직접적으로 말해주기를 바란다.

다만 태도는 그와 똑같되 목소리의 크기는 똑같으면 안 된다. 만일 그렇게 한다면 그의 목소리가 거의 들리지 않을 테니까 말이다. 자연스러워 보이려면 한 사람에게 말할 때보다 40명에게 말할 때 훨씬 더 많은 힘을 써야 한다. 건물 위의 동상이 거리의 행인에게 실물과 같은 비율로 보이기 위해 실물보다 커야 하는 것과 똑같은 이치다.

마크 트웨인이 네바다 주의 어느 광산 캠프에서 강연을 끝낼 무렵이었다. 한 광부가 그에게 다가와 이렇게 물었다. "평소에도 지금처럼 말씀하십니까?" 청중이 원하는 것이 바로 이것이다. 즉 '자연스럽게 말하는 것, 다만 조금 크게 말하는 것'이다.

상공회의소에서 연설할 때도 마치 존 헨리 스미스에게 말하는 것처럼 하라. 상공회의소의 회합도 결국 여러 명의 존 헨리 스미스가 모인 것이 아니겠는가? 그 사람들 한 명 한 명에게 성공하는 방식이라면 한꺼번에 모아놓았을 때에도 성공적이지 않겠는가?

앞에서 나는 어떤 소설가의 연설을 예로 들었다. 그 여류 소설가가 강연했던 바로 그 장소에서 나는 며칠 지나지 않아 올리버 로지 경의 강연을 듣는 기쁨을 누렸다. 그의 주제는 '원자와 세계'였다. 그는 반세기 이상 그 주제로 고민하고 연구하고 실험하고 조사해온 사람이었다. 그가 말하고자 하는 것은 그의 가슴과 마음과 인생의 일부인 그 무엇, 말하지 않고는 견딜 수 없는 그 무엇이었다. 하늘에 감사해야 할 일이지만 그는 자신이 강연하고 있다는 사실을 잊어버렸고 나 또한 그 사실을 잊었다. 강연 자체는 그의 뇌리에 없었다. 그의 관심은 오로지 우리에게 정확하고 명쾌하고 실감나게 원자에 대해 얘기하는 것뿐이었다. 그가 보고 느낀 것을 우리에게 보고 느끼도록 하기 위해 혼신의 힘을 쏟고 있었다.

그 결과는 어땠을까? 그것은 참으로 보기 드문 강연이었다. 매력과 힘이 모두 갖춰진 그 강연은 깊은 인상을 남겼다. 그는 비범한 능력을 지닌 연사이다. 그러나 그 자신은 그렇게 생각하지 않을 것이라고 나는 확신한다. 그의 강연을 들은 사람 가운데 그를 대중 연설가라고 생각할 사람은 거의 없으리라고 나는 믿는다.

친애하는 독자 여러분, 만일 당신이 대중 연설을 했는데 그걸 들은 사람들이 당신이 대중 연설을 훈련 받았음을 조금이라도 눈치챘다면, 그것은 당신을 가르친 사람에게 누를 끼치는 일이 될 것이다. 당신을 가르친 사람은 당신이 물 흐르듯 자연스럽게 연설을 해서 듣는 사람들이 꿈에라도 당신이 훈련 받았음을 눈치채지 못하기를 바라고 있다. 좋은 유리는 유리 자체에 이목을 끌지 않는다. 그저 빛을 들일 뿐이다. 좋은 연사도 이와 같다. 너무 자연스러워서 듣는 사람은 그의 강연 방식에 신경 쓸 일이 없다. 사람들은 오로지 그가 말하는 내용에 집중한다.

헨리 포드의 충고

모든 포드 자동차는 한치의 오차도 없이 똑같습니다. 그러나 그 어떤 두 사람도 똑같을 수는 없습니다. 모든 새 생명은 태양 아래 새로운 것입니다. 그와 똑같은 것은 이전에도 없었고, 이후에도 절대로 없을 것입니다. 젊은 사람은 스스로에 대해 그런 생각을 가져야 합니다. 자신을 다른 사람과 다르게 만드는 한 줄기 개성의 불꽃을 찾아내 자신의 가치를 높이기 위한 노력을 끊임없이 해야 합니다. 사회와 학교에서는 당신을 획일적으로 만들어버릴지도 모릅니다. 모든 사람을 똑같은 틀에 넣으려는 경향이 있는 거지요. 하지만 단언하건대 그 불꽃이 사라지지 않도록 해야 합니다. 당신이 중요한 진정한 이유는 바로 그 불꽃이 있기 때문입니다.

대중 연설이야말로 이런 지적이 두 배는 더 적절한 분야이다. 이 세상의 어떤 사람도 당신과 같을 수는 없다. 수억 명의 사람들이 눈 둘, 코 하나, 입 하나를 가지고 있다. 하지만 당신과 똑같이 생긴 사람은 그 어디에도 없다. 또한 그들 중 어느 누구도 당신과 똑같은 이목구비, 똑같은 행동 방식, 똑같은 마음씨를 갖지 않았다. 그 누구도 당신이 자연스럽게 연설할 때와 같이 똑같은 말이나 몸짓을 하지 않는다. 다시 말해 당신은 개성을 갖고 있다. 연사로서 그것은 가장 소중한 자산이다. 거기에 매달려라. 그것을 소중히 여기고 펼쳐나가라. 그것이야말로 당신의 연설에 힘과 진실함을 불어넣어줄 불꽃이다. "당신이 중요하다고 말할 수 있는 진짜 이유는 바로 개성이 있기 때문이다."

올리버 로지 경은 다른 사람과 다르게 말한다. 그건 사람이 다르기 때문이다. 그의 강연 방식은 본질적으로 턱수염이나 대머리처럼 그가 가진 개성의 한 부분이다. 그가 로이드 조지를 흉내 내려고 했다면 그는 가짜가 되었을 테니 결국 실패하고 말았을 것이다.

1858년 일리노이 주의 대초원에 자리 잡은 작은 도시에서 상원의원 스티븐 A. 더글러스와 에이브러햄 링컨 사이에 미국 역사상 가장 유명한 논쟁이 벌어졌다. 링컨은 키가 크고 어딘가 부자연스러웠던 반면, 더글러스는 키가 작고 거동이 세련됐다. 두 사람은 각자의 체격만큼이나 성격과 사고방식, 성품, 성향이 판이했다.

더글러스는 세상에서 알아주는 교양인이었다. 반면 링컨은 신발도 신지 않고 손님을 맞으러 문간으로 달려가는 '장작 패는 촌놈'이었다. 더글러스는 태도가 자연스러웠지만 링컨은 어색했다. 더글러스에게서는 유머라고는 결코 찾아볼 수 없었던 반면, 링컨은 인류 역사상 가장 뛰어난 이야기꾼 중 한 명이었다. 더글러스는 거의 비유를 사용하지 않았다. 하지만 링컨은 끊임없이 비유와 사례를 들어 논박했다. 더글러스는 도도하고 권위적이었지만 링컨은 겸손하고 너그러웠다. 더글러스는 순식간에 생각을 해냈다. 반면 링컨의 두뇌 회전은 훨씬 느렸다. 더글러스는 말할 때 회오리바람처럼 맹렬하게 몰아쳤다. 하지만 링컨은 훨씬 조용하고 생각이 깊고 신중했다.

이렇게 다르기는 했지만 두 사람 모두 자제력을 잃지 않을 정도의 양식과 용기를 갖춘 유능한 연사였다. 둘 중 한 사람이 다른 사람을 모방하려 했다면 그는 분명 형편없이 실패하고 말았을 것이다. 그러나 두 사람 모두 자신의 고유한 능력을 아낌없이 발휘하여 개성 있게 설득력 있는 주장을 폈다. 여러분도 이와 같이하라.

이렇게 방향을 제시하기란 간단한 일이다. 그러나 그 길을 따라가는 것도 간단한 일일까? 절대 그렇지 않다. 프랑스의 뛰어난 전략가였던 포슈 장군은 전쟁의 기술에 대해 이런 말을 남겼다. "계획하기는 간단하지만 실행에 옮기는 것은 불행히도 매우 복잡하다."

청중 앞에서 자연스러워지려면 연습이 필요하다. 배우들은 그걸 안다. 당신이 네 살배기 어린아이였을 때는 아마 사람들 앞에 있는 연단에 올라가 뭔가를 '읊조리는' 일이 가능했을 것이다. 그러나 스물네 살, 혹은 마흔네 살인 당신이 연설을 하려고 연단에 올라간다면 어떤 일이 벌어질까? 네 살 때 지녔던 무의식적인 자연스러움을 간직하고 있을까? 그럴 수도 있겠지만 십중팔구는 기계처럼 뻣뻣해지고 어색하게 되어 자라가 껍질 속으로 머리를 넣듯 움츠러들게 될 것이다.

연설을 가르치거나 훈련시킬 때의 주안점은 전에 없던 재주를 가져다 덧붙이는 게 아니라 대개는 장애물을 치워 자유롭게 만드는 것이다. 누군가 주먹으로 때리려고 할 때 나오는 당연한 반사작용처럼 그렇게 자연스럽게 말하도록 돕는 것이다.

숱한 날들을 나는 연사들의 이야기 중간에 끼어들어 제발 '사람처럼 말해달라'고 애원했다. 숱한 밤들을 나는 자연스럽게 말하도록 그들을 강제로 훈련시키고 난 뒤 정신적, 육체적으로 기진맥진해서 집으로 돌아갔다. 그만큼 자연스럽게 말하는 건 쉽지 않은 일이다. 단언컨대 이건 듣는 것처럼 간단한 문제가 아니다.

이 포괄적인 자연스러움의 기술을 습득할 수 있는 유일한 길은 하늘 아래 딱 한 가지, 연습밖에 없다. 연습을 하다가 문득 자신이 어색한 걸 느끼게 되면 잠시 멈추고 냉정하게 스스로의 내면에 말을 걸어라. "아니야! 뭔가 이상해. 정신 차리자. 자연스럽게 말하자." 그러고는 청중 중의 누군가를, 대략 뒤에 앉은 사람들 중 보기에 가장 멍청해보이는 사람을 골라서 그에게 말을 걸어라. 다른 사람은 전혀 거기 없는 것처럼 생각하고 말이다. 그와 이야기를 나눠라. 그 사람이 당신에게 뭔가 물어보아서 당신이 대답하고 있다고 상상해라. 그가 만일 벌떡 일어나서 당신에게 말을 건다면, 그래서 당신이 대꾸를 해준다면 그 순간 당신의 이야기는 자연스럽고 직접적인 대화투로 변할 것이다. 그러니 그런 일이 실제로 벌어지고 있다고 상상을 하라는 말이다.

당신이 실제로 질문을 던지고 그 질문에 대답하는 형식으로 나가도 좋다. 예를 들면 연설 도중에 이런 말을 하는 것도 괜찮다. "그런데 여러분은 이렇게 물으실지도 모르겠습니다. 이런 주장을 하는 근거가 무엇이냐고 말입니다. 물론 근거가 있습니다. 그건 바로……." 그리고 나서 그 가상의 질문에 대한 답을 해나가라. 그런 방식은 대단히 자연스럽고 강연의 단조로움을 깨뜨려 직접적이고 편안하며 주고받는 느낌을 만들어줄 것이다.

솔직하고 의욕적이고 열정적인 태도도 도움이 될 것이다. 사람은 감정의 지배를 받게 될 때 진정한 자아가 드러난다. 빗장이 열리는 것이다. 뜨거운 감정이 비로소 모든 빗장을 열어젖히는 것이다. 행동도 말도 그제서야 거침이 없어진다. 자연스러운 것이다.

그러니까 결국은 이 전달의 문제도 이번 장에서 여러 차례 강조해온 것과 똑같은 결론에 이른다. 다시 말해서 당신의 말에 마음을 담으라는 것이다.

예일 신학대의 브라운 학장은 설교에 관한 강의를 하면서 이렇게 말했다.

제 친구 하나가 런던 시에서 참례한 예배에 대해 해준 말을 전 절대로 잊지 못할 겁니다. 설교자는 조지 맥도널드였습니다. 그가 그날 아침 성경 낭독 시간에 읽은 부분은 히브리서 11장이었습니다. 설교 시간이 되자 그는 이렇게 말했답니다. "믿음을 가진 이 사람들의 대기는 여러분 모두 들었을 줄 압니다. 저는 믿음이란 무엇인지에 대해 말하려 하지 않겠습니다. 그 얘기라면 신학 교수들이 저보다 훨씬 더 잘할 수 있을 테니까요. 제가 여기 선 것은 여러분이 믿을 수 있도록 돕기 위해서입니다." 이 말과 함께 보이지는 않지만 영원히 존재하는 실체에 대한 자신의 신앙고백을 쉽고 가슴에 와닿으면서도 장엄하게 하더랍니다. 듣는 사람의 마음과 가슴에 믿음이 생기도록 말이죠. 그의 말에는 그의 마음이 담겨 있었고 그때의 설교는 그 사람의 내면의 순수한 아름다움에서 비롯된 것이기에 더할 나위 없이 효과적이었습니다.

"그의 말에는 그의 마음이 담겨 있었다." 여기에 비결이 있다. 물론 이런 종류의 충고가 인기 없으리라는 건 나도 잘 안다. 모호해보이고 애매하게 들리기 때문이다. 대개의 학생들은 바보도 알 수 있는 규칙을 원한다. 명확한 것, 손으로 만질 수 있는 어떤 것, 포드 자동차 사용 설명서만큼이나 명확한 규칙을 원한다.

사람들이 원하는 건 바로 그런 것이다. 나도 그런 걸 줄 수 있으면 좋겠다. 그건 다른 사람도 편하게 만들고 나도 편해진다. 실제로 그런 규칙들이 있다. 하지만 거기에는 사소한 문제가 하나 있다. 효과가 없다. 그 공식대로 하면 부자연스럽고 작위적이며 자발성과 활력이 없는 연설이 된다. 이미 나는 경험을 통해 알고 있다. 소싯적에 나도 그런 걸 연습하느라 엄청난 힘을 낭비한 적이 있기 때문이다. 마크 트웨인 이후 최고의 유머 작가였던 조시 빌링스가 가벼운 마음으로 인정했듯이 "아무 짝에도 쓸데없는 지식은 아무리 많이 알아봐야 아무 소용이 없다."

연설을 할 때 해야 할 일들

그럼 이제 좀 더 명쾌하고 생생한 연설을 하기 위해 자연스러운 연설의 몇 가지 특징들을 알아보려고 한다. 이렇게 말하면 "아, 이제 알았다. 억지로라도 이렇게 하기만 하면 되겠구나." 하는 사람이 분명 있을 거라서 나는 이 부분을 말할까 말까 망설여왔다. 절대로 그렇게 해서는 안 된다.

억지로 여기 적힌 대로 하려고 하면 여러분은 나무처럼 뻣뻣해지거나 기계적인 모습을 보이게 될 것이다. 여러분이 어젯밤 먹은 저녁을 아무 생각 없이 소화시켰듯이 여러분은 이 가운데 대부분의 원칙들을 어젯밤 나눈 대화에서 이미 활용했다. 원칙이란 그렇게 사용하는 것이다. 그 방법밖에는 없다. 그리고 그렇게 되려면 앞에서도 말한 것처럼 대중 연설에 관한 한 오직 연습밖에 길이 없다. 그 연습 방법에 대해 좀 더 구체적으로 말해보겠다.

첫째, 중요한 단어에 강세를 주고 중요하지 않은 단어는 약하게 말하라.

대화를 나눌 때 우리는 단어에 있어서 음절 하나씩에만 강세를 두어

세게 발음하고 나머지 음절들은 마치 노숙자 무리를 지나치는 택시처럼 휙 흘려버린다. 다시 말해 '매사추세츠(MassaCHUsetts)', '어플릭션(afFLICtion)', '어트랙티브니스(atTRACtiveness)', '인바이런먼트(enVIRonment)'처럼 말이다. 문장을 놓고 볼 때도 거의 똑같다. 뉴욕에서 가장 오래된 초고층 건물인 울워스 빌딩이 브로드웨이에서 삐죽 튀어나온 것처럼 중요한 단어가 한두 개 돋보이도록 말을 한다.

내가 말하는 건 전혀 이상하거나 비정상적인 과정이 아니다. 잘 들어보라. 이런 현상은 항상 주변에서 들리니까. 당신 자신도 어제 하루에만 백 번쯤, 아니 천 번쯤 이렇게 했을 것이다. 내일도 분명히 수백 번은 하고도 남을 것이다.

예를 들어보자. 다음의 예문에서 굵게 강조된 글자 부분에 강세를 주고 나머지 단어들은 훑듯이 빨리 지나면서 읽어보라. 어떤 효과가 생기는가?

나는 어떤 일이든지 **의욕적으로** 하기 때문에 **성공해왔다.** 한 번도 이럴까 저럴까 **주저한** 적도 없다. 이 점이 나를 다른 사람보다 **뛰어나게** 만들어주었다. - 나폴레옹

이 문장을 읽을 때 꼭 이렇게 해야 하는 건 아니다. 다른 사람이라면 아마 다르게 읽을 것이다. 강조하는 데 엄격한 규칙이 있는 건 아니다. 그때그때 상황에 따라 다르니까.

다음 예문을 요지가 분명하고 설득력 있게 들리도록 큰 소리로 진지하게 읽어보라. 중요하고 의미 있는 단어에 힘을 주고 나머지는 그냥 지나가게 되지 않는가?

패배했다고 생각하면 패배한 것이다.

도저히 못한다 생각하면 하지 못한다.

이기고는 싶으나 이길 수 없다고 생각하면

이기지 못하는 건 불을 보듯 뻔한 일이다.

인생이라는 전투에서는

늘 빠르고 센 사람만이 이기는 건 아니다.

늦거나 빠르긴 해도

인생에선 이길 수 있다고 생각하는 사람이 이긴다. - 저자 불명

성격의 구성 요소 가운데 확고한 결심보다 더 중요한 건 아마 없을 것이다. 위대한 사람이 되거나 어느 방면에서건 성공하려는 꿈을 가진 아이는 수많은 난관을 극복하겠다는 결심뿐 아니라 숱한 저항과 좌절을 헤쳐나갈 결심을 해야 한다. - 시어도어 루스벨트

둘째, 높낮이에 변화를 주라.

말을 할 때 우리 목소리의 음조는 눈금의 높낮이를 오르내리며 잠시도 멈추지 않고 항상 바다의 수면처럼 출렁거린다. 왜 그럴까? 그 이유는 아무도 모르고 특별히 신경 쓰지도 않는다. 결과적으로는 기분 좋게 들리는데 그게 자연의 섭리다. 이런 건 배운 적도 없지만 굳이 찾지 않아도 모르는 사이에 어릴 때부터 알고 있었다. 그렇지만 자리에서 일어나 청중을 바라보게 되면 아마 우리의 목소리는 네바다 주의 알칼리 사막처럼 둔하고 단조롭고 지루해질 것이다. 당신이 단조로운 높이로, 대개 고음이겠지만, 그렇게 말하고 있다는 게 느껴지면 잠깐 멈추어 스스로에게 이렇게 말해라. '내가 목각 인디언 인형처럼 말하고 있구나. 사람들한테 말을 하자. 사람이 얘기하듯, 자연스럽게 말이야.'

스스로에게 그런 잔소리가 효과가 있을까? 조금은 도움이 될 것이다. 잠깐 멈추기만 해도 효과는 있을 것이다. 연습을 통해서 자기만의 해결 방식을 고안해내야 한다. 중요한 대목에서 갑자기 목소리를 낮추거나 높이기만 해도 당신이 선택한 단어나 문구를 앞마당의 푸른 월계수처럼 돋보이게 할 수 있다. 브루클린의 유명한 조합 교회 목사인 캐드먼 박사가 이 방법을 잘 썼다. 올리버 로지 경도 그랬고 브라이언도 그랬으며 루스벨트도 그랬다. 유명한 연사들은 거의 다 그랬다.

다음 예문에서 강조된 단어들을 나머지 단어들보다 훨씬 낮은 소리로 말해보라. 어떤 효과가 생기는가?

내게 장점이 있다면 좌절하지 않는 것, 그뿐입니다. – 포슈 장군

교육을 시키는 중요한 목적은 지식이 아니라 행동을 가르치는 것입니다. – 허버트 스펜서

나는 여든여섯 생애를 살아오면서 숱한 사람들이 성공을 향해 기어오르는 걸 보았습니다. 그런데 성공을 위해 중요한 요소들 가운데에서도 가장 중요한 요소는 믿음이었습니다. – 기번스 추기경

셋째, 말의 속도에 변화를 주라.

어린아이가 말하거나 우리가 일상생활에서 떠들 때 우리의 말은 끊임없이 빨라졌다 느려졌다 한다. 그 편이 듣기가 좋고 자연스럽다. 무의식적으로 이루어지는 것이지만 그럼으로써 말에 강약이 생긴다. 실제로 이것은 어떤 생각을 돋보이게 만드는 가장 좋은 방법 가운데 하나이다.

월터 B. 스티븐스는 미주리 주 역사학회에서 출판한 『기자가 본 링컨』이라는 책에서 링컨은 연설에서 결론으로 몰아갈 때 이 방법을 자주 애용했다고 소개한다.

링컨은 몇 단어를 대단히 빠르게 말하고 정작 자기가 강조하고자 하는 단어나 문구에 이르면 느긋한 목소리로 지그시 내리누르곤 했다. 그리고 나선 번개처럼 문장의 끝까지 달음박질치는 것이었다. 그는 강조하고자 하는 한두 개의 단어에 중요하지 않은 단어 대여섯 개와 맞먹는 시간을 들이곤 했다.

그런 방법은 항상 관심을 끈다. 예를 하나 들겠다. 나는 대중 강연에서 기번스 추기경의 다음 말을 자주 인용한다. 그런데 한번은 이 말을 인용하면서 내가 강조하고 싶었던 건 용기였다. 그래서 나는 이 인용문을 말하면서 나 자신이 그 말에 감동 받은 것처럼 강조되어 있는 단어에 오랜 시간을 들였다. 실제로 나는 그 부분에서 감동을 받았었다. 같은 방식으로 다음 글을 큰 소리로 읽어보고 결과를 눈여겨보라.

세상을 떠나기 얼마 전에 기번스 추기경은 이런 말을 남겼습니다. "나는 여든여섯 생애를 살아오면서 숱한 사람들이 성공을 향해 기어오르는 걸 보았습니다. 그런데 성공을 위해 중요한 여러 요소들 가운데 가장 중요한 요소는 믿음이었습니다. 용기를 내지 못한다면 그 누구도 업적을 남길 수 없습니다."

이렇게 한 번 해보라. '3천만 달러'를 마치 푼돈이나 되는 듯이 대수롭지 않은 기분으로 빨리 말해보라. 그리고 나서 이번에는 '3만 달러'를 천천히 감정을 넣어서 마치 그 어마어마한 금액에 무한한 감동을 느낀 듯이 말해보라. 3만 달러가 3천만 달러보다 훨씬 더 큰 금액처럼 들리지 않는가?

넷째, 중요한 생각의 앞과 뒤에서 잠시 숨을 고르라.

링컨은 연설 도중에 자주 말을 멈췄다. 듣는 사람의 가슴에 깊이 새기고 싶은 근사한 생각에 이르면 링컨은 몸을 앞으로 기울이고 순간적으로 아무 말없이 사람들의 눈을 똑바로 들여다보았다. 이런 갑작스런 침묵은 갑작스런 소음과 비슷한 효과를 준다. 주의를 환기시키게 된다. 사람들은 모두 긴장이 되어 귀를 쫑긋 세운 채 그 다음에 무슨 얘기가 나올까 정신을 바짝 차리게 되는 것이다.

예를 들어 앞서 더글러스와 벌였던 그 유명한 논쟁이 끝나가던 무렵, 모든 지표는 그의 패배를 가리키고 있었다. 그는 풀이 죽어 오랜 버릇처럼 가끔씩 침울한 모습을 보이기도 했고, 단어 하나하나에도 가슴을 울리는 애절함이 묻어나왔다. 그렇게 결론부에 이르렀을 때, 링컨은 갑자기 말을 멈추고는 잠시 동안 아무 말도 없이 서 있었다. 그러고는 언제나 그렇듯 당장이라도 눈물을 떨어뜨릴 것처럼 그 퀭하고 지친 눈으로 자기 앞에 앉아 있는, 절반은 무관심하고 절반은 다정한 사람들의 얼굴을 잠시 둘러보았다.

그리고 그는 승산 없는 싸움에 이제는 지친 것처럼 팔짱을 낀 채 링컨 특유의 단조로운 음성으로 이렇게 말했다. "여러분, 미국 상원의원으로 더글러스 판사나 저 둘 중 누가 선출된다 해도 별 차이가 없을 겁니다. 거의 없다고 할 수 있죠. 하지만 오늘 우리가 여러분에게 제시한 쟁점은 어떤 개인의 이익이나 정치적인 운명을 훨씬 뛰어넘는 중요한 것입니다. 동지 여러분, ……" 여기서 링컨은 다시 멈추었고 청중은 한

마디 한마디에 귀를 기울였다. "더글러스 판사와 저의 보잘것없고 연약하며 더듬거리는 혀가 무덤 속에 들어가 조용해진 다음에도 지금의 쟁점은 여전히 뜨거운 쟁점으로 살아남아 숨쉬고 있을 것입니다."

링컨의 전기 작가 중 한 사람은 계속해서 이렇게 쓰고 있다. "이 간단한 말과 그 말을 하던 태도는 거기 모인 모든 사람들에게 깊은 감동을 주었다." 링컨은 자기가 강조하려는 문구 다음에도 잠깐 멈추었다. 침묵하는 동안 사람들의 가슴속에 그 의미가 서서히 녹아들면서 맡은 바임무를 다하도록 함으로써 자신이 한 말의 효과를 배가시켰던 것이다.

올리버 로지 경은 연설에서 중요한 부분의 앞과 뒤를 포함해서 자주쉬었다. 때로는 한 문장에 서너 번씩 쉬기도 했는데 너무나 자연스럽고무의식적으로 보여서 특별히 올리버 경의 연설 방식을 분석하지 않는이상 아무도 알아채지 못할 정도이다.

키플링은 '침묵을 통해 말하게 되리라'는 말을 남겼다. 침묵은 금이지만 연설에서 현명하게 사용된 침묵보다 더 빛나는 금은 없다. 이건결코 무시할 수 없을 정도로 중요하고도 강력한 무기인데도 초보 연사들은 대개 이 점에 소홀하다.

아래는 홀먼이 지은 『톡 쏘는 이야기』라는 책에서 발췌한 글인데, 중간중간 어디에서 쉬어야 좋을지 표시해두었다. 꼭 그 자리에서만 쉬어야 한다거나 그 자리가 제일 좋은 자리라고는 말하지 않겠다. 다만 그중 한 자리라고만 말하겠다. 어디에서 쉬어야 하는지는 엄격한 규칙이없다. 그건 의미와 말하는 사람의 기질과 감정의 문제이다. 오늘은 여기서 쉬었다가 내일은 똑같은 강연인데도 다른 데에서 쉴 수도 있다.

아래 예문을 큰 소리로 쉬지 말고 읽으라. 그리고 나서 내가 표시한부분에서 숨을 고르면서 다시 한 번 읽어보라. 쉴 때 어떤 효과가 나타나는가?

영업은 전쟁이다. (쉬면서 전쟁이란 개념이 태어들도록 한다.) 따라서 오직 전사들만이 거기서 이길 수 있다. (쉬면서 요지가 스며들도록 한다.) 우리가 이런 조건을 내켜 하지 않을 수도 있지만 그렇게 만든 게 우리가 아니라서 어떻게 바꿔볼 도리도 없다. (쉰다.) 영업이라는 게임에 뛰어들 때는 용감하게 해라. (쉰다.) 그러지 않으면 (쉬면서 1초간 긴장을 늘인다.) 방망이를 휘두를 때마다 아웃이 되어 나중엔 줄줄이 빵점을 면하지 못할 것이다. (쉰다.) 투수를 두려워한 사람치고 3루타를 날린 사람은 이제껏 아무도 없었다. (쉬면서 요지가 스며들도록 한다.) 그걸 기억해라. (쉬면서 좀더 스며들 때까지 기다린다.) 장타를 치거나 담장 밖으로 홈런을 날리는 사람은 언제나 타석에 바짝 다가서는 사람이다. (쉬면서 이 어마어마한 선수에 대해 당신이 이제 뭐라고 말하려는지 청중들의 궁금증을 증폭시킨다.) 그것도 마음속에 굳은 의지를 닦은 채 ······.

다음 인용문의 의미를 새기면서 힘차게 큰 소리로 읽어보라. 자연스럽게 쉬어가는 데가 어디인지 눈여겨보라.

미국의 큰 사막들은 아이다호나 뉴멕시코나 아리조나에 있지 않다. 보통 사람들의 모자 밑에 있다. 미국의 큰 사막은 물리적인 사막이 아니라 정신적인 사막이다. ─J. S. 녹스

인간의 질병에 만병통치약이란 없다. 거기에 가장 가까운 것이 있다면 그것은 이미 널리 알려진 것이다. ─폭스웰 교수

내가 반드시 기쁘게 해줘야 할 게 두 가지가 있다. 하나는 하느님이고 다른 하나는 가필드 가족이다. 이 세상에서는 가필드 가족과 함께 살 것이고

저 세상에서는 하느님과 함께 살겠다. - 제임스 A. 가필드

이 장에서 제시한 원칙들을 철저히 따른다 하더라도 수백 가지 잘못을 저지를 수도 있다. 사람들 앞에서 일상 대화와 너무 똑같이 얘기하는 바람에 결과적으로 듣기 싫은 목소리로 얘기할 수도 있고, 문법에 맞지 않게 얘기할 수도 있으며, 어색하게 얘기하거나, 공격적으로 얘기하거나, 그밖에 상대의 기분을 상하게 하는 수많은 잘못을 저지를 수도 있다. 일상 대화를 하듯 자연스럽게 말하는 방식은 어쩌면 많은 개선점을 안고 있을지도 모른다. 우선 일상에서 사용하는 자연스러운 대화 방식을 가다듬어 완벽하게 만든 다음, 그 방식 그대로 연단 위에서 해보라.

좋은 연설을 하기 위한 비결

....

1 말에는 단어 하나하나의 의미를 뛰어넘는 중요한 뭔가가 있다. 그것은 이야기가 전달될 때의 '맛'이다. "무엇을 말하는가보다 어떻게 말하는가가 더 중요하다."

2 청중을 무시하고 사람들의 머리 너머를 보거나 바닥에 시선을 주는 연사들이 많다. 그들은 독백을 하는 것처럼 보인다. 거기에는 청중과 연사 간의 주고받기, 즉 의사소통의 개념이 없다. 그런 종류의 태도는 의사소통을 망치고 마찬가지로 연설도 망쳐버린다.

3 좋은 강연이란 직접적인 대화체에서 목소리를 크게 한 것이다. 상공회의소에서 연설할 때 존 스미스에게 말하듯이 하라. 상공회의소란 것도 결국 알고 보면 존 스미스가 여러 명 모인 게 아니고 무엇이겠는가?

4 모든 사람은 강연을 할 수 있는 능력을 갖고 있다. 이 말이 의심스러우면 직접 시험해보라. 알고 있는 사람 중 가장 어수룩한 사람을 때려눕혀라. 그가 몸을 일으키고 나면 뭔가 말을 할 것이다. 그 말을 하는 방식 또한 아무런 결점이 없을 것이다. 우리는 여러분이 사람들 앞에서 연설할 때 바로 이처럼 자연스럽게 하기를 원하는 것이다. 그걸 발전시키려면 연습을 해야 한다. 다른 사람을 따라하지 않고 여러분 안으로부터 샘물처럼 자발적으로 말이 흘러나오게 되면 여러분은 이 세상 어느 누구와도 다르게 말할 것이다. 연설에 다른 누구도 아닌 여러분만의 개성과 인격을 불어넣어라.

5 청중에게 말할 때 마치 그들이 잠시 후 자리에서 일어나 당신에게 대답할 것이라고 상상하며 말하라. 만일 그들이 일어나서 당신에게 질문이라도 하게 된다면 틀림없이 당신의 연설은 그 즉시 비약적으로 발전할 것이다. 그러니 누군가 당신에게 질문을 했다고, 그래서 당신이 그걸 되풀이하고 있다고 상상하라. 큰 소리로 "여러분은 제가 이걸 어떻게 아는지 궁금해 하실 것입니다. 그래서 말씀 드립니다 ……." 이런 말은 더할 나위 없이 자연스러워 보이며 틀에 갇힌 어조의 정형성을 깨뜨릴 것이다. 당신의 강연 태도는 훨씬 따뜻하고 인간적으로 될 것이다.

6 연설에 당신의 마음을 담아라. 감정적인 진솔함은 이 세상 온갖 규칙을 뛰어넘는 데 도움을 줄 것이다.

7 대화를 활발하게 나눌 때 우리 모두가 무의식적으로 하게 되는 네 가지가 있다. 여러분은 대중 앞에서 얘기할 때 이렇게 하는가? 대부분의 사람은 이렇게 하지 않는다.

1) 중요한 단어는 강조하고, 중요하지 않은 단어는 적당히 무시하는가? 그, 그리고, 하지만을 포함해 모든 단어를 차별 없이 거의 똑같이 강조하는가 아니면 매사추세츠를 발음할 때처럼 문장의 한 부분만 강조하는가?

2) 마치 어린아이가 얘기할 때처럼 목소리가 고음에서 저음으로, 다시 저음에서 고음으로 오르내리는가?

3) 말하는 속도에 변화를 주는가? 중요하지 않은 단어는 재빨리 건너뛰고 강조하고 싶은 단어는 느리게 말하는가?

4) 중요한 단어들의 앞과 뒤에서 쉬어가는가?

8

Platform Presence
And Personality

연단에 설 때의
준비사항

"행동이 웅변이다. 멍청한 자들은 보아야 믿는다."

_세익스피어

"정신적으로 깨어 있고 싶다면 절대 육체적으로 졸음이 오도록 놔두지 말라."

_나산 세퍼드, 『청중 앞에 서는 법』

"제스처는 지나치게 많은 것도 지나치게 적은 것도 자연스럽지 못하다. 아이들을 보기만 해도 제스처를 어느 정도 사용하면 좋을지 알 수 있으며 거리에서 이웃과 대화를 나누는 보통 사람들에게서도 그런 사례를 볼 수 있음에도 불구하고 중용의 미덕을 갖춘 경우를 찾아보기 힘들다는 사실은 참 이상한 일이다."

_매슈스, 『연설과 연설가』

"연사는 자신이 선택한 단어뿐만이 아니라 자신의 목소리와 눈을 통해, 그리고 자신이 풍기는 분위기를 통해 달변을 한다.

_라 로슈푸코

"연설을 할 때 몸짓은 잊어버려라. 당신이 무엇을 말하려고 하는지, 왜 그 말을 하려고 하는지에 대해서만 온 신경을 집중하라. 당신의 생각을 표현하는 데 당신의 열정과 영혼을 쏟아부어라. 열정과 진지함을 드러내라. 진지하고 또 진지하라. 그러면 몸짓은 자연스럽게 나오게 되어 있다. 자기 안의 생각, 충동을 충분히 강하게 하면 제약은 사라진다. 신체가 반응하면서 표현하기 위한 어떤 몸짓을 만들어낼 것이다. 실제 연설을 하는 동안 줄곧 하고 싶은 말만을 생각하라. 미리 계획하지 말라. 자연적인 충동이 행동을 결정하도록 놔두라."

_조지 롤런드 콜린스, 『연단에서 연설하기』

연 단 에 설 때 의
준 비 사 항

❖ 8 ❖

카네기 기술재단이 언젠가 백 명의 성공한 사업가들을 불러모아 지능 검사를 실시한 적이 있었다. 검사 유형은 전정 중에 군대에서 사용하는 것과 똑같은 것이었다. 그 결과 재단 측은 사업의 성패가 우수한 지능보다 성격에 달려 있는 것을 알 수 있었다.

이 결과는 매우 의미심장하다. 사업가뿐만 아니라 교육자와 전문직 종사자나 강연자에게도 매우 의미심장한 발표라 할 수 있다.

성격은 아마 대중 연설에 있어서 준비 과정을 제외하고는 가장 중요한 요소일 것이다. 엘버트 허버드는 "유창한 연설에서 승패는 말이 아니라 태도에서 판가름 난다."고 단언한 바 있다. 더 정확히 말하자면 태도와 아이디어가 연설을 결정한다고 말할 수 있다. 하지만 성격은 모호하고 손에 잡히지 않으며 제비꽃 향기처럼 분석할 수 없는 것이다. 그것은 육체적이고 영적이고 정신적인 모든 것의 총체이며 그 사람의 생김새와 선호도, 버릇과 기질, 마음가짐과 체력, 경험과 신체 훈련, 그의 인생이 모두 포괄되는 것이다. 그것은 아인슈타인의 상대성 이론만큼이나 복잡해서 좀처럼 이해하기 어렵다.

사람의 성격은 많은 부분 물려받은 것이어서 대체로 태어나기 전에 이미 결정되어 있다. 나중의 환경이 어느 정도 관련 있는 것도 사실이지만 통틀어서 보면 성격이란 바꾸거나 개선하기가 지극히 어려운 것이다. 그렇더라도 신경을 쓰면 어느 정도 성격을 강하게 한다거나 좀 더 설득력 있고 매력적으로 만들 수는 있다. 어찌 됐든 우리는 자연이 우리에게 준 이 알 수 없는 것을 가능한 한 최대로 활용하려고 노력할 수는 있다. 이 문제는 우리 모두에게 엄청나게 중요하다. 성격이란 완전히 바꿀 수는 없어도 그런대로 성격 개선에 대한 논란과 연구가 계속되는 걸 보면 그런 일이 아주 불가능하지도 않기 때문이다.

당신의 개성을 최대한 살리고 싶다면 충분히 휴식을 취한 다음에 청중 앞에 서라. 피곤에 지친 사람은 매력적이지도 사람의 마음을 끌지도 못한다. 준비와 계획을 마지막 순간까지 미루고 미루다 잃어버린 시간을 벌충하기 위해 미친 듯이 몰아치는 흔하디 흔한 실수를 저지르지 마라. 그렇게 하다가는 육체에는 독소가 쌓이고 뇌에는 피로가 누적되어 결국 여러분을 매우 지치게 만들고 따라서 당신은 기운 한 번 못 쓰고 두뇌와 신경이 모두 기진하는 사태에 이를 것이다.

만일 당신이 오후 4시에 어떤 위원회 모임에서 중요한 발언을 해야 한다면 될 수 있는 대로 점심 식사 후 바로 사무실로 들어가지 말라. 가능하면 집에 가서 가벼운 점심을 들고 낮잠으로 기분을 전환하라. 몸과 마음과 신경을 쉬게 하는 것, 바로 이것이 당신에게 필요한 것이다.

유명한 오페라 가수이자 영화배우였던 제랄딘 패러는 사귄 지 얼마 안 된 친구들마저도 남편에게 맡겨두고 일찌감치 잠자리에 들어 사람들을 당황스럽게 하곤 했는데 그녀는 자신의 예술이 무얼 필요로 하는지 잘 알았던 것이다. 미국이 낳은 세계적인 디바인 마담 노르디카는 프리마돈나가 된다는 것은 자기가 좋아하는 모든 것, 즉 사교 생활과 친구들과 군침이 도는 음식들을 포기해야 한다는 것을 뜻한다고 말했다.

중요한 연설을 해야 할 때에는 시장기에 유의해라. 고행하는 수도승처럼 조금만 먹어라. 헨리 워드 비처는 일요일 오후에는 언제나 다섯 시에 크래커와 우유를 먹은 뒤 아무것도 먹지 않았다.

"저녁 공연이 있을 때는 저녁밥 대신 다섯 시에 생선이나 닭고기, 아니면 송아지 내장에다 사과 구이와 물 한 잔으로 아주 가벼운 식사를 해요. 오페라나 음악회가 끝난 다음 집에 가면 언제나 배가 고파 죽을 지경이 되죠." 마담 멜바가 한 말이다.

멜바와 비처의 행동이 얼마나 현명했는지는 나 자신이 전문 강사가 되어 매일 저녁 푸짐한 음식을 먹고 마신 후에 두 시간짜리 강연을 하기 전까지 미처 깨닫지 못한 일이었다. 신선한 사과를 곁들인 가자미 혀 요리를 즐긴 뒤 비프스테이크와 튀긴 감자 요리, 샐러드, 야채, 그리고 디저트를 먹고 나서 한 시간 동안 서 있는다는 것은 나 자신에게나 나의 강연 주제나 내 몸에게나 적절한 일이 아니라는 것을 나는 경험으로 알았다. 내 머리에 가 있어야 할 피가 저 아래 위장에서 스테이크와 감자들과 한 판 씨름을 하곤 했다. 파데레프스키가 옳았다. 그는 음악회를 앞두고 먹고 싶은 것을 다 먹으면 그의 안에서 동물적인 성격이 가장 힘이 세지면서 심지어는 손끝으로 몰려가 움직임을 방해하고 결국 연주를 망쳐버린다고 했다.

어떤 연사가 다른 연사보다 더 끌리는 이유

에너지를 약화시키는 일은 그 어떤 일도 하지 말라. 에너지에는 사람을 끄는 힘이 있다. 활력과 생기와 열정, 이것들은 내가 연설 지도자와 강연자들을 뽑을 때 늘 첫 번째로 염두에 두는 덕목이다. 야생 거위가 밀을 찾아 가을 들판에 모이듯이 사람들은 에너지가 충만한 연사 주위에 모이게 되어 있다.

그 쉬운 보기를 나는 런던 하이드파크의 야외 연설에서 흔히 보게 된다. 대리석 아치의 출입구 근처는 모든 인종과 모든 주의자(主義者)들이 연설로서 만나는 장소이다. 일요일 오후면 교황 무오류설을 설명하는 가톨릭 신자나 칼 마르크스의 경제 이론을 복음처럼 설파하는 사회주의자, 이슬람교도가 네 명의 아내를 두는 것이 왜 정당하고 적법한지 그 이유를 구구절절이 늘어놓는 인도인 등의 가운데서 자신이 원하는 것을 골라 들을 수 있다. 어떤 연사에게는 수백 명이 몰려드는가 하면 바로 옆의 연사에게는 손으로 꼽을 정도의 사람들만 모여 있다. 어째서 그럴까? 연사들의 흡인력이 서로 다른 이유가 언제나 주제가 다르다는 이유 하나뿐일까? 아니다. 그 해답은 연사를 보면 더 쉽게 찾을 수 있다. 연설에 대한 더 깊은 관심을 가진 연사가 결국 청중들에게 더 큰 관심의 대상이 된다. 그는 더 실감나게, 더 생생하게 연설한다. 그는 활기와 생기를 발산한다. 사람들의 시선은 언제나 그들의 몫이다.

옷차림은 어떤 영향을 주는가

심리학자이자 대학 총장인 어느 교수가 많은 사람들을 대상으로 옷차림이 자신들에게 어떤 영향을 미치는지 묻는 설문조사를 했다. 그 결과 거의 만장일치로 사람들은 어느 한 군데 흠잡을 데 없이 깔끔하게 차려입고서 자신이 그렇다는 것을 의식하면, 딱히 설명하기는 어렵지만 아주 명확하고도 현실적인 효과가 있다고 답변했다. 자신감이 커지고 스스로에 대한 믿음이 높아지면서 자존심을 살리게 되는 것이다. 또 성공한 사람처럼 옷을 입으면 성공을 꿈꾸기가 더 쉬워지고, 성공을 이루기도 더 쉬워진다고 사람들은 대답했다. 옷차림이 당사자에게 미치는 영향은 이러하다.

그러면 옷을 잘 입는 것이 청중에게 어떤 효과를 줄까? 나는 연사라는 사람이 바지는 헐렁하고 외투와 신발은 볼품이 없으며, 가슴 주머니에는 만년필과 연필이 꽂혀 있고, 옷깃 사이로 신문이나 담배 파이프, 혹은 담뱃갑이 삐죽 나와 있는 것을 볼 경우가 많았다. 그 사람이 자신의 옷차림에 자부심을 갖지 않는 것만큼 청중도 그에게 존경심을 갖지 않는다는 사실을 알게 되었다. 사람들이 그의 정신 또한 그의 너저분한 머리와 구질구질한 구두만큼 그의 연설을 '깔끔하지 못할 것'이라고 느끼는 것은 당연한 일 아니겠는가?

그랜트의 생애에서 아쉬운 한 가지

남북전쟁 당시 남군의 리 장군은 애퍼매턱스 청사에서 항복할 때 새 군복으로 흠잡을 데 없이 차려입고 옆에는 값나가는 검을 차고 있었다. 반면 북군의 그랜트 장군은 외투도 검도 없이 이등병의 셔츠와 바지를 입고 있었다. "나는 틀림없이 6척 장신에 흠잡을 데 없이 차려입은 사나이와 아주 이상스러울 만치 대비되었을 것이다." 역사적인 순간에 적절하게 차려입지 않았다는 사실은 그랜트의 생애에서 진정 후회스러운 일 가운데 하나였다.

워싱턴의 농림부 실험 농장에는 수백 개의 양봉대가 있다. 꿀벌 통에는 저마다 내부를 비추는 커다란 확대경이 설치되어 있어 단추 하나만 누르면 전깃불이 내부를 환하게 비춘다. 따라서 낮이나 밤이나 할 것 없이 이 벌들을 언제든지 세밀히 관찰할 수 있다. 강연자도 이와 마찬가지다. 그는 확대경 아래 스포트라이트를 받으며 온 세상 사람들의 시선을 받는 것이다. 그의 외모에 자리 잡은 아주 사소한 부조화도 평지에 우뚝 솟은 파이크 봉(峰)처럼 커다랗게 보일 것이다.

우리는 연설을 시작하기 전부터 벌써 욕을 먹거나 칭찬을 듣기 시작한다

오래전에 나는 〈아메리칸 매거진〉에다 뉴욕의 어느 은행가의 인생 이야기를 연재한 적이 있다. 나는 그 은행가의 친구에게 그가 성공할 수 있었던 원인을 설명해달라고 부탁했다. 그러자 그 친구가 말하기를 그 은행가가 성공한 이유는 그의 매력적인 미소 때문이라는 것이었다. 얼핏 들으면 과장된 얘기처럼 들리지만 나는 그 말이야말로 정답이라고 믿는다. 그 은행가보다 경험도 많고 재정적으로 그와 똑같은 판단을 한 사람들이 수십 명, 혹은 수백 명이나 됐을 터지만 그는 다른 사람들이 가지지 못한 특별한 강점, 즉 아주 유쾌한 성품을 지녔던 것이다. 따뜻하고 사람을 반갑게 맞이하는 웃음이 그 가장 큰 특징 중 하나였다. 그 덕에 그는 순식간에 사람들의 신뢰를 얻어낼 수 있었고 만나는 순간 사람들의 호의를 끌어낼 수 있었다. 우리는 언제나 그와 같은 사람이 성공하는 것을 보고 싶어한다. 그리고 그런 사람을 도와주는 것은 큰 즐거움이다.

'미소 짓지 못하는 사람은 가게를 열어서는 안 된다'라는 중국 속담이 있다. 계산대 뒤에서뿐 아니라 청중 앞에서도 이런 미소는 여전히 환영 받지 않을까? 그러고 보니 브루클린 상공회의소에서 실시한 대중연설 과정을 수강하던 한 학생이 떠오른다. 그는 언제나 이 자리에 나오게 되어 기쁘다, 자기 앞에 놓인 일들이 몹시 즐겁다는 느낌을 주면서 청중 앞에 나왔다. 그는 항상 미소를 지었고 우리를 만나서 반가운 것처럼 행동했다. 그러자 얼마 지나지 않아 청중들은 누구나 그에게 따뜻한 마음을 품게 되었고 그를 환영하게 되었다.

그렇지만, 안타깝게도 역시 같은 과정의 학생들 가운데 일부 연사들은 하기 싫은 일을 억지로 하고 있으며 얼른 끝나면 정말 좋겠다는 느낌을 주면서, 어쩔 수 없이 나온다는 차가운 태도로 청중 앞에 걸어나왔다. 객석에 앉은 우리도 곧 똑같은 느낌이 되었다. 이런 태도는 전염성이 있기 마련이다.

오버스트리트 교수는 『인간 행동에 미치는 영향』에서 다음과 같이 서술하고 있다.

누구나 뿌린 대로 거두는 법이다. 우리가 앞에 있는 청중에게 관심을 가지면 그들도 우리에게 똑같은 관심을 기울일 것이다. 우리가 청중을 못마땅하게 여기면 물어보나마나 그들도 마음속으로 혹은 행동으로 우리를 못마땅하게 여길 것이다. 우리가 결단을 못 내리고 우물쭈물거리면 그들은 우리에 대한 믿음을 잃을 것이다. 우리가 잘난 척하고 자만심에 차 있다면 그들도 자신들의 방어적인 이기주의로 맞받아칠 것이다. 우리는 연설을 시작하기 전부터 벌써 욕을 먹거나 칭찬을 듣기 시작한다. 따라서 우리는 어떤 일이 있어도 청중으로부터 따뜻한 반응을 끌어낼 수 있는 태도를 취해야 한다.

청중을 한자리로 불러모아라

대중 연설가로서 나는 오후 시간에 몇 안 되는 사람들이 띄엄띄엄 흩어져 있는 넓은 홀에서도 이야기해보았고, 밤 시간에 많은 사람들이 빽빽이 들어찬 작은 홀에서도 연설해보았다. 저녁 시간의 청중은 오후 같으면 그저 가벼운 미소로 넘겼을 얘기에도 큰 소리로 시원하게 웃어준다. 저녁에 모인 군중은 오후에 모였던 사람들이 완전히 무반응으로 지나쳤던 똑같은 대목에서 인심 후하게 환호를 해준다. 어째서 그럴까?

한 가지 이유는 오후 시간에 올 만한 사람들은 아줌마들과 어린이들인데, 이들은 좀 더 활기차고 예리한, 저녁 시간에 오는 사람들만큼 반응을 잘 드러내지 않는다는 점이다. 그러나 이것은 부분적인 이유에 불과하다. 진짜 이유는 청중들이 뿔뿔이 흩어져 있는 상태에서는 감동을 잘 받지 않기 때문이다. 청중들 사이의 넓고 시원한 공간과 빈 의자들만큼 분위기를 떨어뜨리는 것은 세상에 아무것도 없다.

헨리 워드 비처는 설교론에 관한 예일대 강의록에 이렇게 적었다.

사람들은 흔히 "얼마 안 되는 사람들한테 강의하는 것보다는 많은 청중에게 강의하는 게 훨씬 더 힘이 나지 않느냐?"고 말한다. 내 대답은 "아니다."다. 나는 사람들이 주위를 에워싸고 서로서로 닿을 정도로 빽빽하게만 앉아준다면 열두 명에게도 천 명에게 하듯이 똑같이 연설할 수 있다. 하지만 천 명의 사람들일지라도 서로 1미터씩 떨어져 앉는다면 텅 빈 방에서 말하는 것과 다름이 없다. …… 청중을 가까이 모여 앉게 하라. 그러면 당신은 절반의 노력으로도 청중을 움직일 수 있다.

많은 청중 중에서 어떤 사람은 평소의 모습을 잃어버리는 경향이 있다. 그는 군중의 한 사람이 되면 개별적으로 있을 때보다 훨씬 더 쉽게 동요하게 된다. 그는 손으로 셀 수 있을 정도로 적은 청중 중의 한 명이었다면 아무런 느낌도 없었을 얘기에도 웃음을 터뜨리고 환호한다.

사람들을 집단적으로 행동하게 하는 것은 개별적으로 행동하게 하는 것보다 훨씬 쉽다. 예를 들어 전투에 나가는 사람들은 세상에서 가장 위험하고 무모한 일을 하고 싶어한다. 즉, 서로 꼭 붙어 있고 싶어하는 것이다. 제1차 세계대전 당시 독일군들이 종종 서로 팔짱을 낀 채 전투에 임했다는 사실은 이미 잘 알려져 있다.

군중! 군중! 군중! 군중이란 알다가도 모를 현상이다. 위대한 대중 운동이나 개혁은 어느 것 할 것 없이 군중 심리의 도움으로 이루어졌다. 이 주제에 관한 흥미로운 책이 에버렛 딘 마틴의 『군중의 행동』이다.

소수의 사람들에게 연설할 때는 작은 방을 골라야 한다. 방음장치가 잘되어 있는 고요하고 넓은 방에 사람들을 드문드문 앉히기보다 좁은 방을 골라서 통로까지 가득 사람들을 메우는 편이 낫다.

만일 청중이 흩어져 있으면 서로서로 붙어 앉도록 가까운 곳으로 와 달라고 요청하라. 연설을 시작하기 전에 이렇게 요청하고 또 관철시켜라. 청중이 별로 많지 않고, 또 반드시 연단에 서야 하는 구체적인 이유가 없다면 연단에 서지 말라. 사람들과 같은 높이로 내려와 그들 가까이에 서라. 정형화된 틀을 모두 깨부수고 친근하게 접촉하라. 자연스럽게 대화하는 것처럼 만들어라.

폰드 장군은 창문을 때려부쉈다

공기를 신선하게 유지하라. 대중 연설이란 잘 알려진 공정에는 후두와 인두와 후두개만큼이나 산소가 필수적인 요소이다. 키케로의 웅변도, 브로드웨이의 화려한 쇼 '지그펠트 폴리스'의 육감적인 아름다움도 방 안의 공기가 탁하게 오염돼 있다면 관객을 깨어 있게 할 수 없을 것이다. 그래서 내가 여러 연사 가운데 한 명일 때, 내 차례가 오면 나는 연설을 시작하기 전에 언제나 청중에게 창문을 열어놓고 2분가량 일어서서 휴식을 취하게 한다.

제임스 B. 폰드 장군은 헨리 워드 비처가 유명한 대중 연설가로서 한창 인기몰이를 하던 14년간 그의 매니저로서 미국과 캐나다 전역을 여행하고 돌아다녔다. 폰드 장군은 비처가 가야 할 곳이 홀이든 교회든 극장이든 언제나 청중이 나타나기 전에 미리 방문해서 조명, 좌석, 실내 온도와 환기 상태를 꼼꼼하게 조사했다. 폰드는 노발대발 호통을 치는 장교 출신의 노인인지라 권위를 내세우기를 좋아했다. 그래서 만일 그곳이 너무 덥고 공기가 갑갑한데 창문을 열 수 없는 경우에는 책을 집어던져서 유리창을 산산조각 냈다. 그는 스퍼지와 마찬가지로 '하느님의 은총 다음으로 설교자에게 좋은 것은 산소이다'라고 믿었던 모양이다.

빛이 있으라, 당신의 얼굴 위에

많은 사람들 앞에서 강신술(降神術)을 선보이려는 것이 아니라면 가능한 한 방 안을 빛으로 가득 메워라. 보온병 속처럼 어둠침침한 방에서 열광적인 반응을 이끌어내기란 예쁜 아가씨를 집안에 들여앉히는 것만큼이나 요원한 일이다. 저명한 극작가이자 연출가였던 데이빗 벨라스코가 연극에 관해 쓴 글들을 읽어보면 일반 연설가들은 적절한 조명이 얼마나 중요한지 상상도 못하고 있다는 것을 알 수 있다.

조명이 당신의 얼굴을 내리쬐도록 하라. 사람들은 당신을 보고 싶어한다. 당신 얼굴에 슬쩍 지나가는 섬세한 변화도 자기 표현 과정의 일부이다. 그것도 매우 실제적인 일부라 할 수 있다. 때로는 그런 변화가 당신의 말보다 더 많은 의미를 전달한다. 조명 바로 아래에 서면 얼굴에 그늘이 질 수 있다. 조명 바로 앞에 서도 당연히 얼굴에 그늘이 진다. 그러므로 연설을 시작하기 전에 조명이 여러분을 가장 돋보이게 해주는 지점을 확인하는 것이 현명한 행동이 아닐까?

연단 위에 잡동사니는 금물

테이블 뒤에 숨지 말라. 사람들은 연사의 전신을 보고 싶어한다. 연사의 모든 것을 보기 위해 심지어는 통로 쪽으로 몸을 기울이기도 할 것이다.

어떤 경우에는 연사를 잘 대접한답시고 틀림없이 누군가가 테이블에 물주전자와 잔을 놓아줄 것이다. 하지만 목이 마를 경우에는 약간의 소금이나 레몬을 한 번 맛보는 것이 나이아가라 폭포수를 마시는 것보다 더 갈증을 해소할 수 있을 것이다.

연사에게는 물도 주전자도 필요하지 않다. 또한 일반적으로 연단에 그 모든 쓸데없고 지저분한 방해물들도 필요치 않다.

브로드웨이에 있는 다양한 자동차 매장들은 아름답게 정돈되어 있고 쾌적해보인다. 향수와 보석을 파는 파리의 대형 매장들은 예술적이면서도 호화롭게 장식되어 있다. 왜 그럴까? 그렇게 해야 장사가 잘되기 때문이다. 사람들은 그렇게 꾸며진 매장들을 더 존중하고 더 신뢰하고 더 동경한다.

마찬가지 이유에서 강연자는 주변 환경을 잘 만들어야 한다. 내 생각에 이상적인 배치란 아무 가구도 놓지 않는 것이다. 짙푸른 벨벳 커튼 외에는 연설자의 뒤에도, 양옆에도 사람들의 시선을 끌 만한 아무것도 두지 말라.

그런데 보통의 경우 연설자의 뒤에는 무엇이 있는가? 지도와 표지판과 테이블이 있고, 어떤 경우에는 먼지 쌓인 의자들이 겹겹이 포개져 있을 때도 있다. 그렇다면 그 결과는 어떨까? 지저분하고 어지러운, 싸구려 같은 분위기 ……. 따라서 모든 잡동사니들을 깨끗이 치워라.

"대중 연설에서 가장 중요한 것은 사람이다." 헨리 워드 비처의 말이다.

그러니 스위스의 푸른 하늘을 배경으로 우뚝 솟은 융프라우의 눈 덮인 꼭대기처럼 연사를 우뚝 드러나 보이게 하라.

연단 위에는 게스트를 앉히지 말라

언젠가 나는 캐나다 온타리오 주에 있는 런던 시에서 캐나다 총리의 연설을 들은 적이 있다. 때마침 긴 장대를 든 관리인이 방 안의 공기를 환기시킨답시고 이 창문에서 저 창문으로 옮겨다녔다. 어떤 일이 벌어졌을까? 청중들은 거의 한 사람도 빠짐없이 잠깐이나마 연단 위의 연사는 무시한 채 그 관리인이 무슨 기적이라도 행하고 있는 것처럼 뚫어지게 쳐다보는 것이었다.

움직이는 물체를 보고자 하는 유혹을 결코 뿌리칠 수도 없다. 아니 어쩌면 뿌리치려 하지 않는다고 해도 과언이 아닐 것이다. 연설하는 사람이 이 같은 진실만 잘 염두에 두어도 불필요한 성가심이나 불편을 줄일 수 있다.

첫째, 연사는 손가락을 돌리는 일이나 옷자락을 만지작거리는 일, 혹은 초조함을 드러내는 사소한 행동들을 삼감으로써 청중들의 시선이 딴 데로 돌아가는 것을 막을 수 있다. 나는 뉴욕에서 이름깨나 알려진 어느 연사가 연설을 하면서 동시에 손으로 연단 덮개를 만지작거리는 바람에 청중들이 30분 동안 그의 손가락만 쳐다보았던 일을 기억하고 있다.

둘째, 연사는 가능하면 청중들의 자리 배치에 신경을 써서 사람들이 나중에 들어오는 사람들을 쳐다보느라 시선을 딴 데로 돌리지 않도록 해야 한다.

셋째, 연사는 연단 위에 어떠한 게스트도 두지 말아야 한다. 몇 해 전에 레이먼드 로빈스가 브루클린에서 일련의 강의를 한 적이 있었다. 나는 다른 몇 사람과 같이 게스트로서 연단에 앉으라는 초대를 받았다. 나는 연사에게 이롭지 못하다는 이유를 들어 사절했다. 그 첫날 저녁, 나는 많은 게스트들이 몸을 이리저리 움직이고 다리를 이쪽 저쪽으로

꼬는 등의 움직임을 보게 되었다. 그리고 어느 게스트가 움직이든 그때마다 청중들은 연사를 쳐다보지 않고 그 게스트에게로 눈을 돌리는 것이었다. 다음 날 나는 로빈스 씨에게 이런 사실을 환기시켜주었다. 그리고 나머지 강연 기간 동안 로빈스 씨는 같은 실수를 범하지 않고 연단을 독차지했다. 데이빗 벨라스코는 무대에서 너무 시선을 끈다는 이유로 빨간 꽃도 못 쓰게 했다. 그런 마당에 어째서 연사가 자기가 이야기하는 동안 부산하기 이를 데 없는 사람들을 청중들과 마주보게 놔두는가? 그래서는 안 된다. 현명한 연사는 결코 이런 어리석은 짓은 하지 않을 것이다.

착석의 예술
연사가 연설을 시작하기 전에 청중들과 마주 앉아 있는 것은 피하는 게 좋지 않을까? 오래된 진열품이 아니라 새로 나온 진열품처럼 딱 시간에 맞춰 도착하는 게 더 낫지 않을까?

그런데 만약 반드시 앉아 있어야 할 상황이라면, 어떻게 앉는 것이 효과적일지 주의를 기울여야 한다. 여러분은 폭스하운드가 밤을 나기 위해 누울 자리를 찾는 것과 비슷한 동작으로 의자를 찾기 위해 두리번거리는 연사들을 본 적이 있을 것이다. 여기저기 둘러보다 마침내 의자를 발견하면 그들은 몸을 반으로 접어 털썩 주저앉으며 자제력이라는 무거운 짐도 벗어던진다. 제대로 앉을 줄 아는 사람은 다리 뒤쪽을 의자에 갖다 붙이고는 머리에서 엉덩이까지 편하면서도 곧게 세운 채 한 점 흐트러짐도 없이 의자에 천천히 내려 앉는다.

마음의 평정
옷자락을 만지작거리면 청중들의 시선을 분산시키게 되므로 그러지 말라고 바로 앞에서 말한 바 있다. 이렇게 말한 데에는 또 다른 이유가 있다. 그런 행동은 나약해보이고, 자제력이 부족하다는 느낌을 준다. 여러분의 존재를 돋보이게 만들지 않는 모든 움직임은 여러분의 가치를 떨어뜨린다. 득도 실도 안 되는 중립적인 움직임이란 없다. 전혀 없다. 그러니까 가만히 서서 여러분 자신의 움직임을 통제하라. 그것만으로도 여러분은 정신적 통제력과 침착함을 갖춘 것으로 여겨질 것이다.

일단 청중 앞에 연설하기 위해 일어선 다음에는 서둘러서 입을 떼지 않도록 하라. 그것은 여러분이 초보라는 사실을 드러내는 너무나도 확실한 증거가 된다. 숨을 깊이 들이쉬고 잠시 자연스럽게 청중들을 쳐다보라. 만일 소란스럽거나 시끄럽다면 조용해질 때까지 잠시 멈추어라. 가슴을 활짝 펴라. 가슴을 활짝 펴는 일을 굳이 관객 앞에 설 때까지 미룰 이유가 무엇인가? 매일 평소에도 이렇게 하는 게 어떻겠는가? 그러면 여러분은 사람들 앞에서도 무의식적으로 가슴을 활짝 펼 수 있을 것이다.

레저와 레크리에이션 방면에서 커다란 발자취를 남긴 루터 H. 걸릭이 자신의 저서 『능률적인 생활』에서 이렇게 말한다. "자신의 제일 멋진 모습이 부각되도록 처신하는 사람은 열에 한 명도 안 된다. …… 목을 세워 옷깃에 갖다 대라." 그러면서 그는 매일 다음과 같은 훈련을 할 것을 권한다. "천천히 그리고 가능한 한 크게 숨을 들이마셔라. 동시에 목을 세워 옷깃에 단단히 붙여라. 이런 자세를 오랫동안 유지하라. 이 동작은 조금 지나치더라도 전혀 무리가 되지 않는다. 목적은 등의 양 어깨 사이 부분을 쭉 펴는 것이다. 이렇게 함으로써 흉곽을 넓힐 수 있다." 그러면 손은 어떻게 해야 하나? 손은 잊어버려라. 두 팔이 양옆으로 자연스럽게 늘어져 있으면 그게 제일 이상적이다. 두 손이 바나나 송이처럼 느껴진다 해도 행여 누가 눈길을 주거나 쥐꼬리만 한 관심이라도 기울일 거라는 착각은 하지 말라.

두 팔은 양옆에 편안히 매달려 있을 때가 가장 보기가 좋다. 그러면 팔이 관심을 끌 일이 없을 것이다. 제아무리 비판적인 사람도 그 자세를 탓할 수는 없을 것이다. 게다가 아무런 구속도 없이 자유롭기 때문에 어쩌다 생각이 나면 자연스럽게 자유자재로 손짓을 할 수도 있을 것이다.

그런데 만일 당신이 너무 긴장한 나머지 뒷짐을 지거나 두 손을 주머니에 찔러 넣어야 자의식을 덜 수 있을 것 같다는 생각이 든다고 가정해보자. 당신은 어떻게 해야 할까? 이럴 때는 상식을 활용하라. 나는 이 시대 명연사들의 연설을 꽤 많이 들었다. 대부분은 아니더라도 그들 중 많은 이들이 연설 도중 틈틈이 주머니어 손을 집어넣었다. 브라이언도 그랬고 촌시 M. 데퓨 상원의원도 그랬으며 터디 루스벨트도 그랬다. 심지어 스타일에 유난히도 까다로웠던 영국의 디즈레일리 총리도 때로는 이 유혹에 넘어가곤 했다. 그랬어도 하늘은 무너지지 않았고, 기상예보에서 다음 날 아침에도 여느 때와 다름없이 제 시간에 해가 떴다고 말한 것으로 기억난다. 누군가가 뭔가 할 말이 있다면, 그리고 그 말을 해서 사람들을 납득시킬 확신이 있다면 그가 자기 손과 발로 무슨 짓을 하든 별로 상관이 없다. 머리는 말할 내용으로 꽉 차 있고 가슴에서는 뭔가 열정이 용솟음치고 있다면, 이런 부차적인 사항들은 크게 중요하지 않다. 결국 연설을 하는 데 가장 중요한 것은 심리학적인 측면이지 손과 발의 위치는 아니기 때문이다.

제스처라는 이름으로 교육되는 말도 안 되는 구닥다리들

이렇게 되면 화제는 자연스럽게 너두나도 많은 질문의 대상인 제스처에 도달하게 된다. 대중 연설에 관해 나에게 처음 강의를 해주신 분은 중서부에 있는 한 대학의 학장이었다. 내 기억에 그 수업은 주로 제스처에 관한 내용이었는데, 그 내용은 아무 소용이 없었을 뿐 아니라 잘못된 생각을 가지게 함으로써 오히려 해를 끼치는 그런 것이었다. 나는 손바닥이 뒤로 향하게끔 팔을 힘없이 옆으로 늘어뜨린 채 반쯤 주먹을 쥐고 엄지로는 다리를 만지라고 배웠다. 우아한 곡선을 그리며 팔을 들어올리는 법과 손목을 써서 고전적인 스윙을 한 다음 검지를 시작으로 중지를 지나 맨 나중 새끼손가락까지 펴도록 맹훈련을 받았다. 이 모든 미학적이고도 장식적인 움직임이 거행된 다음 팔은 조금 전의 우아하고도 부자연스러운 곡선을 다시 되짚어 그리면서 다리 옆의 원래 자리로 돌아와야 했다. 그 모든 동작은 뻣뻣하고 가식적이었다. 상식적이거나 솔직한 구석은 눈 씻고 봐도 없었다. 나는 이 세상의 그 누구도, 멀쩡한 제정신으로는 결코 해본 적이 없는 방식으로 맹훈련을 받았다.

거기에는 그 움직임에 나의 개성을 집어넣으려는 시도도, 적절한 감정을 불러일으켜 그런 제스처가 우러나오도록 하는 시도도, 나 자체를 잊고 그 과정에 흘러넘치는 삶의 혈기를 담음으로써 동작을 자연스럽고 무의식적이며 불가피한 것으로 만들려는 노력도 없었을 뿐더러 내 안의 나를 깨고 나와서 인간처럼 말하고 행동하게 만들려는 그 어떤 노력도 없었다. 정말 그랬다. 그 모든 동작들은 타자수의 동작만큼이나 기계적이었으며, 새가 떠나버린 새 둥지만큼이나 생기가 없었고, 영국의 인형극 펀치와 쥬디 쇼만큼이나 우스꽝스러웠다.

그게 1902년의 일이었다. 그런 불합리한 구닥다리 전통이 20세기에도 교육된다는 사실은 믿기 어려울 것이다. 하지만 아직도 그 같은 교육이 이루어지고 있다. 불과 서너 해 전에도 동부의 제법 큰 대학에 재직 중인 한 교수가 제스처에 관한 책을 한 권 펴냈다. 이 대목에서는 이런 손짓을 해야 하고, 저 대목에선 저런 손짓을 해야 하며 한 손으로 할 때와 두 손으로 할 때, 손을 높이 들 때와 중간으로 들 때, 또는 낮게 들 때, 이 손가락을 내밀 때와 저 손가락을 내밀 때 등을 알려주는, 한마디로 사람을 꼭두각시로 만들려고 하는 책이었다. 나는 한 수업에서 20명이 그런 책에서 똑같이 수사적이고 웅변적인 대목을 골라 읽으며 똑같은 단어에서 정확히 똑같은 손짓을 하고 모두 하나같이 똑같은 바보짓을 하는 걸 본 적이 있다. 이런 행동은 가식적이고, 시간을 낭비하는 짓이며 기계적이고 인격 모욕적이다. 그 덕에 대중 연설이라는 과목 전체가 많은 이들에게 도매급으로 불명예를 사고 말았다. 매사추세츠의 한 대학교 총장은 최근 자신이 몸담고 있는 학교에는 대중 연설에 관한 과목이 개설돼 있지 않다고 말했다. 그 이유는 대중 연설 수업이 실용적이거나 상식에 맞게 말하도록 가르치는 걸 본 적이 없어서라고 했다. 나도 그 총장의 말에 전적으로 동감한다.

제스처에 관한 저술 가운데 10분의 9는 쓰레기다. 아니, 품질 좋은 흰 종이와 품질 좋은 검은 잉크로 된 쓰레기보다 훨씬 나쁘다. 책에서 튀어나온 제스처는 어떤 것이라도 쓰레기처럼 보일 가능성이 대단히 높다. 제스처는 여러분 자신에게서, 여러분의 가슴과 여러분의 머리, 어떤 주제에 관한 여러분의 관심, 다른 사람을 여러분이 보는 그대로 보게 만들고자 하는 여러분의 욕구, 그리고 여러분 자신의 충동에서 나와야 한다. 한 번을 하건, 두 번을 하건, 세 번을 하건, 가치가 있는 제스처는 그 순간의 충동에 의해 나온 것들뿐이다. 1그램의 자발성이 1톤의 규칙보다 낫다.

제스처란 야회복처럼 기분 내키는 대로 입었다 벗었다 하는 것이 아니다. 제스처란 키스나 복통, 폭소 혹은 뱃멀미처럼 내면의 상황이 외면적으로 표현된 것일 뿐이다. 또한 제스처란 누군가의 칫솔처럼 지극히 개인 고유의 것이어야 한다. 사람이 저마다 다른 것처럼 자연스런 제스처 또한 저마다 달라야 한다.

어떤 두 사람도 똑같은 제스처를 하도록 훈련 받아서는 안 된다. 앞 장에서 나는 연설가로서 링컨과 더글러스의 차이점에 대해 논했다. 키가 크고 어딘가 어색하며 생각도 느린 링컨이 말도 빨리 하고 맹렬하며 세련된 더글러스와 똑같은 제스처를 한다고 상상해보라. 분명 웃음거리가 되었을 것이다.

링컨의 전기 작가이자 동료 법률가였던 헌든의 말을 들어보자.

링컨은 머리만큼 손을 많이 움직이지 않았다. 머리는 종종 활기차게 이리저리 움직였다. 이런 움직임은 그가 자신의 말을 강조하고자 할 때 의미심장하게 먹혀들었다. 링컨의 머리는 가끔 전기가 가연 물질에 불꽃을 튀기듯 급작스런 경련을 일으키기도 했다. 그는 일부 웅변가들이 그러는 것처럼 손으로 허공을 가르거나 손을 이리저리 휘젓지도 않았다. 그는 결코 무대효과를 위해서 행동한 적이 없었다. …… 연설을 할 때 링컨은 움직임이 더 자유로웠고 불편함도 줄어들어 보였다. 그러므로 그만큼 더 우아해 보였다. 또한 더할 나위 없이 자연스러웠고 개성이 강하게 풍겨나왔다. 그러므로 그 만큼 더 위엄이 있었다. 그는 화려한 꾸밈이나 보여지기 위한 것, 틀에 박힌 형식과 진실하지 않은 것들을 경멸했다. …… 그가 청중의 마음에 여러 생각들을 아로새길 때 뼈마디가 앙상한 그의 기다란 오른손 손가락은 풍부한 의미와 강조의 세계가 되었다. 때로는 기쁘거나 유쾌한 감정을 드러내기 위해 손바닥을 위로 한 채 양손을 50도로 들어올리곤 했다. 마치 사랑하는 어떤 정신을 품에 안고 싶어하는 모습이었다. 노예제도처럼 그가 혐오하는 것을 얘기할 때는 두 주먹을 불끈 쥔 채 두 팔을 위로 쭉 뻗어 공기를 가르며 참으로 숭고하다고 할 정도로 저주를 퍼붓곤 했다. 이것은 링컨이 가장 효과적으로 사용한 제스처 중의 하나로서 자기가 싫어하는 대상을 끌어내려 땅바닥에 밟아 뭉개겠다는 결연한 의지를 생생하게 나타내주었다. 그는 언제나 발끝과 발끝을 나란히 한 채 똑바로 섰다. 결코 한 발이 다른 발 앞으로 나가는 법이 없었다. 무언가를 만지거나 어디에 기대는 일도 없었다. 어쩌다가 서 있는 자리와 자세를 바꿀 뿐이었다. 연단 위에서 앞뒤로 왔다 갔다 하거나 열광적으로 고함을 지른 적도 없었다. 팔을 편안히 하기 위해서 왼손으로는 자주 엄지손가락을 곧추세운 채 외투 깃을 부여잡았지만 오른손은 언제나 자유로운 손짓을 할 수 있는 상태로 놓아두었다.

미국이 낳은 세계적인 조각가인 세인트 고든스는 시카고에 있는 링컨 공원에 바로 이런 자세로 서 있는 링컨상(像)을 세웠다.

이런 게 링컨의 방식이었다. 시어도어 루스빌트는 좀 더 활발하고 열렬하고 능동적이었다. 온 얼굴에 감정이 살아 기글거리고 주먹은 쥐었으며 온몸이 하나의 표현 도구 그 자체였다. 브라이언은 종종 손을 펴서 내미는 방식을 썼다. 글래드스톤은 자주 테이블을 치거나 주먹 쥔 손으로 편 손을 때리거나 한 발로 바닥을 쿵 울리도록 구르곤 했다. 로즈버리 경은 오른손을 들어올렸다가 더마어마한 힘으로 대담하게 휙 끌어내리는 방법을 썼다. 여기서 잊지 말아야 할 것은 먼저 연사의 생각과 신념에 힘이 들어가 있어야 한다는 점이다. 그래야 힘차고 자발적인 제스처가 나온다.

자발성, 생명력 ……. 그것이야말로 제스처에 있어서 최고 선(善)이다. 버크의 제스처는 말할 수 없이 딱딱하고 어색했다. 피트는 '어릿광대 놀이하듯' 허공을 갈라댔다. 헨리 어빙 경은 절름발이라는 장애를 가지고 있어서인지 확실히 제스처가 괴상했다. 매콜리 경이 연단 위에서 하는 행동들도 꼴사나웠다. 그라탄도 마찬가지였고 파넬도 그랬다.

지금은 고인이 된 케임브리지 대학의 커즌 경은 의회 연설이라는 주제의 강연을 통해 다음과 같이 말했다 "따라서 위대한 대중 연설가들은 모두 자신만의 제스처를 가지고 있다는 것이 정답인 것으로 보인다. 그러므로 잘생긴 외모와 세련된 몸가짐은 분명 위대한 연설가에게 도움이 되지만, 혹시 그가 못생기고 어색한 사람이라 해도 그게 큰 문제가 되지는 않는다."

몇 해 전에 나는 그 유명한 집시 스미스의 설교를 들었다. 나는 수천 명을 예수 그리스도에게 이끈 그 사람의 달변에 매료되었다. 그는 많은 제스처를 썼지만 그는 자신의 제스처에 대해서는 숨 쉬는 일처럼 전혀 신경 쓰지 않고 있었다. 이런 것이 이상적인 모습이다.

친애하는 독자 여러분, 이 과정에서 이미 열거한 원칙들을 적용하고 연습하기만 하면 여러분 또한 앞에서 말한 사람들처럼 제스처를 취할 수 있다. 나는 제스처에 대해 어떤 규칙도 줄 수 없다. 왜냐하면 모든 것이 연사의 기질과 준비된 상황, 그의 열정, 인품, 주제와 관객, 그리고 그때그때의 상황에 달려 있기 때문이다.

도움이 될 만한 제언들

그렇지만 도움이 될까 하여 여기 몇 가지 부분적인 제안을 하겠다. 하나의 제스처를 지겹도록 반복하지 말라. 팔꿈치에서 시작하는 짧고 갑작스러운 움직임은 쓰지 말라. 연단 위에서는 어깨에서부터 움직이는 편이 한결 보기 좋다. 제스처를 너무 급작스럽게 끝내지 말라. 여러분의 생각을 납득시키기 위해 검지를 사용한다면 그 문장이 끝날 때까지 겁내지 말고 그 제스처를 유지해라. 그러지 않았다가는 매우 흔하면서도 심각한 실수를 범하게 된다. 즉, 강조하는 부분을 왜곡해서 작은 것들을 중요하지 않은 것으로 만들고, 정말로 중요한 부분은 상대적으로 시시해보이게끔 하는 것이다.

여러분이 실제 청중 앞에서 연설을 하는 거라면 자연스러운 제스처만 사용해라. 하지만 함께 배우는 사람들 앞에서 연습하는 거라면 필요에 따라 일부러 제스처를 사용해보라. 일부러 해보라는 뜻은 내가 5장에서도 지적했듯이 실제로 해봐야만 각성이 되어서 나중에는 의식하지 않고도 제스처를 취할 수 있게 되기 때문이다.

책 따위는 덮어라. 인쇄된 종이에서는 제스처를 배울 수가 없다. 여러분 자신의 마음에서 우러나오는 충동이 그 어떤 선생이 말해줄 수 있는 것보다 더 믿을 수 있고 더 값질 것이다.

만일 제스처와 의사 전달에 대해 앞에서 말한 다른 모든 것을 잊는다 해도 이것만은 기억해라. 자신이 꼭 해야 할 밀에 열중해 있다면, 자신의 메시지를 전달하는 데 너무 열중한 나머지 자기 자신을 잊어버리고 말도 행동도 자발적으로 하는 사람이라면 제스처나 의사 전달에 대해 굳이 공부하지 않아도 거의 흠잡을 데 없을 정도가 될 것이다. 이 말이 의심스럽다면 길 가는 누군가를 때려눕혀 보라. 그가 일어나서 당신에게 하는 말이야말로 주옥 같은 연설로서 조금의 결점도 없다는 사실을 아마 당신은 알게 될 것이다.

다음은 내가 강연이라는 주제로 읽은 것 중 가장 훌륭한 단어로 된 어구이다.

술통을 채워라.
마개를 따라.
'자연'이 알아서 뛰어놀게 하라.

연단에 설 때의 준비사항

....

1 카네기 기술재단이 실시한 실험에 따르면 사업의 성공은 뛰어난 지식보다도 성격에 달려 있다. 이 말은 성공뿐만 아니라 연설에서도 그대로 들어맞는다. 그렇지만 성격이란 것은 종잡을 수 없이 막연하고 잘 드러나지 않는 부분이 있어서 계발할 수 있는 지침을 만들기가 거의 불가능하다. 하지만 이 장에 서술된 몇 가지 제안들은 연사로 하여금 최상의 모습을 보일 수 있게끔 도와줄 것이다.

2 피곤할 때는 연설하지 말라. 쉬면서 체력을 회복하고 에너지를 충전하라.

3 연설하기 전에는 조금만 먹어라.

4 에너지를 떨어지게 하는 그 어떠한 일도 하지 말라. 에너지에는 사람을 끄는 힘이 있다. 야생 거위가 밀을 찾아 가을 들판에 모이듯이 사람들은 에너지가 충만한 연사 주위에 모이게 되어 있다.

5 깔끔하고 매력적으로 보이게 차려입어라. 잘 차려입었다는 생각은 스스로의 자존심을 높여주고 자신감을 증대시킨다. 연사라는 사람이 바지는 헐렁하고 외투와 신발은 볼품이 없으며, 가슴 주머니에는 만년필과 연필이 꽂혀 있고, 옷깃 사이로 신문이나 담배 파이프, 혹은 담뱃갑이 삐죽 나와 있는 모습이라면 연사 자신도 옷차림에 자신감이 떨어지고, 그렇게 되면 청중도 연사에게 존경심을 보이지 않게 되어 있다.

6 웃어라. 청중 앞에 나설 때는 당신이 거기 있어서 아주 기쁘다고 말하는 듯한 태도로 나가라. 오버스트리트 교수는 이렇게 말했다. "애정은 애정을 낳는다. 우리가 우리 앞에 있는 청중에게 관심을 가지면 그들도 우리에게 똑같은 관심을 기울일 것이다. 우리는 연설을 시작하기 전부터 벌써 욕을 먹거나 칭찬을 듣기 시작한다. 따라서 우리는 어떤 일이 있어도 청중으로부터 따뜻한 반응을 이끌어낼 수 있는 태도를 취해야 한다."

7 청중을 한데 모아라. 흩어져 있는 사람들의 마음을 움직이기는 어렵다. 커다란 방에 띄엄띄엄 흩어져 있거나 아니면 혼자 들었더라면 의심을 품거나 반대했을 내용에도 한데 모인 자리에서 들을 경우에는 쉽게 웃음을 터뜨리고 환호하고 찬성하는 경향이 있다.

8 얼마 안 되는 사람들에게 연설한다면 그들을 작은 방에 빽빽하게 앉히도록 하라. 연단에 설 것도 없이 그들과 같은 높이로 내려와서 친밀하고 격식 없이, 대화하듯 이야기를 이끌어라.

9 공기를 신선하게 유지하라.

10 충분한 조명을 준비하라. 얼굴의 모든 표정이 드러날 수 있도록 조명이 잘 비치는 위치에 서라.

11 가구 뒤에 서지 말라. 테이블과 의자들은 한쪽으로 밀어버려라. 연단을 어질러놓는 잡동사니와 보기 싫은 표지들을 치워버려라.

12 연단에 게스트를 둔다면 그들은 보나마나 가끔씩 몸을 움직일 것이다. 그렇게 되면 여러분의 청중은 틀림없이 그 게스트 쪽으로 시선을 돌릴 것이다.
청중은 사람이건 동물이건 물건이건 움직이는 대상을 쳐다보려는 유혹을 뿌리칠 수 없다. 그러니 골칫거리를 만들어 여러분 자신과 경쟁시킬 이유가 무엇인가?

13 의자에 털썩 앉지 말라. 상체는 곧추세우고 다리는 의자에 딱 붙이면서 서서히 앉아라.

14 가만히 서 있어라. 불안한 행동을 많이 하지 말라. 그러면 나약한 인상을 주게 된다. 당신 존재에 득이 되지 않는 움직임은 당신의 가치를 깎아내린다.

15 양팔을 옆으로 편하게 늘어뜨려라. 그게 이상적인 자세다. 하지만 뒷짐을 지거나 심지어 주머니에 손을 찔러 넣는 것이 더 편하다면 그것도 크게 문제되지는 않을 것이다. 당신의 머리와 가슴이 당신이 말하려는 것들로 꽉 차 있다면 이런 자질구레한 세부 사항들은 대부분 저절로 해결될 것이다.

16 제스처를 책에서 배우지 말라. 충동적으로 나오게 해라. 마음이 내키는 대로 해라. 자발성과 생기와 자유 분방함, 이 세 가지가 제스처의 3대 필수 요소이며 이는 결코 세련된 손동작을 연구한다거나 규칙을 무조건 따른다고 배워지는 것이 아니다.

17 제스처를 취할 때는 한 동작을 지겹도록 반복하지 말고 팔꿈치에서부터 짧고 급격하게 움직이지 말라. 무엇보다도 움직임의 클라이맥스가 생각의 클라이맥스와 딱 맞아떨어질 때까지 계속 유지하라.

How To Open A Talk

어떻게 말문을
열 것인가?

"만약 당신이 사람들에게 자신의 경험담을 들려주는 연설가라면 연설의 적절한 구성과 관련하여 이런 말을 자주 듣게 될 것이다. '시작과 마무리에 특별히 공을 들이고 나머지는 알아서 좋을 대로 채워라.'"

_빅터 머독

"대중 연설에서는 좋은 시작이 매우 중요하다. 대중 연설은 전 과정이 어렵지만 그중에서도 가장 힘든 부분은 청중과 자연스럽고도 편안한 첫 만남을 이루어내는 일이다. 첫인상과 첫마디가 상당 부분 연설의 성패를 결정한다. 즉, 청중을 휘어잡느냐 휘어잡지 못하느냐는 흔히 처음 서너 문장으로 결판난다는 뜻이다.

_럭우드 소프 『현대의 대중 연설』

"가능한 한 빨리 주제의 핵심으로 치고 들어가라. 이것이 대중 연설의 황금률이다. 이 원칙을 철저히 준수하라. 화려하고 현란한 말을 늘어놓고 싶은 유혹을 뿌리쳐라. 그리고 절대, 무슨 일에 대해서도 사과하지 말라. 간단명료한 말로 핵심을 파고들어라. 기사를 쓸 때도 그렇지만 연설문을 작성할 때도 다시 처음으로 돌아가 첫 단락을 삭제해버릴 수 있다. 서두가 끝나는 곳이라고 생각되는 지점에서 시작하라.

_시드니 F. 웍스 『기업인의 대중 연설』

"속에 지닌 엄청난 잠재력을 감안할 때 인간은 거우 절반 정도만 깨어 있다. 우리는 자신이 지닌 육체적 정신적 자원의 극히 일부만을 사용하고 있다. 대체로 인간은 자신의 한계에 훨씬 못 미치는 삶을 살고 있다는 말이다. 그는 다양한 능력을 소유하고 있지만 습관적으로 그것을 활용하지 못한다.

_윌리엄 제임스 교수

어떻게 말문을
열 것인가 ?

❧ 9 ❧

나는 노스웨스턴 대학교 총장을 지낸 린 해럴드 허프 박사에게 연사로서의 오랜 경험을 통해 배운 것 중에서 무엇이 가장 중요하다고 생각하는지를 물은 적이 있다. 잠시 뜸을 들인 후 그는 이렇게 대답했다. "시작이 인상적이어야 한다는 것입니다. 단번에 사람들의 주의를 잡아끌 수 있어야 합니다." 그는 연설의 시작과 끝에 할 말을 하나하나 미리 계획해두었다. 존 브라이트도 그랬고, 글래드스톤, 웹스터, 링컨도 마찬가지였다. 사실상 상식과 경험이 있는 연사치고 그렇게 하지 않는 사람은 없다.

그러나 초보자는 어떤가? 그는 십중팔구 이 과정을 생략한다. 계획은 시간과 생각과 의지력을 요하는 작업이다. 사고 행위는 고통스럽다. 토머스 에디슨은 조슈아 레이놀즈 경의 다음 말을 자신의 공장 벽에 붙여두었다.

인간은 생각이라는 고된 노동을 피하기 위해 온갖 수단을 다 동원한다.

풋내기는 흔히 한순간 번득이는 영감을 기대하지만 그 결과는 '함정과 덫으로 도배된 길을 헤매게 될 뿐'이다.

초라한 주급 직원 신분에서 대영제국의 가장 부유하고 영향력 있는 신문사 사주로 성장한 로드 노스클리프 경은 자신이 읽은 어떤 글보다도 파스칼의 짤막한 경구가 자신의 성공에 밑거름 역할을 했다고 고백했다.

예측하는 것은 지배하는 것이다.

이 말은 연설을 계획할 때 책상 위에 붙여놓고 새겨둘 만한 아주 훌륭한 모토이다. 당신이 하는 모든 말을 확실히 이해할 수 있도록 정신이 맑을 때 연설의 서두를 어떻게 할 것인지를 예측하라. 그리고 마지막에 어떤 인상을 남길 것인지를 예측하라.

아리스토텔레스 시대 이래로 이 주제를 다룬 책들은 연설을 세 부분, 즉 서론, 본론, 결론으로 구분했다. 비교적 최근까지만 해도 서론 부분은 흔히 마차 타고 유람하듯 느긋하고 여유작작했고, 또 그렇게 해도 크게 흠될 것이 없었다. 그 당시 연사는 뉴스 전달자이면서 연예인이기도 했다. 100년 전에 그는 공동체에서 오늘날 신문, 라디오, 전화, 극장이 하는 역할을 떠맡았다.

그러나 상황은 크게 변했다. 지금 세상은 더 이상 예전의 세상이 아니다. 지난 100년간 우리네 삶은 온갖 발명 덕택에 그 옛날 바빌론의 벨사자르 왕과 네부카드네자르 왕 이후의 모든 시대와는 비교가 안 될 정도로 초고속으로 질주해왔다. 자동차, 비행기, 라디오를 통해 우리가 움직이는 속도는 점점 빨라지고 있다. 그리고 연사도 이 시대의 급한 속도에 편승할 수 있어야 한다. 분명히 단언컨대 만약 서론을 늘어놓고자 한다면 그것은 광고판의 광고 문구처럼 짧아야 한다. 이것은 평균적인 현대 관객의 성향과 관련된 문제다. 가령, 그들은 이렇게 주문한다. "할 말 있다고요? 좋아요. 군말 빼고 빨리 합시다. 뭐 질질 끌 것 없고 그냥 요점만 말하고 내려와요."

우드로 윌슨이 잠수함 전투에 관한 최후통첩 같은 중대한 사안에 대해 의회에서 연설했을 때도 다음과 같은 짤막한 말로 주제를 노출시킴으로써 청중의 주의를 집중시켰다.

이 나라의 외교 관계에 한 가지 문제가 발생했는데, 이에 대해 아주 솔직하게 알리는 것이 저의 명백한 의무라고 생각합니다.

찰스 슈워브는 뉴욕의 펜실베이니아 소사이어티에서 연설했을 때 둘째 문장부터 곧바로 논의의 핵심으로 진입했다.

지금 미국 시민들의 마음을 차지하고 있는 가장 중요한 문제는 '현재의 경기 침체가 무엇을 의미하고 앞으로 어떻게 될 것인가'입니다. 개인적으로 저는 낙관주의자입니다.

다음은 내셔널 캐시 레지스터 컴퍼니의 영업부장이 사원들에게 한 훈시의 서두 부분이다. 겨우 세 문장뿐인데 모두 알아듣기 쉽고 힘과 박력이 넘친다.

우리 공장 굴뚝에서 계속 연기가 피어오를 수 있는 것은 주문을 따오는 여러분 덕택입니다. 그런데 지난 여름 두 달 동안 우리 굴뚝이 내뿜은 연기는 들판을 검게 물들이기에는 턱없이 부족한 양이었습니다. 이제 침체기도 끝나고 회복기를 맞아 여러분께 더 많은 연기를 보여달라고 단도직입적으로 요청드리는 바입니다.

하지만 경험 없는 연사들은 어떤가? 그들의 서두도 이렇게 멋진 신속함과 간결함의 미덕을 보여주는가? 실상은 그렇지 못하다는 사실을 인정하지 않을 수 없다. 대다수의 서툴고 미숙한 연사들은 두 가지 방식 중 하나로 시작하는데, 둘 다 모두 좋지 않다. 우선 이 문제를 짚어 보자.

유머로 시작하는 것을 경계하라

어떤 유감스러운 이유 때문인지 초보자는 흔히 자신이 연사로서 재미있어야 한다고 느낀다. 그는 천성적으로는 백과사전만큼이나 근엄하고 도대체 가벼운 구석이라곤 찾아볼 수 없는 사람일지 모른다. 그러나 연설을 위해 몸을 일으키는 순간 그는 자신에게 마크 트웨인의 영혼이 강림한다고 느낀다. 또는 그래야만 한다고 상상한다. 그래서 그는 서두를 웃기는 이야기로—특히 만찬이 끝난 뒤의 자리일 경우—장식하고 싶어한다. 그 결과는 어떨까? 졸지에 재담꾼으로 변신한 이 철물점 상인의 이야기는 십중팔구 사전만큼이나 무겁게 마련이고, 사람들의 유머감각에 간지럼을 태우지 못할 게 뻔하다. 햄릿의 불멸의 언어를 빌려 말하면 그것은 '단조롭고 지루하고 김빠지고 무익한 헛소리'에 불과할 뿐이다.

만약 어떤 연예인이 쇼 구경하려고 돈 내고 들어온 관객 앞에서 그런 실수를 저지른다면 관객들은 그 연예인에게 야유를 보내며 "당장 쫓아 버려."라고 소리칠 것이다. 그러나 연설을 듣는 청중은 대개 이해심이 매우 넓다. 그래서 순전히 넓은 아량으로 몇 차례 웃어주기 위해 최선을 다하기는 하지만 속으로는 그 미숙한 유머 연사 지망생의 실패한 연설에 대해 안쓰럽게 생각할 것이다. 이런 상황은 청중 자신에게도 편치 않다. 독자 여러분도 이런 웃지 못할 상황을 여러 차례 목격하지 않았는가? 나는 그런 경험이 많다.

연설의 모든 영역이 다 어렵지만 그중에서도 청중을 웃게 만드는 능력보다 더 어렵고 진귀한 능력이 어디 있는가? 유머는 민감한 요소이며 상당 부분 개성과 성격의 문제다. 여러분은 우머 기질을 타고났거나 그렇지 않거나 둘 중 하나다. 그것은 여러분이 갈색 눈을 갖고 태어났는지 그렇지 않은지와 비슷한 문제다. 두 가지 경우 모두 우리가 할 수 있는 일은 별로 없다.

이야기 자체가 재미있는 경우는 흔치 않다는 사실에 유념하라. 한 이야기가 유머의 효과를 내느냐 못 내느냐는 그것이 전달되는 방식에 달려 있다. 마크 트웨인을 유명하게 만든 이야기를 백 명이 똑같이 써먹는다 해도 99명은 비참하게 실패할 것이다. 링컨이 일리노이 주의 제8 재판구의 선술집에서 했던 이야기들, 사람들이 듣기 위해 장거리 운전을 마다하지 않았다는 이야기들, 사람들이 밤새며 귀를 기울이게 한 이야기들, 원주민들이 "배꼽을 쥐고 데굴데굴 굴렀다."고 목격자가 전하는 그 모든 재미난 이야기들을 읽어보라. 이 이야기들을 가족 앞에서 크게 읽어보고 과연 그들의 얼굴에 웃음이 번지는지 살펴보라. 여기 링컨이 사용해서 크게 성공을 거둔 이야기가 있다. 한 번 해보라. 하지만 사적인 자리에서 하고 제발 청중 앞에서는 참아주길 바란다.

한 여행자가 밤늦게 일리노이 주 초원 지대의 진흙탕 길을 밟으며 집에 돌아오다가 폭풍우를 만났다. 칠흑같이 어두운 밤이었다. 비는 댐이 무너진 듯 퍼부어댔고 천둥 번개가 성난 구름을 찢어대는 모습은 마치 다이너마이트가 폭발하는 듯했다. 번갯불은 여기저기 쓰러지는 나무들의 모습을 비췄으며, 엄청난 천둥소리는 거의 귀를 멀게 할 정도였다. 마침내 그 사내는 평생 들었던 어떤 것보다 더욱 끔찍하고 무시무시한 굉음 소리를 듣고는 무릎을 꿇었다. 평소에는 기도와 담을 쌓은 그였지만 겁에 질린 사내는 숨을 헐떡거리며 이렇게 간청했다. "어이쿠 하느님, 이러나저러나 당신께 별 차이 없으시다면 차라리 제게 빛을 좀 더 주시고 저 소리는 좀 줄여주십시오."

여러분은 드물게 유머의 재능을 타고난 운 좋은 사람일지도 모른다. 만약 그렇다면 수단과 방법을 가리지 말고 그 재능을 갈고닦아라. 여러분이 어디서든 한마디 하겠다면 사람들은 쌍수를 들어 환영할 것이다. 그러나 여러분의 재능이 다른 쪽에 있다면 괜히 촌시 M. 데퓨의 흉내를 내려다 웃음을 자초하지 말라. 그것은 어리석은 짓일 뿐 아니라 엄청난 반역 행위다.

만약 여러분이 데퓨나 링컨, 또는 잡 헤지스의 연설문을 연구한다면 아마 그들이 특히 서두에서는 한 이야기가 거의 없다는 사실에 놀랄지 모른다. 에드윈 제임스 커텔은 단지 유머를 위해 재미있는 이야기를 꺼내든 적은 전혀 없다고 내게 털어놓았다. 재미난 얘기는 주 내용과 관련이 있고 어떤 핵심을 예시하는 기능을 수행해야 한다. 유머는 단지 케이크에 씌우는 설탕옷이나 케이크의 각 층 사이에 덧입히는 초콜릿 정도의 역할에 그쳐야지, 케이크 자체가 되어서는 안 된다. 미국 최고의 유머 강연자인 스트릭랜드 질리랜은 연설 시작 첫 3분 동안에는 절대 이야기를 하지 않는 것을 규칙으로 삼고 있다. 유머의 달인인 질리랜도 이런 방식이 바람직스럽다고 생각하는데 여러분이나 내가 굳이 아니라고 우길 일은 없지 않는가?

그러면 서두는 딱딱하고 심각하며 코끼리 돈똥이처럼 무거워야 하는가? 전혀 그렇지 않다. 할 수 있다면 해당 지역, 또는 행사와 관련된 어떤 사항을 언급하거나, 다른 연사의 말을 빌려오는 방식으로 사람들의 유머 감각을 슬쩍 건드려보라. 이런 류의 우스갯소리가 팻과 마이크(Pat and Mike, 1952년 코미디 영화 〈Pat and Mike〉의 등장인물들—역주), 장모님, 또는 염소를 소재로 한 진부한 농담들보다 먹혀들 가능성이 수십 배 더 높다.

아마 즐거움을 유발하는 가장 손쉬운 방법은 자신을 농담의 소재로 삼는 일일 것이다. 자신이 우스꽝스럽고도 당혹스런 상황에 처한 모습을 묘사해보라. 이것은 바로 유머의 핵심에 닿아 있는 좋은 소재다. 에스키모인들은 다리가 부러진 사람을 보고도 웃으며, 중국인들은 2층 창문에서 떨어져 죽은 개를 보고 킥킥댄다. 우리는 이보다는 좀 더 동정적이지만, 어쨌든 바람에 날리는 모자를 뒤쫓는 사람이나 바나나 껍질에 미끄러지는 사람을 보고 웃는 것은 인간의 본능이 아닌가?

또 서로 조화되지 않는 생각이나 특성들을 조합해서 청중들을 웃게 만드는 것은 거의 누구나 활용할 수 있는 수법이다. 가령 한 신문기자는 '아이들, 반추 동물의 위, 그리고 민주당원을 싫어한다'고 썼다.

소설가 러디어드 키플링이 영국에서 행한 한 정치 연설의 서두에서 얼마나 교묘한 방법으로 청중의 웃음보를 터뜨리는지 주목해보라. 그는 여기서 만들어낸 일화가 아니라 자신의 경험 일부를 전하며 그들의 부조화를 유쾌하게 강조하고 있다.

신사 숙녀 여러분, 청년 시절 인도에 있을 때 저는 일하고 있던 신문사에 형사사건을 보고하곤 했습니다. 일은 재미있었습니다. 덕분에 위조범, 횡

령범, 살인자, 그리고 그런 부류의 배포 큰 노름꾼들을 소개 받을 수 있었으니까요. (웃음) 그들의 재판을 취재한 후에는 가끔 복역 중인 제 친구들을 찾아보곤 했습니다. (웃음) 살인으로 무기징역을 선고 받은 한 남자가 기억납니다. 그는 똑똑하고 말을 아주 잘하는 친구였는데, 이른바 자신의 인생담을 제게 풀어놓았습니다. 그가 이런 얘기를 해주더군요. "내 분명히 말하는데, 사람이 일단 비뚤어진 길에 들어서면 계속 그런 길을 따라 굴러가게 되지. 그러다가 다시 똑바로 서 볼라치면 다른 누군가를 해치우지 않으면 안 될 상황에 이르게 된다네." (웃음) 이 친구의 말이 바로 내각의 현재 상황을 정확히 묘사해주고 있습니다. (웃음과 환호)

윌리엄 하워드 태프트도 메트로폴리탄 생명보험회사 간부들의 연례 연회에서 바로 이런 식으로 유머를 요리했다. 그는 우스갯소리를 하면서 동시에 청중에게 우아하게 경의를 표했는데, 바로 이것이 이 유머의 매력이다.

사장님, 그리고 메트로폴리탄 생명보험사의 임직원 여러분. 저는 9개월 전 저의 옛집에서 한 신사의 식후 연설을 들었습니다. 그분은 연설을 하면서 약간 떨었습니다. 그는 식후 연설 경험이 아주 많은 자기 친구와 상의를 했다더군요. 그때 그 친구는 그에게 식후 연사로서 연설하기에 가장 좋은 청중은 지적이고 교육 수준이 높지만 적당히 술에 취한 청중이라고 조언했다 합니다. (웃음과 박수) 현재 제가 말할 수 있는 것은 이 자리의 여러분은 식후 연사에게는 최고의 청중이라는 것입니다. 다만 정신이 모두들 말짱한 것이 유감이긴 하지만, 그 부족한 요소를 보충할 만한 것이 이곳에는 존재합니다. (박수) 그리고 저는 그것이 메트로폴리탄 생명보험사의 정신이라고 생각합니다. (계속되는 박수)

사과하는 말로 시작하지 말라

초보자가 연설 첫머리에 저지르기 쉬운 터무니없는 두 번째 실수는 바로 사과를 하는 것이다. 가령, "저는 말주변이 없습니다. …… 별로 준비를 못해왔는데 …… 무슨 말을 해야 할지 모르겠네요 ……." 식의 발언이다. 이런 시작은 절대 금물이다. 키플링기 쓴 한 시는 이렇게 시작된다. "더 가봤자 아무 소용없다." 바로 이것이 연사가 그런 식으로 운을 뗄 때 청중이 느끼는 감정이다.

만약 준비가 되어 있지 않으면 굳이 그 사실을 안 밝혀도 눈치 빠른 사람들은 알아볼 테지만, 반면 전혀 눈치채지 못하는 사람들도 있을 것이다. 그런데 무엇 때문에 구태여 준비가 되어 있지 않다는 사실에 대해 주의를 환기시키는가? 여러분이 그 연설을 준비할 만한 가치가 없다고 생각한다거나, 또는 손님에게 먹다 남은 음식 대접하듯 대충 아무 말이나 해도 된다고 생각한다는 사실을 암시함으로써 청중을 모욕할 이유는 뭔가? 절대 안 된다. 우리는 이런 식의 사과는 원치 않는다. 우리는 어떤 정보를 얻고, 특히 재미를 얻기 위해 그곳에 간 것이다. 이 사실을 잊지 말아야 한다.

청중 앞에 서는 순간 여러분은 자연스럽게, 또 불가피하게 그들의 시선을 끌게 된다. 처음 5초 동안 그들의 주의를 끌기는 쉽지만 그 다음 5분 동안에도 그것을 계속 붙잡아두기는 어려운 일이다. 일단 한 번 잃게 되면 그것을 되찾기는 두 배로 힘들 것이다. 따라서 연설 첫 문장을 뭔가 흥미로운 내용으로 시작하라. 두 번째 문장도, 세 번째 문장도 아니다. 바로 첫 문장이어야 한다. 잊지 말라.

그럼 어떻게 하면 되느냐고 여러분은 물을 것이다. 확실히 답하기 쉽지 않은 질문이다. 그리고 대답을 준비하는 과정에서 우리는 구불구불하고 분명치 않은 길을 걸어가야 한다. 왜냐하면 그 길에는 여러분 자신과 청중, 주제, 자료, 시기 등 고려해야 할 요소가 너무 많이 도사리고 있기 때문이다. 그러나 이 장 뒷부분에서 논의되고 제시될 시험적인 제안들이 유익하고 가치 있는 지침이 될 수 있기를 바란다.

호기심을 자극하라

다음은 하월 힐리가 필라델피아의 펜 애슬레틱 클럽에서 이 연설 강좌 전에 행한 담화의 서두 부분이다. 마음에 드는가? 바로 당신의 흥미를 잡아 *끄는가*?

82년 전, 일 년 중 대략 이맘때쯤 런던에서 불멸의 운명을 타고난 한 작은 책, 한 이야기가 출판되었습니다. 많은 사람들은 그것을 '세상에서 가장 위대한 작은 책'이라고 불렀습니다. 책이 처음 등장했을 때 거리에서 만난 친구들은 서로에게 그 책을 읽었는지 물었고, 그 대답은 한결같이 '물론이지. 그에게 신의 축복이 있기를'이었습니다.

출판 당일 그 책은 1천 부가 팔렸습니다. 2주일 안에 1만 5천 부가 나갔습니다. 그 이후 그 책은 재판을 거듭했고 하늘 아래 존재하는 모든 언어로 번역되었습니다. 몇 년 전에 J. P. 모건이 거금을 주고 최초의 원고를 구입했습니다. 그 원고는 지금 모건이 자신의 도서관이라 부르는 뉴욕 시의 그 장엄한 화랑에서 다른 귀중한 보물들과 함께 휴식을 취하고 있습니다. 이토록 유명한 책은 무엇일까요?

디킨스의 『크리스마스 캐럴』입니다……

괜찮은 서두라고 생각하는가? 이것이 당신의 주의를 끌었고 진행과정에서 흥미를 고조시켰는가? 그렇다면 그 이유는 무엇인가? 그것이 호기심을 자극하고 긴장을 느끼게 했기 때문이 아닐까?

호기심! 그것을 버텨낼 장사가 어디 있겠는가? 나는 숲 속의 새들이 단순한 호기심 때문에 나를 바라보면서 한 시간가량 날아다니는 것을 지켜본 적이 있다. 내가 아는 알프스 고원지대의 한 사냥꾼은 자기 몸에 침대 시트를 걸치고 여기저기 기어 다니며 호기심을 자극하는 방법으로 영양을 유인한다. 개나 고양이도 흐기심이 있고 다른 모든 동물도 마찬가지다. 하물며 인간은 말해 무엇 하겠는가?

그러므로 첫 문장으로 청중의 호기심을 휘어잡아라. 그러면 그들은 바로 당신의 포로가 된다.

나는 토머스 로렌스 대령의 아라비아 모험에 관한 강연을 이런 식으로 시작하곤 했다.

로이드 조지는 로렌스 대령을 현대의 가장 낭만적이고 환상적인 인물 가운데 한 명으로 간주한다고 말했습니다.

이런 식의 시작은 두 가지 이점이 있다. 우선 저명한 인물의 말을 인용하는 것은 언제나 상당한 흥미 유발 효과를 갖는다. 또한 그것은 실제로 호기심을 유발시켰다. 가령, "왜 낭만적인가? 어째서 환상적인가?"라는 질문이 자연스럽게 튀어나오며, "그 사람 얘기는 금시초문인데 …… 그가 뭘 했길래?" 등 궁금증이 꼬리를 문다.

로웰 토머스는 로렌스 대령에 대한 그의 강연을 이런 말로 시작했다.

저는 어느 날 예루살렘의 기독교 거리를 걷다가 동양의 군주나 입을 법한 화려한 옷으로 치장한 한 남자를 만났습니다. 그의 옆구리에는 선지자 모하메드의 후손들만이 찰 수 있는 구부러진 황금 칼이 매달려 있었지요. 그런데 이 사람의 외모는 전혀 아랍인 같지 않았어요. 아랍인의 눈은 항상 검정색 아니면 갈색인데 그의 눈은 파랬습니다.

이 정도면 호기심을 자극할 만하지 않은가? 청중은 더 듣고 싶어진다. 그 남자는 누구지? 그는 왜 아랍인 흉내를 내지? 그는 무슨 일을 했고, 나중에 어떻게 되었을까?

다음과 같은 질문으로 대화를 시작하는 학생은 어떤가?

여러분은 오늘날에도 전 세계 17개국에 노예제도가 존재한다는 사실을 알고 계십니까?

이 학생은 청중의 호기심에 불을 질렀을 뿐 아니라 충격까지 주었다. "노예제도라고? 요즘 세상에? 열일곱 나라나? 못 믿겠는걸! 도대체 어떤 나라야?"

또 어떤 일의 결과부터 먼저 던져놓고 원인에 대한 궁금증을 유발시키는 방법으로 호기심을 자극할 수도 있다. 일례로, 한 학생은 이런 놀라운 발언으로 운을 뗐다.

최근 주 의회 의원 한 분이 입법 회의 중 모든 학교에서 반경 2마일 범위 내에서는 올챙이가 개구리로 성장하는 것을 금하는 법을 통과시키자고 제안했습니다.

웃음이 나온다. 저 사람 농담하나? 무슨 저런 황당한 소리가 다 있나! 실제로 그런 일이 있었나? …… 그렇다. 연사는 계속 말을 이었다.

'조폭과 함께'라는 제목이 붙은 〈새터데이 이브닝 포스트〉 지의 한 기사는 이렇게 시작되었다.

폭력배들은 정말 조직을 만드는가? 대체로 그렇다. 그러면 어떻게?
…….

이 몇 개의 문장으로 기자는 자신의 주제를 밝혔고 독자에게 어떤 정보를 제공했으며, 갱 단원들은 어떻게 조직화되는지에 대한 독자의 호기심을 불러일으켰다. 매우 훌륭한 솜씨다. 대중 연설을 원하는 사람은 누구든 잡지 기자들이 독자의 관심을 한눈에 휘어잡기 위해 사용하는 기법을 공부해둘 필요가 있다. 인쇄된 연설문 수십 개를 정독하는 것보다 잡지 기자들의 노하우를 연구함으로써 연설을 어떻게 시작할 것인지에 대해 더 많은 것을 배울 수 있다.

이야기로 시작하라

해럴드 벨 라이트는 한 인터뷰에서 자신의 소설로 일 년에 10만 달러가 넘는 소득을 벌어들였다고 고백했다. 부스 타킹턴과 로버트 W. 챔임버스도 비슷한 수익을 올렸다. 더블데이 페이지 앤드 컴퍼니는 17년 동안 대형 인쇄기 한 대를 갖춰놓고 그 기간 내내 진 스트래턴 포터의 소설만 찍어댔다. 이렇게 해서 팔려나간 소설은 1,700만 부가 넘었고, 그녀는 3백만 달러가 넘는 인세 수입을 챙겼다. 이런 수치들을 통해보면 사람들은 정말 이야기를 즐기는 것 같다.

우리는 특별히 누군가의 직접적인 체험이 녹아든 이야기를 좋아한다. 러셀 H. 콘웰은 '다이아몬드의 땅'이란 강연을 6천 회 이상 했고, 수백만 달러를 쓸어 담았다. 이 폭발적 인기를 누린 강연의 시작은 어땠을까? 다음은 도입 부분이다.

1870년에 우리는 티그리스 강으로 갔습니다. 우리는 바그다드에서 안

내원을 고용했는데, 그는 우리를 페르세폴리스, 니네베, 그리고 바빌론으로 인도했습니다.

이렇게 그는 강연을 이야기로 시작했다. 이것이 청중을 휘어잡는 마술이다. 이런 식의 시작은 실패할 확률이 거의 없다. 이야기는 움직이고 행진하며 우리는 그 뒤를 졸졸 따라간다. 우리는 무슨 일이 전개될지 잔뜩 호기심에 부푼다.

이 책 3장에도 이야기로 시작하는 방법이 적용되었다.

아래는 〈새터데이 이브닝 포스트〉의 한 호에 실린 두 개의 이야기에서 뽑아낸 서두 부분이다.

"리볼버가 날카로운 소리를 내고 불을 뿜으며 정적을 갈랐다."

"7월 첫 주, 그 자체로는 사소하지만 그것이 미칠 파장은 결코 사소하지 않은 한 사건이 덴버의 몬트뷰 호텔에서 발생했다. 그 사건은 거주 지배인(resident manager) 괴벨의 호기심을 적잖이 자극했고, 그는 몬트뷰와 다른 여섯 개 패러데이 호텔의 소유주인 스티브 패러데이가 며칠 뒤 한여름 시찰 여행차 호텔을 정기 방문했을 때 그에게 사건을 보고했다."

이 두 서두가 행위를 묘사하고 있음에 주목하라. 그들은 뭔가 시작되었음을 알리고 독자의 호기심을 발동시킨다. 독자는 계속 읽어 이 모든 것이 어떻게 된 상황인지를 알고 싶어진다.

미숙한 초보자도 이야기 수법을 활용하여 청중의 호기심을 자극하면 일단 시작은 성공적인 것으로 볼 수 있다.

구체적인 예로 시작하라

평균적인 청중이 추상적인 발언을 오래도록 따라잡기는 어렵고 힘든 일이다. 이때 구체적인 예를 제시하면 알아듣기 훨씬 수월해진다. 그러면 그렇게 시작하면 되지 않는가? 그러나 나도 그렇게 해봤지만, 사람들은 이 방법을 쉽게 써먹지 못한다. 그들은 먼저 몇 개의 일반적인 진술을 앞세워야 한다고 느낀다. 하지만 그건 착각이다. 먼저 실례로 시작하여 관심을 유도한 다음 일반적인 진술로 뒤를 받쳐라. 이 방법의 예를 원한다면 이 책 5장의 서두나 7장을 읽어보라.

지금 여러분이 읽고 있는 이 장에는 시작할 때 어떤 기법이 이용되었는가?

볼거리를 이용하라

아마 남의 주의를 끄는 가장 손쉬운 방법은 사람들이 볼 수 있도록 뭔가를 들어올리는 일일 것이다. 미개인이나 도자란 인간들, 심지어는 요람 속의 아기나 상점 진열창 속의 원숭이, 그리고 길거리를 어슬렁대는 개들도 이런 식의 자극에는 눈길을 돌린다. 이는 가장 세련된 청중에게도 먹혀드는 효과적인 방법이다. 필라델피아의 S. S. 엘리스 씨는 엄지와 집게손가락 사이에 동전을 쥐고는 어깨 위로 높이 들어올리는 장면을 연출하며 강연을 시작했다. 당연히 모든 사람들의 눈길이 쏠렸다. 그는 사람들에게 물었다. "혹시 길에서 이런 동전 주우신 분 계십니까? 그분에게는 한 부동산 개발회사에서 땅 한 필지를 공짜로 준다고 합니다. 그냥 찾아가서 동전을 제시하기만 하면 됩니다……." 계속해서 엘리스 씨는 민감하고 껄끄러운 한 사안에 관한 이야기를 끄집어냈고 그와 관련된 오도되고 비윤리적인 관행들을 질타했다.

질문을 던져라

엘리스의 시작 방법은 또 다른 주목할 만한 특징을 갖고 있다. 그것은 질문으로 시작함으로써 청중들로 하여금 연사와 함께 생각하게 하고 그에게 호응하도록 만드는 방식이다. 앞에서 말한 조직폭력배에 관한 〈새터데이 이브닝 포스트〉의 기사는 첫 세 개의 문장 중 두 문장을 질문으로 시작했다는 점에 주목하라. "폭력배들은 정말 조직을 만드는 가? …… 어떻게?" 이렇게 질문을 던지고 해답을 제시하는 방식은 청중의 마음의 문을 열고 그 속에 들어갈 수 있는 가장 간단하고도 확실한 방법 가운데 하나다. 다른 방법이 통하지 않을 때는 항상 이 방법에 기대보라.

유명 인사의 말을 빌려오라

사람들은 항상 저명 인사의 말에 민감하게 반응한다. 따라서 적절한 인용은 연설을 시작할 때 써먹을 수 있는 더할 나위 없이 좋은 방법 가운데 하나다. 기업의 성공을 주제로 한 토론을 다음과 같이 시작하는 것은 어떨까?

"세상은 오직 한 가지에 대해서만 돈과 명예라는 큰 상을 수여합니다." 이것은 엘버트 허버드가 한 말입니다. 그리고 그 한 가지는 바로 솔선수범하는 태도입니다. 그럼 솔선수범하는 태도란 무엇이냐? 그것은 누가 시키지 않아도 알아서 해야 할 일을 하는 것입니다.

도입 부분으로서 이 말에는 몇 가지 칭찬할 만한 특징이 있다. 첫 문장은 호기심을 불러일으킨다. 그것은 청중을 끌어당기며 다음 말을 기대를 갖고 기다리게 한다. 만약 연사가 기술적으로 '엘버트 허버드'란 말 다음에서 잠깐 멈추고 뜸을 들인다면 긴장감은 더욱 고조될 것이다. '세상이 무엇에 대해 큰 상을 준다는 거지?' 우리는 궁금해 한다. '빨리 대답해달라. 우린 당신 말에 동의 안 할지도 모르지만, 어쨌든 당신 생각이나 들어보자.' 두 번째 문장은 우리를 곧바로 주제의 핵심으로 다가서게 한다. 이어지는 질문 형태의 세 번째 문장은 청중을 토론에 끌어들여 그들에게도 뭔가를 생각하게 하고 뭔가를 하도록 만든다. 청중은 이런 방식을 좋아한다. 네 번째 문장은 솔선적 태도의 의미를 정의한다. 이렇게 매력적인 서두로 청중을 휘어잡은 후 연사는 이 자질을 설명하며 인간적 흥미를 유발하는 이야기를 이어나간다. 다른 건 몰라도 이 연설의 구성에 관한 한, 무디(Moody, 신용평가기관인 무디스 설립자-역주)는 아마 최고 등급인 Aaa를 주었을 것이다.

연설 주제와 청중의 주요 관심사를 연계시켜라

청중의 사적인 이해관계와 직접 연결되는 내용으로 말문을 열어라. 그것은 활용 가능한 최고의 시작 방법이 속한다. 틀림없이 청중의 이목을 사로잡을 것이다. 자신에게 중대한 이해관계가 있는 문제에 대해서는 누구든 눈에 불을 켜고 달려들게 마련이다.

사실 이 방법이야 말로 상식에 속하는 것이지만, 좀처럼 사용되지 않는다. 예컨대, 최근에 나는 한 연사가 정기적인 건강검진의 필요성을 주장하는 강연을 들을 기회가 있었다. 그런데 그는 생명연장협회의 역사와 이 기관이 어떻게 조직되고 어떤 서비스를 제공하는지를 설명하는 것으로 서두를 시작했다. 이렇게 한심할 수가! 청중들이 어떤 회사가 어디에서 어떻게 설립되었든지 따위에 무슨 흥미를 느끼겠는가! 이들의 영원히 변치 않는 관심의 대상은 자기 자신일 뿐이다.

왜 이런 근본적인 사실을 직시하지 못하는가? 그 회사가 어째서 그들에게 중요한 의미를 지닐 수 있는지를 명쾌하게 이해시켜야 할 것 아닌가? 왜 다음과 같이 시작하지 못하는가?

생명보험 계산표에 따른 여러분의 예상 기대 수명이 얼마나 되는지 알고 계십니까? 보험 통계학자들에 따르면, 앞으로 남은 여러분의 기대 수명은 80에서 현재 나이를 뺀 수의 3분의 2라고 합니다. 그러니까 지금 여러분이 35세일 경우, 80에서 35를 빼면 45가 되지요. 곧 여러분은 이 수치의 3분의 2인 30년을 더 사실 수 있다는 얘깁니다. 만족하시나요? 아니지요. 우리는 모두 그보다는 더 오래 살고 싶어합니다. 하지만 그 계산표는 수백만의 기록을 토대로 한 것입니다. 그럼 여러분과 제가 그 기록들을 깰 수 있을까요? 물론입니다. 적당히 조심한다면 말입니다. 우선 가장 먼저 해야 할 일은 철저한 건강검진을 받는 것입니다 …….

이렇게 운을 뗀 후 주기적인 건강검진이 왜 필요한지를 자세히 설명한다면 청중은 아마 이런 서비스를 제공하기 위해 설립된 회사에 대해서도 관심을 보일지 모른다. 그러나 처음부터 그런 회사에 대한 일반적인 이야기를 늘어놓는 것으로 시작한다면, 그 연설은 더 볼 것도 없이 이미 파장이 난 것이나 다를 바 없다.

다른 예를 들어보자. 지난 시즌에 나는 한 학생이 숲을 보존하는 일이 매우 시급하다는 내용의 연설을 이렇게 시작하는 것을 들었다. "우리 미국인들은 자국의 천연자원에 대해 자부심을 느껴야 합니다." 이 문장을 시작으로 그는 계속해서 우리가 앞뒤 생각 없이 마구잡이로 목재를 낭비하고 있음을 지적했다.

그러나 연설의 서두는 신통치 않았다. 너무 일반적이고 너무 막연했다. 그는 청중에게 자신이 택한 주제의 심각성을 절실히 인식시키지 못했다. 그 청중 가운데는 인쇄업자가 한 사람 있었다. 숲의 파괴는 그의 사업에 매우 실제적인 어떤 문제를 의미할 것이다. 은행가도 있었다. 숲의 황폐화는 우리 모두의 번영에도 영향을 미칠 것이기 때문에 은행가도 그 여파에서 자유롭지 못할 것이다. 그럼 이렇게 시작하는 것은 어떨까?

제가 말하고자 하는 주제는 여기 계신 개플비 선생, 솔 선생을 비롯한 여러분 모두의 사업에 영향을 미칩니다. 사실 그것은 어느 정도는 우리가 먹는 음식 가격과 우리가 지불하는 임대료에도 영향을 주게 될 것입니다. 말하자면 우리 모두의 복지와 번영과 관련된 문제라는 뜻입니다.

숲을 보호하는 일의 중요성을 너무 과장한 것인가? 아니다. 나는 그렇게 생각하지 않는다. 그것은 단지 "그림을 크게 그리고 사람들이 시선을 돌리지 않을 수 없게끔 사물을 배치하라."는 엘버트 허버드의 조언을 따른 것뿐이다.

충격적인 사실의 흡인력

자신의 이름을 딴 잡지를 창간한 S. S. 매클루어는 '좋은 잡지 기사란 일련의 충격적인 사실들을 기록한 것'이라고 했다.

그것들은 우리를 깜짝 놀라게 하여 공상에서 깨어나게 하며 우리를 사로잡고 시선을 빼앗는다. 아래에 몇 가지 예를 소개한다. 볼티모어 출신의 N. D. 발렌타인은 '라디오의 경이로움(The Marvels of Radio)'이라는 연설을 이렇게 시작했다.

뉴욕의 한 유리창 위에서 파리가 기어가는 소리가 라디오를 통해 중앙

아프리카에서는 나이아가라 폭포의 굉음으로 들릴 수도 있다는 사실을 알고 계십니까?

뉴욕 시 해리 G. 존스 컴퍼니의 해리 G. 존스 사장은 '범죄 상황(Criminal Situation)'이란 연설의 서두를 이렇게 열었다.

미국의 대법원장 윌리엄 하워드 태프트 판사는 "우리의 형법 운용은 문명에 대한 수치다."라고 선언했습니다.

이런 시작은 충격적이라는 사실 외에 그 충격적인 진술이 법률학 분야 권위자의 말을 인용한 것이라는 이중의 이점을 갖는다.

필라델피아의 낙천가 클럽의 전 회장 폴 기번스는 '범죄'에 관한 연설을 다음과 같은 인상적인 발언으로 시작했다.

미국인들은 세계 최악의 범죄자들입니다. 몹시 충격적으로 들리겠지만 엄연한 사실입니다. 오하이오 주 클리블랜드의 살인 사건은 런던 전체 건수의 여섯 배나 됩니다. 인구 비례로 따질 때 강도 건수는 런던의 170배에 달합니다. 클리블랜드에서 매년 강도를 당하거나 강도의 공격을 받는 사람들의 수는 전체 잉글랜드와 스코틀랜드, 그리고 웨일스를 합한 숫자보다 더 많습니다. 뉴욕 시의 살인 사건은 프랑스 전체, 독일, 이탈리아, 또는 영국의 그것을 능가합니다.

그런데 더욱 통탄할 일은 이런 범죄자들이 처벌 받지 않는다는 사실입니다. 만약 여러분이 사람을 죽인다 해도 그 때문에 처형될 가능성은 100분의 1도 안 됩니다. 사람을 총으로 살해하고 교수형을 당할 확률보다는 암으로 사망할 확률이 10배가 더 높다는 것입니다.

이 시작은 효과 만점이었다. 기본스의 말에는 꼭 필요한 힘과 진지함이 실려 있었기 때문이다. 그의 말은 살아서 숨을 쉬었다. 그러나 다소 비슷한 예를 들어가며 범죄 상황에 대한 연설을 한 다른 학생들의 시작은 그저 그런 수준을 넘지 못했다. 그 원인은 그들의 말에서 박력이 느껴지지 않았기 때문이다. 그들 연설의 구조적 짜임새는 흠잡을 데 없었지만 말에서 힘이 느껴지지 않았다. 그들의 말투가 그들이 한 모든 말에서 김이 빠져나가게 했다.

평이한 시작의 중요성

다음에 소개하는 서두는 어떤가? 마음에 든다면 그 이유는 무엇인가? 메리 E. 리치먼드는 아동 결혼을 금하는 입법이 채택되기 전 뉴욕 여성유권자연맹 연례 모임에서 이렇게 연설했다.

어제, 기차가 이곳에서 멀지 않은 도시를 지나갈 때 저는 몇 년 전 그곳에서 있었던 한 결혼을 떠올리게 되었습니다. 이 주에서 이루어지는 다른 많은 결혼들도 그 결혼처럼 성급하게 추진되었다가 파탄지경으로 끝나기 때문에 오늘 저는 본론으로 들어가기 전에 이 특별한 사건의 세부 내용의 일부를 소개하는 것으로 시작할까 합니다.

그 도시의 열다섯 살짜리 한 고등학교 여학생이 이제 막 성년이 된 근처 대학교에 다니는 3학년의 한 남학생을 처음 만났던 게 12월 12일이었습니다. 그리고 겨우 3일 뒤인 12월 15일에 그들은 소녀가 18살이라고 거짓 선서를 함으로써 결혼 승인서를 얻어냈습니다. 18세면 부모의 동의를 받을 필요가 없었거든요. 결혼 허가서를 들고 시청 서기의 사무실을 나온 후 그들은 바로 사제를 찾아갔습니다(소녀는 가톨릭 신자였습니다). 그러나 당연한 일이지만 그 사제는 그들의 결혼을 인정하지 않았습니다. 이 사제가 알렸는지는 모르지만 어쨌든 그 아이의 어머니가 이 결혼 시도에 관한 소식을 듣게 되었습니다. 그러나 어머니가 딸을 찾아내기도 전에 치안판사는 그들을 부부로 결합시켰습니다. 신랑은 신부를 호텔로 데려갔고 그들은 그곳에서 이틀 낮 밤을 보냈습니다. 그러나 그 뒤에 남편은 아내를 버렸고 다시는 그녀와 살지 않았습니다.

개인적으로 나는 이 서두가 매우 마음에 든다. 특히 첫 문장이 뿜어내는 마력이 압권이다. 그것은 곧 흥미로운 회상이 이어질 것임을 예고한다. 우리는 더 자세한 이야기를 듣고 싶어진다. 우리는 자리를 잡고 곧 전개될 인간 드라마를 기대하며 귀를 활짝 열어놓는다. 그것은 공들여 연구한 느낌도 안 들고 딱딱하지도 않으며 밤새도록 애쓴 흔적도 보이지 않는다. "어제, 기차가 이곳에서 멀지 않은 도시를 지나갈 때 저는 몇 년 전 그곳에서 있었던 한 결혼을 떠올리게 되었습니다." 아주 자연스럽고 인간적으로 들린다. 한 사람이 다른 사람에게 재미있는 이야기를 들려주는 듯하다. 청중은 이런 것을 좋아한다. 그들은 너무 공들여 꾸민 듯한 것, 미리 계획된 의도의 냄새가 짙게 배어 있는 것에는 거부감을 느끼게 마련이다. 우리는 기교를 원하지만 기교를 부린 티가 드러나지 않은 것에 더 끌린다.

어떻게 말문을 열 것인가?

···················

1 연설은 처음 시작이 어렵다. 또 매우 중요하기도 하다. 그때는 청중의 마음이 신선하고 비교적 쉽게 받아들일 준비가 되어 있기 때문이다. 이는 운에만 맡겨두기에는 너무 중요하다. 미리 주도면밀하게 계획되어야 한다.

2 도입 부분은 한두 문장 정도로 짧아야 한다. 아니면 전혀 없어도 무방할 때가 많다. 가능한 최소한의 말만으로 곧장 주제의 핵심으로 진입하라. 아무도 여기에 이의를 제기하지 않을 것이다.

3 초보자들은 우스갯소리를 늘어놓거나 사과하는 말로 연설을 시작하려는 경향이 있다. 두 방법 모두 득보다는 실이 많다. 유머러스한 이야기를 능란하게 소화할 수 있는 사람은 극히 적다. 이런 시도는 청중을 즐겁게 하기보다는 오히려 당황하게 하기 쉽다. 이야기는 상황에 적합해야 하며 단지 이야기 자체를 위해 억지로 끌어들여서는 안 된다. 유머는 케이크에 입힌 설탕옷일 뿐 케이크 자체가 아니다. 그리고 결코 사과해서는 안 된다. 사과는 흔히 청중에 대한 모욕이 될 뿐 아니라 청중들을 따분하게 만든다. 바로 본론으로 치고 들어간 다음 신속히 끝내고 자리에 앉아라.

4 연사는 다음의 방법으로 청중의 주의를 즉시 잡아끌 수 있다.
   1) 호기심 자극(예 : 디킨스의 『크리스마스 커럴』 이야기)
   2) 인간미 넘치는 이야기 활용하기(예 : '다이아몬드의 땅' 강연)
   3) 구체적인 예로 시작하기(이 책 5장과 7장의 시작 부분을 보라.)

4) 볼거리 이용하기(예 : 발견하면 공짜 땅을 상으로 주는 동전 보여 주기)

5) 질문하기(예 : 혹시 길에서 이런 동전 주우신 분 여기 계십니까?)

6) 인상적인 인용으로 시작하기(예 : 솔선수범적인 태도의 가치에 대한 엘버트 허버드의 말 인용)

7) 이야기 주제가 청중의 지대한 관심사와 어떤 관련이 있는지 보여 주기(예 : "여러분의 기대 수명은 80에서 여러분의 현재 나이를 뺀 수의 3분의 2에 해당합니다. 여러분은 그 수치를 주기적인 건강검진을 통해 증가시킬 수 있습니다.")

8) 충격적인 사실들을 제시하며 시작하기(예 : "미국인들은 문명 세계에서 가장 악질적인 범죄자들입니다.")

5 시작할 때 너무 격식을 차리지 않도록 하라. 지나치게 계획하고 꾸민 듯한 인상을 주어서는 안 된다. 자연스럽고 평이하되 논리적으로 필연적인 전개인 것처럼 보이게 하라. 이런 효과는 바로 얼마 전에 일어났던 일이나 이야기되었던 내용을 언급함으로써 실현될 수 있다(예 : "어제 저는 기차를 타고 여기서 멀지 않은 도시를 지나치다가…….")

PART

10

Capturing Your Audience
At Once

청중을
단번에
휘어잡아라

"청중을 만족시켜라. 두려움을 달래고 의심을 풀어주며, 그들이 무기를 내려놓고 '좋소, 우리 함께 얘기해봅시다'라고 말하게 하라. 이것은 쌍방이 서로 교감할 수 있는 부분과 상호 관심사를 찾았을 때 가능하다. 우리를 분열시키는 힘보다 더 강한 힘으로 우리를 서로 이어주는 것들이 있을 것이다. 그것이 무엇인가? 그것을 찾아낼 수 있느냐 없느냐에 연설의 성패가 달려 있다. 만약 청중을 진정으로 만족시킬 수 없다면 놀라운 용기를 보여 그들의 찬탄과 존경을 이끌어내라.

첫 번째 경우의 예로, 만약 내가 벨파스트의 오렌지당원 집회에서 연설을 하게 될 경우, 나는 양심에 충실한 그들의 태도에 경의를 표할 것이다. 또 우리 모두가 존경하는 위대한 조상들, 곧 우리가 공유하고 있는 것들에 관해 언급할 것이다. 만약 회사 종업원들 앞에서 연설한다면 따가운 질책으로 시작하지 않고 좀 더 행복했던 시절, 과거의 끈끈했던 협력 관계, 업계와 관련된 모든 사람들을 괴롭히는 걱정과 문제들을 상기시킬 것이다. 내가 진정으로 아무런 사심 없이 문제에 대한 해법을 모색하고 있음을 보일 것이다. 어떤 경우든 청중의 가장 선한 본능에 호소하라. 사람들이 이런 호소에 보이는 반응은 참으로 놀랍다."

_시드니 F. 윅스, 〈기업인을 위한 대중 연설〉

"우리는 대개 투지를 불태우는 방법으로 권리를 쟁취하려 한다. 그러나 감히 말하건대 이런 방법은 목표 달성의 촉진제가 되기보다 오히려 일을 지체시키기 십상이다. 만약 당신이 주먹을 불끈 쥐고 내게 온다면 나는 당신보다 더욱 단단히 틀어쥔 내 주먹을 들이댈 것이다. 그러나 당신이 내게 다가와 '우리 앉아서 허심탄회하게 대화해봅시다. 우리가 서로 다르다면 왜 그런지를 이해하고 뭐가 문제인지 같이 찾아봅시다'라고 말한다면, 나는 곧 우리가 서로 생각만큼 그리 크게 다르지 않고, 차이점보다 공통점이 훨씬 많으며, 인내심과 솔직함과 서로 화합하려는 마음만 있다면 우리는 정말 하나가 될 수 있다는 사실을 발견하게 될 것이다."

_우드로 윌슨

청 중 을　단 번 에
휘 어 잡 아 라

✤ IO ✤

몇 해 전, 콜로라도 연료 철강회사는 노사분규로 몸살을 앓고 있었다. 서로 총질까지 해대는 가운데 유혈 사태가 발생했다. 회사 분위기는 격렬한 증오심으로 숨이 막힐 지경이었다. 록펠러라는 이름은 저주의 대상이었다. 그럼에도 존 D. 록펠러 2세는 종업원들과 대화를 원했고, 그들에게 자기 생각을 설명하고 납득시킨 후 그들이 자신의 신념을 받아들이게 하고 싶어했다. 그는 연설 초두에 고든 악감정과 적대감을 걷어내야 한다는 사실을 깨달았다. 맨 처음부터 그는 이 일을 진정 어린 마음으로, 그리고 아름답게 해냈다. 대다수 연설가들은 그의 방법을 연구함으로써 뭔가 배울 점을 찾아낼 수 있을 것이다. 아래에 그의 연설문을 소개한다.

오늘은 제 삶에서 특별히 기억에 남을 날입니다. 저는 처음으로 이 위대한 기업의 종업원 대표 여러분과 임원, 그리고 감독들과 자리를 함께하는 행운을 잡게 되었습니다. 저는 여러분 앞에 선 것을 진심으로 자랑스럽게 생각하며, 제 삶이 다하는 날까지 오늘 이 자리를 잊지 못할 것입니다. 이 모임이 2주 전에 열렸다면 저는 여러분 대부분을 알지 못했을 겁니다. 지난주에 남부 석탄 지대의 모든 캠프를 둘러보고, 출장 중인 분들을 제외한 실질적인 전체 대표 여러분들과 직접 대화하며 여러분들의 집도 방문하여 부인과 자녀들을 만나는 기회를 가졌습니다. 그래서 지금 우리는 서로 낯선 사람이 아닌 친구로서 마주하고 있는 것입니다. 바로 이런 상호 우의의 정신으로 우리의 공통 관심사를 함께 논의할 수 있게 된 것에 대해 저는 무한한 기쁨을 느낍니다.

이 자리는 회사 임원들과 종업원 대표자들의 모임이고, 또 저는 불행히도 그 어느 쪽에도 속하지 않기 때문에 제가 이 자리에 설 수 있는 것은 순전히 여러분의 호의와 배려 덕분입니다. 그러나 한편으로 저는 주주들과 이사들을 대표한다는 의미에서 여러분과 긴밀히 연결되어 있다고 느낍니다.

재치와 기지가 번득이는 연설이다. 그곳에 팽배해 있던 격렬한 증오심에도 불구하고 연설은 성공적이었다. 임금 인상을 위해 파업을 벌이며 투쟁해왔던 사람들은 록펠러가 그 상황과 관련된 모든 사실을 설명한 후에는 그 문제에 대해 더 이상 아무 말도 하지 못했다.

꿀 한 방울과 쌍권총의 사내들

오래된 속담에 '꿀 한 방울이 쓸개즙 한 통보다 파리를 더 많이 잡는다'는 말이 있는데, 이는 인간에게도 그대로 적용되는 진리다. 만약 누가 내 뜻에 따르게 하고 싶다면 먼저 당신이 그의 진실한 친구임을 확신시켜라.

바로 거기에 그의 마음을 사로잡는 꿀 한 방울이 있다. 그리고 마음은 그의 이성에 이르는 지름길이므로, 일단 마음을 얻게 되면 그에게 당신이 추구하는 대의의 정당성을 이해시키는 데 별 어려움이 없을 것이다. 물론 여기에는 그 대의가 진실로 정당해야 한다는 단서가 붙는다.

이것이 링컨의 계획이었다. 1858년 미국 상원의원 선거운동 중 그는 당시 '이집트'라고 불린 남부 일리노이의 한 위험 지역에서 연설을 하게 되었다. 그곳 사람들은 거칠기 이를 데 없었고 공적인 행사에도 흉하게 생긴 칼을 들거나 벨트에 권총을 차고 나타났다. 노예제도 폐지론자에 대한 그들의 증오심은 싸움과 옥수수 위스키를 사랑하는 감정에 결코 뒤지지 않았다. 켄터키와 미주리 출신의 노예 소유주들이 포함되어 있던 남부인들은 흥분과 소동의 주인공이 되고자 미시시피 강과 오하이오 강을 건너왔다. 꽤나 시끄러운 사태가 전개되리라는 것을 예상하기는 그리 어려운 일이 아니었다. 그들 중에서 좀 더 과격한 분자들은 "만약 링컨이 입을 놀리면 그 망할 놈의 노예 폐지론자를 쫓아내고 온몸에 총알 구멍을 뚫어놓겠다."고 으름장을 놓았기 때문이다.

이런 위협은 링컨의 귀에도 들어갔고, 당연히 그는 팽배한 긴장과 명백한 위험을 알고 있었다. 링컨은 말했다. "그러나 그들이 내게 그저 몇 마디만 할 수 있는 기회를 준다면 그들의 노여움을 가라앉혀 보겠다." 그래서 연설을 시작하기 전에 그는 주모자들에게 자신을 소개하고 정중하게 그들의 손을 잡았다. 이렇게 해서 행해진 그 연설의 서두는 정말 재기가 흘러 넘쳤다.

친애하는 남부 일리노이 주민 여러분, 켄터키 주민 여러분, 미주리 주민 여러분. 오늘 이 자리에 참석한 분들 중에 저를 몹시 불편해 하는 분들이 계시다는 말을 들었습니다. 저는 그분들이 왜 그래야 하는지 모르겠습니다. 저는 여러분과 마찬가지로 평범한 보통 사람입니다. 그런데 무엇 때문에 제가 여러분처럼 제 생각을 표현할 권리를 가져서는 안 되는 것입니까?

　동포 시민 여러분. 저는 여러분 중의 한 사람입니다. 저는 이 지역의 불법침 입자가 아닙니다. 여러분 대다수가 그렇듯이 저는 켄터키에서 태어나고 일리노이에서 성장했으며 열심히 땀 흘리며 제 길을 개척했습니다. 저는 켄터키 주민들을 잘 알고 있습니다. 저는 남부 일리노이 주민들도 잘 압니다. 그리고 미주리 주민들도 잘 안다고 생각합니다. 저는 그들 중의 한 사람이고, 그래서 그들을 아는 것이 당연하고, 그들도 저를 모를 리가 없을 것입니다. 그들이 저를 잘 안다면 제가 그들에게 해를 가할 사람이 아니라는 것도 잘 알 것입니다.

　그런데 왜 그들이, 또는 그들 중의 어떤 분이 제게 위해를 가해야 합니까? 이런 어리석은 짓일랑 생각지도 마시고 우리 모두 친구가 됩시다. 서로를 친구처럼 대합시다. 저는 세상에서 가장 보잘것없지만 가장 평화적인 사람 중 하나이며, 누구를 부당하게 대하거나 누구의 권리를 침해할 사람이 아닙니다. 다만 제가 여러분께 바라는 바는, 너그러운 마음으로 제 말에 귀를 기울여주십사 하는 것입니다. 용감하고 의협심 강한 일리노이와 켄터키와 미주리의 주민들은 틀림없이 그렇게 해주시리라 믿습니다. 자, 이제 우리 모두 허물없는 친구처럼 서로 속에 있는 생각들을 허심탄회하게 풀어봅시다.

이렇게 말할 때 링컨의 얼굴에는 선한 성품이 그대로 묻어났으며, 그의 목소리는 진심 어린 호소로 떨리고 있었다. 이 재기 넘치는 서두는 몰려오던 폭풍우를 멈춰 세웠고 살기등등하던 적들의 기세를 누그러뜨렸다. 사실상 그 연설은 그들 중 많은 이들을 친구로 변화시켰다. 그들은 링컨의 연설에 환호했고, 저 거칠고 무도했던 '이집트인'들은 훗날 링컨이 대통령이 되는 데 가장 열렬한 지지자들로 변모했다.

혹시 여러분은 이렇게 생각할지 모르겠다. '재미있군. 하지만 이 모든 게 나와 무슨 상관이지? 난 록펠러가 아니라고. 내가 날 못 잡아 먹어서 안달인 굶주린 파업 근로자들 앞에서 연설하는 일 따위는 없을 거야. 또 나는 링컨도 아니지. 옥수수 위스키로 병나발을 불어대며 증오심으로 똘똘 뭉친 쌍권총의 무뢰배들하고는 입도 벙긋 안 할 거라고.'

맞는 말이다. 하지만 여러분은 거의 매일 어떤 문제에 대해 나와 생각이 다른 사람들을 상대로 말을 하면서 살아가고 있지 않은가? 집에서든 직장에서든, 또는 시장에서도 여러분은 끊임없이 사람들에게 내 생각을 납득시키려고 애쓰지 않는가? 이럴 때 그 방식에 개선의 여지는 없는가? 어떻게 시작하는가? 링컨 식의 기지를 발휘해서? 아니면 록펠러의 재치를 흉내 내서? 만약 그렇다면 당신은 보기 드문 재주와 비상한 능력을 소유한 사람이다. 대다수 사람들은 상대방의 입장과 욕망은 고려치 않고, 또 서로의 일치점을 찾으려는 노력도 도외시한 채 그저 자기 생각만 풀어놓는 식으로 시작한다.

일례로 나는 뜨거운 논쟁거리였던 금주법 문제에 관한 수백 건의 연설을 들었다. 거의 예외 없이 연사들은 도자기점에 뛰어든 황소처럼 씩씩대며 앞뒤 생각도 없이 마치 싸움이라도 하러 온 듯한 사람의 말투로 입을 열었다. 그들은 단호하게 자신들이 지향하는 방향과 신념을 밝혔다. 또 자신들의 신념은 바위처럼 단단하여 흔들릴 가능성은 조금도 없다고 입에 거품을 물었다. 그러면서도 그들은 다른 사람들이 소중한 믿음을 벗어던지고 자신들의 생각을 받아들이기를 기대했다. 결과는 어땠을까? 모든 논쟁의 결과는 약속이나 한 듯 거의 똑같았다. 즉, 아무도 그들의 주장에 동조하지 않았다. 퉁명스럽고 공격적인 말투는 그 즉시 의견을 달리하는 모든 사람들의 너그러운 아량과 관심의 태도를 얼어붙게 했다. 청중은 당장 그들의 발언에 도전했고, 즉시 그들의 의견을 경멸했다. 그들의 말은 사람들이 자기 신념의 성채 뒤에서 더욱 문을 굳게 잠근 채 몸을 웅크리게 했다.

처음부터 그들은 청중을 몰아붙여 청중들이 뒤로 몸을 빼면서 이를 악물고 "아냐! 아냐!"를 외치게 만드는 치명적인 실수를 저질렀다.

나와 생각이 다른 사람들을 내 뜻에 동조하게 만드는 일이 어디 그렇게 쉽겠는가? 뉴욕 시의 새 사회연구학교에서 행한 오버스트리트 교수의 강연을 인용한 다음 글은 이 문제를 아주 적절히 지적하고 있다.

부정적인 반응은 극복하기 매우 힘든 장애다. 사람이 일단 '아니오'라고 말하면, 그는 자존심 때문에 그 입장을 계속 굽히지 않으려 한다. 나중에 그는 자신의 '아니오'가 잘못된 판단이었다고 느낄 수도 있지만, 천금 같은 자존심 때문에 입장을 쉽게 번복할 수 없다. 일단 한 번 내뱉은 말에 대해서는 끝까지 책임을 져야 하는 법이다. 그래서 사람이 처음부터 긍정적인 방향으로 길을 잡도록 이끄는 일이 매우 중요하다. 노련한 연사는 처음부터 여러 차례 '예'라는 답변을 유도해낸다. 그렇게 함으로써 그는 청중들의 심리 상태가 긍정적인 방향으로 움직일 수 있는 여건을 조성한다. 그것은 마치 당구공의 움직임과 비슷하다. 일단 공을 한쪽 방향으로 쳐 보낸 후에는 그것이 방향을 틀게 하는 데 힘이 필요하고, 다시 반대 방향으로 되돌아오게 하는 데는 훨씬 더 큰 힘이 작용해야 한다.

이 경우의 심리적인 패턴은 아주 명확하다. 사람이 '아니오'라고 말하고 또 속으로도 그렇게 생각할 때, 그는 단순히 그 말을 입 밖에 내는 것 이상의 큰일을 하는 것이다. 그의 몸 전체의 신경, 기관, 조직이 하나가 되어 거부 모드로 돌입한다. 보통 아주 미세하지만 가끔 눈에 띌 정도로 신체적인 위축이나 위축의 조짐이 나타난다. 말하자면 그의 전 신경 근육 체계에 수용 경계경보가 발령되는 것이다. 반대로 사람이 '예'라고 답할 때는 이런 긴장 활동이 전혀 발생하지 않는다. 몸 전체의 조직은 앞으로 움직이며 수용적이고 개방적인 태도를 취한다. 그러므로 처음에 긍정의 반응을 더 많이 유도해낼수록 우리의 궁극적인 제안에 대해 청중의 관심을 끌어들이는 데 성공할 가능성도 더욱 높아지게 된다.

긍정적인 반응을 이끌어내기 위한 작전은 사실 아주 단순한 방법에 불과하지만 너무 하찮게 취급되고 있다. 처음부터 적대적인 태도를 보이면 남들 눈에 자기가 마치 대단한 존재로 비춰지기라도 하는 듯 착각하는 것 같다. 급진주의자는 보수주의적인 동료들과 한자리에 모이면 이내 그들의 부아를 돋운다. 그렇게 해서 그가 얻을 게 뭔가? 만약 그가 그렇게 하는 것이 단지 자신만의 즐거움을 얻기 위한 것이라면, 뭐 애교로 봐줄 수도 있겠다. 그러나 그런 방식으로 뭘 얻어내길 기대한다면, 그는 심리적으로 좀 모자란 인간일 뿐이다.

처음에 학생이나 고객, 어린아이, 남편, 아내 등 그가 누구든 상대방에게 일단 '아니오'라고 말하게 해놓고, 그 통명스런 대답을 다시 '예'의 응답으로 되돌리게 하는 데는 그야말로 천사의 지혜와 인내가 필요하게 된다.

그러면 어떻게 처음에 긍정적인 응답을 얻어낼 수 있을까? 아주 간단하다. 링컨은 "내가 논쟁을 시작하고 거기서 이기는 방법은 먼저 공통의 합의점을 찾아내는 것이다."라고 하며 자신의 비법을 털어놓았다. 그는 심지어 노예제도라는 극도로 민감한 쟁점을 놓고 논쟁을 할 때조차도 그 합의점을 찾아냈다. 링컨의 한 연설을 보도한 중도 신문인 〈미러(The Mirror)〉지는 그의 연설을 다음과 같이 평했다. "처음 30분 동안 그의 적들은 그가 한 모든 말에 구구절절 동의했다. 바로 그때부터 그는 마치 가축 몰이하듯 조금씩 그들을 특정 방향으로 유인해갔고 급기야는 그들을 모두 자신의 우리 속으로 끌어들였다."

롯지 상원의원의 방식

세계대전이 끝난 직후 로지 상원의원과 하버드 대학교 로웰 총장은 보스턴의 청중 앞에서 국제연맹 문제에 대한 토론을 하기로 되어 있었다. 롯지 상원의원은 대다수 청중이 자신의 생각에 호의적이지 않다는 사실을 감지했지만, 그럼에도 그들을 돌려 세워 자신의 주장에 동조하도록 해야 했다. 그럼 어떻게 해야 할까? 그들의 신념을 직접 정면으로 치고 들어가는 방법으로 할까? 당치도 않다. 이 상원의원은 사람의 심리를 꿰뚫어보는 눈이 여간 날카로운 게 아니어서 그런 어수룩한 전략으로 일을 틀어지게 할 사람이 아니었다. 그는 시작부터 탁월한 기지와 재치를 발휘했다. 그의 연설 도입 부분이 다음 단락에 인용되어 있다. 그에게 가장 적대적이었던 사람들조차 그의 첫 열댓 문장에 표현된 내용에 딴죽을 걸 수 없었다는 사실에 유념하라. 또 '나의 동료 미국인들'이라는 인사말로 그가 어떻게 그들의 애국심에 호소하는지도 주목해보라. 그리고 그가 얼마나 주도면밀하게 쌍방의 차이를 최소화하고 공통점을 부각시키는지를 눈여겨보라.

그가 자신의 반대자들을 어떻게 추켜세우는지, 그들이 사소한 방법상의 문제에서만 견해차를 보일 뿐 미국의 복지와 세계 평화라는 대의에서는 서로 전혀 다를 게 없다는 사실을 어떤 식으로 강조하는지 잘살펴보라. 심지어 그는 여기서 한발 더 나아가 자신은 특정 종류의 국제연맹을 지지한다는 말까지 했다. 그래서 그와 반대자가 서로 이견을 보이는 부분은, 그가 좀 더 이상적이고 효과적인 연맹을 만들어야 한다고 느낀다는 점뿐이었다.

존경하는 각하, 신사 숙녀 여러분, 저의 동포인 미국 국민 여러분.

특별히 로웰 총장님의 배려에 힘입어 저는 오늘 이런 훌륭한 청중 앞에 서게 되는 영광을 얻었습니다. 그분과 저는 오랜 친구이며 같은 공화당원입니다. 그는 미국에서 가장 중요하고 영향력 있는 곳 가운데 하나인 이 위대한 대학교의 총장입니다. 또한 그는 정치학과 정치조직 분야의 뛰어난 학자이자 역사가입니다. 그분과 저는 지금 우리 앞에 놓인 이 큰 문제와 관련된 구체적인 방법에 대해서는 서로 이견이 있을 수 있지만, 세계 평화의 유지와 미국의 복지라는 대의에 있어서는 서로 뜻을 같이하고 있다고 확신합니다.

허락하신다면 제 입장에 대해 한마디만 하겠습니다. 저는 누차 그것을 말씀드렸습니다. 저는 그 이야기를 단순하고 평이한 언어로 전달했다고 생각했습니다. 그러나 제 말을 곡해하여 그것을 논쟁을 위한 편리한 무기로 이용하는 사람들이 있으며, 또 매우 명민한 판단력을 지닌 분들 중에도 아마 제 말을 듣지 못했거나 아니면 잘못 이해하는 분들이 계신 것 같습니다. 그래서 마치 제가 국제연맹에 반대하는 것처럼 전해지고 있으나, 사실은 전혀 그렇지 않습니다. 오히려 저는 세계의 자유국가들이 하나의 연맹, 또는 프랑스인들이 협회라고 부르는 체제 속에서 연합하여 미래의 세계 평화를 보장하고 전체적으로 군축을 실현하기 위해 할 수 있는 모든 일을 다하게 되기를 간절히 소망하고 있습니다.

전에는 제아무리 연사와 의견을 달리하기로 단호하게 마음먹었던 사람도 이렇게 시작되는 연설을 들으면 굳었던 마음이 좀 풀리고 누그러지지 않을까? 좀 더 들어주겠다는 아량을 보이지 않을까? 이런 말을 듣고 사람들은 이 연사를 공정한 정신의 소유자라고 생각하지 않겠는가?

만약 롯지 상원의원이 국제연맹을 지지하는 사람들에게 처음부터 직설적 화법을 동원하여 그들이 터무니없이 잘못되었으며 환상에 빠져 있다는 식으로 격한 말을 쏟아냈다면 그 결과가 어땠을까? 보나마나 효과 제로였을 것이다. 제임스 하비 로빈슨 교수의 명저 『마음의 형성』에서 뽑은 다음 인용은 이런 식의 공격이 무익한 입놀림에 불과할 수밖에 없는 이유를 심리학적 관점에서 분석해준다.

우리는 별 저항감이나 감정적인 혼란 없이 마음을 바꿀 때가 있다. 그러나 누군가로부터 우리가 틀렸다는 말을 들으면 우리는 그 비판에 발끈하며 마음의 문을 굳게 닫는다. 우리가 어떤 믿음을 형성해가는 과정은 놀라울 정도로 허술하지만, 막상 누군가가 그 믿음의 세계를 깨부수려 할 때는 그 믿음에 대해 불합리할 정도의 집착을 보인다. 이때 우리에게 소중한 것은 확실히 그 믿음 자체가 아니라, 외부의 위협에 노출된 우리의 자존심인 것이다. ……

인간사에서 가장 중요한 것은 바로 '나의'라는 요소다. 그리고 이것을 적절하게 고려하는 데서 지혜가 시작된다. 나의 저녁 식사, 나의 개와 나의 집, 또는 나의 신념, 나의 조국, 나의 신 등, 그것이 무엇이든 '나의'라는 요소와 연관된 것은 모두 같은 정도의 힘을 갖고 있다. 우리는 내 시계가 틀렸다거나 내 차가 볼품없다는 비난에 대해서뿐 아니라, 화성의 운하, '에픽테투스'의 발음, 살리신 해열 진통제의 의학적 가치, 사르곤 1세의 연대 등에 대한 나의 생각이 수정되어야 한다는 지적에 대해서도 몹시 불쾌감을 느낀다. …… 우리는 자신이 진리로서 익숙하게 받아들였던 것을 계속 믿고 싶어하며, 이런 신념 체계에 누군가 의혹의 눈길을 던질 때 촉발되는 반발심은 우리로 하여금 갖은 구실을 내세워 그것에 매달리게 만든다. 그러니까 흔히 말하는 논증이라는 것도 실은 우리가 이미 믿고 있는 것을 계속 믿기 위한 논거를 찾아내는 작업에 다름 아닌 것이다.

최선의 논쟁은 설명이다

청중과 논쟁하는 연사는 단지 그들을 더 완고하게 만들 뿐이며 더욱 적개심만 들게 하고, 그들이 마음을 바꾸는 것을 거의 불가능하게 만든다는 사실은 상식에 속하는 문제 아닐까? '이제부터 나는 이러이러한 점을 입증해 보이겠소'라는 식으로 말을 시작하는 것이 과연 현명한 일일까? 청중들은 이런 태도를 하나의 도전으로 받아들이며 속으로 '그래, 얼마나 잘하나 두고 보자'라고 하며 이를 앙다물지 않겠는가?

일단 연사와 청중이 공감하는 어떤 사항을 강조하는 것으로 시작한 후에 모두가 해답을 듣기 원하는 적절한 질문을 제기하는 방법이 훨씬 더 유익하지 않을까? 그러면서 그 해답을 찾는 진지한 과정에 청중을 동참시킨다. 그리고 탐색을 진행하면서 연관된 사실들을 명확히 제시하여 청중이 무의식적으로 연사의 결론을 그들 자신이 내린 결론으로 여기도록 유도하는 것이다. 그들은 자신들이 스스로 찾아냈다고 믿는 사실에 한층 더 강한 신뢰를 보낼 것이다. "최선의 논쟁은 단지 설명하는 것처럼 보일 뿐이다."

어느 논쟁에서나 쌍방의 견해차가 아무리 크고 첨예하다 해도, 연사가 행하고자 하는 진실 탐색 작업에 모든 사람을 동참시킬 근거가 되는, 어떤 상호 교감을 이룰 수 있는 일치점이 항상 존재하게 마련이다. 가령, 공산당 당수가 미국 은행가 협회의 집회에서 연설한다 해도 그는 어떤 공통의 믿음, 혹은 청중과 공감대를 형성할 수 있게 하는 어떤 공동의 염원을 찾아낼 수 있다. 그것이 어떻게 가능할 수 있는지 살펴보자.

빈곤은 언제나 인간 사회를 괴롭히는 잔인한 문제의 하나로 군림해왔습니다. 우리 미국인들은 항상 시기와 장소를 가리지 않고 능력이 허락하는 한 가난한 사람들의 고통을 덜어주는 것을 의무로 여겼습니다. 우리는 관대한 국민입니다. 역사상 그 어느 민족도 불행한 자들을 돕기 위해 자신의 부를 그렇게 아낌없이, 또 사심 없이 내놓은 적은 없었습니다. 이제 우리가 지닌 베풂의 역사의 특징이었던 바로 그 정신적 관대함과 이타의 정신으로, 산업화 시대의 우리네 삶의 단상들을 돌아보고 빈곤의 문제를 완화하는 것은 물론, 예방할 수 있는, 공정하고 합리적이고 모두가 받아들일 수 있는 어떤 방법을 찾을 수 있는지 우리 모두 머리를 맞대봅시다.

그 누구도 감히 이런 말에 토를 달지는 못할 것이다. 이런 주장이 5장에서 그렇게 강조한 힘과 에너지와 열정의 복음과 모순되는 것처럼 보이는가? 그렇지 않다. 모든 것에는 다 자기 때가 있는 법이다. 그러나 대체로 연설 초두는 힘이 활약할 때가 아니다. 그때는 재치와 기지의 역할이 더 중요해진다.

패트릭 헨리의 사자후, 그 시작은 어떠했는가

이 땅의 학교 학생들이면 누구나 패트릭 헨리가 1775년 버지니아 집회 때 행한 그 유명한 연설의 불 같은 마지막 외침을 잘 알고 있다. "내게 자유 아니면 죽음을 달라." 그러나 감동적이고 역사적인, 그 폭풍 같은 연설의 시작은 비교적 차분하고 기지에 찬 것이었다는 사실을 알고 있는 사람은 별로 없다. 미국의 식민지들은 영국과 손을 끊고 전쟁에 나서야 하는가? 이 문제는 당시 매우 격렬한 논쟁거리였다. 사람들의 격앙된 감정은 맹렬한 열기를 내뿜으며 끓어올랐다. 그러나 패트릭 헨리는 자신에게 반대하는 자들의 능력과 애국심을 찬양하는 말로 연설을 시작했다. 아래 두 번째 단락에서 그가 어떻게 질문을 던지는 방법으로 청중의 생각을 자신의 생각 쪽으로 유도하며, 그들 스스로 결론을 이끌어내게 하는지를 눈여겨보라.

존경하는 의장님. 방금 이곳에서 연설하신 존경하는 여러 신사분들의
역량은 물론 그분들의 애국심에 대해 본인보다 더 경외심을 품는 사람은
없을 것입니다. 그러나 사람이란 모두 제각각이라서 똑같은 문제를 바라
보는 시각도 서로 판이할 때가 많습니다. 그러므로 그분들과는 다른 의견
을 갖고 있는 제가 저의 생각을 자유롭게, 그리고 거침없이 표현한다고 해
서 그것이 그분들에게 무례한 것으로 비춰지지 않기를 바랍니다. 지금은
격식을 따질 때가 아닙니다. 우리 앞에 놓인 문제는 이 나라에 매우 중대한
의미를 지니고 있습니다. 저 개인적으로는 그것을 자유냐 속박이냐의 문
제로 인식하고 있습니다. 그리고 이 주제에 버금가는 중대성을 지닌 것이
바로 토론의 자유에 관한 문제입니다. 자유로운 토론을 통해 우리는 진리
에 도달하기를 기대할 수 있고, 우리가 신과 우리 조국에 대해 지고 있는
크나큰 책임을 완수할 수 있는 것입니다. 이런 때에 공격 받을 것이 두려워
속에 품고 있는 저의 생각을 밖으로 표출하지 않는다면, 그것은 내 조국에
대해 반역죄를 짓는 것이고, 모든 지상의 것들 위로 숭배하는 높으신 하느
님께 불충을 저지르는 일이 될 것입니다.

존경하는 의장님. 인간이 희망의 환상에 빠지는 것은 자연스러운 일입
니다. 우리는 고통스러운 진실에 대해서는 눈을 감고 사이렌(Siren, 그리스
신화에서 아름다운 노랫소리로 근처를 지나가는 뱃사람을 유혹해 파선시켰다는
바다의 요정-역주)의 노래에 취하고 싶어합니다. 그녀가 우리를 짐승으로
만들어버리는 것도 모르고 말입니다. 이것이 자유를 위한 위대하고 힘겨
운 투쟁에 참여하는 지혜로운 자들이 할 일이겠습니까? 우리는 자신의 현
세적 구원과 밀접한 관련이 있는 것들을 눈이 있으되 보지 못하고 귀가 있
으나 듣지 못하는, 그런 무리에 속하기를 바라는 것입니까? 저 자신은 어
떤 정신의 고통이 수반된다 해도 기꺼이 모든 진실을 알고자 하며, 또한 최
악의 진실도 회피하지 않고 그에 대비하고 맞설 준비를 하려고 합니다.

셰익스피어가 쓴 최고의 연설

셰익스피어가 자신이 창조한 인물의 입을 통해 토해낸 가장 유명한 연설, 곧 마크 안토니가 줄리어스 시저의 시체 앞에서 행한 추도사는 최고의 기지가 번득이는 연설의 고전적인 예이다.

상황은 이렇다. 시저는 독재자가 되었다. 당연히, 그리고 불가피하게 일단의 정적들은 그를 시기했고, 그를 몰아내고 파멸시켜 그의 권력을 자신들의 것으로 만들고자 했다. 결국 그들 중 23인이 브루투스와 카시우스의 지휘하에 반란 모의를 하고 시저의 몸에 칼을 꽂았다. 마크 안토니는 시저의 국무장관이었다. 그는 잘생겼고 글 솜씨도 훌륭했으며 뛰어난 웅변가였다. 그는 공적인 문제에서 정부를 훌륭히 대변했다. 시저가 이런 그를 자신의 오른팔로 낙점한 것도 이상할 게 없었다. 그렇다면 이제 시저가 사라진 마당에 음모자들은 안토니를 어떻게 처리해야 했을까? 없애버려야 했었나? 이미 피는 충분히 흘렸고, 거사의 명분도 충분히 정당화되었다. 안토니를 자신들의 편으로 끌어들이는 게 좋지 않을까? 그의 무시 못할 영향력과 감동적인 말솜씨를 그들의 방패막이로 활용하고 목적 달성을 위한 지렛대로 요긴하게 써먹을 수 있지 않을까? 무난하고 타당한 생각 같았다. 그래서 그들은 이 계획을 실행에 옮겼다. 그들은 그를 만났고, 천하를 지배했던 영웅의 시체 앞에서 '몇 마디를 하게' 할 정도로까지 호의를 베풀었다.

안토니는 로마 광장의 연단에 올랐다. 그의 앞에는 살해 당한 시저가 누워 있고, 폭도들은 소란스럽게 또 위협적으로 안토니 주위로 몰려들었다. 이들은 브루투스와 카시우스, 그리고 다른 암살자들에게 우호적인 자들이었다. 안토니의 목적은 이 대중의 열정을 격렬한 증오심으로 돌변시켜 군중 반란을 유도한 후 시저를 쓰러뜨린 자들을 살해하게 하는 것이었다. 그가 손을 들자 소란이 잦아들고 그는 말을 시작했다. 그가 얼마나 노련하고 교묘하게 브루투스 일파를 치켜세우며 말을 시작하는지 주목해보라.

브루투스는 고매하신 분입니다.
그리고 그들도 모두 고매하신 분들입니다.

그가 논쟁을 하지 않고 있다는 점에 유의하라. 차츰차츰, 그러나 너무 드러나지 않게 그는 시저에 관한 몇 가지 사실들을 하나씩 흘렸다. 시저가 포로들의 몸값으로 어떻게 국고를 채웠는지, 그가 어떻게 가난한 자들과 함께 울었는지, 어떻게 왕관을 거절했으며 어떻게 유언을 통해 자기 재산을 사회에 환원시켰는지 등의 사연들이 제시되었다. 그는 사실들을 열거하고 군중에게 질문을 던지며 그들 스스로 결론을 도출하게 했다. 증거는 새로운 어떤 것이 아니라, 그들이 잠깐 잊고 있던 어떤 사실로 제시되었다.

저는 여러분도 이미 알고 있는 것을 말할 뿐입니다.

시종 귀신도 놀랄 말솜씨로 그는 군중의 감정을 건드렸고 그들의 격정을 자극했으며, 그들의 동정심을 일깨우고 그들의 분노에 불을 지폈다. 다음에 기지와 달변의 전형이라 할 수 있는 안토니의 연설 전문을 소개한다. 여러분이 문학과 웅변술 분야 모든 관련 자료를 샅샅이 뒤진다 해도 이만한 명연설을 찾아내기는 쉽지 않을 것이다. 이것은 인간의 마음을 휘저어놓을 뿐 아니라, 이 절묘한 기술에 통달하기를 바라는 사람은 누구나 진지하게 연구해볼 만한 가치가 있는 명연설이다. 그러나 기업인들이 셰익스피어를 읽고 또 읽어야 하는 데는 지금 우리가 고려

하고 있는 것과는 완전히 별개의 또 다른 이유가 있다. 그가 지닌 어휘력은 다른 여타 작가보다 더 방대하다. 그는 언어를 누구보다 더 매혹적으로, 그리고 아름답게 사용했다. 『맥베스』나 『햄릿』, 『줄리어스 시저』를 공부하는 사람은 누구든 의식하지 못하는 사이에 자신의 언어를 한층 세련되게 연마하며 그 폭도 더욱 넓게 된다.

> **안토니** : 친구들, 로마인들, 동포 여러분. 그대들의 귀를 빌려주십시오.
> 나는 시저를 찬양하기 위해서가 아니라 매장하러 왔습니다.
> 사람이 행한 악행은 그가 죽은 뒤에도 살아남지만,
> 선한 행실은 흔히 그의 뼈와 함께 땅에 묻힙니다.
> 시저도 예외일 수 없겠지요. 고매한 브루투스는
> 여러분에게 시저가 야심이 있었다고 말합니다.
> 만약 그게 사실이었다면 그것은 큰 잘못이었고,
> 시저는 참혹하게 그 값을 지불했습니다.
> 저는 브루투스와 나머지 분들의 허락을 얻어, -
> 브루투스는 고매한 분이고 나머지 분들도 모두 그러하므로, -
> 시저의 장례식에서 추도사를 할 수 있게 되었습니다.
> 그분은 저의 친구였고, 제게 신실했고 공정했습니다.
> 그러나 브루투스는 그가 야심이 있었다고 합니다.
> 브루투스는 고매하신 분입니다.
> 시저는 많은 포로들을 로마로 끌고 왔고,
> 그들의 몸값으로 국고를 채웠습니다.
> 이것이 시저의 야심이었습니까?
> 가난한 자들이 울 때 그분도 같이 울었습니다.
> 야심은 좀 더 냉혹한 성정에서 나와야 할 것입니다.

그러나 브루투스는 그가 야심이 있었다고 말합니다.

브루투스는 고매한 분입니다.

루퍼컬(Lupercal) 축제 때 여러분도 모두 보셨습니다.

제가 시저에게 세 번 왕관을 바치는 것을.

그리고 그가 세 번 모두 물리치는 것을. 이것이 야심입니까?

그러나 브루투스는 그가 야심이 있었다고 말합니다.

분명히 브루투스는 고매한 분입니다.

저는 브루투스가 한 말을 반박하려는 것이 아니라,

제가 아는 바를 말하려고 이 자리에 섰습니다.

여러분 모두는 한때 그분을 사랑했고, 거기에는 이유가 있었습니다.

그렇다면 그분을 애도하는 일에 주저할 이유가 무엇입니까?

오, 판단력이여, 그대는 잔인한 짐승들에게 도망가 버리고,

인간은 이성을 상실했구나! 아, 날 이해해주십시오.

내 심장은 시저와 함께 저기 관 속에 누워 있어

그것이 다시 돌아올 때까지 좀 쉬어야겠습니다.

시민 1 : 그의 말에 확실히 일리가 있는 것 같다.

시민 2 : 사실 사태를 냉철하게 보면 시저가 참 억울하게 당했지.

시민 3 : 그렇지 않소, 나리들?

난 시저 대신에 더 나쁜 자가 올까 두렵네.

시민 4 : 저 사람 말 못 들었어? 그는 왕관을 거절했어.

그걸 보면 틀림없이 그는 야심이 없었다고.

시민 1 : 만약 그게 사실로 밝혀지면 누군가 호되게 대가를 치러야겠지.

시민 2 : 불쌍한 사람 같으니! 울어서 눈이 불처럼 새빨개졌네.

시민 3 : 로마에 안토니보다 고결한 사람은 없지.

시민 4 : 자, 더 들어보자고. 안토니가 다시 말을 시작했어.

안토니 : 어제만 해도 시저의 말은 천하를 호령했지만,

지금은 저렇게 저곳에 누워 있습니다.

그리고 아무리 비천한 사람도 그에게 경의를 표하지 않습니다.

오, 여러분, 내가 만약 여러분의 심장과 마음을 충동질하여

반란과 폭동을 일으키게 한다면,

나는 브루투스와 카시우스를 욕되게 하는 것입니다.

여러분도 알다시피 그들은 모두 고매한 분들입니다.

저는 그분들을 욕되게 하지 않을 것입니다.

이렇게 고매한 분들을 욕되게 하느니

차라리 저는 죽은 사람과 저 자신과 여러분을

욕되게 하는 쪽을 택할 것입니다.

그런데 여기 시저의 인장이 찍힌 양피지가 있습니다.

이것은 그분의 유서로, 제가 그의 벽장에서 발견했습니다.

평민들만 이 유서의 내용을 듣게 합시다.

(미안합니다. 제가 읽겠다는 뜻이 아닙니다.)

그러면 그들은 가서 죽은 시저의 상처에 입 맞추고,

그분의 신성한 피에 그들의 손수건을 적시며,

기념으로 삼기 위해 그분의 머리카락 한 올이라도 달라고 애원하고,

죽을 때 그들의 유언장에 그에 대한 기록을 남겨

그들의 후손에게 귀중한 유산으로 물려줄 것입니다.

시민 4 : 유서의 내용을 듣고 싶소. 읽어주시오, 마크 안토니.

시민들 : 어서 유언장을 읽으시오. 우리는 시저의 유언을 들어야겠소.

안토니 : 참으시오, 인정 많은 친구들이여. 난 이걸 읽을 수 없습니다.

시저가 그대들을 얼마나 사랑했는지 차라리 모르는 게 낫습니다.

여러분은 목석이 아니라 인간입니다.

인간인 이상, 유서의 내용을 듣게 되던,

여러분의 가슴은 격정으로 불타오르게 될 것입니다.

여러분이 그의 상속인이라는 사실은 모르는 게 좋습니다.

만약 그 사실을 안다면 무슨 일이 벌어질지

아, 생각만 해도 아찔합니다.

시민 4 : 유서를 읽으시오. 꼭 들어야겠소. 안토니.

우리에게 읽어줘야 하오. 시저의 유언을!

안토니 : 좀 참아주십시오. 잠시 기다려줄 수 없겠습니까?

유언장 얘기를 꺼내다니 내가 경솔했던 것 같습니다.

내가 저 고매하신 분들에게 못할 짓을 하는 것 같아 두렵습니다.

시저를 칼로 찌른 그분들에게 말입니다. 난 그게 두렵습니다.

시민 4 : 고매하신 분들은 무슨! 그들은 반역자요.

시민들 : 유서를 읽어라! 유서를 읽어라!

시민 2 : 그들은 극악무도한 살인자들이오. 어서 유서를 읽으시오.

안토니 : 그래 기어코 유서의 내용을 들어야겠단 말입니까?

정 그러면 시저의 시체 주위로 빙 둘러서십시오.

여러분께 유언장을 만든 분의 모습을 보여드리겠습니다.

내가 내려가도 되겠습니까?

시민들 : 내려오시오.

시민 2 : 내려오시오. (안토니가 내려온다.)

시민 3 : 당신은 허락을 받았소.

시민 4 : 원을 만들어요. 빙 둘러섭시다.

시민 1 : 관에서 물러나시오. 시체에서 떨어지시오.

시민 2 : 고결한 안토니가 설 자리를 마련하시오.

안토니 : 그만, 밀지 말고 멀리 떨어져주시오.

시민들 : 물러나시오. 자리를 만들어줘요.

안토니 : 여러분에게 눈물이 있다면, 이제부터 흘릴 준비를 하십시오.

여러분들 모두 이 망토를 잘 아실 겁니다.

저는 시저가 처음 그것을 걸쳤던 때가 기억납니다.

어느 여름날 저녁 그분의 천막 안에서였죠.

그날 그분은 너비 족을 정복했습니다.

보십시오. 이곳이 카시우스의 검이 뚫고 지나간 자리입니다.

질투에 사로잡힌 카스카가 남긴 이 상처를 보십시오.

그리고 이곳은 그분이 그토록 총애하던 브루투스가 찌른 자리입니다.

브루투스가 그의 저주 받은 칼을 빼냈을 때,

시저의 피가 어떻게 그 칼을 뒤쫓아 나왔는지 보십시오.

마치 문밖으로 달려 나가 브루투스가 정말 그렇게

잔인하게 찔렀는지 아닌지 확인이라도 하려는 듯이!

아시다시피 브루투스는 시저의 총아였으니 말입니다.

오, 신들이여! 판단해주소서. 시저가 그를 얼마나 총애했는지를!

이것이야말로 모든 상처 중에서도 가장 잔인한 상처입니다.

고매하신 시저께서는 브루투스마저 자신을 찌르는 것을 보시고,

반역자의 완력보다 더 강한 그의 배은망덕에 완전히 기가 질려,

그 위대한 가슴이 터져버렸던 것입니다.

그래서 망토로 얼굴을 가린 채

폼페이의 조상 밑에,

붉은 피를 흘리면서 위대한 시저는 쓰러졌습니다.

아, 동포 여러분, 이 무슨 최후란 말입니까?

그때 저나 여러분, 우리 모두가 쓰러진 것입니다.

그동안 반역은 피비린내를 풍기며 우리 위에 군림했습니다.

아, 이제 여러분께서도 우시는군요. 전 알 수 있습니다.

여러분이 측은지심을 느끼고 있음을. 그것은 거룩한 눈물입니다.

선하신 분들이여! 시저의 옷에 나 있는 상처를 본 것뿐인데

그렇게 눈물을 흘리신단 말입니까? 여기를 보십시오.

여기 그분이 계십니다. 반역도들에게 난자 당한 모습 그대로.

시민 1 : 오, 비참한 모습이여!

시민 2 : 오, 고결한 시저여!

시민 3 : 오, 비통한 날이여!

시민 4 : 오, 반역자들, 악한들!

시민 1 : 오, 정말 참혹하구나!

시민 2 : 우리가 복수하겠다.

시민들 : 복수-일어나자-찾아라-태워라-불 질러-죽여-반역자는 한 놈도 남기지 말라!

안토니 : 동포들이여, 진정하시오.

시민 1 : 거기 좀 조용히 하시오. 고매한 안토니의 말을 들읍시다.

시민 2 : 우리는 그의 말을 듣고 따를 것이오. 우리는 그와 함께 죽겠소.

안토니 : 선량한 친구들, 신실한 친구들이여, 내 말에 흥분하여

이렇게 갑자기 폭동을 일으켜서는 안 됩니다.

그런 짓을 한 분들은 고매하신 분들입니다.

그들에게 무슨 사적인 원한이 있어서 이렇게 했는지,

아! 저는 모르겠습니다. 그들은 현명하고 고결한 분들입니다.

그러니 틀림없이 여러분에게 그 이유를 설명해줄 것입니다.

친구들이여! 저는 이곳에 여러분의 마음을 빼앗기 위해서 온 것이 아닙니다.

저는, 브루투스 같은 웅변가도 아니고,

여러분도 아시다시피 단지 제 친구를 사랑하는,

평범하고 아둔한 사람입니다. 저들도 이를 잘 알기에

제게 시저에 관해 말하도록 하락해준 것입니다.

왜냐하면 저에게는 재주도, 말솜씨도, 위풍도, 행동도,

능변술도, 사람의 피를 끓게 할 만한 설득력도 없기 때문입니다.

저는 그저 솔직하게 말할 뿐입니다.

저는 여러분도 잘 알고 있는 사실을 말씀 드리고,

친애하는 시저의 상처를 보여드림으로써,

그 불쌍하고 가련한 상처들이 무언의 입이 되어,

제 대신 말하게 했을 뿐입니다.

그러나 만약 제가 브루투스이고, 브루투스가 저라면,

저는 여러분의 정신을 뒤흔들어놓고,

시저의 상처 하나하나에 혓바닥을 달아주어,

로마의 돌들이 분기하여 들고 일어나게 할 것입니다.

시민들 : 우리가 들고 일어나겠소.

시민 1 : 우리가 브루투스의 집을 불태우겠소.

시민 3 : 갑시다. 반역자들을 찾읍시다.

안토니 : 좀 더 들어주십시오. 동포들이여, 제 말을 들어주십시오.

시민들 : 조용히! 우리 고결한 안토니의 말을 들읍시다.

안토니 : 아니, 친구들이여! 여러분은 왜 하는지도 모를 일을 하러 가십니다.

무엇 때문에 시저는 이렇게 여러분의 사랑을 받아 마땅합니까?

아! 모르고 계시군요. 그러니 제가 말씀 드려야겠습니다.

여러분은 제가 유언장에 대해서 한 말을 잊고 계십니다.

시민들 : 아, 맞소. 그 유언장! 그 유서의 내용을 들읍시다.

안토니 : 여기 시저의 봉인이 찍힌 유언장이 있습니다.

그분은 모든 로마 시민에게 유산을 남겼습니다.

한 사람 한 사람에게 75드라크마씩 말입니다.

시민 2 : 오, 고결한 시저! 우리가 그의 죽음을 복수하겠소.

시민 3 : 오, 위대한 시저!

안토니 : 제 말을 끝까지 들어주십시오.

시민들 : 모두 조용히. 쉿!

안토니 : 그밖에도 시저는 여러분에게 그의 모든 농장과

티베르 강 이쪽 편에 있는 그의 개인 정원,

그리고 새로 나무를 심은 과수원들을 남겨주셨습니다.

그분은 그것들을 여러분과 여러분 후손들에게 남겨주셨습니다.

자유롭게 거닐면서 즐길 수 있는 공동의 휴식 공간으로 말입니다.

시저는 바로 그런 분이셨습니다. 우리가 그런 분을 언제 또 만날 수 있겠

습니까?

시민 1 : 결코, 결코 그런 분은 다시없을 것이오. 갑시다! 갑시다!

우리는 그분의 시신을 거룩한 곳에서 화장하고

타다 남은 장작으로 반역자들의 집을 불사르겠소.

자, 시신을 옮깁시다.

시민 2 : 가서 불을 가져오시오.

시민 3 : 의자들을 부숴라.

시민 4 : 나무틀이건 창문이건 모조리 뜯어내라.

(시민들, 시신과 함께 퇴장)

안토니 : 이제 될 대로 될지어다. 재앙이여! 이제 네 때가 되었다.

어서 일어나 마음껏 네 길을 가라.

청중을 단번에 휘어잡아라

....

1 서로 공감할 수 있는 사항을 언급하는 것으로 시작하라. 처음에는 누구든 당신의 말에 이의를 제기할 수 없도록 하라.

2 처음부터 사람들이 "아니오." 하는 반응을 보이지 않도록 발언에 신중을 기하라. 사람이 일단 "아니오."라고 말하면, 자존심 때문에도 그 말을 철회하기 힘들다. "애초에 시작 단계에서 '예'라는 반응을 많이 유도해낼수록, 우리의 궁극적인 목적에 청중의 관심을 끌어들일 가능성이 더 높아진다."

3 이러저러한 점을 증명해 보이겠다는 말로 시작하지 말라. 상대의 적의를 불러일으키기 쉬운 방법이다. 이때 청중들은 '그래, 얼마나 잘하나 두고 보자'는 식으로 반응한다. 어떤 적절한 질문을 제기하고 청중들이 당신과 함께 해답을 찾는 과정에 동참하게 하라. "최선의 논쟁은 단지 설명하는 것처럼 보인다."

4 셰익스피어의 붓끝에서 나온 가장 유명한 연설은 시저를 애도하는 마크 안토니의 추도사다. 그것은 최고의 기지가 번득이는 연설의 고전적인 예이다. 로마 시민들은 음모자들에게 우호적이었다. 그런데 안토니가 얼마나 교묘하게 이 호의를 격렬한 증오의 감정으로 뒤바꾸어놓는지 눈여겨보라. 그가 이 과정에서 논쟁을 하지 않았다는 사실에 주목하라. 그는 객관적인 사실들을 제시하고, 군중이 제 스스로 결론을 내리도록 했을 뿐이다.

How To Close A Talk

어떻게
마무리할
것인가?

"결론 역시 공들여 작업해야 할 부분이다. 여기서 전체 연설이 마무리되며, 그 짧은 순간 청중은 온 정신을 집중한다. 이곳에서 생각의 실타래는 한데 모여 동여지고, 연설이라는 천이 완성된다. 어떻게 끝맺음할지 꼼꼼히 계획하고 적절한 언어를 선택하라. 절대 '이제 할 말은 다한 것 같습니다'는 식으로 웅얼거리며 어색하게 쫓기듯 마무리하지 말라. 제대로 매듭을 짓고 청중이 이제 끝났다는 것을 분명히 알게 하라."

_조지 롤런드 콜린스, 「연단 연설」

"시간은 실제 설교의 길이와는 아무 상관없다. 전혀 관계없다! 긴 설교는 길게 느껴지는 설교이고, 짧은 설교는 사람들이 아직도 더 듣고 싶을 때 아쉽게 끝나는 설교다. 겨우 20분 진행됐을 수도 있고, 한 시간 반짜리 설교였을 수도 있다. 길이가 얼마가 됐든, 그것이 청중이 더 듣고 싶어하는 설교라면 시간이 얼마나 흘렀는지 그들은 알지도 못하고 신경 쓰지도 않는다. 따라서 시계를 보아서는 설교가 얼마나 긴지 알 수 없다. 사람을 봐야 한다. 그들의 손이 어디 있는지 보라. 만약 그들의 손이 주로 조끼 주머니를 향하고 연거푸 시계를 꺼내며 시간이 얼마나 흘렀는지를 살핀다면, 이것은 불길한 징조다. 그들의 눈이 어디를 향하는지, 마음을 어디에 두는지 살펴보라. 그러면 그 설교가 얼마나 길었는지를 정확히 알 수 있다. 아마 그때가 바로 설교를 끝내야 할 순간인지도 모른다."

_찰스 R. 브라운(예일 대학교 신학대학 학장), 「설교의 기술」

어떻게 **마무리**할 것인가?

✤ II ✤

연사의 미숙함이나 노련함, 서툶이나 재능이 연설의 어느 부문에서 가장 잘 드러나는지 알고 싶은가? 바로 시작 부분과 끝 부분이다. 연극계에서 전해오는, 물론 배우와 관련된 이런 오래된 격언이 하나 있다.

등장과 퇴장하는 모습만 보고도 그 배우의 수준을 알 수 있다.

시작과 끝! 거의 어떤 일에서나 능숙하게 처리하기 가장 힘든 부분이 바로 시작과 끝이다. 예컨대 사교 행사에서 가장 어려운 부분은 우아한 등장과 우아한 퇴장이 아니던가? 비즈니스 관련 면담에서 인상적인 첫 대면과 성공적인 마무리만큼 어려운 일이 있을까?

연설에서 마무리는 전략적으로 가장 중요한 지점이다. 맨 마지막에 하는 말은 연설이 다 끝난 뒤에도 청중의 귀에 남아 가장 오래도록 기억되기 쉽다. 하지만 초보자들은 이 전략 지점의 중요성을 깨닫지 못한다. 그래서 그들의 끝맺음에는 종종 많은 아쉬움이 남는다.

그들이 가장 흔하게 저지르는 실수는 무엇인가? 몇 가지를 살펴보고 해결책을 찾아보자.

먼저, '이제 이 문제에 대해 할 말은 대략 다한 것 같습니다. 이제 끝낼 때가 된 것 같군요' 하는 식으로 마무리하는 사람이 있다. 이것은 끝이 아니다. 그것은 실수다. 아마추어 냄새를 풀풀 풍기는, 거의 용서 받을 수 없는 수준이다. 정말 할 말 다했으면 바로 끝내고 즉시 자리에 앉으면 될 것을, 이제 다 말한 것 같다는 얘기는 뭣하러 하는가? 정말 할 말 다했는지에 대한 판단은 청중에게 맡기는 것이 안전하고 센스 있는 처신이다.

또 할 말 다해놓고도 도대체 멈출 줄 모르는 친구가 있다. 조시 빌링스는 황소를 잡을 때는 뿔을 잡지 말고 꼬리를 잡으라고 조언했다. 그래야 놓기가 더 쉽기 때문이다. 그런데 이 연사는 황소를 정면에서 상대하고 있으니 녀석과 떨어지려 용을 써보지만, 안전한 울타리나 나무 근처로 몸을 피할 수가 없다. 결국 그는 원 안에서 몸부림치며 같은 곳을 뱅뱅 돌고 같은 동작을 되풀이하며 보는 사람들을 괴롭게 한다.

그럼 어떻게 해야 하는가? 유종의 미를 거두려면 계획이 필요하지 않을까? 청중과 마주한 후에나 연설 도중의 긴장된 순간에, 또는 말하고 있는 내용에 온 정신을 집중해야 할 때 결론을 생각하는 것이 현명한 일일까? 조용히 차분한 가운데 미리 계획을 세우는 것이 상식에 맞는 일 아니겠는가?

탁월한 영어 구사 능력을 갖추었던 웹스터, 브라이트, 글래드스톤 같은 노련한 연사들도 마지막에 할 말은 한 자 한 자 정확하게 미리 작성하고 거의 암기할 정도가 되어야 한다고 느꼈다.

초보자가 이들의 방식을 따른다면 크게 낭패 볼 일은 없을 것이다. 마무리 발언에 어떤 생각을 담을 것인지를 아주 명확하게 알고 있어야 한다. 그리고 몇 차례 예행연습을 하되 할 때마다 꼭 똑같은 표현을 사용할 필요는 없지만, 전하고자 하는 생각의 내용만큼은 분명한 언어로 표현되어야 한다.

즉흥 연설은 하는 도중에 내용이 대폭 변경될 수 있고, 예상치 못한 상황 전개로 분량이 축소되거나 청중들의 반응에 맞춰 조정해야 할 경우가 있기 때문에, 결론 부분을 두세 개 정도 계획해두는 것이 지극히 현명한 처사다. 하나가 안 맞으면 다른 것을 쓰면 된다.

연사들 중에는 도대체 종착점을 못 찾는 이들이 있다. 그들은 연료가 거의 바닥난 자동차의 엔진처럼 연설 드중에 중언부언하면서 제 궤도를 찾지 못한다. 겨우겨우 몇 차례 필사적인 돌진을 시도한 끝에 결국 완전히 멈춰 서버린다. 물론 이들은 더 치밀한 준비와 더 많은 연습이 필요하다. 탱크에 연료를 충분히 채워야 한다는 말이다.

적지 않은 초보자들이 너무 갑자기 연설을 끝낸다. 그들의 마무리에는 매끄러움과 세련된 끝손질이 결여되어 있다. 사실 엄격히 말해 그들의 말에는 끝이 없다. 그저 어느 순간 뜬금없이 돌연 멈출 뿐이다. 당연히 뒷맛이 불쾌하고 개운치 않다. 그것은 마치 사교상의 대화를 나누던 한 친구가 퉁명스럽게 말을 끊고는 작별 인사도 제대로 안하고 방을 뛰쳐나가는 것과 같다.

링컨 같은 명연설가도 첫 취임식 연설 초고에서 바로 이런 실수를 저질렀다. 그 연설은 긴장된 시기에 행해졌다. 증오와 불화의 기운을 듬뿍 머금은 시커먼 먹장구름이 이미 머리 위를 뒤덮고 있었다. 몇 주 뒤에는 유혈과 파괴의 회오리바람이 나라 전체를 휩쓸었다. 링컨은 남부의 시민들을 향한 연설의 대미를 이렇게 장식할 의도였다.

불만에 가득 찬 동포 여러분, 내전이라는 중차대한 문제의 결정권은 제 손이 아니라 여러분의 손에 달려 있습니다. 정부는 여러분을 공격하지 않을 것입니다. 여러분은 스스로 공격에 나서지 않는 한 분쟁에 휘말리지 않을 것입니다. 여러분은 하늘에 대고 정부를 무너뜨리겠다는 맹세를 하지 않았지만, 저는 정부를 보호하고 지키겠다는 매우 엄숙한 맹세를 했습니다. 여러분은 정부에 대한 공격을 자제할 수 있지만, 저는 정부를 지키는 일에서 물러설 수 없습니다. 평화냐 전쟁이냐의 중대한 선택은 제가 아니라 바로 여러분의 몫입니다.

링컨은 이 연설문을 수어드 장관에게 보여주었다. 슈워드는 끝 부분이 너무 퉁명스럽고 너무 느닷없으며 너무 도전적이라는 사실을 아주 정확하게 지적해주었다. 그래서 슈워드가 직접 결론 부분을 손질했다. 사실 그는 두 개의 원고를 작성했다. 링컨은 그중 하나를 택해 약간만 수정한 후, 그가 원래 의도했던 마지막 세 문장 대신에 그것을 사용했다. 그 결과 그의 첫 취임 연설문은 처음의 도전적인 퉁명스러움을 걷어내고, 부드러움과 순수한 아름다움, 그리고 시적인 유려함으로 빛나는 명연설문으로 재탄생했다.

말을 끝내려니 섭섭하군요. 우리는 적이 아니라 친구입니다. 우리는 서로 적이 되어서는 안 됩니다. 비록 열정은 식었을지 모르나, 그것 때문에 우리의 애정의 끈이 끊어져서는 안 됩니다. 이 광활한 대지 위의 모든 전쟁터와 애국자의 무덤으로부터, 살아 있는 모든 인간과 가정에까지 이어져 있는 신비로운 기억의 현(弦)에, 언젠가는 우리 본성에 깃든 더 선한 천사의 손길이 반드시 다시 와 닿을 것이며, 바로 그때 우리 연방의 대합창은 드높이 울려 퍼질 것입니다.

그럼 초보자는 어떻게 연설의 종결에 대한 올바른 감각을 키울 수 있을까? 기계적인 규칙에 의해서? 아니다. 그것은 문화가 그렇듯 기계적인 틀에 억지로 끼워 맞추기에는 너무 섬세하다. 그것은 감각, 또는 거의 직관의 문제가 되어야 한다. 만약 연사가 자신의 연설이 무난하고 훌륭하게 잘되었을 때 그것을 느끼지 못한다면, 어떻게 그가 그런 연설을 할 수 있기를 기대할 수 있겠는가? 그러나 이런 느낌이라는 것도 계발될 수 있다. 즉, 이 숙련된 감각도 명연설가들이 해낸 방식을 연구함으로써 다소간 향상될 수 있다. 여기 한 예로, 영국 황태자가 토론토의 엠파이어 클럽에서 행한 연설의 끝부분을 소가한다.

신사 여러분. 제가 절제하지 못하고 저 자신어 관한 이야기를 너무 많이 한 것 같아 두렵습니다. 그러나 캐나다에서 제가 만난 가장 많은 청중 앞에서, 저는 저의 신분과 그것에 수반되는 책임에 대해 제가 느끼는 바를 말씀 드리고 싶었습니다. 저는 그저 이 크나큰 책임에 부응하고 여러분의 기대에 어긋나지 않는 삶을 살기 위해 항상 노력하겠다는 말씀을 드릴 뿐입니다.

이 말을 맹인이 듣는다 해도, '이제 연설이 끝났구나'라는 것을 느낄 수 있을 것이다. 그것은 풀린 줄처럼 공중에 아무렇게나 매달려 있지 않으며, 또 거칠고 다듬어지지 않았다는 인상을 주지도 않는다. 그것은 매끈하게 손질되고 마무리된 모습이다.

저명한 해리 에머슨 포스딕 박사는 제6차 국제연맹 회의가 개막된 후 일요일에 제네바의 성 피에르 성당에서 연설한 적이 있다. 강연 주제는 '칼을 쓰는 자는 모두 칼로 망한다'였다. 그가 설교를 대미로 이끌어가는 방식이 얼마나 아름답고 고고하며 힘이 넘치는지 주목해보라.

우리는 결코 예수 그리스도와 전쟁을 화해시킬 수 없습니다. 이것이 문제의 본질입니다. 또한 이것은 오늘날 기독교 세계의 양심을 뒤흔들어놓을 도전이기도 합니다. 전쟁은 인류를 좀먹는 가장 거대하고 파괴적인 사회악입니다. 그것은 아무리 봐도 지극히 비기독교적이며, 전체적인 방법과 결과를 놓고 볼 때도 그것은 예수님의 뜻과는 정반대되는 모든 것을 의미합니다. 그것은 신과 인간에 대한 기독교의 모든 교리를 세상의 모든 이론적 무신론자들이 궁리해낼 수 있는 것보다 더욱 뻔뻔한 방법으로 부정하는 것입니다. 기독교 교회가 우리 시대의 가장 큰 도덕적 문제를 자신의 문제로 끌어안고, 우리 선조들의 시대에 그랬던 것처럼 다시 한 번 이 세상의 우상숭배를 배격하는 기치를 높이 들고, 호전적인 국가들의 손짓에 양심을 팔아치우는 행위를 거부하며, 민족주의 위로 하느님의 왕국을 높이 떠받들고 세상을 향해 평화를 외쳐야 하지 않겠습니까? 이것은 애국심의 부정이 아니라, 오히려 애국심의 승화라고 해야 할 것입니다.

오늘 이곳, 이 높고 사랑이 가득한 지붕 아래서 저는 미국인으로서 미국 정부를 대신하여 말할 수 없습니다. 그러나 미국인으로서, 또 기독교인으로서 저는 수백만의 동료 시민들을 대신하여 우리가 믿고, 그것을 위해서 기도하며 우리가 참여하지 못함을 진심으로 애석해 하는 여러분의 위대한 사역이 그에 합당한 빛나는 성공을 거두기를 기원합니다. 우리는 평화로운 세계라는 공동의 목적을 위해 다양한 방법으로 협력하고 있습니다. 이제까지 이보다 더 가치 있는 목표는 없었습니다. 평화 이외의 다른 대안은 인류가 이제껏 직면한 재앙 가운데 가장 끔찍한 재앙이 될 것입니다. 물리적 영역에서의 중력의 법칙처럼, 도덕적 영역에서의 하느님의 법칙은 특정 인간이나 특정 국가에게 예외를 인정하지 않습니다. '칼을 쓰는 자는 칼로 망한다'는 법칙에서 자유로울 수 있는 인간이나 국가는 절대 존재하지 않습니다.

그러나 이 모든 연설들의 마지막도, 링컨의 두 번째 취임 연설문 종결부의 웅장한 어조와 오르간 음색에서 느껴지는 것 같은 장엄함이 없다면, 적지 않은 아쉬움을 남길 것이다. 옥스퍼드 대학교 총장을 역임한 케들스턴의 커즌 백작은 이 연설문이야말로 '인류의 모든 영광과 보물 중에서 …… 가장 순수한 황금과도 같은 인간의 웅변, 아니 거의 신적인 경지에 이른 웅변'이라고 평가했다.

우리는 순진하게, 또 열렬하게 이 극심한 전쟁의 고통이 빨리 사라지기를 소망하고 기원합니다. 그러나 250년간 아무런 보답 없이 흘린 노예들의 땀방울을 밑거름으로 쌓아 올린 그 모든 부가 다 사라질 때까지, 또 3천 년 전의 말씀대로 채찍질로 흘린 모든 핏방울 하나하나를 칼로 흘린 다른 피로 다 되갚을 때까지 전쟁이 계속되는 것이 신의 뜻이라 해도, 그래도 여전히 '하느님의 뜻은 전적으로 참되며 공의롭다'고 말해야 할 것입니다.

누구에게도 원한을 품지 말고, 만인을 향한 자비심으로, 또 신이 우리에게 주신 정의를 볼 수 있는 능력에 힘입어 그 정의에 대한 확고한 신념을 가지고, 우리 모두 당면한 문제를 해결해나갑시다. 나라의 상처를 싸매며, 전쟁의 짐을 짊어진 자와 그의 미망인과 고아가 된 그의 자녀를 보살피고, 우리 자신 사이에, 그리고 모든 민족 사이에 정의롭고 영구적인 평화를 심고 뿌리 내리게 하기 위해, 우리가 할 수 있는 모든 일을 다해나갑시다.

여러분은 방금 인간의 입에서 나올 수 있는 가장 아름다운 마무리 연설을 읽었다고 나는 생각한다. 이 의견에 동의하는가? 연설 문학의 모든 영역을 통틀어 어디서 이만한 인류애, 순수한 사랑, 그리고 연민의 정을 찾을 수 있을까?

윌리엄 E. 바턴은 『에이브러햄 링컨의 생애(Life of Abraham

Lincoln)』에서 이렇게 말했다. "게티즈버그의 연설도 고결하지만, 이 연설은 한층 더 높은 차원의 고결한 품격을 갖추고 있다. …… 이는 에 이브러햄 링컨의 연설 중 가장 위대하며, 가장 높은 수준에 올라 있는 그의 지적인 능력과 영적인 힘을 보여준다."

칼 슈르츠는 다음과 같이 기록했다. "이것은 마치 신성한 시와 같다. 어떤 미국 대통령도 미국 국민에게 이렇게 말한 적이 없었다. 미국은 이제껏 마음속 깊은 곳에서 이런 말을 찾아낸 대통령을 만나본 적이 없었다."

그러나 여러분은 워싱턴에서 대통령으로서, 또는 오타와나 멜버른에서 총리로서 만인에게 영원히 기억되는 연설을 할 일은 없을 것이다. 아마 여러분의 문제는 기업인 모임에서 행한 간단한 담화를 어떻게 끝맺음하느냐 정도일 텐데, 이제부터 유익한 방법들을 하나하나 찾아보자.

핵심 내용을 요약하라

3분에서 5분 정도의 짧은 연설에서조차 연사는 너무 많은 것을 다루려는 경향이 있어, 연설이 끝날 때 청중들은 그 사람이 말하려는 요점이 뭔지 헷갈리게 된다. 그러나 이 사실을 알고 있는 연사는 별로 없다. 그는 자신이 말하는 여러 사항들이 자신에게는 아주 명백하니까 청중에게도 마찬가지로 명확하게 이해될 거라고 착각한다. 천만의 말씀이다. 연사는 한동안 자신의 논점을 곱씹었지만, 청중에게 그것은 완전히 처음 듣는 얘기다. 그것은 마치 한 줌의 모래처럼 청중에게 획 뿌려진다. 이해되는 것도 있겠지만, 대부분은 앞뒤를 종잡을 수 없는 것들이기 쉽다. 청중들은 셰익스피어의 이아고처럼 '잡다하게 많이 기억하지만, 뚜렷한 것은 하나도 없는' 상황에 내몰린다.

이름을 알 수 없는 한 아일랜드 정치인은 연설에 대해 이런 조언을 했다고 한다. "먼저, 청중에게 당신이 곧 말을 시작할 거라고 말하라. 그리고 말을 하라. 다음에는 당신이 그들에게 이러저러한 말을 했다는 사실을 말하라." 나쁘지 않다. 사실 '청중에게 이러저러한 말을 했다고 말해주는' 것이 아주 바람직스러울 때가 많다. 물론 이때는 간략하게 빨리 요점만 간추려 전달해야 한다. 여기 좋은 예가 있다. 연사는 시카고 센트럴 YMCA에서 미스터 빌의 대중 연설 강좌를 듣던 학생이었다. 그는 또 시카고의 한 철도회사 운수 과장이기도 했다.

신사 여러분, 간단히 말해 이 차단 장치를 갖고 우리 집 뒷마당에서 실험해본 경험, 동부와 서부와 북부에서 사용해본 경험, 무난한 작동 원리, 실제 검증을 통해 밝혀진 일 년간 파손 방지로 인해 절약되는 돈의 양 등은 저로 하여금 우리 남부 지점에도 이 장치를 즉시 설치할 것을 적극적으로 건의하게 만들었습니다.

그가 어떤 일을 했는지 보이는가? 여러분은 나머지 연설을 듣지 않고도 그것을 보고 느낄 수 있다. 그는 전체 연설에서 밝힌 사실상의 모든 핵심 논점들을 단 몇 개의 문장에 요약했다. 이런 식의 요약이 효과적이라고 느껴지는가? 그렇다면 이 기법을 여러분 자신의 것으로 만들어라.

행동을 촉구하라

앞에 인용한 종결부는 청중에게 행동을 촉구하는 끝맺음의 아주 훌륭한 예이다. 연사는 어떤 행동을 원했다. 즉, 그는 한 차단 장치가 자기 회사 남부 지점에 설치되기를 바랐다. 그는 행동 촉구의 근거를 그 장치로 인해 절감될 비용과 그것이 예방해줄 파손 사고에 두었다. 그 연사는 행동을 원했고, 뜻을 이루었다. 그것은 단순한 연습 연설이 아니었다. 연설은 한 철도회사의 이사진 앞에서 행해졌고, 차단 장치 설치를 설득하는 데 성공했다. 연사가 행동을 호소하고자 할 때 직면하는 문제들과 그에 대한 해결책은 14장에서 자세히 논의될 것이다.

간결하고 진정이 담긴 칭찬

위대한 펜실베이니아 주는 새로운 시대의 도래를 촉진하는 데 앞장서야 합니다. 철과 강철의 주 생산지이며 세계 최대 철도회사의 모태이자 이 나라에서 세 번째 농업 생산 규모를 자랑하는 펜실베이니아는 우리 비즈니스의 중추입니다. 지금은 그 어느 때보다 전망이 밝고 리더십을 발휘하기에도 더 없이 좋은 기회입니다.

찰스 슈워브는 이런 말로 뉴욕의 펜실베이니아 소사이어티에서 행한 연설의 마지막을 장식했다. 그는 청중들을 기쁘고 행복하고 들뜨게 했다. 이것은 칭찬할 만한 마무리 방법이다. 그러나 효과를 높이려면 진정성이 담겨 있어야 한다. 세련되지 못한 아첨성 발언이나 과장은 금물이다.

이런 종류의 마무리는, 만약 진실의 울림을 주지 못한다면, 오히려 지독한 가식으로 들릴 것이다. 그리고 마치 위조지폐처럼 사람들은 거들떠도 안 볼 것이다.

유머러스한 끝맺음

조지 코핸은 "작별 인사를 할 때는 항상 웃겨라."고 말했다. 그럴 능력과 재료만 있다면야 참 좋은 일이다. 하지만 어떻게 웃길 것인가? 햄릿의 말마따나 그것이 문제다(That is the question). 각자가 자기 식대로 하는 수밖에 없다.

로이드 조지가 감리교 신자들의 모임에서 존 웨슬리의 무덤과 관련한 엄숙하기 이를 데 없는 주제를 놓고 이야기했을 때, 그런 분위기에서 그가 신도들을 웃게 만들 수 있으리라고는 아무도 상상하지 못했다. 그러나 다음에서 그가 이 작업을 얼마나 재치 있게 해내는지, 또 연설이 얼마나 부드럽고 아름답게 마무리되는지도 눈여겨보라.

저는 여러분이 그분의 무덤을 보수하기 시작했다는 말을 듣고 기뻤습니다. 마땅히 명예롭게 보존되어야 할 곳입니다. 그분은 생전에 불결하고 지저분한 것을 매우 싫어하셨습니다. 또 "감리교 신자는 남의 눈에 초라하게 보여서는 안 된다."고 말씀하신 분도 그분이라고 생각합니다. 우리 신도 중에 그런 사람을 볼 수 없는 것도 다 그분 덕택이죠. (웃음) 그분의 무덤을 초라하게 내버려두는 것은 이중으로 불손한 일이 됩니다. 그분이 지나갈 때 문으로 달려와 "하느님의 축복이 함께하기를, 웨슬리 선생님."이라고 인사한 더비셔의 한 소녀에게 그분이 뭐라고 답했는지 여러분은 기억하실 겁니다. 그때 그분은 이렇게 대답했죠. "젊은 아가씨, 아가씨의 얼굴과 앞치마가 좀 더 깨끗했다면 그 축복이 더욱 값어치있었을 텐데." (웃음) 이 정도로 그분은 단정치 못한 것을 싫어하셨습니다. 그분의 무덤을 깔끔하게 유지하십시오. 만약 그분이 지나가시다가 끝끔하지 못한 그곳의 모습을 보게 된다면 매우 가슴 아파하실 겁니다. 잘 관리해주십시오. 그곳은 기념할 만한 성소입니다. 여러분의 믿음이기도 하지요. (환호)

시구 인용으로 마무리하기

모든 마무리 방법 중에서 잘만 한다면 유머나 시를 활용하는 것만큼 효과적인 것은 없다. 사실 연설의 대미를 적절한 시 구절로 장식할 수 있다면 그야말로 이상적이다. 그로 인해 당신의 연설은 향기를 피워내고, 품위와 개성, 그리고 아름다움으로 한결 돋보일 것이다.

로터리 클럽 회원인 해리 로더 경은 에든버러 집회에 참가한 미국 로터리 클럽 대표단 앞에서 행한 연설의 끝을 이렇게 갈무리했다.

여러분이 집에 돌아가시면 몇 분은 제게 엽서를 보내주실 겁니다. 만약 여러분이 안 보내시면 제가 보내드리죠. 제가 보낸 엽서는 쉽게 알아보실 수 있을 겁니다. 거기에는 우표가 붙어 있지 않을 테니까요. (웃음) 그러나 그 엽서에 글을 몇 자 적을 텐데, 바로 이런 글입니다.

'계절은 오고 또 가네.

만물은 때가 되면 시드는 법.

그러나 아침 이슬처럼 신선하게 피어나는 것 있으니,

바로 그대를 향한 나의 사랑과 애정이라네.'

이 작은 시는 해리 로더의 성격과 조화되었고, 확실히 전체 연설의 취지와도 잘 융화되었다. 그러므로 그에게 이 시구는 아주 탁월한 선택이었다. 그러나 만약 딱딱하고 근엄한 어떤 로터리 클럽 회원이 엄숙한 연설의 말미에 이 시를 사용했다면, 그 지독한 부조화에 사람들은 차라리 웃음을 터뜨렸을지도 모른다. 대중 연설을 오래 가르칠수록 나는 모든 경우에 다 적용될 수 있는 만능 규칙을 만들어내는 것은 불가능하다는 사실을 더욱 절감한다. 주제와 시간, 장소와 사람에 따라 굉장히 많은 것이 바뀔 수 있는 것이다. 사도 바울이 말했듯이 '자신의 구원은 각자 자신이 책임지는' 수밖에 없다.

최근에 나는 뉴욕 시에서 전출된 한 전문 인사를 위한 환송연에 초대

받아 간 적이 있다. 십여 명의 연사들이 차례대로 일어나 그들의 떠나는 친구를 칭송하고 새 활동 영역에서의 성공을 기원했다. 십여 개의 찬사 중 아주 인상적인 마무리 실력을 보여준 것은 단 하나뿐이었다. 그리고 그것은 마지막에 시구를 인용한 연설이었다. 그 연사는 목소리에 감정을 담아 떠나는 친구를 직접 바라보며 말했다.

자, 이제 작별이네요. 잘 가세요. 행운을 빌어요. 원하시는 모든 일이 이루어지기를 기원할게요.
'나는 동양인들이 하듯 가슴에 손을 얹고 빕니다.
알라의 평화가 당신과 함께하기를.
당신이 어디로 오든, 또 어디로 가든,
알라신의 아름다운 종려나무가 자라나기를.
낮의 수고와 밤의 휴식을 통해
알라의 사랑이 당신을 감싸주시기를.
나는 동양인들이 하듯 가슴에 손을 얹고 빕니다.
알라의 평화가 당신과 함께하기를.'

브루클린의 L. A. D. 모터스 코퍼레이션의 부사장 J. A. 애벗 씨는 회사 직원들에게 충성과 협동심을 주제로 일장 연설을 했다. 이때 그는 연설 끝머리에 키플링의 『정글북 2』에서 따온 인상적인 시구를 활용했다.

자, 이것이 정글의 법칙이다. 하늘만큼 오래되고 진실된.
이를 따르는 늑대는 번성할 것이요, 범하는 늑대는 반드시 죽으리라. 나무줄기를 휘감는 덩굴식물처럼, 이 법도 정글의 삶을 휘감고 지배하나니,
무리의 힘이 곧 늑대이며, 늑대의 힘이 곧 무리임을 기억할지라.

혹시 지역의 공공 도서관에 가서 사서에게 당신이 이러이러한 주제에 대한 연설을 준비 중이며, 이러이러한 생각을 표현해줄 시구를 찾는다고 말하면, 그는 바틀릿의 인용문 모음집 같은 참고 문헌에서 적당한 것을 뽑아줄지도 모른다.

성서 인용구의 힘

만약 성서의 구절을 인용하여 연설을 보강할 수 있다면 당신은 운이 좋은 사람이다. 적절한 성서 인용구는 흔히 굉장한 효과를 낸다. 잘 알려진 재정가 프랭크 밴더립은 미국에 대한 연합국의 채무를 주제로 한 연설의 마지막에 이 방법을 썼다.

만약 우리가 청구 내용을 글자 그대로 엄밀히 적용시키려 한다면, 십중팔구 우리는 아무것도 받아내지 못할 것입니다. 우리가 이기심을 앞세워 받을 것은 꼭 받아야겠다고 고집한다면 우리는 현금이 아니라 증오심을 돌려받게 될 것입니다. 만약 우리가 관대하다면, 지혜롭게 관대하다면, 우리는 청구 금액을 다 받아낼 수 있을 것이며, 우리가 그들에게 베푸는 선은 아마 우리가 내주게 되는 어떤 것보다 물질적으로 우리에게 더 이득이 될 것입니다. '누구든지 자기 목숨을 구하려는 자는 목숨을 잃을 것이요, 나와 복음을 위해 자기 목숨을 버리는 자는 목숨을 얻으리라.'

클라이맥스(점층법)

점층법은 많이 이용되는 마무리 방법이다. 그러나 그것은 소화하기 어려울 때가 많으며, 연사나 주제와 상관없이 모든 연설의 끝맺음 방법으로 다 적합한 것도 아니다. 그러나 잘만 하면 상당히 효과적이다. 그것은 각 문장이 뒤로 가면서 점점 더 강한 힘을 받으며 정점을 향해 상승하는 양상을 띤다. 3장에서 소개한, 필라델피아에 관한 최고상 수상 연설의 마지막 부분이 점층법이 활용된 좋은 예다.

링컨은 나이아가라 폭포에 관한 강연 메모를 준비하면서 이 기법을 활용했다. 각각의 비교가 이전 것에 비해 어떻게 더 강해지는지, 그리고 링컨이 폭포의 연대를 콜럼버스, 예수, 모세, 아담 등의 시기와 비교함으로써 어떻게 점층적 효과를 얻어내는지 주목해보라.

그것은 아득한 과거를 떠올리게 합니다. 콜럼버스가 처음으로 이 대륙을 발견했을 때, 그리스도가 십자가에서 고통 당했을 때, 모세가 이스라엘 백성을 이끌고 홍해를 건넜을 때, 아니 그보다 훨씬 이전인 아담이 창조주의 손끝에서 떨어졌던 태초의 그 순간에도, 지금처럼 나이아가라 폭포는 이곳에서 굉음을 내며 떨어졌습니다. 미국의 산들을 자신의 뼈로 채운, 이제는 멸종한 거인족들의 눈도 지금 우리의 눈이 그렇게 하듯 나이아가라를 응시했습니다.

태초의 인류와 함께 존재했고 최초의 인간보다도 먼저 태어난 나이아가라는 일만 년 전과 마찬가지로 오늘도 힘차고 신선합니다. 오래전에 멸종하여 이제는 거대한 뼛조각들을 통해서만 자신의 존재 역사를 입증할 뿐인 매머드와 마스토돈도 나이아가라를 응시했습니다. 그 긴긴 시간 동안 나이아가라는 결코 한순간도 흐름을 멈추지 않았으며, 말라붙은 적도, 얼어붙은 적도, 잠을 잔 적도, 휴식을 취한 적도 결코 없었습니다.

웬들 필립스도 뚜쌍 루베르뛰르(Toussaint l'Ouverture, 아이티의 군사, 정치 지도자-역주)에 관한 연설에서 이와 똑같은 방법을 사용했다. 결론 부분이 다음에 인용되어 있다. 이 글은 대중 연설 관련 서적에서 흔히 인용되며, 활력과 생동감이 넘쳐난다. 실용적인 요즘 시대의 기준으로 볼 때 문체가 너무 화려한 점이 없지 않지만, 그럼에도 불구하고 재미있다. 이 연설문은 반세기도 더 전에 쓰여졌다. 웬들 필립스가 존 브라운과 뚜쌍 루베르뛰르의 역사적 중요성과 관련하여 '지금부터 50년 후 진실이 제 목소리를 내게 되면' 운운하면서 했던 예측이 얼마나 보기 좋게 빗나갔는지를 확인하는 재미가 쏠쏠하다. 역사를 상대로 추측 놀음을 하는 것은 확실히 내년의 주식 시황이나 돼지기름 가격을 알아맞추는 것만큼이나 헛다리 짚는 일이 되기 십상이다.

저는 그를 나폴레옹이라 부르겠습니다. 그러나 나폴레옹은 많은 맹세를 깨고 피의 바다를 만듦으로써 제국을 세웠습니다. 그런데 이 사람은 한 입으로 두말을 한 적이 없었습니다. '보복하지 않는다'는 그의 위대한 모토였고 삶의 규범이었습니다. 그는 프랑스에서 자신의 아들에게 마지막으로 이렇게 말했습니다. "아들아, 너는 언젠가 산토도밍고로 돌아갈 것이다. 그때 프랑스가 네 아버지를 죽였다는 사실은 잊어버려라." 저는 그를 크롬웰이라 부를 수도 있지만, 크롬웰은 단지 군인이었을 뿐이고 그가 세운 나라는 그와 함께 무덤 속으로 들어갔습니다. 나는 그를 워싱턴이라 부르겠지만, 그 위대한 버지니아인은 노예 소유주였습니다. 그러나 이 사람은 자신이 지배하는 곳에서 노예무역을 허락하느니 차라리 자신의 제국을 위태롭게 하는 쪽을 택했습니다.

여러분은 오늘밤 저를 광신자라고 생각할지도 모르겠습니다만, 그것은 여러분이 역사를 눈으로 읽지 않고 편견을 가지고 읽기 때문입니다. 그러나 지금부터 50년 후, 진실이 제 목소리를 내게 될 때 역사의 여신은 포시온을 위대한 그리스인으로, 브루투스를 위대한 로마인으로, 햄든과 라파예트를 각각 영국과 프랑스를 대표하는 인물로, 워싱턴을 우리 초기 문명의 찬란하게 만개한 꽃으로, 존 브라운을 한낮의 성숙한 과일로 평가할 것이며, 그리고 마지막으로 여신은 태양 빛에 자신의 펜을 찍은 후, 맑고 푸른 하늘에 이 모든 인물들의 이름 위로 군인이며 정치가이자 순교자인 뚜쌍 루베르뛰르의 이름을 적어넣을 것입니다.

발가락이 땅에 닿을 때까지만

좋은 시작과 좋은 마무리 말을 찾아낼 때까지 사냥과 탐색과 실험을 멈추지 말라. 찾아낸 후에는 이들을 긴밀히 연결시켜라.

이 급하고 빠르게 움직이는 시대의 지배적인 분위기에 맞춰 자신의 말을 적당히 가지치기하지 못하는 연사는 어디서든 환영 받지 못할 것이고, 때로는 노골적으로 혐오의 대상이 될 것이다.

이 점에서는 타르수스의 사울 같은 성인도 죄를 범했다. 그는 청중 가운데 한 사람인 '유티쿠스라는 이름의 젊은이'가 잠이 든 후 창문에서 떨어져 거의 목이 부러지는 지경에 이를 때까지 설교를 계속했다. 아마 그때도 그는 설교를 중단하지 않았을지 모른다. 누가 알겠는가? 어느 날 밤, 브루클린의 유니버시티 클럽에서 연설을 하게 된 한 의사가 기억난다. 그것은 긴 연회였고, 이미 많은 연사들이 발언을 마친 끝무렵이었다. 그의 차례가 왔을 때는 새벽 2시였다. 그가 상식과 분별이 있는 사람이었다면 대여섯 개 문장으로 후딱 끝내고 그들을 집에 보내주었을 것이다. 그러나 그는 그러지 않았다. 그는 생체 해부에 반대하는 장장 45분간의 장광설을 토해내기 시작했다. 연설 시작 절반도 훨씬 못 미친 순간부터 청중들은 그가 유티쿠스처럼 창문에서 굴러 떨어져 어디든 부러져서 제발 저 입 좀 다물어주었으면 하고 바라게 되었다.

〈새터데이 이브닝 포스트〉 지의 편집자 로리 머는 잡지에 싣는 일련의 기사들이 인기 절정의 순간에 오를 때 항상 게재를 중단시켜버린다고 내게 말했다. 그러면 독자들이 더 실어달라그 아우성을 친다는 것이다. 왜 하필 그때 중단시키는가? 로리머는 이렇게 대답했다. "인기 절정의 순간이 지나면 바로 포만감이 찾아오기 때문이죠."

연설에도 같은 원리가 적용되고 또 적용되어야 한다. 청중이 아직도 당신의 말을 더 듣고 싶어할 때 멈춰라. 예수의 가장 위대한 설교인 산상수훈은 5분 정도의 분량이다. 링컨의 게티즈버그 연설은 겨우 10개의 문장으로 되어 있다. 창세기의 전체 창조 설화를 읽는 데 걸리는 시간은 아침 신문의 살인 사건 기사를 읽는 시간보다 짧다. 줄여라! 짧게 하라!

니아사(Nyasa)의 부감독 존슨 박사는 아프리카의 원시부족에 관한 책을 썼다. 그는 49년 동안 그들과 함께 살면서 그들을 관찰했다. 그의 기록에 따르면, 마을 회합인 광와라(Gwangwara)에서 연사가 말을 너무 길게 하면 마을 사람들은 "이메토샤! 이메토샤!"("그만! 그만!")를 외치며 말을 중단시킨다고 한다.

또 다른 부족은 연사에게 그가 한 발로 서 있을 수 있는 시간만큼만 말을 하도록 허락한다고 한다. 그래서 들고 있던 발의 발가락이 땅에 닿는 순간 그는 즉시 입을 닫아야 한다.

이들보다는 좀 더 정중하고 참을 줄 아는 보통의 백인 청중도 장광설을 싫어하기는 그 아프리카 사람들이나 매한가지다.

그대는 분명 한 귀로 흘려듣겠지만,
부디 그들의 운명을 거울 삼아,
그들의 말하는 법을 배울지라.

어떻게 마무리할 것인가?

....

1 연설의 끝은 전략적으로 매우 중요한 부분이다. 마지막에 들은 말이 가장 오래 기억된다.

2 '이 문제에 대해 대충 할 말은 다한 것 같네요. 이제 끝내야 할 것 같습니다'는 식으로 끝내지 말라. 할 말 다했으면 그냥 끝내고, 끝낸다는 것에 대해 쓸데없이 토 달지 말라.

3 웹스터, 브라이트, 글래드스톤이 그랬듯이 마무리 부분을 미리 꼼꼼하게 계획하라. 그리고 예행연습하라. 마지막에 할 말은 단어 하나하나까지 정확하게 꿰고 있어야 한다. 매끄러운 마무리가 되도록 하라. 다듬어지지 않은 돌처럼 거칠고 깨진 티가 나지 않도록 하라.

4 마무리 방법에 대한 일곱 가지 제안
  1) 전체 연설의 핵심 내용을 간략하게 추리고 요약하여 요점만 다시 이야기한다.
  2) 행동을 촉구한다.   3) 청중에게 진정 어린 찬사를 보낸다.
  4) 웃음을 불러일으킨다.   5) 적절한 시구를 인용한다.
  6) 성경 구절을 인용한다.   7) 클라이맥스 기법을 활용한다.

5 좋은 시작 말과 끝말을 찾아내고 그것들을 긴밀히 연결시켜라. 항상 청중이 끝내주기를 바라기 전에 끝내라. "인기 절정의 순간이 지나면 바로 포만감이 찾아온다."

12

How To Make
Your Meaning Clear

의미를
명확히
하는 법

"독자 열 명 중 아홉은 명확한 진술을 진실한 것으로 받아들인다."

_브리태니커 백과사전

"하고자 하는 말에 대해 깊이 연구하라. 그 다음 글을 쓰거나 가상의 인물에게 큰 소리로 이야기함으로써 말로 표현해보라. 핵심 요점을 순서대로 정렬하고, 그 순서를 지키며, 중요도에 따라 각 요점들 사이에 시간을 적절히 안배하라. 전달이 다 끝나면 바로 멈춰라."

_에드워드 에버렛 헤일 박사

"만약 기업인들을 상대로 솔로몬에 대해 강연을 한다면, 그를 당시의 J. P. 모건이라고 지칭하라. 만약 야구팬들 앞에서 삼손에 관한 이야기를 한다면, 그를 그 시대의 베이브 루스라고 불러라. 프랭크 시몬스는 힌덴부르크 방어선을 무너뜨린 포슈의 전략을 묘사할 때, 대문의 경첩 두 개를 때려 부수는 비유를 사용했다. 이와 비슷하게 위고는 글자 A를 이용하여 워털루 전장을 묘사했고, 엘슨은 게티즈버그 전투를 설명하기 위해 말발굽을 이용했다. 직접 전투를 경험한 사람은 많지 않겠지만, 대문이나 말발굽, 알파벳을 모르는 사람은 없을 것이다."

_슬렌 클락, 『즉흥 연설에서의 자기 계발』

"그림 하나가 천 마디 말에 값 한다."

_중국 속담

의미를 명확히 하는 법

☙ 12 ❧

전쟁 중에 영국의 유명한 주교 한 분이 롱아일랜드의 업톤 캠프에서 일자무식의 흑인 병사들을 앞에 놓고 한바탕 연설을 한 적이 있다. 그들은 전선으로 가는 길이었는데, 그들 중 자신이 왜 그곳에 가야 하는지 제대로 알고 있는 병사는 매우 드물었다. 나는 그들에게 물어보았기 때문에 이 사실을 알고 있다. 그러나 그 주교는 이 병사들에게 거창하게 '국제 친선'이니, '세르비아의 권리'니 등을 들먹였다. 하지만 이들 중 절반은 세르비아가 어떤 동네 이름인지 질병 이름인지도 모르고 있었다. 결과만을 놓고 보면, 그 주교는 태양계의 기원에 관한 성운설을 당당하게 옹호하는 연설을 한 것이나 마찬가지였다. 그럼에도 그가 말하는 동안 단 한 명의 병사도 강당 안을 떠나지 못했다. 혹여 그런 불상사를 막기 위해 출구마다 권총을 찬 헌병들이 배치되었던 것이다.

나는 지금 그 주교를 탓하고자 하는 게 아니다. 그는 어느 모로 보나

학자였고, 그런 자리가 만약 유식한 사람들 앞이었다면 그 연설은 아마 강한 울림을 주었을지도 모른다. 그러나 이 병사들 앞에서 그는 참담하게 실패했다. 그는 자신의 청중을 알지 못했고, 확실히 연설의 정확한 목적도, 그것을 달성하는 방법도 몰랐다.

연설의 목적이라는 것은 무엇을 뜻하는가? 연사가 인식을 하든 못하든, 모든 연설은 다음 넷 중의 하나를 목표로 한다.

1. 어떤 사항을 명확히 이해시킨다.
2. 감동을 주고 확신을 갖게 한다.
3. 행동을 유도한다.
4. 즐겁게 한다.

구체적인 예를 통해 설명해보자

항상 기계에 관심을 갖고 있던 링컨은 좌초된 배를 모래톱이나 다른 장애물에서 들어내는 장치를 발명하여 특허를 얻은 적이 있다. 그는 자신의 법률 사무소 근처에 있는 정비소에서 일하며 그 장치의 모델을 만들었다. 비록 그 장치는 결국 무용지물이 되고 말았지만, 그것의 가능성에 대한 그의 열정은 아주 대단했다. 친구들이 그 모델을 보러 그의 사무실에 오면 조금도 귀찮아하지 않고 그 원리를 설명했다. 이때 그 설명의 주요 목적은 명확히 이해시키는 것이었다.

게티즈버그에서 행한 그 불멸의 연설, 첫 번째와 두 번째 취임 연설, 그리고 헨리 클레이가 사망한 후 그의 삶을 기리며 했던 연설 등에서 링컨의 주요 목적은 감동을 주고 확신을 갖게 하는 것이었다. 물론 확신을 주기 이전에 먼저 명확한 이해가 선행되어야 했다. 그러나 이런 경우들에서 명확한 이해는 그의 주요 고려 사항이 아니었다.

배심원을 상대로 말할 때는 유리한 판결을 이끌어내려고 했고, 정치적인 연설에서는 표를 얻으려고 했다. 이 경우 그의 목적은 행동이었다.

대통령에 당선되기 2년 전 링컨은 발명에 관한 강연을 준비한 적이 있다. 이 경우 그의 목적은 즐거움을 주는 것이었다. 최소한 이것이 그의 목적이었을 테지만, 결과는 그다지 신통치 않았다. 사실 대중 연설가로서의 그의 경력은 확실히 실망스러운 수준이었다. 한 마을에서는 그의 말을 들으러 온 사람이 한 명도 없었던 적이 있다.

그러나 내가 이미 언급한 다른 연설에서 그는 성공했고, 그것도 아주 화려하게 성공했다. 어떤 차이일까? 성공한 경우, 그는 자신의 연설 목적을 알고 있었고 그것을 달성하는 법을 알고 있었다. 자신이 가고 싶은 곳이 어디이며 그곳에 어떻게 가는지 알고 있었던 것이다. 수많은 연사들이 바로 이것을 몰라서 허둥대다가 낭패를 보는 경우가 많다.

예를 하나 들겠다. 전에 나는 미국의 한 국회의원이 청중의 야유와 조소 끝에 결국 뉴욕의 옛 히포드롬의 무대에서 쫓겨나는 것을 본 적이 있다. 그것은 틀림없이 무의식적으로, 그러나 참 어리석게도 그가 '명확한 이해'를 연설의 목적으로 선택했기 때문이었다. 그때는 전시였다. 그는 청중에게 미국이 어떻게 전쟁 준비를 하고 있는지를 설명했다. 그러나 청중이 원한 것은 가르침이나 설교가 아니라, 즐거움이었다. 그들은 처음 10분, 15분 동안은 참을성 있게, 그리고 정중하게 귀를 빌려주었지만, 속으로는 어서 속히 이 따분한 공연이 끝나기만을 기다렸다. 그러나 공연은 끝나지 않았다. 그는 계속 지껄여댔고, 드디어 청중들의 인내심은 바닥을 드러냈다. 누군가가 야유성 환호를 외치기 시작했고, 곧 다른 사람들이 가세했다. 순식간에 1천 명의 군중이 휘파람을 불고 소리를 질러댔다. 참 둔하게도 돌아가는 상황을 파악하지 못한 연사는 그 지경에도 계속 입을 놀려댔다. 급기야 청중은 들고일어났고 전투가 시작되었다. 그들의 조급함은 분노로 돌변했고, 그들은 그의 입을 틀어막기로 작정했다. 그들의 야유와 항의와 분노의 함성은 점점 더 걷잡을 수 없게 되어 마침내 연사의 말을 질식사시켰고, 바로 옆에 있는 사람도 그의 말을 알아들을 수 없는 지경이 되었다. 결국 그는 두 손 들고 패배를 인정하며 굴욕 속에서 퇴장하는 수밖에 없었다.

이의 사례를 통해 얻어야 할 교훈은, 연설의 목적을 알아야 한다는 것이다. 연설을 준비하기 전에 현명하게 목적을 선택하라. 그리고 그것에 어떻게 다다를 것인지를 알라. 그 다음 기술적으로, 과학적으로 준비를 시작하라.

이 모든 일에는 지식과 함께 특별하고 전문적인 교육이 필요하다. 연설 구성에서 이 단계는 매우 중요하기 때문에 이 강좌의 4개 장이 이 문제를 검토하는 데 할애될 것이다. 이 장의 나머지 부분은 전하려는 내용을 명확히 이해시키는 방법을 논할 것이다. 13장은 감동적이고 설득력 있는 연설을 하는 법을, 14장은 재미있게 말하는 법을 밝히며, 15장은 과학적인 행동 촉구 방법에 관해 생각해볼 것이다.

비교를 이용하여 명확한 이해를 높여라

명확성의 중요함과 어려움을 절대 과소평가하지 말라. 최근에 나는 한 아일랜드 시인이 자신의 시를 낭송하는 저녁 행사에 참석한 적이 있다. 시간이 절반이 지나도록 참석자들 중 그가 하는 말을 알아들은 사람은 10퍼센트도 되지 않았다. 적지 않은 사람들이 공석에서든 사석에서든 이런 식으로 말을 한다.

나는 40년간 대학교에서, 또 일반인을 상대로 강연을 해온 올리버 로지 경과 대중 연설의 핵심 요소에 관해 얘기를 나눈 적이 있다. 그때 그는 무엇보다 지식과 준비의 중요성을 지적했고, 그 다음으로는 '명확한 의미 전달을 위해 상당히 공을 들일 것'을 강조했다.

보불전쟁이 발발했을 때 위대한 폰 몰트케 장군은 장교들에게 이렇게 훈시했다. "제군들, 오해될 여지가 있는 명령은 꼭 오해되게 마련이라는 점을 명심하시오."

나폴레옹도 이 같은 위험을 인지하고 있었다. 그가 비서들에게 가장 강조하고 반복적으로 지적한 것은 "명확성에 만전을 기하라!"였다.

제자들이 예수에게 왜 선생님은 비유를 들어 가르치시는지 물었을 때, 그는 이렇게 답했다. "그들은 보아도 보지 못하고 들어도 듣지 못하며 이해하지도 못하기 때문이다."

사정이 이럴진대, 청중이 생소하게 느끼는 어떤 주제에 대해 말할 경우, 그 옛날 군중들이 예수의 말을 이해했던 것보다 더 쉽게 현대의 청중들이 당신의 말을 알아듣기를 기대할 수 있을까?

그럴 수 없을 것이다. 그럼 어떻게 해야 하는가? 이와 유사한 상황에서 예수는 어떻게 했는가? 그는 상상할 수 있는 가장 단순하고 자연스러운 방법으로 이 문제를 해결했다. 즉, 그는 사람들이 모르는 것을 그들이 알고 있는 것에 비유하는 방법을 사용했다. 천국은 어떻게 생겼을까? 팔레스타인의 그 무지몽매한 농부들이 그것을 어찌 알겠는가? 그래서 예수는 그것을 설명할 때 그들에게 친숙한 물체와 활동을 끌어왔다.

"천국은 마치 여자가 가루 서말 속에 갖다 넣어 전부 부풀게 한 누룩과 같으니라."

"천국은 마치 좋은 진주를 구하는 상인과 같으니……."

"천국은 바다에 던져놓은 그물과 같으니……."

명쾌하다. 알아듣기 쉽다. 군중 속의 아낙네들은 매주 누룩을 사용했고, 어부들은 매일 바다에서 그물질을 했으며, 상인들은 진주를 사고 팔았다.

다윗은 여호와의 인자하심과 자비를 어떻게 묘사했는가?

여호와는 나의 목자시니 내게 부족함이 없으리로다. 그는 나를 푸른 풀밭에 누이시며 잔잔한 물가로 인도하시는도다. ……

그 황량한 불모의 땅에 푸르게 펼쳐진 목초지, 양들이 목을 축이는 잔잔한 물가 …… 그 유목 민족들이 쉽게 그려낼 수 있는 장면이다.

여기 이 원칙을 활용한 다소 놀랍고도 흥미로운 예가 있다. 선교사들이 성경을 아프리카의 적도 근처에 사는 한 부족의 방언으로 번역하고 있었다. 그들은 '너희 죄가 진홍같이 붉을지라도 눈같이 희어지리라'는 구절에 이르게 되었다. 이걸 어떻게 옮긴다? 문자 그대로? 안 된다. 이 부족들은 2월 아침에 길에서 눈을 치워본 적이 없었다. 심지어 그들의 언어에는 눈이라는 말조차 없었다. 그들은 아마 눈과 콜타르의 차이도 몰랐을 것이다. 그러나 그들은 툭하면 코코아 야자나무에 올라가 점심 식사용으로 열매를 흔들어 떨어뜨렸다. 그래서 선교사들은 모르는 것을 알고 있는 것에 비유하여 설명한다는 원칙에 따라 문제의 구절을 이렇게 번역했다. "너희 죄가 진홍같이 붉을지라도 야자 열매의 속살처럼 희어지리라." 이런 상황에서는 이 이상 더 적절한 표현을 찾기도 힘들 것이다.

미주리 주 워렌버그에 소재한 주립 교육대학에서 어떤 강사가 알래스카에 관해 강연하는 것을 들은 적이 있다. 그는 여러 면에서 명확하지도 않았고 재미도 없었다. 그것은 아프리카 선교사들과는 달리 그 강사는 청중들이 잘 알고 있는 사실에 견주어 설명을 풀어가지 못했기 때문이다. 일례로, 그는 알래스카의 총 면적은 590,804제곱마일이고, 인구는 64,356명이라고 말했다.

보통 사람들에게 50만 제곱마일은 어떤 의미로 다가올까? 너무 막연하고 종잡을 수 없게 느껴질 것이다. 그들은 제곱마일 단위로 생각하는 데 익숙하지 않아 머릿속에 명확한 그림이 떠오르지 않는다. 그들은 50만 제곱마일이 메인 주나 아니면 텍사스 주 정도의 크기인지 전혀 감을 잡을 수 없다. 그러나 그 강사가 이런 식으로 설명했다고 가정해보라. "알래스카와 그곳 섬들의 해안선을 모두 합친 총 길이는 지구를 한 바퀴 돈 거리보다 더 길며, 면적은 버몬트, 뉴햄프셔, 메인, 매사추세츠, 로드아일랜드, 코네티컷, 뉴욕, 뉴저지, 펜실베이니아, 델라웨어, 메릴랜드, 웨스트버지니아, 노스캐롤라이나, 사우스캐롤라이나, 조지아, 플로리다, 미시시피, 그리고 테네시를 모두 합한 지역보다 더 넓다." 이렇게 하면 사람들이 알래스카의 크기가 어느 정도인지 쉽게 감을 잡을 수 있지 않겠는가?

그는 또 알래스카의 인구가 64,356명이라고 했다. 이 인구 수치를 5분, 아니 1분 동안이라도 머리에 기억할 수 있는 사람은 열 명 중 한 명도 되지 않을 것이다. 왜 그럴까? '육만 사천삼백오십육'이라고 후다닥 말해버리면 듣는 사람의 머리에 뚜렷한 인상을 남기지 못하기 때문이다. 해변가 모래 위에 쓰인 글씨처럼 흐릿하고 불안정한 인상만을 남길 뿐이다. 이어지는 내용에 집중되는 관심의 파도는 이내 그 정보를 싹 지워버린다. 그 수치를 청중에게 익숙한 어떤 것에 견주어 제시했더라면 더 좋지 않았을까? 예를 들어보자. 세인트조지프라는 도시는 그 청중들이 살고 있는 미주리 주의 작은 마을에서 그리 멀지 않았다. 그들중 많은 사람들이 그 도시에 가본 적이 있었고, 그 당시 알래스카의 인구는 세인트조지프보다 만 명 정도 더 적었다. 이보다 훨씬 더 좋은 방법은 알래스카를 지금 연사가 강연하는 바로 그 고장에 견주어 소개하는 것이다. 가령, 다음처럼 말했다면 연사의 말이 한층 명확하게 먹혀들지 않았을까? "알래스카는 미주리 주보다 여덟 배나 크지만, 인구는 고작해야 바로 이곳 워렌버그에 사는 인구 수의 열세 배밖에 되지 않습니다."

다음에 예시된 a와 b, 두 개의 진술 중에서 어느 것이 더 명확한가?

a. 지구에서 가장 가까운 별은 35조 마일 떨어져 있다.
b. 지구에서 가장 가까운 별까지 기차가 1분에 1마일 속도로 달릴 경우, 그곳에 도착하는 데 4,800만 년이 걸린다. 만약 누군가 그 별에서 노래를 부르고 그 노랫소리가 지구로 여행할 경우, 우리 귀에 그 소리가 닿기까지는 380만 년이 흐른 뒤다. 그리고 지구에서 그곳까지 거미줄로 이을 경우, 500톤 무게의 거미줄이 필요할 것이다.

a. 세계에서 가장 큰 교회인 성 베드로 성당은 길이가 212미터에 너비는 110미터다.
b. 성 베드로 성당은 워싱턴의 국회의사당과 같은 건물 두 개를 합쳐놓은 것과 같은 크기이다.

올리버 로지 경은 일반 대중을 상대로 원자의 크기와 성질을 설명할 때 이 방법을 즐겨 사용한다. 그가 유럽 청중에게 물 한 방울에 들어 있는 원자의 개수는 지중해가 담고 있는 물방울 개수만큼이나 많다고 설명하는 것을 들은 적이 있다. 그의 청중들 중에는 일주일에 걸쳐 지브롤터에서 수에즈 운하까지 항해해본 사람들이 많았다. 청중들이 좀 더 실감나게 느끼도록 하기 위해 그는 물 한 방울에는 지구상의 풀잎 개수만큼이나 많은 원자가 들어 있다고 설명했다.

리처드 하딩 데이비스는 뉴욕 시민을 상대로 성 소피아 사원은 "대략 5번가 극장의 관객석만 하다."고 설명했다. 그는 이탈리아 풀리아 지방의 도시인 브린디시는 "뒤에서 보면 꼭 롱아일랜드 시와 비슷하다."고 말했다.

여러분도 앞으로는 이 방법을 활용하라. 만약 거대한 피라미드를 묘사할 경우, 먼저 그것이 136미터라고 말하고, 그 다음에는 청중들이 매일 보는 어떤 건물과 비교하여 그 높은 정도를 설명하라. 기단의 넓이를 설명할 때는 '시내 블록 몇 개 정도의 넓이다' 하는 식으로 말하라. 어떤 액체의 양을 설명할 때도 몇 천 갤런이니 수백 배럴이니 하는 식으로 말하는 대신, 가령 '지금 우리가 앉아 있는 이 방 몇 개를 채울 만한 분량이다' 하는 식으로 이야기하라. '6미터 높다'라고 말하는 대신, 이 천정의 한 배 반 높이라고 말하는 게 어떨까? 거리를 말할 때도 마일이나 킬로미터 단위를 동원하는 대신, '여기서 무슨 역까지, 또는 몇 번가까지 정도의 거리다'라고 표현하는 것이 더 명확하지 않겠는가?

전문용어를 피하라

만약 여러분이 상당히 기술적인 성격의 일을 하고 있다면, 가령 여러분이 변호사, 의사, 공학자, 또는 고도로 전문화된 업무 분야에 종사하고 있다면, 문외한들을 상대로 말할 때 두 배로 더 신경을 써서 평이한 언어로 표현하고 필요한 세부 정보를 제공하도록 해야 한다.

나는 두 배로 더 신경을 쓰라고 말했다. 왜냐하면 업무의 일환으로 나는 바로 이 점에서 비참하게 실패한 수백 건의 연설을 들었기 때문이다. 연사들은 자신의 전문 분야에 대해 일반 대중은 완전히 까막눈일 수 있다는 사실을 전혀 의식하지 못하는 듯했다. 그러니 그 결과가 어떻겠는가? 그들은 자신의 생각이나 자신의 경험과 관련된 표현을 사용해가며 자신에게만 의미 있는 말들을 두서없이 지껄여댈 뿐이었다. 그러나 관련 지식이 없는 일반인에게 그들의 말은 마치 6월의 장대비가 새로 쟁기질한 아이오와와 캔자스의 옥수수 밭을 후려친 뒤의 미주리 강물만큼이나 희뿌옇게 다가올 뿐이다.

그럼 이런 연사는 어찌해야 하는가? 그는 인디애나 주의 전 상원의원인 베버리지의 다음 충고를 잘 읽고 가슴에 새겨야 한다.

청중 중에서 가장 우둔해보이는 사람을 골라 그가 당신의 주장에 흥미를 갖게끔 해보는 것이 좋은 연습이 될 수 있다. 이것은 사실에 대한 명확한 진술과 명쾌한 논증에 의해서만 가능하다. 훨씬 더 좋은 방법은 부모와 함께 있는 어린아이를 연설의 중심 대상으로 삼는 것이다.

스스로에게-그리고 원한다면 청중에게 큰 소리로-이렇게 말하라. '나는 어린아이도 이해하고 기억할 수 있을 정도의, 그래서 모임이 끝난 후 이 아이가 자신이 들은 말을 다시 되풀이할 수 있을 정도로 그렇게 알아듣기 쉽게 설명하겠노라'고.

나는 이 강좌의 수강생이던 한 의사가 연설 중에 "횡경막 호흡은 장의 연동운동에 매우 유익하며 건강에 도움이 된다."고 말하는 것을 들은 적이 있다. 그는 이 부분을 그 한 문장으로 대충 처리하고 다음 주제로 넘어가고자 했다. 그래서 나는 의사의 연설을 제지시키고, 횡경막 호흡이 다른 종류의 호흡과 어떻게 다르며, 왜 그것이 특별히 건강에 좋은지, 그리고 연동운동이 무엇인지 등을 명확히 아는 사람들은 손을 들어보게 할 것을 요청했다. 실상을 확인한 의사는 깜짝 놀라 다시 원점으로 되돌아가 다음과 같이 부연 설명을 했다.

횡경막은 가슴 아래쪽을 형성하는 얇은 근육으로 폐의 바닥과 복강의 천정 부위에 자리하고 있습니다. 활동을 하지 않고 가슴호흡 중일 때, 그것은 뒤집어놓은 세면기처럼 구부러진 모양입니다.

배로 호흡할 경우 이 활 모양의 근육은 호흡할 때마다 아래로 밀려 내려가 거의 평평해지게 되며, 이때 배 근육은 벨트를 압박하게 됩니다. 이렇게 아래쪽으로 가해지는 횡경막의 압력은 복강 위쪽에 위치한 기관들, 즉 위, 간, 췌장, 비장, 태양신경총(명치) 등을 마사지하고 자극하게 됩니다.

다시 숨을 내쉴 때 위와 내장은 횡경막 쪽으로 길려 올라가면서 다시 마사지를 받습니다. 이런 마사지는 배설작용을 촉진하게 되죠.

건강 악화는 대부분 내장에서 비롯됩니다. 위와 내장이 깊은 횡경막 호흡을 통해 적절한 자극을 받는다면 대부분의 소화불량, 변비, 자가중독 등의 문제는 사라지게 될 것입니다.

명쾌한 연설을 위한 링컨의 비법

링컨은 누구나가 즉시 분명하게 이해할 수 있도록 표현하는 것을 매우 좋아했다. 의회에 보낸 첫 메시지에서 그는 '사탕발림(sugar-coated)'이란 표현을 사용했다. 링컨의 사적인 친구였던 인쇄업자 드프리는, 그 표현이 일리노이에서 가두연설할 때 써먹기에는 괜찮겠지만, 역사에 남을 정부 문서에 기록되기에는 격이 떨어진다고 지적했다. 그때 링컨은 이렇게 대답했다. "이보게 친구, 혹시 사람들이 '사탕발림'이란 말을 이해하지 못할 때가 오면 바꿔코겠지만, 그게 아니면 그냥 그대로 두겠네."

그는 녹스 대학 학장이던 걸리버 박사에게 자신이 어떻게 평이한 언어에 대한 '열정'을 갖게 되었는지 다음과 같이 설명했다.

아주 어린 시절, 작은 꼬마였을 때부터 저는 누군가가 알아듣기 힘들게 말을 하면 짜증을 내곤 했었어요. 살아오면서 이것 외에 다른 이유로 화를 냈던 일은 없던 것 같습니다. 하지만 그때나 지금이나 이런 경우를 당하면 항상 화가 납니다. 어렸을 적, 이웃들이 제 아버지와 나누는 이야기를 듣고 난 후 저는 제 작은 침실로 들어가 방 안을 한참 서성이며 그 어른들이 한 말이 정확히 무슨 뜻이었는지 알아내려고 끙끙댔던 일이 기억납니다. 이렇게 일단 궁금증이 생기면 그것이 풀릴 때까지 잠을 이룰 수가 없었어요. 그리고 고민하던 문제가 해결됐다 해도 그것을 누차 되풀이하여 내가 아는 어떤 아이라도 이해할 수 있을 정도의 쉬운 말로 표현할 수 있게 될 때까지 만족하지 않았죠. 저에게 그것은 일종의 열정이었고, 이후로도 식어 본 적이 없었습니다.

뉴 살렘의 교장이었던 멘토 그레이엄이 증언한 것을 보면 확실히 그것은 열정이라 부를 만했던 것 같다. 그는 이렇게 말했다. "링컨은 어떤 생각을 표현하는 세 가지 방법 중 어느 것이 가장 좋을까를 놓고 여러 시간을 고민하곤 했다."

사람들이 명확하게 표현하지 못하는 아주 흔한 이유는, 그들이 말하고자 하는 내용이 그들 자신에게조차 분명하지 않기 때문이다. 말하자면 그들의 머릿속도 흐릿한 인상과 불명료하고 모호한 생각들로 뒤범벅되어 있는 것이다. 이러니 카메라가 물리적인 안개 속에서 제 구실을 못 하듯이 그들의 마음도 당연히 정신적인 안개 속을 헤맬 수밖에 없는 것이다. 그들은 링컨이 그랬던 것처럼 모든 애매함과 모호함을 상대로 전쟁을 치를 각오를 해야 한다.

시각에 호소하라

4장에서 살펴보았듯이 눈에서 뇌로 연결된 신경들은 귀로 연결되어 있는 것보다 여러 배 더 많다. 과학이 전하는 바에 따르면, 우리는 귀로 들리는 것보다 눈에 보이는 것에 25배나 더 즈의를 기울인다고 한다. 한 일본 속담은 '한 번 보는 것이 백 번 듣는 것보다 낫다'고 가르친다.

따라서 명료한 의미 전달을 위해서는 요점 사항을 머리에 그리며 당신의 생각을 시각화하라. 이것은 유명한 내셔널 캐시 레지스터사의 사장인 존 H. 패터슨의 계획이기도 했다. 그는 〈시스템 매거진〉에 자신이 직원과 영업 사원들에게 말할 때 사용한 방법들을 설명하는 기사를 실었다.

자신의 말을 이해시키며 청중의 관심을 끌고 지속시키기 위해서는 연설에만 의지해서는 안 된다고 생각한다. 어떤 극적인 보완 자료가 필요하다. 가능하면 옳은 방법과 그른 방법을 보여주는 그림으로 연설을 보강하는 것이 더 좋다.

단지 말보다는 도표가 더 설득력 있고, 도표보다는 그림이 더 설득력 있다. 한 주제를 제시하는 이상적인 방법은 각 부분이 그림으로 표현되고, 말은 단지 그들을 연결시키기 위해서만 사용하는 것이다. 나는 일찍부터 사람을 상대할 때는 어떤 말보다도 그림이 더 효과적이라는 사실을 깨달았다.

약간 기괴한 모양의 그림이 매우 효과적이다. …… 나는 하나의 완전한 만화, 또는 '도표 언어'의 체계를 갖추고 있다. 달러 표시가 들어 있는 원은 작은 돈을 의미하고, 달러가 표시된 가방은 많은 돈을 의미한다. 둥근 얼굴을 이용해도 좋은 효과를 많이 볼 수 있다. 원을 그린 다음 몇 개의 선을 휘갈겨 눈, 코, 입, 귀를 그려넣는다. 이 선들을 조금씩 비틀면 여러 가지 표정을 만들어낼 수 있다. 시대에 뒤떨어진 사람은 입가가 아래로 늘어져 있고, 활기차고 시대를 앞서가는 인물은 위쪽을 향한다. 그림은 수수한 편이지만, 가장 예쁜 그림을 그리는 사람이 꼭 최고의 만화가는 아니다. 중요한 것은 어떤 생각과 그에 대립되는 개념을 눈에 보이는 형태로 표현해낼 수 있느냐 하는 것이다.

나란히 놓인 큰 돈 가방과 작은 돈 가방 그림은 각각 옳은 방법과 잘못된 방법을 표시하는데, 하나는 많은 돈을 벌게 해주지만 다른 하나는 겨우 푼돈을 만지게 해준다. 말을 하면서 이런 그림을 빨리 그려낸다면 사람들의 마음이 허공을 헤매게 할 위험이 없다. 그들은 당신의 움직임을 주시할 수밖에 없고, 연속적으로 이어지는 몇 단계를 거쳐 전하려는 핵심 요점까지 순순히 끌려올 수밖에 없는 것이다. 다시 말하지만, 재미있는 그림은 사람들의 기분을 좋게 한다.

나는 전에 화가를 고용한 후 나와 함께 가게들을 돌아다니며 문제가 있는 부분들을 조용히 스케치하게 했다. 그리고 그 스케치를 그림으로 다시 그리고 직원들을 불러 그들의 문제가 정확히 무엇이었는지를 보게 했다. 입체 환등기에 관한 얘기를 듣고 나는 당장 하나를 구입하여 스크린 위에 그림들을 투사했다. 물론 종이 위에 그린 그림보다 화면 위의 그림이 한층 더 효과적이었다. 그 뒤에 영화가 나왔다. 나는 아마 내가 최초로 나온 영사기 중 하나를 구입한 사람일 거라고 믿는다. 현재 우리 회사에는 수많은 영화 필름과 6만 개가 넘는 컬러 환등기 슬라이드를 관리하는 큰 부서가 있다.

물론 그림이나 볼거리가 모든 주제나 상황에 다 적합하다는 말은 아니다. 그러나 할 수 있을 때는 그것들을 이용하라. 그것들은 주의를 끌고 관심을 자극하며 의미를 두 배나 더 명쾌하게 해줄 때가 많다.

록펠러, 동전을 쓸다

록펠러도 〈시스템 매거진〉의 칼럼을 통해 자신이 어떻게 시각에 호소하는 방법으로 콜로라도 연료 철강회사의 재정 상태를 명료하게 설명했는지를 밝혔다.

콜로라도 연료 철강회사의 직원들은 록펠러 가문 사람들이 그동안 회사 지분을 통해 엄청난 이익을 챙겨왔다고 생각했다. 수많은 사람들로부터 그렇게 들었던 것이다. 그 사실을 알게 된 나는 그들에게 정확한 상황을 설명했다. 우리가 회사와 관계해온 14년 동안, 회사는 보통주에 대해 한 푼의 배당금도 지급하지 않았다는 사실을 설명했다.

한 모임에서 나는 시각 효과를 동원해가며 회사의 재정 상황을 실감나게 보여주었다. 나는 테이블 위에 동전을 여러 개 꺼내놓았다. 먼저 나는 종업원의 임금에 해당하는 부분을 쓸어냈다. 회사에서 우선적으로 챙겨야 할 것이 바로 그것이기 때문이다. 이어서 임원들의 봉급을 나타내는 동전을 제하고, 그 다음 남아 있는 동전은 중역들 임금에 해당하는 것이었다. 그들을 마저 쓸어내자 주주들 몫의 동전은 하나도 남지 않았다. 그리고 나는 물었다. "여러분, 이 회사에서 우리는 모두 동업자인 셈인데, 그들 중 셋이 모든 수익을 다 가져가고-수익이 크든 작든 말이죠-나머지 하나는 땡전 한 푼 못 건진다는 게 말이 됩니까?"

설명이 끝난 후 한 사람이 임금이 인상돼야 한다는 발언을 했다. 나는 그에게 물었다. "동업자 한 사람은 한 푼도 못 받는데 당신만 더 높은 임금을 받는 것이 과연 공정한 겁니까?" 그는 그것이 공정한 게임으로 보이지 않는다는 사실을 인정했다. 그 뒤 나는 더 이상 임금 인상 운운 하는 얘기를 듣지 못했다.

시각적인 호소는 명확하고 구체적으로 하라. 지는 해를 배경으로 검은 윤곽을 드리운 수사슴의 뿔처럼 분명하고 뚜렷하게 돋보이는 정신의 그림을 그려라.

예를 들어, '개'라는 말은 비교적 이 동물의 명확한 그림이 떠오르게 한다. 그것은 코커스패니얼 종일 수도 있고, 스코치테리어, 세인트버나드, 또는 포메라니아 종일 수도 있다. 내가 '불독'이라고 말할 때, 여러분의 머릿속에 얼마나 더 명확한 상이 잡히는지 확인해보라. 이 말이 '개'보다는 더 구체적이다. 그런데 이보다 '얼룩무늬 불독'이라고 말하면 그림이 한층 더 선명해지지 않는가? 그냥 '말'이라고 하는 것보다 '셔틀랜드 종의 검정 조랑말'이라고 특화하는 것이 더 생생하지 않는가? 그냥 '닭'보다 '다리가 부러진 흰색 밴텀 수탉'이란 표현이 훨씬 더 분명하고 또렷한 이미지를 그리게 하지 않는가?

핵심 내용은 말을 바꿔 재진술하라

나폴레옹은 반복이야말로 유일하게 진실한 수사학의 원칙이라고 선언했다. 그는 자신이 어떤 생각을 명확히 이해한다고 해서 그것이 항상 남들에게도 즉시 이해되는 것은 아니라는 사실을 알고 있었다. 그는 새로운 생각을 이해하는 데는 시간이 걸리며, 그 생각에 대한 지속적인 정신 집중이 필요하다고 여겼다. 한마디로, 그는 그 생각이 되풀이되어야 한다는 것을 알고 있었다. 이때 정확히 똑같은 말을 써서는 안 된다. 사람들은 그에 반발하게 되는데, 이는 당연한 일이다. 그러나 반복되는 생각이 새로운 언어로 표현되고 다양하게 변주될 때 청중들은 그것을 전혀 같은 말의 되풀이라고 생각하지 않을 것이다. 구체적인 예로, 브라이언은 이렇게 말했다.

자신도 이해하지 못하는 주제는 남들에게도 이해시킬 수 없습니다. 어떤 주제가 내 머릿속에 명료한 모습으로 자리 잡을수록, 남들의 머릿속에도 그것을 더욱 명료한 상으로 제시할 스 있는 것입니다.

이 말의 둘째 문장은 첫째 문장의 생각을 되풀이한 것에 불과하다. 그러나 이 문장들이 발언되면, 듣는 사람의 마음은 그것이 반복이라는 것을 알아볼 시간이 없다. 마음은 단지 전하려는 내용의 의미가 더욱 명확해졌다는 것을 느낄 뿐이다.

나는 강좌를 진행할 때마다 이 재진술의 법칙을 따르지 않아 의미가 애매하고 강한 인상을 주지 못하는 연설을 듣게 된다. 그러나 안타깝게도 초보자는 이 법칙에 대해 거의 나 몰라라는 식의 태도를 취한다.

일반적인 예와 구체적인 사례

자신의 논점을 명확하게 표현하는 가장 확실하고 쉬운 방법 가운데 하나는 일반적인 예와 구체적인 사례로 보완하는 것이다. 이 둘 사이의 차이점은 무엇인가? 그 말에서 드러나듯 하나는 일반적이고, 다른 하나는 구체적이다.

둘 사이의 차이를 설명하고 구체적인 예로 각각의 용도를 살펴보겠다. 가령, 이런 말이 있다고 하자. "전문직 종사자들 중 굉장히 높은 소득을 올리는 사람들이 있다."

이 말은 꽤 명쾌한가? 화자가 말하려는 것이 무엇인지 확실히 알겠는가? 아니다. 그리고 화자 자신도 이런 발언이 청중의 마음속에 어떤 생각을 떠오르게 할지 확신할 수 없다. 이 말을 들은 오자크 산속의 시골 의사는 5천 달러 수입을 올리는 한 작은 도시의 주치의를 생각할지 모른다. 성공한 광산 기술자에게 이 말은 동종 업계에서 연봉 10만 달러쯤 버는 사람을 떠올리게 할 수도 있다. 이처럼 이 진술은 너무 애매하고 느슨하다. 좀 더 단단하게 조일 필요가 있다. 화자가 말하는 전문직은 어떤 것인지, 그리고 '굉장히 높다'는 것은 어떤 뜻으로 한 말인지 알려면 몇 가지 세부 사항이 추가되어야 한다.

변호사, 프로 권투 선수, 작곡가, 소설가, 극작가, 화가, 배우, 그리고 가수들 중에는 미국 대통령보다 더 많은 돈을 버는 사람들이 있다.

이 정도면 화자가 뜻하는 게 뭔지 좀 더 분명해졌다고 볼 수 있지만, 아직도 구체성이 부족하다. 그는 일반적인 예를 제시했을 뿐, 구체적인 사례를 들지 않았다. '가수'라고만 했지 로자 폰셀, 키르스틴 플라그스타, 또는 릴리 폰스 등으로 특화하지 못했다.

따라서 이 진술도 여전히 다소간 모호하다. 우리가 구체적인 사례를 떠올릴 수는 없다. 그거야 화자가 청중을 위해 해야 하는 것 아닌가? 다음처럼 특정한 사례를 제시하면 훨씬 분명해지지 않겠는가?

유명한 법정 변호사 사무엘 운테메이어와 맥스 스튜어 같은 이들은 일년에 100만 달러의 수입을 올린다. 잭 뎀프시의 연 소득은 50만 달러에 이르는 것으로 알려져 있다. 교육 받지 못한 젊은 흑인 권투 선수인 조 루이스는 아직 20대인데, 50만 달러 이상을 벌었다. 어빙 베를린의 래그타임 음악은 그에게 매년 50만 달러를 가져다주는 것으로 알려져 있다. 시드니 킹슬리는 그의 희곡에 대한 인세로 일주일에 10만 달러를 벌었다. H. G. 웰스는 자서전에서 자기 펜이 3백만 달러를 벌게 해주었다고 털어놓았다. 디에고 리베라는 그림을 그려서 일 년에 50만 달러 이상 거둬들였다. 캐서린 코넬은 일주일에 5천 달러나 되는 영화출연료 제의를 계속 거부했다.

로렌스 티벳과 그레이스 무어는 연 수입 25만 달러를 올린 것으로 보도되었다.

자, 이제 이쯤 되면 청자는 화자가 정확하게 무슨 말을 하려고 했는지 아주 분명하고 생생하게 이해할 수 있지 않겠는가?

명확하게 말하라. 구체적인 예를 들라. 명확한 말은 확실한 이해에 도움을 주는 것 외에도 감동과 확신과 관심을 불러일으키는 데 기여한다.

산양과 뜀박질 시합을 하지 말라

윌리엄 제임스 교수는 교사들을 상대로 강연하면서 한 강의에서 한 가지 논점만을 다루라고 조언했다. 그리고 그가 말한 한 강의란 한 시간짜리를 말하는 것이었다. 그러나 최근에 나는 연설 시간이 3분으로 제한된 한 연사가 11가지 사항을 전하고 싶다면서 연설을 시작하는 것을 보았다. 한 가지 주제 당 16.1초 꼴이다. 생각 있는 사람이라면 이런 어리석은 시도는 엄두도 못 낼 것 같다. 물론 나는 여기서 극단적인 예를 들고 있다. 그러나 그 정도까지는 아니더라도 이런 식의 실수는 거의 모든 초보자들이 빠지는 함정이다. 가치 관광객에게 파리를 하루에 다 보여주는 안내원 같다. 하긴 미국 자연사박물관을 30분 만에 걸어서 주파하는 식으로 한다면 뭐 못할 것도 없을 것이다.

그러나 이 경우에는 무엇 하나 확실히 건지는 것도 없겠고, 또 재미도 없을 것이다. 많은 연설이 명확한 의미 전달에 실패하는 이유는, 연사가 주어진 시간에 얼마나 많은 분량을 소화하느냐를 놓고 마치 세계 기록이라도 세우려는 듯 열을 내기 때문이다. 그는 마치 산양처럼 잽싸고 날래게 이 주제에서 저 주제로 건너뛴다.

이 강좌에서 하는 연설은 시간 관계상 짧아야 한다. 그러므로 상황에 맞게 전할 내용을 잘 조절하라. 가령 노동조합에 대해 연설한다면, 3분이나 6분의 시간 안에 그것이 왜 생겼고 그들이 이용하는 방법은 무엇이며, 그들의 업적과 문제점은 무엇이고 산업 분쟁을 해결하는 방안은 어떤 것인지 등의 문제를 논하려고 하지 말라. 절대 안 된다. 만약 그런 시도를 했다가는 당신의 말을 제대로 알아듣는 사람이 한 명도 없을 것이다. 그것은 너무 혼란스럽고 흐릿하고 피상적이며, 마치 연설의 소제목들만 나열하는 꼴이 될 것이다.

그럴 바에야 노동조합의 어떤 한 가지 문제만 택해서 그것을 충분하게 다루고 설명하는 것이 현명하지 않겠는가? 이런 종류의 연설은 단일한 인상을 남겨놓는다. 또 그것은 명확하고 알아듣기 쉬우며 기억하기도 쉽다.

그러나 한 주제의 몇 가지 측면을 다 다루어야 할 경우에는 흔히 끝에 가서 간략하게 요약하는 것이 바람직스럽다. 이 방법이 실제 효과가 있는지 살펴보자. 다음은 이 장의 요약이다. 이것을 읽는 것이 우리가 지금까지 배운 내용을 더 분명하고 이해하기 쉽게 하는 데 도움이 되는가?

의미를 명확히 하는 법

....

1 명확한 의미 전달은 매우 중요하며 종종 아주 어렵다. 그리스도는 자신이 비유를 들어 가르쳐야 했다고 말했다. 그것은 "저들이 보아도 보지 못하고 들어도 듣지 못하며 이해하지도 못하기 때문이다."

2 그리스도는 모르는 것을 잘 알려진 것에 견주어 설명함으로써 그 의미를 전달했다. 그는 천국을 누룩이나 바다에 던져넣은 그물, 진주를 구하는 상인에 비유하며 "너희들도 가서 그리하라."고 했다. 알래스카의 크기가 어느 정도인지 청중들이 확실히 감을 잡게 하고 싶으면 제곱마일 단위로 나타내지 말고, 그 지역이 몇 개 주를 합한 정도의 크기인지 밝히고 그 주의 이름들을 거명하라. 그리고 그곳의 인구는 지금 연설하고 있는 지역의 인구와 비교하여 표현하도록 하라.

3 일반 청중을 상대할 때는 전문용어를 피하라. 여러분의 생각을 어린아이도 이해할 수 있도록 최대한 평이한 말로 표현하라.

4 내가 전하고자 하는 내용은 먼저 내 마음속에서 정오의 태양처럼 뚜렷하고 확실하게 빛나고 있어야 한다.

5 시각에 호소하라. 가능하면 볼거리, 그림, 삽화 등을 이용하라. 그리고 명확성에 만전을 기하라. '오른쪽 눈 위에 검은 얼룩이 있는 폭스테리어'라고 구체적으로 묘사할 수 있는데, 그냥 에둘러서 '개'라고 말하지 말라.

6 주요 생각을 재진술하라. 그러나 똑같은 표현을 반복해서는 안 된다. 문장에 변화를 주고, 청중이 눈치채지 못하게 주제를 되풀이하라.

7 일반적인 예를 통해, 그러나 그보다 더욱 좋은 것은 특수한 경우와 구체적인 사례를 통해 추상적인 진술을 눈에 보이게 만들어라.

8 너무 많은 사항을 다루려고 하지 말라. 짧은 연설에서는 큰 주제의 한두 가지 논점으로 범위를 제한하고 그 이상 욕심내지 말라.

9 끝낼 때는 요점 사항들을 간략히 요약하라.

13

How To Be Impressive
And Convincing

인상적이고
설득력 있는
화법

"인생의 성공 열쇠는 사람의 마음을 움직이는 법을 아는 데 있다. 성공한 변호사, 상점 주인, 정치인, 또는 설교자가 되고 못 되고는 바로 이 능력이 결정한다."

_프랭크 크레인 박사

"말로 사람을 움직일 수 있는 능력이 지금보다 더 중요했던 적은 없었고, 그것이 하나의 성취로서 더 유용하고 더 높이 평가되었던 적도 없었다."

_케들스턴의 커즌 백작(옥스퍼드 대학교 총장)

"영원히 무지하려면 자신의 의견과 지식에 만족하면 된다."

_엘버트 허버드

"같은 주제와 내용이라도 남들이 단조롭고 맥 빠진 말투로 전달하는 것을 대중 연설가는 힘차고 매혹적으로 표현해낼 수 있어야 한다."

_키케로

"훌륭한 연설을 하기 위해 지속적인 노력을 기울이는 것만큼 사람의 잠재력을 그렇게 빨리, 또 그렇게 효과적으로 발휘되게 만드는 것은 없다. 사람이 대중 앞에서 즉흥적으로 어떤 생각을 표현해야 할 때, 그의 모든 능력과 역량이 냉혹한 시험대에 오르게 된다.

대중 연설 연습, 곧 자신의 모든 역량을 힘차고 논리적으로 전개하며 온 힘을 한곳에 집중시키려는 노력은, 잠자고 있던 자신의 모든 능력을 일깨우는 위대한 촉진제이다. 사람들의 주목을 받고 그들의 감정을 요동치게 하며 그들의 이성을 설득하는 데서 나오는 힘에 대한 의식은, 자신감과 독립심을 키워주고 야망을 일깨우며 모든 면에서 사람을 더 유능하고 효율적이게 한다.

자신을 표현하려는 노력 속에서 그 사람의 판단력, 교육, 인성, 성격 외에 한 인간을 구성하는 모든 요소들이 파노라마처럼 펼쳐진다. 또 그 노력 속에서 인간의 온갖 정신적 능력은 잠을 깨며, 생각과 표현의 모든 힘이 자극을 받고 활성화된다."

_오리슨 스웨트 마든 박사

인상적이고 설득력
있 는   화 법

✤ 13 ✤

아래에 소개하는 노스웨스턴 대학교 총장 월터 딜 스콧의 말은 매우 중요한 심리학적 발견의 의미를 지니고 있다.

> 인간의 마음속에 들어오는 모든 생각, 개념, 또는 결론은 그와 상반되는 어떤 생각과 충돌하지 않는 한 진실한 것으로 여겨진다. …… 만약 누군가에게 어떤 생각을 주입시키려 할 경우, 그의 마음속에 그와 배치되는 생각들이 떠오르지 못하게 할 수만 있다면, 주입하고자 하는 생각의 진실성을 그에게 납득시키는 수고는 안 해도 된다. 만약 내가 여러분에게 '미국제 타이어는 좋은 타이어다'라는 문장을 읽게 하고, 여러분 마음에서 이에 반대되는 생각이 고개를 쳐들지 않는다면, 여러분은 별다른 증거 없이도 미국제 타이어는 좋은 타이어라고 그냥 믿어버릴 것이다.

여기서 스코트 박사가 말하는 것은 바로 암시의 힘이다. 그것은 공석에서든 사석에서든 남 앞에서 말하는 사람이 활용할 수 있는 가장 강력한 힘 중의 하나다.

첫 크리스마스 때 동방박사들이 베들레헴의 별을 따라나서기 3백 년 전, 아리스토텔레스는 인간은 논리가 명하는 대로 움직이는, 이성적인 동물이라고 가르쳤다. 이때 그는 인간에게 입에 발린 소리를 한 것이다. 순수한 이성에 기초한 행동은 아침 식사 앞에서 낭만적인 생각을 하는 것만큼이나 일어나기 힘든 일이다. 우리 행동의 대부분은 암시의 결과다.

암시는 증거를 내세우지 않고도 마음이 어떤 생각을 받아들이게 만든다. 내가 여러분에게 "로열 베이킹파우더는 정말 순수하다"고 말해놓고, 그것을 증명하려 하지 않는다면 나는 암시의 방법을 이용하는 것이다. 만약 내가 그 제품을 분석하고 그와 관련된 유명 요리사들의 증언을 제시하였다면, 나는 내 주장을 증명하려는 것이다.

다른 사람의 마음을 움직이는 데 성공하는 사람들은 논쟁보다는 암시에 더 많이 의존한다. 판매 기법이나 현대의 광고는 주로 암시에 기반을 두고 있다.

무엇을 믿기는 쉬워도, 의심하기는 참 어렵다. 우리가 어떤 것을 의심하고 지적함으로써 의문을 제기하려면 경험과 지식과 사고 행위가 필요하다. 어린아이에게 산타클로스가 굴뚝을 타고 들어온다거나, 미개인에게 천둥은 신이 진노한 것이라고 말해보라. 그러면 그들은 이런 주장에 의문을 품을 정도의 지식이 쌓이기 전까지는 그런 주장을 진짜로 받아들일 것이다. 인도의 수백만 국민들은 갠지스 강물은 신성하고 뱀은 신이 변신한 모습이며, 소를 죽이는 것은 사람을 죽이는 것만큼이나 나쁜 짓이라고 철썩같이 믿고 있다. 그들에게 쇠고기 구이를 먹는 것은 식인 행위와 다를 바 없다. 그들이 이런 터무니없는 믿음을 갖는 것은 그것이 증명되었기 때문이 아니라, 암시에 의해 그들의 뇌리에 깊이 새겨졌기 때문이며, 이런 믿음에 의문을 제기하는 데 필요한 지성과 지식과 경험을 갖추지 못했기 때문이다.

우리는 그들을 비웃는다. '이런 불쌍하고 어리석은 사람들 같으니!' 그러나 실상을 깊이 들여다보면 우리의 대다수 의견이나 소중한 믿음들, 신조, 삶의 기반이 되는 행동 원칙들이 사실은 이성적 사고보다는 암시의 결과라는 사실을 발견하게 될 것이다.

비즈니스 분야에서 구체적인 예를 찾아보자. 우리는 애로우 칼라, 로열 베이킹파우더, 하인츠 피클, 골드 메달 밀가루, 아이보리 비누 등을 각각 동종 제품 중 최고는 아니라도 대표적인 상품에 속하는 것으로 간주하고 있다. 왜 그런가? 이렇게 판단할 만한 타당한 이유라도 있는가? 사실 우리 대부분이 그런 이유 같은 것은 전혀 없다. 이들 브랜드의 제품과 경쟁사의 제품을 꼼꼼히 비교해본 적이 있는가? 그것도 아니다. 우리는 아무런 증거도 제시되지 않은 것들을 그냥 믿게 된 것이다. 논리가 아니라, 편견이나 선입관에 물든 반복된 주장들이 우리의 믿음을 형성한 것이다.

인간은 암시의 노리개이며, 이것을 부정할 수는 없다. 만약 여러분과 내가 생후 6개월째에 미국의 요람에서 옮겨져 위대한 브라마푸트라 강둑에 사는 한 힌두인 가정에서 양육되었다면, 우리는 유아 시절부터 소는 신성한 동물이라는 가르침을 받고 자랐을 것이다. 우리 역시 바나나시 거리에서 소를 만나면 그에게 입맞춤할 것이다. 우리 역시 비프스테이크를 먹는 '기독교의 개들'을 공포의 눈길로 바라볼 것이며, 원숭이 신과 코끼리 신, 나무 신과 돌의 신들에게 경배할 것이다. 결국 우리의 믿음은 이성과는 별 상관이 없으며, 그것을 형성한 것은 거의 전적으로 암시와 지리적 환경이다.

우리 대부분이 매일같이 얼마나 암시에 의해 영향을 받는지를 평범한 예를 통해 살펴보자.

당신은 이제까지 커피가 몸에 해롭다는 말을 여러 차례 들어왔다. 그래서 커피 마시기를 중단할 생각이라고 가정해보자. 어느 날 당신은 자주 가는 식당에 저녁을 먹으러 간다. 그곳의 종업원이 판매 수완이 부족하여 손님의 심리를 제대로 읽어내지 못하면, 아마 "커피 드시겠어요?"라고 물을 것이다. 이렇게 물으면 당신의 마음은 마시느냐 마느냐를 놓고 잠시 갈등한다. 물론 당신의 자제력이 승리할 수도 있다. 당장 미각을 충족시키는 것보다는 소화가 잘되게 하는 쪽을 선택할지 모른다.

그러나 만약 종업원이 표현을 부정적인 쪽으로 슬쩍 비틀어 "커피 안드실 거죠?"라고 물으면, 당신은 "예, 안 마셔요."라고 답하기가 훨씬 쉬울 것이다. 종업원이 당신 마음속에 심어준 부정적인 생각을 바로 행동으로 연결시키면 되는 것이다. (센스 없고 교육 받지 못한 판매 사원은 잠재 고객에게 이런 부정적인 제안을 한다는 얘기를 들어본 적 없는가?)

그러나 종업원이 "커피를 지금 드실 건가요, 나중에 드실 건가요?"라고 질문한다고 가정해보자. 어떻게 될 것 같은가? 종업원은 당신이 커피를 원할 것은 기정사실이라고 가정했다. 그는 언제 커피를 마실 건가에 당신의 온 관심이 집중되게 한다. 그래서 그는 당신의 마음에서 언제 커피를 마시느냐 이외의 다른 생각들이 떠오르는 것을 어렵게 만들며, 커피를 주문한다는 생각을 쉽게 행동으로 옮길 수 있는 여건을 조성한다. 그 결과는? 당신은 사실 전혀 의도하지도 않았는데 "지금 가져오세요."라고 말해버린다.

이런 일은 나도 경험한 적이 있었고, 이 글을 읽는 대부분의 독자도

다 경험한 일이다. 이런 일과 비슷한 수많은 일들이 매일 발생한다. 백화점에서는 매장 직원들로 하여금 손님에게 "이거 가져가실 건가요?"라고 묻도록 교육시킨다. 그 이유는 "굴건은 배달시켜드릴까요?"라고 물으면 즉시 백화점 배달 비용이 증가한다는 사실을 알게 되었기 때문이다.

마음속에 들어오는 모든 생각은 진실로 간주되는 경향이 있을 뿐 아니라, 행동으로 옮겨지기도 한다는 것은 잘 알려진 심리적인 사실이다. 가령 우리는 알파벳의 한 글자를 생각할 때마다 무의식적으로 그것을 발음하는 데 사용되는 근육들을 아주 미세하게나마 움직이게 된다. 뭔가를 삼킨다는 상상을 할 경우에도 그 운동을 할 때 사용되는 근육을 아주 조금이라도 움직인다는 것이다. 이런 움직임은 우리가 의식하지는 못할지 모르지만 이런 근육의 반응을 잡아낼 수 있을 정도로 섬세한 기계에 의해 포착된다. 여러분이 마음속에 생각하는 모든 일을 행동으로 옮기지 않는 유일한 이유는 또 다른 생각-그 일의 무익함, 비용, 수고, 불합리함, 위험 등-이 반작용하여 그 충동을 억눌러버리기 때문이다.

우리의 전략

결국 사람들이 우리의 생각을 받아들이게 하거나 우리의 암시에 따라 행동하게 하려면 그들의 마음에 어떤 생각을 심은 후에 그와 모순되거나 배치되는 생각이 움트지 못하게 막는 것이다. 이 작업을 능란하게 해내는 사람이 말도 잘하고 사업에서도 성공할 것이다.

심리학의 도움

이 문제와 관련하여 심리학이 우리에게 도움이 될 수 있을까? 물론이다. 우선, 어떤 생각이 전염성이 강한 열정과 진심 어린 감정이 담긴 상태로 제시될 때, 여러분 마음에 그것과 상충되는 다른 생각이 떠오를 가능성이 크게 줄어든다는 사실을 체험해본 적이 없는가? 나는 '전염성이 강한'이란 표현을 사용했다. 이것이 바로 열정의 속성이기 때문이다. 그것은 사람들의 비판적인 능력을 잠재우며, 모든 부정적이고 적대적인 생각을 확실히 박멸한다.

여러분의 목표가 강한 인상을 남기는 것이라면, 사람들의 생각을 일깨우는 것보다는 그들의 감정을 자극하는 것이 더 효과적이라는 사실을 유념하라. 차가운 관념보다는 뜨거운 감정이 훨씬 힘이 세다. 청중의 감정을 흔들어놓으려면 매우 진지하고 진심이 느껴지도록 해야 한다. 불성실은 연설에서 가장 중요한 힘을 앗아가 버린다. 온갖 미사여구를 동원해도, 갖가지 예를 제시해도, 아무리 목소리가 좋고 제스처가 세련되어도, 그 말에 진심이 담겨 있지 못하다면 그 모든 것은 공허하고 겉만 번지르르한 장식이나 울리는 꽹과리에 불과할 뿐이다. 만약 청중을 감동시키고 싶다면 먼저 당신 자신이 감동을 받아야 한다. 청중에게 말하는 것은 당신의 입이라기보다, 당신의 눈을 통해 빛나고 목소리를 통해 전해지며 태도를 통해 저절로 그 실체를 드러내는 당신의 영혼이다.

당신의 생각을 사람들이 이미 믿고 있는 것과 연계시켜라

한 무신론자가 윌리엄 페일리에게 신은 없다고 선언하면서 이 영국 목사에게 자신의 주장을 반증해보라며 도전장을 던졌다. 페일리는 매우 차분하게 자기 시계를 꺼내더니 덮개를 열고 그 무신론자에게 시계의 내부 장치를 보여주면서 이렇게 말했다.

만약 내가 선생에게 저 지레와 바퀴와 스프링들이 저절로 생겨나, 저절로 서로 조립되고, 저절로 움직이기 시작했다고 말한다면, 선생은 내 지능을 의심하지 않을까요? 물론 선생은 저 머리가 돌았다고 생각할 겁니다. 하지만 하늘의 별을 보십시오. 그 수많은 별들이 제각각 완벽하게 정해진 궤도를 따라 움직이고 있지요. 지구와 태양 둘레의 행성들, 그리고 전체 성군의 무리가 하루에 백만 마일 이상의 속도로 내달리고 있습니다. 각각의 별은 자체의 세계를 거느린 또 다른 태양으로, 우리의 태양계처럼 우주 공간을 질주하고 있습니다. 그럼에도 서로 간에 충돌을 일으키지 않으며, 방해도, 혼란도 전혀 없습니다. 그 모든 별들이 조용히, 효율적으로, 잘 통제된 상태로 움직이고 있습니다. 이 모든 현상이 그저 우연에 불과하다고 믿는 것이 더 쉬울까요, 아니면 누군가가 그렇게 되도록 만들었다고 믿는 것이 더 쉬울까요?

제법 인상적이지 않는가? 이 목사는 어떤 기법을 사용했는가? 10장에서 언급했듯 그는 먼저 서로 공감할 수 있는 객관적인 사실을 언급하는 것에서 시작하여 상대방이 '예'라고 답하게 했고 그의 의견에 동의하게 했다. 그런 연후에 차츰 신에 대한 믿음은 시계 제조공의 존재를 믿는 것만큼이나 단순하고 필연적이라는 논리를 전개해나갔다.

그가 처음부터 상대방의 말에 반박하는 태도를 보였다고 상상해보라. "신이 없다고? 이런 어리석은 사람 같으니! 당신은 지금 자신이 무슨 말을 하고 있는지도 모른다고." 이렇다면 무슨 일이 일어났겠는가? 틀림없이 한바탕 요란하고 무익한, 침 튀기는 설전이 오갔을 것이다. 그 무신론자는 자신의 신념을 지키겠다는 맹렬한 투지에 불타 그의 불경한 마음을 더욱 다잡았을 것이다. 왜 그렇겠는가? 로빈슨 교수가 지적했듯이 그것은 나의 의견이기 때문이다. 그 귀중하고 무엇과도 바꿀 수 없는 나의 자존심과 자부심이 위협을 받게 생겼는데 어찌 가만히 당하고만 있겠는가?

자부심은 인간성에서 매우 강한 폭발력을 지니고 있기 때문에 이것이 우리를 거스르지 않고 우리에게 유리하게 작용하도록 하는 것이 현명한 일일 것이다. 그럼 어떻게 할 것인가? 페일리 목사가 했던 것처럼 우리가 제안하는 것이 상대방이 이미 믿고 있는 어떤 것과 아주 흡사하다는 사실을 보여주면 된다. 그러면 상대방의 입장에서도 우리의 제안을 거부하기보다는 받아들이기가 더 쉬워질 것이며, 상대의 마음속에서 우리가 말한 것과 대립되는 생각이 떠올라 우리가 한 말이 공허한 메아리가 되어 흩어지는 것을 막을 수 있을 것이다.

페일리는 인간의 심리가 어떻게 작동하는지를 깊이 이해했다. 그러나 대다수 사람들은 다른 사람의 신념의 성채에 무혈입성할 수 있는 이런 주도면밀한 능력을 결여하고 있다. 그들은 이 성채를 빼앗으려면 정면으로 치고 들어가면서 맹공을 퍼부어야 한다고 잘못 생각한다. 그럼 어떻게 되겠는가? 공격이 시작되는 순간 도개교가 들어올려지고 육중한 성문은 굳게 닫힌 후 빗장이 채워지며 갑옷 입은 궁수들이 긴 화살을 뽑아들 것이다. 그야말로 치열한 접전이 전개된다. 그러나 이런 싸움은 항상 무승부로 끝난다. 어떤 문제에 대해서든 그 어느 쪽도 상대를 설득할 수 없게 되어 있다.

성 바울의 기지

우리가 내세우는 이 방법은 전혀 새로운 것은 아니고 이미 오래전에 성 바울이 써먹은 바 있다. 마스 언덕에서 아테네인들을 상대로 행한 유명한 연설에서 그는 이 방법을 매우 노련하고 솜씨 있게 활용했기 때문에, 그로부터 1,900년 이후의 시대를 사는 지금의 우리에게도 찬탄

이 절로 나오게 한다. 그는 완전한 교육을 받은 사람이었고, 기독교로 개종한 후에는 탁월한 웅변술을 통해 기독교의 대표적인 옹호자가 되었다. 어느 날 그는 아테네에 도착했다. 페리클레스 이후의 당시 아테네는 영광의 전성기를 지나 쇠락의 길에 접어들고 있었다. 성경은 이 시기의 아테네를 이렇게 묘사한다.

모든 아테네인과 그곳에 살던 이방인들은 오직 새로운 이야기를 하거나 듣는 일로 시간을 보냈다.

라디오도 전보도 AP 통신의 긴급 타전도 없는 상황에서 당시의 아테네 사람들은 매일 오후 뭔가 새로운 것을 낚아채기가 쉽지 않았을 것이다. 이때 바울이 왔다. 여기 뭔가 새로운 것이 있었다. 그들은 바울 주위에 몰려들었고, 즐거워하고 호기심을 느끼며 관심을 보였다. 그들은 그를 아레오파고스 언덕으로 데려간 후 말했다.

그대가 말하는 이 새로운 가르침에 대해 알려줄 수 있겠소? 그대의 말은 우리 귀에 생소한 것이라 이것이 무엇을 뜻하는지 알고 싶소.

즉, 그들은 연설을 청했고 바울은 이에 기꺼이 응했다. 사실 그것은 그가 이곳에 온 목적이기도 했다. 시작하기 전에 아마 그는 나무 받침대나 돌 위에 서서 모든 훌륭한 연사들도 처음에는 그렇듯이 약간 불안해 하며 손바닥을 비비고 헛기침을 했을지 모른다.

그러나 바울은 그들이 자신에게 연설을 청하면서 했던 말들이 그다지 마음에 썩 들지는 않았다. '새로운 가르침'이니 '생소한 것'이니 하는 말들은 일종의 독약과 같은 것이었다. 그는 이런 생각들을 뽑아버려야 했다. 왜냐하면 그것들은 적대적이고 상충되는 의견들이 자라날 수 있는 비옥한 토양이었기 때문이다. 그는 자신의 믿음을 생소하고 이질적인 것으로 제시하지 않고, 사람들이 이미 믿고 있는 것과 연계시키면서 둘 사이의 유사성이 부각되기를 바랐다. 이렇게 하면 부정적인 생각이 움트는 것을 막을 수 있을 것이었다. 그러면 어떻게 해야 한다? 그는 잠시 생각에 잠겼고, 곧 묘안이 떠올랐다. 그는 이렇게 불멸의 연설을 시작했다.

> 아테네 시민 여러분, 여러 면에서 여러분은 미신에 빠져 있는 것처럼 보입니다.

어떤 번역본들은 '여러분은 매우 종교적인 분들입니다'로 되어 있기도 한데, 나는 이것이 더 낫고 더 정확하다고 생각한다. 그들은 여러 신을 숭배했고 매우 종교적이었으며, 그것을 자랑스러워했다. 바울은 그들에게 찬사를 보냈고 그들을 기쁘게 했다. 그러자 그들도 그를 향해 문을 열기 시작했다. 대중 연설의 주요 기법 중 하나는 어떤 예를 통해 진술을 보강하는 것이다. 바울은 바로 그렇게 했다.

> 제가 지나오면서 여러분이 예배하는 곳들을 살펴보았는데, 그곳에서 '미지의 신에게'라고 새긴 글씨가 있는 제단을 발견했습니다.

이것은 분명 아테네인들이 매우 종교적이라는 사실을 증명해준다. 그들은 많은 신들 중에서 어떤 신에게 불경을 저지를지 몰라서 매우 우려했기 때문에 알 수 없는 신을 위한 제단을 따로 세웠다. 이것은 모든 무의식적이고 의도하지 않은 불경과 무례에 대비한 일종의 총괄 보험

증서 같은 것이었다. 바울은 이 특별한 제단을 언급함으로써 자신이 괜히 입에 발린 말을 하는 것이 아님을 시사했다. 그는 자신의 발언이 실제 관찰에 근거를 둔 진정한 이해에서 나온 것임을 보여주었다. 이제 지극히 적절하고 완벽한 서두가 이어진다.

저는 여러분이 알지도 못하면서 섬겨온 그 신을 이제 여러분께 알려드리고자 합니다.

여기에 새로운 가르침이나 생소한 것은 전혀 없다. 바울은 단지 그들이 의식도 못 하면서 숭배해온 한 신에 대한 몇 가지 진실을 알려주고자 했을 뿐이었다. 그들이 믿지 않는 것을 그들이 이미 열렬히 받아들이고 있는 것과 연계시키는 이런 방법은 아주 탁월한 기법이다.

바울은 구원과 부활의 가르침을 전했고, 한 그리스 시인의 시구를 인용했다. 그러고는 끝이었다. 전체 연설 시간은 2분도 채 안 걸렸다. 그를 조롱한 자도 있었지만, '그 이야기를 더 들어보고 싶다'고 한 사람들도 있었다.

말이 난 김에 하나 더 지적하자면 2분 연설의 장점 중 하나는 바울이 그랬듯이 한 번 더 말해달라는 요청을 받을 수도 있다는 사실이다. 전에 필라델피아의 한 정치인은 연설할 때 유념해야 될 주요 원칙은 '짧게 하고 빨리 끝내는 것'이라고 내게 말한 적이 있다. 이 경우 성 바울은 두 가지 모두를 성공적으로 해냈다.

성 바울이 아테네에서 활용한 이 기법은 오늘날의 똑똑한 기업인들에 의해 판매 상담과 광고에서 이용된다. 가령 아래의 글은 최근 내 책상에 배달된 한 구매 권유 편지의 일부기다.

올드 햄프셔 본드의 종이와 가장 싼 종이와의 가격 차이는 장당 0.5센트도 안 됩니다. 만약 귀하가 귀하의 고객이나 잠재 고객에게 1년에 10통의 편지를 쓴다고 해도 올드 햄프셔 종이를 썼을 때 발생되는 추가 비용은 한 차례 교통 요금에도 못 미치는 수준이며, 이는 5년에 한 번꼴로 고객에게 괜찮은 시가 한 대를 선물하는 비용도 안 되는 수준입니다.

1년에 한 번 고객의 차비를 대주거나 10년에 두 차례 하바나 시가를 제공하는 정도의 일을 누가 굳이 마다하겠는가? 그럴 사람은 없을 것이다. 올드 햄프셔 본드 종이를 사용했을 때의 추가 비용이 겨우 그 정도에 불과하다는 것인데, 이쯤 되면 고객의 마음속에서 가격이 터무니없이 비싸다는 생각이 조성될 여지를 차단하기에 충분하지 않은가?

숫자 놀음

이와 아주 유사하게 상당히 큰 금액도 긴 시기에 걸쳐 그것을 분할하고, 하찮아 보이는 일상의 비용과 대조하는 방법으로 작아 보이게 만들 수 있다. 예를 들어, 한 생명보험사의 사장은 회사 영업 사원들에게 연설하면서 다음과 같은 방식으로 보험료가 비싸지 않다는 느낌이 들게 만들고 있다.

30세 미만의 남자는 직접 구두를 닦아서 매일 5센트의 비용을 줄이고, 그렇게 절약한 돈을 보험에 투자함으로써 사망 시에 그의 가족에게 1천 달러를 남길 수 있습니다. 매일 25센트 상당의 시가를 피우는 34세의 남자는 그 돈을 보험에 투자함으로써 가족의 곁에 더 오래 머물 수 있을 뿐 아니라, 그들에게 3천 달러의 유산을 더 남겨줄 수 있습니다.

반면 적은 금액은 그 액수를 한데 모으는 방법으로 상당히 큰 금액처럼 보이게 만들 수 있다. 한 전화회사의 임원은 자투리 시간들을 합하는 방법으로 뉴욕 시민들이 전화를 즉시 받지 않음으로써 허비되는 시간이 얼마나 엄청난지를 강렬하게 전달했다.

연결되는 전화 통화 100건당 7건은 수신자가 전화를 받기까지 시간이 1분 이상 지체됩니다. 이런 식으로 매일 28만 분이 낭비됩니다. 6개월 동안 뉴욕에서 이렇게 허비되는 시간을 전부 합하면 대략 콜럼버스가 아메리카를 발견한 이후부터 현재까지의 모든 근무 일수를 합한 것과 비슷해집니다.

숫자를 인상적으로 표현하는 방법

단순한 숫자나 양은 그 자체로만 보면 전혀 인상적이지 않다. 그들은 어떤 실례와 함께 제시되어야 한다. 가능하다면 우리의 경험, 특히 최근의 경험이나 감정적 체험과 연계되어 표현되어야 한다. 일례로, 올더맨 람베스는 런던 자치구 의회에서 근로 조건을 주제로 연설할 때 이 방법을 활용했다. 그는 연설 도중 갑자기 멈추더니 시계를 꺼내고는 아무 말도 안 하고 1분 12초 동안 그저 멍하니 청중을 쳐다보기만 했다. 청중은 자리에서 불안하게 몸을 뒤틀며 의아한 표정으로 번갈아 연사와 서로를 쳐다보았다. '어떻게 된 거지? 연사가 갑자기 정신이 나갔나?' 다시 말을 시작한 올더맨은 이렇게 선언했다. "여러분이 방금 자리에 앉은 채 조바심 내며 보낸, 영원처럼 느껴진 72초의 시간은 보통의 노동자가 벽돌 한 장 쌓는 데 걸리는 시간입니다."

이 방법의 효과는 정말 대단해서 곧 세계 전역으로 그 내용이 타전되었고 해외의 신문에까지 기사화되었다. 그것은 건설업 통합 노조가 즉시 '우리의 존엄성을 모독한 데 대한 항의의 표시로' 파업을 지시했을 정도로 그 위력이 대단했다.

다음 두 개의 진술 중 어느 것이 더욱 강렬한 힘으로 의미를 전달하는가?

1. 바티칸에는 방이 1만 5천 개나 있다.

2. 바티칸에는 방이 너무 많아 40년 동안 매일 돌아가며 방을 바꿔써도 못 자는 방이 있을 정도다.

다음 중 어느 방법이 영국이 세계대전 중 지출한 엄청난 양의 돈을 더 인상적으로 표현하는가?

1. 영국은 전쟁 중에 약 70억 파운드, 미화로는 340억 달러의 전비를 쏟아 부었다.

2. 4년 반에 걸친 세계대전 동안 영국이 지출한 비용이 필그림 파더스가 플리머스의 바위에 상륙한 이후 지금까지 매분마다 34달러를 쓴 돈을 합한 분량이라면 놀라겠는가? 하지만 이것은 거짓말이다. 실제는 그보다 훨씬 엄청나다.

세계대전 중에 영국이 뿌린 돈은 콜럼버스가 미국을 발견한 이후 지금까지 밤낮을 가릴 것 없이 1분에 34달러꼴로 써댄 돈의 양과 맞먹는다. 놀라운가? 그러나 실제는 이보다 훨씬 많다.

영국이 세계대전 동안 지출한 금액은 1066년 노르망디 공 윌리엄이 잉글랜드를 쳐들어와 정복한 이후부터 매분마다 34달러를 쓴 규모에 상당하다면 놀라 입을 벌리겠는가? 하지만 아직 입을 벌리기에는 이르다. 실제는 이보다 훨씬 많다.

영국은 세계대전 동안 그리스도가 탄생한 이후부터 지금까지 매분마다 34달러를 쓴 비용을 합한 정도의 돈을 지출했다. 달리 말해, 영국은 세계대전 중에 340억 달러를 지출했는데, 이는 그리스도 탄생 이후 약 10억 분의 시간이 흘렀다는 말이다.

재진술의 효과

바꿔 말하기 방법은 우리의 주장에 도전하는 적대적인 생각들이 고개를 쳐들 때, 그것을 내려치기 위해 휘두를 수 있는 또 다른 방망이다. 유명한 아일랜드 웅변가 다니엘 오코넬은 이렇게 말했다. "정치적 진실은 한두 번, 심지어는 열 번을 주장한다고 해도 대중은 그것을 받아들이지 않는다." 오코넬은 청중과 대중을 상대한 경험이 풍부했다. 그의 증언은 진지하게 숙고할 여지가 있을 것이다. 그는 계속 말했다. "정치적 진실을 사람들의 뇌리에 각인시키기 위해서는 끊임없는 반복이 필요하다. 같은 것을 되풀이해서 들음으로써 인간은 자기도 모르게 그것을 자명한 진리와 연관시킨다. 그러다가 결국 그 반복 주입된 내용은 그들의 마음 한구석에 둥지를 틀게 되며, 마치 신앙으로 자리 잡은 종교적 믿음처럼 그것에 대해 더 이상 의심을 품지 않게 된다."

히램 존슨은 오코넬이 한 말의 의미를 정확히 꿰뚫고 있었다. 그가 7개월 동안 캘리포니아를 오가며 자신의 모든 연설을 다음과 같은 똑같은 예측으로 마무리한 것도 바로 그런 이유 때문이다.

친구 여러분, 잊지 마십시오. 제가 다음 번 캘리포니아 주지사가 될 거라는 사실을. 그리고 그때, 저는 이 정브에서 윌리엄 F. 멀린과 남태평양 철도를 몰아내고 말 것입니다. 안녕히 가십시오.

존 웨슬리의 어머니도 오코넬이 한 말이 옳다는 것을 알고 있었다. 그래서 남편이 왜 자녀들에게 같은 말을 스무 번씩이나 반복하는 거냐고 물었을 때 그녀는 이렇게 대답했다. "왜냐하면 아이들은 내가 열아홉 번을 들려줄 때까지도 그 가르침을 깨닫지 못했기 때문이지요."

우드로 윌슨도 오코넬이 한 말의 의미를 알고 있었기에 자신의 연설에서 이 방법을 이용했다. 다음에서 마지막 두 문장은 첫 문장의 의미를 변주한 것에 불과하다는 사실을 주목하라.

지난 몇 십 년 동안 대학생들은 제대로 교육을 받지 못했습니다. 그 모든 가르침에도 불구하고 우리는 아무도 교육시키지 못하고 있는 것입니다. 열심히 뭔가를 가르치기는 하는데 정작 제대로 배운 사람은 한 명도 없습니다.

그러나 재진술의 방법이 이렇듯 훌륭한 효과를 거둘 수 있음에도, 이것이 미숙한 연사의 손에서 잘못 사용되면 자칫 위험한 도구로 변질될 수도 있음에 유의해야 한다. 표현력이 상당히 풍부하지 않으면 바꿔 말하기는 단조롭고 너무 뻔한 반복 놀음에 그치기 십상이다. 이는 치명적이다. 여러분의 그 어설픈 화법을 알아채는 순간, 청중은 곧 자리에서 몸을 비틀고 시계로 눈을 돌리기 시작할 것이다.

일반적인 예와 구체적인 사례

그러나 일반적인 예와 구체적인 사례를 제시할 경우에는 청중을 따분하게 만들 위험이 거의 없다. 더욱이 연설의 목적이 감동과 확신을 주는 것이라면, 이렇게 하는 것은 청중들을 집중시킬 수 있는 데 아주 효과적이다. 청중들은 딴생각을 할 틈도 없이 그 내용에 재미를 느끼게 될 것이다.

일례로, 뉴웰 드와이트 힐리스 박사는 한 강연에서 "불복종은 노예적 삶이고, 복종은 자유다."라고 선언했다. 이런 진술은 구체적인 예로 뒷받침되지 않으면 명확하지도 인상적이지도 못하다는 것을 알고 있었기에 그는 계속 말을 이었다. "불이나 물, 또는 산(酸)의 법칙에 불복하면 죽게 됩니다. 색채의 법칙에 순종함으로써 화가는 자신의 기술을 돋보이게 할 수 있습니다. 웅변가는 수사학의 법칙에 따를 때 더욱 힘찬 연설을 합니다. 철의 법칙에 순응할 때 발명가는 다양한 도구들을 만들어 낼 수 있습니다."

이런 예들은 확실히 연설에 힘과 감칠맛을 더해준다. 여기에 구체적인 사례를 더하면 생동감과 활력이 한층 더 배가되지 않을까? 이렇게 해보는 건 어떨까? "색채의 법칙에 순종함으로써 레오나르도 다빈치는 '최후의 만찬'을 그려냈습니다. 헨리 워드 비처가 그 감동적인 리버풀 연설을 할 수 있었던 것은 웅변술의 법칙을 따랐기 때문이었습니다. 철의 법칙에 복종함으로써 맥코믹은 수확기를 발명해냈습니다." 훨씬 낫지 않은가?

사람들은 연사가 구체적인 이름과 날짜를 제시해주는 것을 좋아한다. 그러면 원할 경우 그들이 직접 확인해볼 수도 있는 것이다. 이런 절차는 연사가 정직하고 진실하다는 느낌을 주고 신뢰감을 얻게 하며 깊은 인상을 남긴다.

가령, 내가 "많은 부자들은 매우 소박한 삶을 산다."는 말을 했다고 하자. 인상적인가? 그렇지 않다. 너무 모호한 발언이다. 그것은 여러분에게 어떤 확실한 느낌으로 다가오지 않고, 이내 머리에서 사라져버린다. 분명하지도 않고 재미있지도, 또 설득력 있지도 않다. 아마 신문에서 읽은, 부자들의 삶과 관련된 상반되는 성격의 기사들에 대한 기억이 이런 주장에 딴죽을 걸 것이다.

만약 내가 많은 부자들은 소박한 삶을 산다고 믿는다면, 나는 어떻게 그런 결론에 이르게 되었겠는가? 그야 몇 가지 구체적인 사례를 관찰한 결과일 테고, 청중들도 나처럼 믿게 만들 수 있는 가장 좋은 방법은 그런 구체적인 사례를 제시하는 것이다. 내가 본 것을 청중에게 보여줄 수만 있다면, 그들은 나와 같은 결론에 도달할지 모른다. 내가 특별히 강조하지 않아도 그들은 자기도 모르게 그렇게 믿게 될 것이다.

내가 제시하는 구체적인 사례와 증거를 통해 청중 스스로 발견하게 되는 결론은, 그 힘이 내가 아예 접시 위에 얹어 갖다 바치는 뻔하고 진부한 결론보다 두 배, 세 배, 혹은 다섯 배나 더 강할 것이다. 예를 들어 보자.

- 존 D. 록펠러 씨는 브로드웨이 26번가에 있는 사무실의 가죽 소파에서 매일 낮잠을 즐겼다.
- J. 오그덴 아무어 씨는 9시에 자고 6시에 일어나곤 했다.
- 한때 누구보다 많은 기업을 운영했던 조지 F. 베이커는 칵테일을 전혀 즐기지 않았다. 담배는 죽기 불과 몇 년 전에 시작했다.
- 내셔널 캐시 레지스터 컴퍼니의 사장인 존 H. 패터슨은 술과 담배를 전혀 안 했다.
- 미국 최대 은행의 은행장을 역임한 프랭크 밴더립은 하루에 두 끼만 먹는다.
- 해리만은 우유와 옛날식 생강 웨이퍼만으로 점심을 때웠다.
- 제이콥 H. 쉬프는 우유 한 잔으로 점심을 해결했다.

- 앤드류 카네기가 즐겨 먹은 음식은 오트밀과 크림이었다.
- 〈새터데이 이브닝 포스트〉와 〈레이디스 홈 저널〉의 주인인 사이러스 H. 포티스는 삶은 콩을 베이컨 등과 함께 구운 요리를 가장 좋아한다.

이 구체적인 사례들은 당신에게 어떻게 다가오는가? 이들이 부자들은 흔히 소박한 생활을 한다는 진술을 극적으로 표현해주는가? 그 진술의 진실성이 느껴지는가? 이런 사례들을 접하면 마음속에서 이에 역행하는 생각이 고개를 쳐들 가능성은 낮아지지 않겠는가?

축적의 원칙

한두 가지의 구체적인 예를 대충 언급하는 것으로 원하는 효과를 얻을 수 있다고 기대하지 말라.

필립스 교수는 『효과적인 연설』에서 이렇게 쓰고 있다.

맨 처음에 받은 감동의 느낌을 강화해주는 일련의 인상들이 계속 이어져야 하며, 마음은 끊임없이 처음의 그 생각에 관심이 집중되어야 한다. 쌓이고 쌓인 여러 경험들의 무게가 그 생각을 뇌의 조직 깊숙한 곳으로 밀어넣을 때까지 이 과정이 멈추어져서는 안 된다. 이 과정이 완성될 때 그 생각은 그의 일부가 되며, 세월도 여하한 사건도 그것을 지워버릴 수 없게 된다. 이 작업을 가능하게 하는 효과적인 원칙은 바로 축적이다.

이 축적의 원칙이 앞에서 부자들은 흔히 소박한 삶을 산다는 진술을 증명하기 위한 일련의 구체적인 사례들을 배열하는 데 어떻게 이용되었는지 주목해보라. 또 이 원칙이 72~74쪽에서 필라델피아가 '세계 최대의 일터'라는 것을 증명하기 위해 어떻게 이용되었는지도 눈여겨보라. 그리고 서스톤 상원의원이 다음 글에서 인간은 오직 힘에 의해서만 부정과 압제의 해악을 바로잡을 수 있었다는 사실을 입증하기 위해 이 원칙을 어떻게 활용했는지에 대해서도 유의하라. 만약 이런 구체적인 사례들 중 3분의 2가 생략되었다면 글의 효과가 어떠했겠는가?

우리가 인간의 존엄성이나 자유를 지키기 위한 싸움에서 힘 외의 다른 수단을 통해 이겨본 적이 언제 있었던가? 힘에 의하지 않고 어떤 부정과 불의와 압제의 장벽이 무너진 적이 있었던가?

힘은 완고한 왕으로 하여금 어쩔 수 없이 마그나카르타(대헌장)에 서명하게 했다. 독립선언서와 노예 해방령이 실질적인 효력을 낼 수 있게 한 것도 힘이었고, 맨손으로 바스티유의 철문을 부수고 수백 년 동안 자행해온 왕실의 악행에 복수의 칼을 휘두르게 한 것도 힘이었다. 힘은 벙커힐에 혁명의 깃발이 나부끼게 했고, 포지 계곡의 눈 위에 피 묻은 발자국을 남겼다. 또 힘은 실로(Shiloh)의 무너진 전선을 지켜내게 했고, 차타누가의 불길에 휩싸인 언덕을 기어오르게 했으며, 룩아웃 하이츠(Lookout Heights) 고원의 구름을 상대로 기습 공격을 감행케 했다. 셔먼 장군이 바다로 진군하도록 한 것도, 셰넌도어 계곡에서 셰리든 장군과 함께 말을 달린 것도, 애퍼매턱스에서 그랜트 장군에게 승리를 안겨준 것도 힘이었다. 그리고 힘은 연방을 지켜주었고, 성조기의 별들이 제자리를 지키게 했으며, '검둥이들'을 사람으로 만들어주었다.

시각적인 비교

여러 해 전, 브루클린 센트럴 YMCA에서 이 강좌를 듣던 한 학생이 연설 중에 그 전해에 있었던 화재 사건 때 불타버린 집들의 수를 언급했다. 그는 한 발 더 나아가, 만약 불타버린 집들을 나란히 세워놓으면 그 길이가 뉴욕에서 시카고까지의 거리만 할 것이고, 그 사건 때 희생된 사람들이 반 마일 간격으로 늘어선다면 시카고에서 브루클린까지의 길이가 될 것이라고 보강 설명을 했다.

그 당시 그 학생이 말해준 수치는 즉시 잊었지만, 그로부터 10년이 지난 지금, 별 노력을 들이지 않고도 나는 맨해튼 섬에서 일리노이 주의 쿡 카운티까지 줄지어 늘어서 있는 불타버린 건물들의 그림을 그려볼 수 있다.

왜 그럴까? 귀로 그려지는 청각적인 인상은 오래 유지되기 어렵기 때문이다. 그것은 너도밤나무의 미끄러운 껍질을 때려대는 진눈깨비처럼 이내 흔적도 없이 사라져버린다. 그러나 시각적인 인상은 어떨까? 몇 년 전 나는 다뉴브 강둑에 서 있던 한 오래된 집에 대포알이 박혀 있는 것을 본 적이 있다. 그것은 나폴레옹의 포병대가 울름 전투에서 발사한 것이었다. 시각적인 인상들은 바로 이 대포알과 같다. 그것들은 강렬한 충격을 수반하며, 우리 뇌리에 깊이 박혀 떨어져나가지 않는다. 그것들은 나폴레옹이 오스트리아군을 몰아낸 것같이, 대립되는 모든 암시들을 몰아내버린다.

무신론자의 질문에 대한 윌리엄 페일리 목사의 답변에 힘이 느껴지는 것은 상당 부분 그것이 시각적이기 대문이다. 버크는 미국 식민지에 대한 영국의 과세를 비난하는 연설을 했을 때 이 방법을 이용했다. 그는 예언자적인 비전을 가지고 이렇게 선언했다. "우리는 지금 양이 아니라 늑대의 털을 깎고 있습니다."

권위자를 등에 업어라

소년 시절 중서부에서 살 때 나는 양들이 지나가는 대문에 막대기를 가로로 걸쳐놓는 장난을 즐겼다. 처음 몇 마리의 양이 막대기를 뛰어넘은 후에 나는 그것을 치웠다. 그러나 그 뒤에 남아 있던 다른 양들은 모두 상상의 장애물 위를 뛰어넘어 대문을 통과했다. 그들이 그렇게 뛰어넘은 유일한 이유는 앞서 가던 양들이 그렇게 했기 때문이었다. 동물 중에서 양만이 이런 성향을 보여주는 것은 아니다. 우리들 거의 모두가 남들이 하는 것을 하려고 하며 남들이 믿는 것을 믿고, 유명 인사의 말은 의심하지 않고 받아들이려는 경향이 있다.

미국은행협회 뉴욕 지부에서의 한 학생도 다음과 같이 유명인의 말을 빌려서 절약에 관한 연설을 시작했는데, 그것은 확실히 현명한 선택이었다.

제임스 J. 힐은 이렇게 말했습니다. "당신이 과연 성공할지 여부를 쉽게 알아볼 수 있는 방법이 있다. 당신은 돈을 저축할 수 있는가? 할 수 없다면 아예 포기해라. 당신은 틀림없이 실패할 것이다. 당신이야 그렇게 생각하지 않을지 모르지만, 당신의 실패는 당신이 지금 살아 있는 것만큼이나 확실한 일이 될 것이다."

이렇게 제임스 J. 힐을 인용한 것은 힐 자신이 직접 와서 연설하는 것 다음으로 효과적인 방법이었다. 그 학생의 말은 인상적이었고, 그것의 힘은 그것에 배치되는 생각이 떠오르는 것을 차단하는 역할을 했다. 그러나 권위자의 말을 빌려올 때는 다음 네 가지 사항에 유의해야 한다.

1. 정확히 인용하라
다음 진술 중 어느 것이 더 인상적이고 설득력이 있는가?

a. 통계자료는 시애틀이 세계에서 가장 건강한 도시임을 보여준다.

b. "연방정부의 공식 사망률 통계에 따르면, 지난 15년간 시애틀의 연사망률은 천 명당 9.78명이었다. 반면, 시카고는 14.65명, 뉴욕은 15.83명, 뉴올리언스는 21.02명으로 집계되었다.

막연히 '통계자료는 ······' 식으로 시작하는 것을 경계하라. 무슨 통계란 말인가? 누가 왜 그 자료를 모았단 말인가? 조심하라. "숫자는 거짓말을 하지 않지만, 거짓말쟁이는 제멋대로 숫자를 주물럭댄다."

그리고 흔하게 쓰이는 '다수의 권위자들이 갈하듯이'라는 식의 표현도 애매하기는 마찬가지다. 어떤 권위자들을 말하는 것인가? 한두 사람의 이름을 직접적으로 거명하라. 만약 그들이 누구인지 모른다면 어떻게 그들이 한 말에 대해 확신을 가질 수 있겠는가?

명확성에 만전을 기하라. 그래야 사람들의 신뢰를 얻는다. 또 그것은 내가 지금 무슨 말을 하는지 확실히 알고 있음을 청중에게 증명하는 것이기도 하다. 시어도어 루스벨트도 애대한 것은 용납할 수 없다고 생각했다. 그래서 우드로 윌슨 정부 시절, 켄터키 주 루이빌에서 행한 연설에서 그는 다음과 같이 마지막에 인용구의 출처를 정확히 밝혔다.

윌슨은 선거 전에 자신의 연설에서나 정강 발표 때 했던 약속 모두를 거의 예외 없이 어겼기 때문에 심지어는 친구들조차 그의 약속 깨는 버릇을 웃음거리로 삼았을 정도였습니다. 의회 내 윌슨의 유력한 민주당 지지자들 중 한 사람은 윌슨의 선거 전 공약과 그를 대신하여 남발된 공약에 대한 정확한 진실을 아주 솔직하게 털어놓았습니다. 그러자 그는 일관성이 없다는 비난에 대해 "우리의 공약은 대선 승리용이었고, 결국 우리는 이겼다."라는 말로 응수했습니다. 이 발언은 제62대 국회 3차 회기의 의회 의사록 4618쪽에 나와 있습니다.

2. 인기 있는 사람의 말을 인용하라

우리가 무엇을 좋아하고 싫어하는 것은 우리가 생각하는 것 이상으로 자신의 신념과 더 관련이 있다. 나는 사무엘 언터마이어가 뉴욕의 카네기홀에서 사회주의 논쟁을 벌이는 동안 청중으로부터 야유를 받는 것을 보았다. 그의 말은 아주 정중했고, 사실 내가 볼 때는 별로 해로울 것도 없었으며 논조도 꽤 부드러웠다. 그러나 청중 대다수는 사회주의자들이었고, 그들은 그를 경멸했다. 그들은 그가 구구단을 인용했다 해도 그것의 진실성에 대해 시비를 걸었을 것이다.

반면 앞에 나온 제임스 J. 힐의 말을 인용한 것은 특별히 미국은행협회의 지부에서 써먹기에는 아주 적절했다. 왜냐하면 그 구레나룻을 기른 철도 건설업자는 금융 단체 사이에서 평판이 좋은 사람이었기 때문이다.

3. 그 지역 유력 인사의 말을 인용하라

만약 디트로이트에서 연설하게 된다면 디트로이트 사람의 말을 인용하라. 청중들은 그에 관해 찾아보고 조사해볼 수도 있다. 그들은 저 먼 곳의 잘 알지도 못하는 사람의 말보다는 같은 고장 사람의 말에 더 강한 인상을 받을 것이다.

4. 자격 있는 사람의 말을 인용하라

스스로에게 다음의 사항들을 자문해보라. '이 사람이 대체로 이 분야의 권위자로 인정되고 있는가? 왜 그런가? 그는 편견에 사로잡힌 증인은 아닌가? 그는 충족시켜야 할 이기적인 목표를 갖고 있지는 않은가?'

한 학생이 브루클린 상공회의소에서 전문화에 관한 연설을 시작할 때, 앤드류 카네기의 다음 인용문을 사용했는데, 그것은 아주 현명한 선택이었다. 어째서 그런가? 그의 청중으로 참석한 기업인들이 그 위대한 강철 왕에 대한 변치 않는 존경심을 품고 있었기 때문이다. 게다가 사업 성공과 관련된 그의 말이 인용되었는데, 이는 카네기 평생의 경험과 관찰을 감안할 때 그가 충분히 말할 만한 자격을 갖춘 주제였던 것이다.

나는 어떤 분야에서든 특출하게 성공하기 위한 확실한 길은 그 분야의 달인이 되는 것이라고 믿는다. 자신의 역량을 여기저기 분산시키는 방식은 별로 신뢰하지 않는다. 나는 경험을 통해 여러 분야에 머리를 기웃거렸던 사람치고 돈을 버는 데 뛰어난 능력을 보였던 사람은 거의 만나보지 못했다. 특히 제조업 분야에서는 단 한 사람도 못 보았다. 성공한 이들은 한 분야를 선택한 후 거기에 일로매진한 사람들이었다.

인상적이고 설득력 있는 화법

....

마음속에 들어오는 모든 생각, 개념, 또는 결론은 그것과 대립되는 생각의 제지를 받지 않는 한 진실한 것으로 여겨진다.”

따라서 말하는 목적이 사람들에게 감동과 확신을 심어주는 것일 때, 우리의 전략은 두 가지가 된다. 첫째, 우리 자신의 생각을 표현하고, 둘째, 그 생각이 무익하고 공허한 것이 되지 않도록 청중의 마음에서 적대적인 생각이 고개를 쳐들지 못하도록 하는 것이다.

다음은 그런 목적을 달성하는 데 도움이 되는 8가지 제안들이다.

1 남을 설득하려고 하기 전에 먼저 자신부터 설득시켜라. 여러분의 말에서 청중에게 전염될 정도의 열정이 느껴지게 하라.

2 내가 사람들에게 전하려는 것이 그들이 이미 믿고 있는 것과 얼마나 유사한지를 보여라(예 : 페일리 목사와 무신론자의 논쟁, 아테네의 성 바울, 올드 햄프셔 본드 종이).

3 요점은 말을 바꿔 재진술하라(예 : 히램 존슨, “나는 차기 캘리포니아 주지사가 될 것입니다.” 우드로 윌슨, “우리는 아무도 교육하지 못하고 있습니다.” 등).

숫자를 전달할 때는 예를 들어 보강하라. 가령, 영국은 세계대전 동안 340억 달러를 지출했는데, 이는 그리스도 탄생 이후 지금까지 매

4 일반적인 예를 이용하라(예 : 힐리스 박사, "화가는 색채의 법칙에 복종할 때 자신의 기술을 제대로 발휘할 수 있다." 등).

5 특정하고 구체적인 사례를 제시하라(예 : "많은 부자들은 아주 소박한 삶을 산다. …… 프랭크 밴더립은 하루에 두 끼 식사만 한다.").

6 축적의 원칙을 이용하라. "특정 생각을 뒷받침하는 구체적인 경험들을 연달아 제시함으로써 그 축적된 경험의 무게가 듣는 이의 뇌리 깊숙한 곳에 그 생각을 박아넣게 하라."(예 : '완고한 왕실이 마지못해 마그나카르타에 서명하게 한 것은 바로 힘이었다." 등).

7 시각적인 비교를 활용하라. 귀로 그려지는 청각적인 인상은 쉽게 지워지지만, 시각적인 인상은 깊이 박힌 대포알처럼 생명이 길다(예 : 브루클린에서 시카고까지 한 줄로 늘어선 불타버린 집들).

8 사심 없는 권위자의 힘을 빌려 당신의 말을 보강하라. 루스벨트가 그랬던 것처럼 인용할 때는 정확성에 만전을 기하라. 인기 있는 사람이나 해당 지역 출신 인사의 말을 킬려오고, 특정 주제에 관해 말할 만한 자격이 있는 사람의 말을 인용하라.

14

How To Interest
Your Audience

청중의
흥미를
돋우는 법

"글로 하는 것이든 말로 하는 것이든 모든 의사소통에는 관심의 한계선이라는 것이 있다. 만약 이 선을 넘어갈 수 있다면 최소한 일시적으로나마 세상은 우리에게 눈길을 보낸다. 그러나 만약 그 선을 넘을 수 없다면 그냥 물러나는 게 낫다. 세상은 우리에게 관심을 보이지 않을 것이다."

_H. A. 오버스트리트, 〈인간 행동을 조종하는 힘〉

"항상 뭔가 할 말을 갖고 있어라. 사람들은 할 말이 있는 사람과 할 말이 없으면 결코 입을 열지 않는 사람의 말에는 반드시 귀를 빌려준다. 입을 열기 전에는 언제나 내가 무슨 말을 하려는지 알고 있어야 한다. 만약 당신의 마음이 흐리멍덩한 상태라면, 청중의 마음은 한층 더 뒤죽박죽일 것이다. 항상 생각을 일정한 순서에 따라 정렬하라. 그 생각들이 아무리 단순하다 해도, 시작과 중간과 끝이 있으면 더욱 좋을 것이다. 무슨 일이 있어도 명확하게 할 것이며, 그게 무엇이든 당신의 의미가 청중에게 명료하게 전달되게 하라. 논쟁적 대화에 참여할 때는 상대가 어떻게 나올지를 예측하라. 그의 농담에는 진지하게 대꾸하고, 그의 진지함에는 농담으로 응수하라. 그리고 늘 당신이 상대하게 될 청중의 성격을 미리 파악해둬라. 절대로 청중의 입에서 하품이 나오지 않게 하라."

_브라이스 경

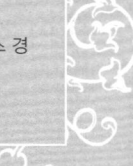

청중의 흥미를
돋 우 는 법

❧ I4 ❧

만약 여러분이 중국 어느 지역의 부잣집에 식사 초대를 받는다면, 식사가 끝난 후 어깨 너머로 그 집 마룻바닥에 닭고기 뼈와 올리브 씨앗을 던지는 것이 예의다. 그렇게 하는 것이 주인을 한껏 치켜세우는 행위가 된다. 즉, 그렇게 함으로써 여러분은 그가 부자라는 것과 그렇게 어질러놓아도 식사 후에 말끔히 치워놓을 하인들이 많다는 사실을 인정하는 셈이다. 그리고 주인은 이를 아주 흡족해 한다.

부잣집에서는 진수성찬 후에 남아도는 음식이야 신경 쓸 거리도 안 되겠지만, 중국 일부 지역의 가난한 사람들은 목욕물도 아껴 써야 한다. 물을 데우는 비용이 너무 많이 들기 때문에 그들은 더운 물을 파는 가게에서 그것을 사야 한다. 목욕을 마친 후에는 물을 다시 가져다가 애초에 구입했던 가게에, 말하자면 중고품으로 다시 되판다. 그런데 그 물은 두 번째 고객이 때를 벗겨놓은 후에도 계속 거래된다고 한다. 물론 좀 더 할인된 가격이기는 하지만 ······.

중국인의 삶에 관한 이런 사실들이 재미있게 느껴지는가? 만약 그렇다면 그 이유는 무엇일까? 그것은 그들이 우리와 다른 일상적인 모습을 보여주고 있기 때문이다. 그들은 식사나 목욕 같은 지극히 일상적인 일들이 매우 특이하게 전개되는 모습을 보여준다. 익숙하고 일상적인 것의 새로운 면, 바로 이것이 우리의 흥미를 자극한다.

다른 예를 들어보자. 여러분이 읽고 있는 이 책의 종이는 일상에서 아주 흔하게 볼 수 있는 것이다. 여러분은 이미 이런 종이를 수도 없이 보았다. 진부하고 뻔해보인다. 그러나 만약 내가 그것에 관한 특이한 사실을 말한다면 여러분은 거의 틀림없이 새로운 관심을 보일 것이다. 과연 그런가 한 번 보자. 여러분이 보고 있는 이 페이지의 종이는 고체처럼 보인다. 그러나 사실 이것은 고체라기보다는 거미집에 더 가깝다. 물리학자는 그것이 원자로 구성되어 있다는 것을 안다. 그럼 원자는 얼마나 작은가? 우리는 12장에서 물 한 방울에 들어 있는 원자 수는 지중해의 물방울 수만큼 많고, 지구상의 풀잎 개수만큼 많다는 얘기를 들었다. 그럼 이 종이를 이루는 원자는 무엇으로 구성되어 있을까? 원자보다 한층 더 작은 전자와 양자가 그것이다. 이 전자들은 모두 원자의 중앙에 있는 양자를 중심으로 회전하고 있다. 그리고 그 둘 사이의 거리는 상대적인 비례로 볼 때 지구와 달 사이의 거리만 하다. 이 소우주 속의 전자들은 1초에 대략 1만 6천 킬로미터라는 상상하기 힘든 속도로 자신의 궤도를 돌고 있다. 그러니까 여러분이 보고 있는 이 종이를 구성하는 전자들은 여러분이 바로 이 문장을 읽기 시작한 이후 뉴욕에서 도쿄 사이만큼의 거리를 움직였다는 말이 된다.

불과 2분 전만 해도 여러분은 이 종이가 움직일 수 없는 죽은 물체라고 생각했을 것이다. 그러나 사실 이것은 그야말로 신의 신비이며, 대폭풍의 힘을 지닌 진정한 에너지 덩어리인 것이다.

여러분이 지금 이 종이에 관심을 갖게 되었다면, 이는 그것에 대한 새롭고도 특이한 사실을 알게 되었기 때문이다. 바로 여기에 사람의 흥미를 돋우는 비결이 있다. 이것은 매우 중요한 진실로서, 우리는 일상의 모든 관계에서 이를 유용하게 활용할 수 있어야 한다. 완전히 새로운 것은 재미없다. 지극히 일상적인 것도 별 매력을 끌지 못한다. 우리가 원하는 것은 일상적인 것에 대한 뭔가 새로운 이야기다.

예를 들어, 일리노이 주의 농부에게 부르주의 대성당이나 모나리자에 대한 설명이 솔깃하게 들리겠는가? 그에게 이런 것들은 너무 낯설고, 그의 일상적인 관심사와는 너무 동떨어져 있다. 하지만 그에게 "네덜란드의 농부들은 해수면보다 낮은 땅을 경작하고, 도랑을 파서 울타리를 삼으며 다리를 세워 대문을 삼는다."와 같은 얘기를 해주면 그 농부는 아마 귀를 쫑긋 세울 것이다. 또 네덜란드의 농부들은 겨울 동안에 소들을 그들이 사는 집 안 한 지붕 밑에서 키우며, 가끔 소들은 레이스 커튼 사이로 휘날리는 눈발을 구경한다는 등의 이야기는 어떨까? 그 농부는 아마 입을 벌린 채 바짝 귓바퀴를 세울 것이다. 농부에게 소와 울타리는 일상적인 것이다. 그런데 그것이 완전히 새로운 모습으로 다가온다. 그는 신기해 하며 소리칠 것이다. "레이스 커튼이요! 소한테요! 원 세상에!" 그리고 그는 친구들에게도 그 이야기를 들려줄 것이다.

다음은 뉴욕 시에서 이 강좌에 참여했던 한 학생의 이야기다. 이 글이 여러분의 흥미를 돋우는지 살펴보라. 만약 그렇다면, 왜 그런지 알겠는가?

황산의 영향

액체의 양은 대개 파인트, 쿼트, 갤런, 또는 배럴 단위로 계량됩니다. 우리는 보통 포도주 몇 쿼트, 우유 몇 갤런, 당밀 몇 배럴 하는 식으로 이야기합니다. 새 유정이 발견되면 '하루당 생산량이 몇 배럴이다' 하는 식으로 말하지요. 그러나 굉장히 대량으로 제조되고 소비되기 때문에 톤을 계량단위로 사용하는 액체가 있는데, 그것은 바로 황산입니다.

여러분은 일상생활에서 아주 다양한 방식으로 황산과 접촉합니다. 만약 황산이 없다면 자동차는 달리지 못할 것이고, 여러분은 다시 예전의 짐 싣는 말이나 마차를 타고 다녀야 할 겁니다. 그것은 황산이 등유와 가솔린을 정제하는 데 광범위하게 사용되기 때문이죠. 여러분의 사무실을 밝히고 식탁을 비추며 밤에 침대에 가는 길을 밝혀주는 전깃불도 이것이 없으면 빛을 낼 수 없을 겁니다.

여러분이 아침에 일어나 씻기 위해 물을 틀 때 니켈로 도금한 수도꼭지를 사용하죠. 이것 역시 만들 때 황산이 필요합니다. 또 황산은 에나멜을 입힌 욕조의 마무리 공정 때도 필요합니다. 여러분이 매일 쓰는 비누는 어떻고요. 이놈 역시 황산 처리된 그리스나 기름으로 만들어졌을 겁니다. 여러분의 수건도 여러분을 만나기 전에 먼저 황산과 인연을 맺었습니다. 빗의 솔에도 이것이 필요하고, 셀룰로이드 빗도 이것 없이는 세상에 태어날 수 없었을 것이며, 면도칼도 틀림없이 가열 냉각된 후에는 황산에 의해 씻겨졌을 겁니다.

여러분은 속옷을 입고 겉옷의 단추를 채웁니다. 표백업자, 염료 제조업자, 그리고 염색업자도 황산을 사용했습니다. 단추 제조업자는 아마 단추를 완성하는 데 산이 필요하다는 것을 알았을 겁니다. 제혁업자는 여러분의 구두를 위한 가죽을 만들 때 황산을 썼으며, 구두를 닦을 때도 다시 이놈의 힘을 빌려야 합니다.

여러분 아침 식탁의 컵과 받침 접시도 완전한 백색이 아닌 이상, 황산의 도움이 없었다면 식탁에 오를 수 없었을 겁니다. 이것은 금박과 다른 장식용 착색제를 만들어내는 데도 사용됩니다. 여러분의 숟가락과 칼, 포크도 은도금을 한 것이 아니라면 모두 황산의 세례를 피하지 못한 것들입니다.

여러분의 빵을 만드는 원료인 밀은 아마 인산비료를 써서 재배된 것일 텐데, 이 인산비료를 제조할 때도 황산이 있어야 합니다. 혹시 메밀 팬케이크에 시럽을 곁들여 드신다면, 그 시럽에도 그게 들어가야 합니다.

결국 그것은 하루 온종일 여러분이 가는 곳마다 졸졸 따라다닙니다. 어디를 가든 여러분은 그놈의 손아귀에서 벗어날 수 없지요. 그것 없이는 전쟁도 할 수 없고 평화롭게 살 수도 없습니다. 이렇듯 인간과 떼려야 뗄 수 없는 관계인 이 물질이 보통 사람에게는 전혀 낯설다는 사실은 도저히 있을 수 없는 일처럼 보입니다. 하지만 이것이 실상입니다.

세상에서 가장 재미있는 것 세 가지

세상에서 가장 재미있는 주제 세 가지는 무엇이겠는가? 섹스, 재산, 그리고 종교다. 첫 번째 것을 통해 우리는 생명을 창조하고, 두 번째 것을 통해 그것을 유지하며, 세 번째를 통해 내생에서도 계속 그것을 이어갈 수 있기를 바란다.

우리의 관심 대상은 우리의 섹스이고, 우리의 재산이며, 우리의 종교다. 우리의 온 관심은 우리 자신의 자아를 중심으로 회전한다.

우리는 '페루에서 유언장을 작성하는 법'에 대한 이야기에는 시큰둥하겠지만, '우리의 유언장을 작성하는 법'에 대해서는 흥미를 느낄 것이다. 아마 호기심에서가 아니면, 우리는 힌두인들의 종교에 대해 별 관심이 없을 것이다. 그러나 다가올 세상에서 우리에게 영원한 행복을 보장해줄 종교에 대해서는 매우 강렬한 관심을 보인다.

노스클리프 경이 사람들은 무엇에 관심을 갖는가라는 질문을 받았을 때, 그는 바로 '자기 자신'이라는 한마디 말로 대답했다. 영국에서 가장 부유한 신문사 주인이었던 노스클리프에게 그것은 그리 어려운 질문이 아니었을 것이다. 여러분은 자신이 어떤 종류의 사람인지 알고 싶은 가? 이것은 참 재미있는 이야기 주제다. 지금 우리는 여러분에 대해 말하고 있는 것이다. 여기 여러분의 진정한 자아를 거울에 비춰서 그 실체를 있는 그대로 볼 수 있는 방법이 있다. 여러분의 환상을 주의하여 보라. 환상은 무엇을 말하는가?『마음의 형성』에서 인용한 제임스 하비 로빈슨 교수의 답변을 들어보자.

우리 모두는 자신이 보기에 깨어 있는 시간 내내 생각하고 있는 것처럼 보인다. 그런데 깨어 있을 때뿐만이 아니다. 비록 깨어 있을 때보다는 훨씬 더 엉뚱하지만, 우리 대부분은 잠을 자는 동안에도 계속 생각한다는 사실을 알고 있다. 어떤 실제적인 문제에 의해 방해를 받지 않는 한, 우리는 이른바 환상이라는 것에 몰입한다. 이것은 자연스럽고도 우리가 좋아하는 종류의 사고이다. 우리는 생각이 흐르는 대로 몸을 맡기며, 이 흐름의 방향은 우리의 희망과 두려움, 우리의 무의식적인 소망, 이런 소망의 충족과 좌절, 그리고 우리가 좋아하는 것과 싫어하는 것, 우리의 사랑과 증오와 분노에 의해 결정된다. 우리에게 우리 자신보다 더 흥미로운 주제는 없다. 다소간 강한 힘으로 통제되거나 조절되지 않는 모든 생각은 불가피하게 우리의 사랑하는 자아를 중심으로 회전할 수밖에 없다. 우리 자신과 다른 사람들에게서 나타나는 이런 경향을 관찰하는 것은 즐거우면서도 한편으론 안쓰러운 일이다. 우리는 이런 진실을 보고도 못 본 척 너그럽게 보아 넘기는 법을 배우게 되지만, 일단 마음먹고 이 문제를 생각하기로 들면 그것은 한낮의 태양처럼 강렬한 빛을 쏟아낸다.

우리의 환상은 우리의 근본적인 성격의 주요 지표를 형성한다. 그것은 흔히 숨어버리거나 잊혀진 경험에 의해 변형된 우리의 성격을 반영한다.

이 환상은 의심할 여지없이 그것의 주요 속성인 영구적인 자기 확대와 자기 정당화의 경향 속에서 우리의 모든 사고에 영향을 끼친다.

따라서 여러분의 청중들은 발등에 떨어진 당장의 어떤 문제로 신경 쓸 일이 없을 때는 대부분의 시간을 자기 자신에 대해 생각하고, 자신을 정당화하고 찬양하는 데 보낸다는 사실을 기억해야 한다. 보통 사람은 이탈리아가 미국에 진 빚을 갚는 문제보다는 요리사가 일을 그만두는 문제에 더 관심을 둔다는 사실을 잊지 말라. 남아프리카에서의 혁명보다는 무딘 면도날이 그의 신경을 더 잡아끌 것이다. 그에게는 50만 명의 생명을 앗아간 아시아의 지진보다는 자신의 치통이 더 괴로운 일이다. 그는 역사상의 위인들 10명의 얘기보다는 차라리 자신과 관련된 좋은 말을 듣기를 더 원할 것이다.

좋은 대화자가 되는 법

그 많은 사람들이 훌륭한 이야기꾼이 되지 못하는 이유는 그들이 자기에게 관심 있는 것들만 이야기하기 때문이다. 그것이 상대에게는 미치도록 따분한 주제일 수도 있는데 말이다. 이 과정을 뒤집어라. 상대방이 그의 관심, 그의 사업, 그의 골프 점수, 그의 성공에 대해, 또는 상대가 아이 엄마라면 그녀의 자녀들에 대해 말하도록 유도하라. 이렇게 하고 진지하게 귀 기울이면, 여러분은 그나 그녀에게 아주 기분 좋은 사람이 된다. 결과적으로 당신은 별로 말을 하지 않고도 즐거운 대화 상대자로 여겨질 것이다.

필라델피아의 해롤드 드와이트 씨는 최근에 대중 연설 강좌의 마지막 수업이랄 수 있는 한 연회에서 대단히 인상적인 연설을 했다. 그는 테이블에 둘러앉아 있는 모든 사람들에 대해 각각 차례로 돌아가면서 이야기했다. 강좌를 처음 듣기 시작했을 때 자신이 어떻게 말했고, 어떻게 실력이 개선되었는지를 언급했으며, 여러 동료 학생들이 했던 연설과 그들이 토론한 주제를 회고했고, 그들 중 몇 사람의 말투를 흉내 내고 그들의 특이한 버릇을 과장하기도 하여 모든 사람들이 웃고 즐거워 했다. 이렇게 훌륭한 재료를 가지고 어떻게 그가 실패할 수 있을까! 그것은 지극히 이상적인 주제였다. 이만큼 그들의 관심을 자극할 주제가 하늘 아래 또 어디 있겠는가! 드와이트는 인간성을 어떻게 요리해야 하는지를 아는 사람이었다.

2백만 독자를 끌어 모은 아이디어

몇 년 전, 〈아메리칸 매거진〉은 놀라운 성장을 기록했다. 이 잡지 발행 부수의 폭발적 증가는 출판계에 큰 화제를 불러일으켰다. 그리고 그 비밀의 중심에 존 M. 시달과 그의 아이디어가 있었다. 내가 시달을 처음 만났을 때, 그는 그 잡지의 '화제의 인물 부서'를 이끌고 있었다. 나는 그를 위해 기사를 몇 건 써준 적이 있었는데, 어느 날 그는 장시간 동안 내게 이런 이야기를 들려주었다.

사람들은 이기적입니다. 그들은 주로 자기 자신에 관심이 있죠. 그들은 정부가 철도를 국유화해야 하는지에 대해서는 별 관심이 없습니다. 그들이 알고 싶어하는 건 출세하는 법, 더 많은 돈을 버는 법, 건강을 유지하는 법 등이죠. 내가 이 잡지의 편집자라면 저는 그들에게 치아 관리법, 목욕하는 법, 여름을 시원하게 보내는 법, 일자리 얻는 법, 종업원 다루는 법, 집 사는 법, 잘 기억하는 법, 문법상의 오류를 피하는 법 따위를 알려줄 겁니다. 사람들은 항상 사람 사는 이야기에 관심을 갖습니다. 그래서 저는 부자에게는 그가 어떻게 부동산에서 백만 달러를 벌었는지를 얘기해달라고 할 겁니다. 저명한 금융인이나 여러 기업의 사장들로부터는 그들이 평범한 시작을 딛고 힘과 부를 소유하게 된 과정에 관한 이야기를 끌어낼 겁니다.

그 뒤 얼마 안 있어 시달은 편집장이 되었다. 당시 이 잡지의 발행 부수는 보잘것없었고, 거의 실패한 거나 다름없었다고 봐야 할 것이다. 새로 편집장이 된 시달은 자신이 하겠다고 말한 대로 했다. 이에 대한 사람들의 반응은 폭발적이었다. 발행 부수는 20만, 30만, 40만, 50만 이상으로 치솟았다. 여기에는 대중이 원하는 뭔가가 있었다. 곧 한 달에 백만 명이 잡지를 구매했고, 계속 150만, 드디어 200만으로 불어났다. 이 기세는 거기서 멈추지 않고 여러 해 동안 고공 행진을 이어갔다. 독자들의 이기적인 관심사에 호소한 시달의 전략이 그야말로 제대로 먹혀들었던 것이다.

콘웰 박사가 백만 청중을 사로잡은 법

세계에서 가장 인기 있는 강연인 '다이아몬드의 땅'이 그렇게 무성한 화제를 뿌린 비결은 무엇일까? 그것은 바로 우리가 지금까지 얘기해왔던 것이다. 존 M. 시달은 내가 방금 언급한 대화에서 이 강연에 대해서도 얘기했다. 그리고 나는 그 강연의 엄청난 성공이 그의 잡지가 나아갈 방향을 결정하는 데 얼마간 영향을 미쳤다고 생각한다.

그 강연은 결코 정적이지 않았다. 콘웰 박사는 강연의 내용을 자신이 연설하게 될 각 고장의 사정에 맞게 다듬고 보완했다. 이것은 매우 중요한 과정이었다. 해당 지역과 관련된 사실들을 언급하는 방법은 강연을 새롭고 신선해보이게 했고, 그 지역과 청중을 중요한 존재로 보이게 만들었다. 아래에서 그는 자신이 이 작업을 어떻게 했는지를 직접 들려준다.

나는 어떤 마을이나 도시를 방문할 때면 그곳에 미리 도착하여 우체국장, 이발사, 호텔 관리인, 학교 교장 선생님, 교회 목사님 등을 만나본다. 그리고 공장과 가게 몇 군데에도 들러 사람들과 얘기하며 그 지역의 현지 사정을 이해하고, 그들의 역사와 그들이 경험했던 행운과 실패의 내용을-어느 곳이나 실패하는 일이 꼭 있게 마련이므로-살핀다. 그런 연후에 강연에 들어가 그 지역의 상황에 적용되는 주제들에 대해 이야기한다. 그럼에도 '다이아몬드의 땅'의 기본 정신은 전혀 달라진 적이 없다. 그 기본 정신이란, 이 나라의 모든 사람들은 자신이 처한 환경에서 자신의 기술과 자신의 에너지와 자신의 친구들만을 가지고도 지금보다 더 발전할 수 있는 가능성이 있다는 것이다.

항상 주의를 끄는 연설 자료

우리가 사물이나 개념에 대해 다소 이론적인 이야기를 하면 사람들은 하품하며 들을 가능성이 높다. 하지만 사람에 대해 이야기하면 그들의 관심을 끄는 데 실패할 가능성이 거의 없다. 내일도 미국 전역의 뒷마당 울타리 너머로, 찻잔을 사이에 두고, 또는 식탁 위에서 무수한 대화가 오갈 텐데, 그 많은 주고받기의 주된 내용은 어떤 것일까? 바로 사람과 세상살이에 관한 것이다. 이 사람은 이런 말을 했고, 저 사람은 저런 일을 했으며, 나는 그녀가 이러저러한 일을 하는 걸 봤고, 누구누구는 떼돈을 벌었다더라 등이다.

나는 미국과 캐나다의 학교 학생들 앞에서 연설할 기회가 많았다. 그리고 곧 나는 그들의 관심을 붙잡아두려면 사람에 관한 얘기를 들려줘야 한다는 것을 경험을 통해 알게 되었다. 내가 화제의 방향을 좀 더 일반적인 쪽으로 돌려 추상적인 개념으로 옮겨갈라치면 아이들은 곧 답답해 하고 의자에서 몸을 뒤틀었으며, 누군가에게 얼굴을 찌푸리거나 통로 저쪽으로 뭔가를 던지곤 했다. 사실 이 청중은 아이들이었으니 당연한 일이기도 했다. 그러나 전쟁 중에 군대에서 실시한 지능검사는 미국민의 49퍼센트가 13살 어린이의 정신연령 수준이라는 놀라운 사실을 보여주었다. 따라서 사람 냄새 풍기는 이야기를 많이 활용한다고 해서 뭐가 잘못될 가능성은 거의 없다고 볼 수 있다. 수백만의 독자를 갖고 있는 〈아메리칸〉, 〈코즈모폴리턴〉, 〈새터데이 이브닝 포스트〉와 같은 잡지들은 이런 이야기들로 채워져 있다.

전에 나는 파리에 있는 미국 기업인들에게 성공하는 방법에 관한 강연을 요청한 적이 있다. 그들 대부분은 뻔한 덕목들을 강조하면서 설교와 훈계조의 강의로 청중을 지루하게 했다. (최근 나는 우연히 미국의 가장 유명한 기업인 한 사람이 라디오 담화에서 똑같은 주제를 놓고 이와 똑같은 실수를 하는 것을 보았다.)

그래서 나는 수업을 멈추고 이런 말을 했다. "우리는 설교를 원치 않습니다. 이런 걸 즐기는 사람은 아무도 없지요. 여러분의 말이 재미있지 않으면 우리는 여러분의 말에 전혀 주의를 기울이지 않는다는 점을 유념하십시오. 또 세상에서 가장 재미있는 이야기 중의 하나가 승화되고 미화된 남의 뒷말이라는 점도 잊지 마십시오. 따라서 우리에게 여러분이 알고 있는 두 사람의 이야기를 들려주십시오. 한 사람은 왜 성공하고 다른 사람은 왜 실패했는지 말해주십시오. 우리는 그런 이야기를 즐겁게 듣고 기억하며, 아마도 그로부터 교훈을 얻을 수도 있을 겁니다. 더구나 이런 이야기들은 장황하고 추상적인 설교보다 사람들에게 전달하기도 훨씬 더 쉽겠지요."

그 강좌를 들었던 한 학생은 항상 자기 자신이나 청중의 흥미를 자극하는 일에 도무지 자신이 없어 했다. 그러나 그날 밤, 그는 사람 냄새 물씬 풍기는 이야기를 활용하라는 제안에 뭔가 느끼는 게 있었던지 우리에게 그의 대학 친구 두 명에 관한 이야기를 들려주었다.

한 명은 굉장히 보수적이어서 시내의 각기 다른 가게에서 셔츠를 구입한 후 도표를 만들어놓고 어느 것이 가장 세탁이 잘되고 또 제일 오래 입을 수 있는지, 구입 비용에 비해 효용 가치가 가장 높은 것은 어느 것인지 등을 기록했다. 그는 항상 푼돈에 신경을 썼다. 그러나 공과대학을 졸업한 후 직장을 구할 때, 그는 자신을 매우 대단한 존재로 여겨 다른 졸업생들이 하는 것처럼 바닥에서부터 시작하여 차츰 승진의 사다리를 오르려고 하지 않았다. 세 번째 연례 동창회를 했을 때까지도 그는 여전히 셔츠의 세탁 차트를 만들고 있었고, 그동안에도 호박이 넝쿨째 굴러들어 올듯 무슨 대단히 좋은 일이 일어나기를 기다렸다. 그러나 그런 일은 결코 일어나지 않았다. 그 이후로 25년이 흐른 지금, 이 친구는 여전히 불만투성이에 삶에 환멸을 느끼며 별 볼일 없는 자리에 머물러 있다.

그리고 연사는 이 실패의 사례를 모두의 기대를 뛰어넘은 다른 한 친구의 이야기와 대비시켰다. 그 친구는 뛰어난 사교가였다. 그를 좋아하지 않는 사람이 없을 정도였다. 그는 나중에 큰일 한번 해보이겠다며 꿈을 크게 품었지만, 일단은 제도공으로 작게 시작했다. 그러면서도 그는 항상 기회를 엿보고 있었다. 그때 버펄로에서는 전 미국 박람회 개최를 위한 계획이 마련되고 있었다. 그는 그곳에 공학적 재능이 필요하다는 것을 알고는 필라델피아의 일을 정리하고 버펄로로 옮겼다. 호감을 주는 성격으로 곧 그는 상당한 정치적 영향력을 갖고 있던 버펄로의 한 인사와 친구가 되었다. 두 사람은 동업 관계를 맺고 당장 계약한 사업에 뛰어들었다. 그들은 한 전화회사를 위해 많은 일을 했고, 결국 이 친구는 고액 임금을 받고 그 회사에 스카우트되었다. 지금 그는 수백만 달러의 재산가이자 웨스턴 유니언의 대주주 중 한 사람이 되어 있다.

여기에는 그 연사가 한 말의 개요만 옮겨놓았다. 그는 여러 가지의 놀랍고도 인간 냄새 풍기는 세부 내용들로 자신의 이야기에 재미와 광채를 더했다. 보통 3분 연설을 위한 자료도 마련하기 벅차했던 이 학생은 계속 이야기를 이어갔고, 끝낸 후에는 30분이나 자기 혼자 강단을 주름잡았다는 사실에 이루 말할 수 없을 정도로 놀라며 신기해 했다. 그 이야기는 너무 흥미진진했기 때문에 모든 사람에게 너무 짧은 듯 느껴졌다. 그것은 이 학생이 거둔 최초의 진정한 승리였다.

누구든지 이 사례를 통해 교훈을 얻을 수 있다. 평범한 연설도 인간미 넘치는 사연으로 가득 차 있다면 한층 더 호소력 있게 다가올 수 있다. 연사는 몇 가지 요점을 제시하고 거기에 구체적인 사례로 살을 붙여나가는 방식을 취해야 한다. 이런 방식은 청중의 관심을 휘어잡고 지속시키는 데 실패할 위험이 거의 없다.

가능하다면 이런 이야기들은 투쟁에 관한 것, 즉 내가 무엇을 위해 싸웠고 어떤 승리를 쟁취했는지에 관한 것이어야 한다. 우리 모두는 싸움과 투쟁에 큰 관심을 가지고 있다. 옛 속담에 '세상은 사랑하는 사람을 사랑한다'라는 말이 있는데, 이는 사실이 아니다. 세상이 사랑하는 것은 싸움과 다툼이다. 세상은 한 여자를 놓고 다투는 두 남자를 보고 싶어한다. 이런 내용은 거의 모든 소설이나 잡지, 또는 영화나 드라마의 기본 줄기가 아니던가? 모든 갈등이 해소되고 남자 주인공이 여주인공을 자신의 품 안에 안을 때 청중은 비로소 그들의 모자와 외투를 집어 들기 시작하는 것이다. 그리고 5분 뒤에는 청소하는 아줌마들이 자신들 빗자루에 대해 이러쿵저러쿵 수다를 떨게 된다.

모든 잡지나 소설은 거의 모두 이 공식에 토대를 둔다. 독자를 주인공처럼 만들어라. 그로 하여금 뭔가를 열렬히 갈망하게 만들고, 그 뭔가가 도저히 얻기 불가능한 것처럼 보이게 만들어라. 그리고 주인공이 어떻게 그것을 얻기 위해 싸우고 급기야 쟁취에 성공하는지를 보여줘라.

사람이 사업이나 어떤 전문적인 일을 하는 과정에서 각종 불리한 여건과 어떻게 싸워 승리했는지에 대한 이야기는 언제나 감동적이고 언제나 재미있다. 한 잡지 편집자는 내게 어떤 사람의 진정한 내면의 이야기가 사람의 흥미를 돋운다는 사실을 지적했다. 만약 누군가 싸우고 투쟁했다면-그렇지 않은 사람이 누가 있는가!-그의 이야기는 제대로 전달될 경우 굉장한 매력을 뿜어낼 것이다. 이건 틀림없는 사실이다.

구체적이어야 한다

나는 한때 똑같은 대중 연설 강좌에서 철학 박사 한 사람과 30년 전 영국 해군에서 청춘을 불태운 매우 정력적인 학생을 만난 적이 있다. 그 세련된 학자는 대학 교수였고, 일곱 개 바다를 주름잡았던 그의 급우는 뒷골목의 조그만 이삿짐센터 주인이었다. 이상한 얘기 같지만, 강좌 내내 그 이삿짐센터 주인의 연설이 철학 교수의 그것보다 훨씬 더 많은 인기를 끌었다. 왜 그럴까? 그 대학 교수는 아름다운 영어를 구사했고, 교양 있고 세련된 태도에 언어는 명쾌했으며 논리는 정연했다. 그러나 그의 이야기에는 한 가지 중요한 요소, 즉 구체성이 빠져 있었다. 그것은 너무 애매했고 너무 일반적이었다. 반면, 그 이삿짐센터 주인은 일반화시켜 말할 수 있는 사고 능력은 많이 부족했다. 그러나 일단 말을 시작하면 곧장 실무적인 이야기로 치고 들어갔다. 그는 명확했고 구체적이었다. 이런 특징에 그의 활달함과 신선한 표현이 더해져 이야기를 매우 유쾌하게 만들었다.

내가 이 사례를 인용한 것은, 그것이 대학 교수나 이삿짐센터 주인의 전형적인 예이기 때문이 아니라, 교육 수준과는 상관없이 자신의 말에 구체성과 명확성의 미덕을 겸비한 사람이 흥미를 유발하는 힘을 잘 보여주기 때문이다. 이 원칙은 매우 중요하기 때문에 나는 몇 가지 예를 통해 여러분의 뇌리에 깊이 각인시킬 작정이다. 반드시 깊이 유념하고 소홀히 하지 않기를 바란다. 예컨대, 마르틴 루터는 소년 시절 "완고하고 고집이 셌다."라고 말하는 것이 더 저미있겠는가, 아니면 루터는 소년 시절 선생님들에게 "오전에만 열다섯 차례나 회초리를 맞은 적이 있다."고 고백했다는 표현이 더 낫겠는가?

'완고하고 고집이 세다'와 같은 말은 사람의 주의를 끄는 힘이 아주 약하다. 하지만 말을 안 들어 선생님께 매를 맞은 횟수를 들이대면 듣는 사람의 귀가 좀 더 솔깃해지지 않겠는가?

예전에는 전기를 쓸 때 일반적인 사려들을 주로 취급했고, 아리스토텔레스는 이것을 적절하게 '나약한 인간의 피난처'라고 불렀다. 이제 새로운 전기에는 구체적인 사실들을 제시하고 그들이 스스로 말하게 하는 방법이 사용되고 있다. 예를 들면 구식 전기 작가는 '존 도는 가난하지만 정직한 부모 밑에서 태어났다'는 식으로 말했다. 그러나 새로운 방법을 사용하는 전기 작가는 이렇게 표현할 것이다. "존 도의 아버지는 덧신 한 짝을 사서 신을 형편도 안 되어 눈이 올 때는 발을 보호하기 위해 신발을 굵은 삼베 자루로 싸매야 했다. 그러나 이토록 가난했음에도 그는 절대 우유에 물을 타지도 않았고 천식이 있는 말을 건강한 말이라고 속여 팔지도 않았다." 이 정도면 그의 부모가 '가난하지만 정직하다'는 사실을 실감나게 보여주지 않는가? 그리고 이 방법이 훨씬 더 흥미를 돋우지 않는가?

이 방법이 현대의 전기 작가들에게 통한다면, 그것은 현대의 연사들에게도 통할 것이다. 예를 하나 더 들어보겠다. 여러분이 매일 나이아가라에서 낭비되는 잠재적인 동력이 가공할 만한 수준이라는 말을 하고 싶다고 가정하자. 그래서 이 말을 한 후에 이렇게 덧붙였다고 하자.

"만약 이 동력을 이용하고 여기서 나오는 이익을 생필품 구입 비용으로 쓴다면, 수많은 사람들에게 옷을 입히고 음식을 먹일 수 있을 겁니다." 이렇게 하면 좀 더 재미있고 즐겁게 들리지 않는가? 사실 조금 정도가 아니라 훨씬 더 낫지 않은가? 다음의 글은 〈데일리 사이언스 뉴스 불러틴〉에 실린 에드윈 E. 슬로손의 글을 인용한 것이다.

우리는 이 나라에서 수백만의 사람들이 빈곤 속에서 제대로 먹지도 못하고 있다는 말을 듣는다. 그러나 이곳 나이아가라에서는 시간당 25만 개에 상당하는 빵 덩어리가 낭비되고 있다. 우리는 마음의 눈을 통해 매시간마다 60만 개의 신선한 계란이 절벽 아래로 떨어져 소용돌이 속에서 거대한 오믈렛을 만드는 광경을 그려볼 수 있다. 이것은 베틀에서 직조해내는 무명베들이 나이아가라 강만 한 1,200미터 넓이의 하천에 계속 흘러 들어가 사라지는 것과 같다. 만약 그 물이 방수관에서 쏟아져 나오는 책이라면, 카네기 도서관도 한두 시간 안에 가득 채울 수 있을 것이다. 아니면, 매일 커다란 백화점이 이리 호에서 떠내려와 그 안의 각종 물건들을 50미터 아래의 바위 위로 내던져져 박살나는 모습을 상상해볼 수도 있다. 그것은 정말 상당히 재미있고 짜릿한 장면이 될 것이고, 지금만큼이나 사람들에게 아주 흥미로운 구경거리가 될 뿐 아니라 유지 비용도 들지 않을 것이다. 그러나 떨어지는 물의 힘을 이용하는 데 반대하는 일부 사람들은 백화점의 물건을 폭포 아래로 쏟아버리자는 생각에는 낭비라는 이유를 들어 반대할지도 모르겠다.

시각적인 언어들

사람의 관심을 끄는 데 있어 가장 중요하지만, 거의 무시되는 한 가지 기술이 있다. 평범한 연사는 이것이 존재한다는 사실도 모르는 것

같고, 아마 그것에 대해 의식적으로는 전혀 생각해본 적도 없을지 모른다. 나는 지금 마음속에 어떤 그림을 그려낼 수 있게 하는 언어에 대해 말하는 것이다. 말을 듣기 쉽게 하는 사람은 눈앞에 이미지가 떠다니게 만드는 사람이다. 모호하고 상투적이며 특색 없는 상징을 이용하는 사람은 청중을 졸게 만든다.

청중의 머릿속에 그림이 그려지게 하라. 그것은 우리가 숨쉬는 공기만큼이나 자유롭다. 연설이나 대화를 할 때 시각적인 어휘들을 흩뿌리면 여러분은 청중에게 더 많은 즐거움을 주고 더 강한 힘으로 그들을 휘어잡을 수 있을 것이다.

앞서 인용한 나이아가라 관련 기사를 다시 살펴보자. 거기서 쓰인 시각적인 어휘들을 보라. 그것들은 마치 호주의 토끼 떼들처럼 문장마다 튀어나와 깡충깡충 뛰어다니며, 사라졌는가 싶으면 이내 다시 나타나 사방을 휘젓는다. "25만 개의 빵 덩어리, 절벽 아래로 곤두박질치는 달걀 60만 개, 소용돌이 속의 거대한 오믈렛, 베틀에서 쏟아져 나와 1,200미터 넓이의 하천으로 흘러 들어가는 무명천들 방수관 밑의 카네기 도서관, 책들, 물 위로 떠다니다가 산산조각 나는 백화점, 아래의 바위, 떨어지는 물 ……."

이런 기사나 연설에 무심한 것은 영화관의 스크린 위에 펼쳐지는 장면에 전혀 눈길도 안 주는 것만큼이나 힘든 일일 것이다. 허버트 스펜서는 오래전에 문체의 철학에 관한 유명한 짧은 수필에서 선명한 그림이 그려지게 하는 언어의 우수성을 이렇게 지적한 바 있다.

우리는 일반화시켜 생각하지 않고 구체적으로 생각한다. …… 가령, 우리는 이런 문장을 피해야 한다. '한 민족의 풍속과 관습, 그리고 오락이 잔인하고 야만적인 정도에 비례하여 그들의 형법 규정의 엄격함 정도가 결정될 것이다.' 이런 문장 대신에 우리는 다음과 같이 써야 한다. '사람들이 싸움과 투우와 검투사들의 혈투를 즐기는 만큼, 그들은 교수형, 화형, 그리고 고문에 의한 처벌을 받을 것이다.'

성경과 셰익스피어의 작품에는 마치 사과 주스 압착기 주위로 몰려드는 벌 떼처럼 시각적인 표현들이 흘러넘친다. 가령, 평범한 작가는 불필요하게 어떤 일을 하려는 상황을 '이미 완벽한 것을 개선하려 한다'는 식으로 표현할 것이다. 그러나 셰익스피어는 이와 똑같은 생각을 '정련된 금에 도금을 하며 백합에 채색을 하고 제비꽃에 향수를 뿌리는 격'이라는 불멸의 회화적 표현으로 전달했다.

혹시 여러분은 수세대를 거쳐 전해 내려온 속담들은 거의 전부가 시각적이라는 사실에 주목해본 적이 있는가?

"수중의 새 한 마리는 덤불 속의 두 마리보다 낫다."
"비가 오면 꼭 억수로 퍼붓는다."
"말을 물가로 끌고 갈 수는 있지만, 억지로 물을 마시게 할 수는 없다."

그리고 수백 년 동안 너무 많이 사용되어 닳고 닳은 느낌을 주는 거의 모든 직유들도 똑같은 회화적 요소를 담고 있다. 가령, '여우처럼 교활한', '문에 박힌 못처럼 꼼짝 않는', '팬케이크처럼 납작한', '바위처럼 단단한' 등이 그렇다.

링컨은 늘 시각적인 표현을 사용해서 말을 했다. 그는 백악관의 자기 책상 위로 올라오는 길고 복잡하고 관료적인 보고서에 화를 낼 때도 특색 없는 평범한 말이 아닌, 거의 잊을 수 없는 시각적인 표현으로 부하들을 질책했다. "내가 사람을 시켜 말을 사러 보낼 때는 그 말의 꼬랑지에 털이 몇 개나 붙어 있는지 따위를 알그자 함이 아니오. 내가 알고 싶은 것은 말의 중요한 특징들이란 말이오."

대조의 흥미 유발 효과

아래에 매콜리가 찰스 1세를 비난한 글을 소개한다. 매콜리는 회화적인 표현을 동원할 뿐 아니라, 균형 잡힌 문장을 쓰고 있다는 점에 주목하라. 격렬한 대비는 거의 언제나 사람들의 관심을 끄는데, 다음과 같이 글의 골격을 형성하기도 한다.

우리는 그가 대관식 맹세를 깼다고 비난하는데, 그는 자신의 결혼 서약을 지켰다고 말한다. 우리는 그가 가장 극혈질적인 성직자들의 무자비한 횡포에 자기 백성을 내주었다고 책망했는데, 그는 자기의 어린 아들을 무릎에 앉히고 입맞춤을 했다고 주장한다. 우리는 그가 심사숙고한 끝에 지키기로 약속한 권리청원 조항을 위반했다고 몰아세우는데, 우리가 듣는 얘기는 그는 아침 6시에 기도를 듣는 습관이 있다는 것이다. 바로 이런 것들이 그의 반다이크 풍의 의복과 잘생긴 얼굴, 그리고 뾰족한 수염과 함께, 그가 현세대 사람들의 인기를 끄는 주된 이유라고 우리는 확신한다.

관심은 전염된다

지금까지 우리는 청중의 관심을 유발하는 요소들에 대해 논의해왔다. 그러나 여기에 제시된 모든 방법을 기계처럼 정확하게 따른다 해도 연설은 생기 없고 따분해질 수 있다. 사람의 관심을 끌고 유지시키는 힘은 아주 미묘한 것으로, 실제로는 느낌과 기분이 많은 것을 결정한다. 그것은 증기 엔진을 작동하는 것과는 달라서, 이를 위한 어떤 정확한 규칙도 존재할 수 없다.

관심은 전염된다는 사실을 유념하라. 만약 당신이 관심이라는 병에 걸린 중증 환자라면, 청중들도 그 병에 전염될 것이 거의 확실하다. 얼마 전에 볼티모어에서 열린 이 강좌 중에 한 신사가 일어나더니 체서피크 만에서 행해지는 볼락 포획이 현재 방식대로 계속된다면 이 어종은 멸종하게 될 것이라고 경고했다. 그것도 몇 년 안에 그렇게 된다고 했다. 그는 자신의 주장을 마음으로 느꼈다. 중요한 것은 바로 그것이었다. 그는 이 문제에 대해 정말 심각했고, 그의 모든 말이나 태도는 그것을 분명히 보여주었다. 그가 말을 하기 위해 일어섰을 때만 해도 나는 체서피크 만에 볼락 같은 어종이 존재하는지조차 몰랐다. 대다수 청중도 나와 마찬가지로 그 물고기에 대해서는 지식도 관심도 없었을 것이다. 그러나 그 신사가 말을 끝내기 전에 우리 모두는 그의 우려에 전염되었다. 우리 모두는 아마 볼락을 법으로 보호할 것을 내용으로 하는 청원서에 기꺼이 서명이라도 했을 것이다.

전에 나는 당시 이탈리아 주재 미국 대사였던 리처드 워시번 차일드에게 그가 글을 재미있게 쓰는 작가로서 성공한 비결이 무엇이냐고 물은 적이 있다. 그는 이렇게 대답했다. "저는 삶에 대해 너무 흥미를 느끼기 때문에 그냥 가만히 있을 수가 없습니다. 그것에 대해 누군가에게 말하지 않고는 못 견디겠어요." 이런 연사나 작가에게 어느 누가 매혹을 느끼지 않을 수 있겠는가!

최근에 나는 한 연사의 강연을 들으러 런던에 갔다. 강연이 끝난 후 우리 일행이었던 유명한 영국 소설가 E. F. 벤슨은 연설의 처음보다 마지막 부분이 훨씬 좋았다고 소감을 밝혔다. 내가 그 이유를 묻자 그는 이렇게 답했다. "연사 자신이 마지막 부분에 더욱 흥미를 느끼는 듯했어요. 저의 열정과 관심은 항상 연사에게서 전염된답니다."

모든 사람이 그렇다. 이 점을 잊지 말라.

청중의 흥미를 돋우는 법

···················· ··

1 우리는 일상적인 것들 속에 깃들어 있는 특이한 면에 관심을 갖는다.

2 우리의 주 관심 대상은 우리 자신이다.

3 비록 자신은 별로 말을 하지 않아도 다른 사람들이 자기 자신과 그
   들의 관심사에 대해 말하게 하고, 그것에 진지하게 귀 기울여주는
   사람이야말로 훌륭한 대화자이다.

4 그럴듯하게 미화된 남의 뒷말이나 사람들의 구체적인 삶에 관한 이
   야기는 거의 예외 없이 우리의 관심을 잡아끈다. 연사는 그저 몇 가
   지 핵심 사항을 인간미 물씬 풍기는 이야기들로 장식해서 전달하면
   된다.

5 구체적이 되게 하고 명확성에 만전을 기하라. 막연하게 일반화시켜
   말하지 말라. 마르틴 루터는 소년 시절 '완고하고 고집이 셌다'라고
   만 하지 말라. 그 사실을 이야기하되, 그 후에는 선생님들이 '오전에
   만 15번이나' 그에게 회초리질을 했다는 내용으로 보강하라. 이렇게
   해야 일반적인 진술이 더 명확해지고 힘을 얻으며 재미있어진다.

6 그림을 그릴 수 있게 하는 언어, 눈앞에 이미지가 떠다니게 하는 표
   현을 많이 사용하라.

7 가능하면 균형 잡힌 문장과 서로 대비되는 개념을 이용하여 논리를 전개하라.

8 관심은 전염된다. 연사 자신이 진정으로 자신이 말하는 내용에 관심을 느낄 경우 청중도 틀림없이 그 분위기에 전염된다. 그러나 그것은 단순한 규칙에 기계적으로 순응만 해서 될 일은 아니다.

15

How To Get Action

행동을
이끌어내는
법

"진정으로 유능한 연사들은 결코 맹목적인 충동을 자신의 신으로 섬기지 않는다. 그들은 행동과 신념을 지배하는 법칙을 꼼꼼히 연구한 후, 거기서 형성된 판단력으로 그것을 조종하고 지배한다."

_아더 에드워드 필립스, 『효과적인 연설』

"모든 비즈니스 관련 대화는, 그것이 난로를 파는 일이든 공장의 정책을 표결에 부치는 것이든 분명한 목적을 갖고 있다. 그것은 상품을 파는 것일 수도 있고 어떤 아이디어를 파는 것일 수도 있다. 따라서 그것은 상용 편지나 길거리 광고판의 광고 문구처럼 사람들의 관심사에 호소할 수 있어야 한다. 치밀하게 준비되고 계획된 대화는 철저하게 준비되고 검증된 광고가 그렇듯이 전혀 계획 없이 임한 대화보다 훨씬 효과적이다."

_『성공적인 비즈니스 대화법』

"그러면 현대의 세련된 청중은 연사에게 무엇을 요구하는가? 첫째, 연사 자신이 진국이어야 한다. 둘째, 뭔가 가치 있는 것을 알고 있고, 또 그것을 확실히 알아야 한다. 셋째, 연사 자신의 감정과 확신이 그가 제시하는 주제 속에 완전히 녹아 있어야 한다. 넷째, 단순하고 자연스럽고 힘찬 언어로 곧장 핵심을 찔러야 한다."

_록우드 솝, 『현대의 대중 연설』

"인생의 위대한 목표는 지식이 아니라 행동이다."

_ 헉슬리

"바로 행동이야말로 다른 것과 뚜렷이 구별되는 위대함의 특징이다."

_E. 세인트 엘모 루이스

"우리는 대개 남들이 던져준 논리에 의해서보다는 우리 스스로 발견한 논리에 의해 더 쉽게 설득된다."

_파스칼

행동을 이끌어내는 법

❧ I5 ❧

단지 요청만 하면 여러분이 지닌 어떤 재능의 힘을 두 배, 또는 세 배로 끌어올릴 수 있다고 가정할 경우, 특별히 어떤 재능을 키우고 싶은가? 남의 마음을 움직여 그들의 행동을 이끌어낼 수 있는 능력을 선택하지 않겠는가? 그것은 곧 우리의 힘과 이익과 기쁨이 더 커진다는 것을 의미한다.

성공적인 삶에 필수적인 이런 재능을 언제까지 그저 운에만 맡겨둘 수 있겠는가? 본능이나 주먹구구식 임기응변에만 의존하여 일을 그르쳐서는 안 될 것이다. 이런 재능을 계발하고 획득하기 위한 좀 더 합리적인 방법은 없을까?

물론 길은 있다. 이제 당장 그것에 관한 토론에 들어갈 텐데, 그것은 상식과 인간 본성의 법칙에 근거를 두고, 내 자신이 자주 사용했으며, 다른 사람들을 훈련시킬 때도 그 효력을 성공적으로 입증해보인 방법이다.

이 방법의 첫 단계는 사람들의 관심 어린 주목을 받는 것이다. 여기서 실패하면 그들은 여러분의 말을 귀담아 듣지 않을 것이다. 이와 관련해서는 9장과 14장에서 자세하게 논했으므로 이쯤에서 다시 되짚어 보는 것이 유익할 것이다.

두 번째 단계는 청중의 신뢰를 얻는 것이다. 신뢰를 얻지 못하면 그들은 여러분의 말을 믿지 못할 것이다. 여기서 많은 연사들이 역부족을 느낀다. 그리고 바로 이 단계에서 많은 광고, 상용 편지, 그리고 많은 직원과 기업이 실패한다. 또한 적지 않은 사람들이 자신이 처한 환경에서 역량을 십분 발휘하지 못하는 것도 바로 이 때문이다.

신뢰 받을 만한 자격을 갖추라

신뢰를 얻는 최상의 방법은 그럴 만한 자격을 갖추는 것이다. J. 피어폰트 모건은 신뢰를 얻는 데 가장 중요한 요소는 인격이라고 말했다. 그것은 청중의 신임을 얻는 데도 절대적으로 필요한 요소다. 나는 유창하고 재치 있는 연사들이 그들보다는 덜 똑똑하지만 더 진실한 연사만큼 설득력을 발휘하지 못하는 경우를 수도 없이 목격했다.

최근에 내가 주관한 강좌의 한 학생은 외모가 아주 출중했는데, 말을 할 때 드러난 거침없는 사고와 언어는 듣는 이의 찬탄을 자아내게 할 정도였다. 그러나 그가 말을 끝냈을 때 사람들은 '똑똑한 친구로군' 정도의 반응을 보였다. 그가 사람들에게 준 인상은 그저 표면적인 수준에 머물렀으며, 결코 그들의 마음을 건드리지 못했다. 그런데 똑같은 그룹에 보험사 직원이 있었다. 그는 작달막한 체구에 이따금 말도 더듬고 언어도 그다지 세련되지 못했다. 그러나 그의 마음에서 우러난 성실성만큼은 눈에서 빛을 뿜었고 목소리에서 깊은 울림을 일으켰다. 청중들은 진지하게 그의 말에 귀 기울이고 그를 신뢰했는데, 왜 그런지 이유도 모른 채 그에게 호감을 느꼈다.

칼라일은 『영웅과 영웅 숭배』에서 이렇게 말했다.

미라보, 나폴레옹, 번즈, 크롬웰 등 뭔가를 해내는 인물치고 자신의 일에 진지하지 않은 사람은 없다. 나는 이런 이들을 성실한 인간이라 부른다. 나는 성실성, 깊고 진실한 성실성이야말로 어떤 면으로든 영웅적인 면모를 갖춘 모든 이들의 첫 번째 특징이라고 생각한다. 여기에 스스로 성실한 척하는 위장된 성실성은 포함되지 않는다. 이것은 정말 가련한 것으로서, 천박한 허영이며 의식적인 성실함이고 실제로는 자만에 속하는 경우가 많다. 위대한 사람의 성실성은 자신도 말할 수 없고 자신도 의식할 수 없는 종류의 것이다.

몇 년 전 그 당시 가장 재기 넘치고 뛰어난 연사에 속했던 한 인물이 세상을 떠났다. 젊은 시절 그는 큰 꿈에 부풀어 있었고 장래가 촉망되는 젊은이였지만, 무엇 하나 제대로 이룬 것 없이 세월을 보냈다. 그는 가슴보다는 머리가 발달한 사람이었다. 그는 순간적인 이익이나 돈을 가져다주는 것이면 어떤 것이든 그것을 위해 입을 놀리며 자신의 아까운 재능을 값싸게 남용했다. 결국 그는 불성실하다는 오명을 얻었고, 그의 공적인 삶은 붕괴되었다.

웹스터가 말했듯이 마음으로 느끼지 못하면서 억지 동정심이나 성실한 이미지를 애써 쥐어짜려 해봤자 아무 소용없다. 그것은 먹혀들지 않는다. 진실이 담겨 있지 않고 강한 울림을 주지 못하면 공허한 메아리에 불과할 뿐이다.

인디애나 주의 저명한 연설가 앨버트 J. 베버리지는 이렇게 말했다.

사람들의 가장 심오한 감정, 곧 그들의 성격에서 가장 큰 영향력을 갖고 있는 것은 바로 종교적인 요소이다. 그것은 자기 보존의 법칙만큼이나 본능적이고 본질적인 힘으로서, 사람의 전체 지성과 성격을 형성한다. 아직 틀이 잡히지 않은 자신의 생각을 통해 남을 크게 감화시키고자 하는 사람은 이 위대하고 분석할 수 없는 공감과 유대의 감정을 지니고 있어야 한다.

링컨은 사람들과 공감할 줄 알았다. 그는 현란하지 않았다. 누구도 그를 '웅변가'라 부르지는 않을 것이다. 더글러스 판사와의 논쟁에서도 그는 상대가 지닌 노련함과 유연함, 그리고 웅변술을 결여하고 있었다. 사람들은 더글러스를 '작은 거인'이라 부른 반면, 링컨은 '정직한 에이브'라고 불렀다.

더글러스는 매력적인 인물이었고 비상한 힘과 활력을 지니고 있었다. 그러나 그는 서로 양립할 수 없는 가치들 사이에서 위험한 줄타기를 했고, 원칙보다는 책략을, 정의보다는 편의를 우선시한 사람이었다. 결국은 이것이 그의 몰락을 재촉한 셈이 되었다.

링컨은 어땠을까? 그가 말할 때는 인간 링컨에게서 풍겨나오는 어떤 소박하고 진솔한 기운이 느껴졌으며, 이것이 그가 하는 말의 힘을 배가시켰다. 사람들은 그의 정직성과 성실함, 그리고 그리스도 같은 품성을 마음으로 느꼈다. 법률 지식에 관한 한 그를 능가하는 사람은 부지기수였지만, 배심원들을 상대로 그만한 영향력을 발휘할 수 있는 사람은 찾아보기 힘들었다. 그는 일을 자신에게 유리하게 끌고 가는 데는 그다지 관심이 없었다. 그는 그것보다 정의와 영원한 진리를 수호하는 일에 수천 배 더 관심을 기울였다. 그리고 사람들은 그의 말에서 그것을 충분히 느꼈다.

자신의 경험을 전하라

청중의 신뢰를 얻을 수 있는 두 번째 방법은 자신의 경험을 근거로 신중하게 이야기하는 것이다. 이것의 효과는 엄청나다. 만약 여러분이 의견을 말하면 사람들은 그것에 대해 의문을 제기할 것이다. 어디서 들은 소문을 전하거나 책에서 읽은 내용을 되풀이한다면, 그것은 중고품 같다는 느낌을 줄 것이다. 그러나 자신의 직접적인 체험이 녹아 든 이야기, 깊은 울림과 진실의 냄새를 풍기는 이야기, 사람들은 이런 것을 좋아하며 이런 이야기를 믿는다. 그들은 그 특정 주제에서만큼은 당신을 세계적인 권위자로 인정해준다.

제대로 소개 받아라

적지 않은 연사들이 제대로 소개를 받지 못해 청중의 즉각적인 주목을 받지 못한다. '소개'를 뜻하는 인트르덕션(introduction)은 두 개의 라틴어 인트로(intro, 안으로)와 듀서(ducere, 이끌다)에서 만들어졌다. 따라서 소개는 청중을 주제의 핵심 내부로 이끌고 들어가 그들에게 그것에 대한 이야기를 듣고 싶다는 욕구를 불러일으켜야 한다. 소개는 연사와 관련된 중요한 사실들, 즉 그가 이 특별한 주제에 대한 말을 하기에 적합한 인물이라는 것을 증명하는 사실들 속으로 우리를 인도해야 한다. 달리 말해, 소개는 청중에게 주제를 '팔아야' 하고 연사를 '팔아야' 한다. 그리고 이 일을 가능한 한 가장 짧은 시간에 해치워야 한다.

일이 이렇게 진행돼야 하지만 사정은 그렇지 못하다. 그것도 열에서 아홉이나 그 모양이다. 대부분의 소개는 부실하고 허술하고 용서하기 힘들 정도로 부적절하다.

일례로, 나는 이름값을 해야 마땅한 한 유명 연사가 아일랜드 시인 W. B. 예이츠를 소개하는 것을 보았다. 예이츠는 자신의 시를 낭송하게 되어 있었다. 그는 그보다 3년 전에 노벨 문학상을 수상했는데, 이는 문학가에게 수여될 수 있는 최대의 영예였다. 그런데 내가 보기에 그 자리에 참석했던 청중들 중 그 상과 그것의 의미를 알고 있는 사람은 10퍼센트도 안 되었다. 어떻게 해서든 이 두 가지 사실이 언급되었어야 했다. 다른 말은 그만두고라도 그 사실만은 발표가 되었어야 했다. 그러나 그 의장이란 사람은 이 사실들을 철저히 무시하고 신화와 그리스 시에 관한 얘기를 주절주절 늘어놓았다. 그는 자신의 자아가 청중에게 그 자신의 지식과 그의 중요성을 부각시키도록 부추기고 있다는 사실을 전혀 의식하지 못하고 있음에 틀림없었다.

그 의장은 국제적으로 유명한 연사이며 남에 의해 소개 받은 경험이 수를 셀 수 없을 정도였지만, 자신이 직접 남을 소개하는 데는 완전히 실패했다. 그 정도의 관록을 지닌 사람이 이런 실수를 한다면 다른 평범한 사회자는 어떻겠는가?

그럼 이 문제는 어떻게 해결해야 하는가? 지극히 겸손하고 온유한 자세로 미리 사회자에게 가서 자신을 소개하는 데 참고가 될 만한 몇 가지 사실을 좀 알려줘도 되겠느냐고 물어보라. 그는 여러분의 제안을 감사히 받아들일 것이다. 그러면 내가 언급이 되었으면 하는 것들, 내가 왜 이 특정 주제에 대해 말할 만한 위치에 있는지를 보여주는 내용들, 그리고 청중이 알아야 할 간단한 사실과 나의 발언을 의미 있게 해줄 정보들을 그에게 전해줘라. 물론 한 번 듣고 난 후, 그 사회자는 절반쯤은 까먹고 나머지 절반도 온통 머릿속에서 뒤죽박죽이 되어 있을 것이다. 그러므로 그가 소개하기 전에 다시 참조할 수 있도록 한두 문장으로 정리한 쪽지를 건네주는 것이 바람직하다. 그러나 과연 그가 바람대로 그것을 참고할까? 아마 안 할지도 모른다. 그러면 더 이상 어쩔 도리가 없는 것이다.

푸른 풀과 히코리 나무의 재

어느 가을에 나는 뉴욕의 여러 YMCA에서 대중 연설 강좌를 이끌고 있었다. 그 도시에서 가장 유명한 판매 조직 한 곳의 스타급 영업 사원이 한 강좌에 참여했는데, 어느 날 저녁 그는 자신이 씨앗이나 뿌리 없이 푸른 풀이 자라게 했다는 터무니없는 주장을 폈다. 그는 새로 쟁기질한 땅 위에 히코리 나무의 재를 뿌렸다고 한다. 그런데 놀랍게도 푸른 풀이 돋아났다는 것이다. 그는 그 풀이 돋아나게 한 것은 전적으로 히코리 나무의 재뿐이라고 굳게 믿고 있었다.

그의 발언을 평하면서 나는 그 놀라운 발견이 만약 사실이라면 그는 백만장자가 될 것이라고 웃으며 말해주었다. 왜냐하면 그 씨앗 가격이 보통이 아닐 테니 말이다. 또 나는 그 사건으로 그는 불멸의 존재가 되며 역사상 가장 뛰어난 학자가 될 것이라고도 말해주었다. 그리고 이제껏 살아 있거나 죽은 어떤 인간도 그런 기적을 연출해낸 적이 없었고, 그 누구도 생명이 없는 것에서 생명을 만들어낼 수는 없었다는 지적도 덧붙였다.

나는 그의 오류가 논박이 불필요할 정도로 너무도 명백하고 터무니없다고 느꼈기 때문에 이 모든 이야기를 아주 조용히 전달했다. 내가 말을 마쳤을 때 그 강좌를 듣던 모든 학생들도 그의 주장이 허무맹랑하다고 여겼지만, 그 자신만은 단 한순간도 자기 생각을 굽히지 않았다. 그는 정말 자신이 살아 있는 것만큼이나 제 주장을 철썩같이 믿고 있었다. 그는 벌떡 일어나 자기가 틀리지 않았다고 항변했다. 그는 어떤 이론을 강의하는 것이 아니라 자신의 개인적인 경험을 전하는 것이라고 주장했다. 그는 자신이 무슨 말을 하는지 알고 있었다. 그는 계속 최초의 발언에 살을 붙여 추가적인 정보와 증거를 제시했으며, 그의 목소리에서는 우직한 진실과 정직의 메아리가 울려 퍼졌다.

나는 다시 그에게 그의 주장이 옳고 진실에 가까울 가능성은 눈곱만큼도 없다고 지적했다. 그러자 그는 또 한 번 발끈하여 5달러 내기를 제안하며 이 문제에 대한 판단은 미국 농무성에 맡겨보자고 했다.

나는 곧 그가 수강생 몇 명을 자기편으로 끌어들였다는 사실을 알아챘다. 그들의 동조에 크게 놀란 나는 그들에게 왜 그의 주장을 믿게 되었는지 물었다. 그들의 대답은 그 사람의 진지함, 자기 생각에 대한 그의 절실한 믿음 때문이라는 것이었다. 이것이 그들이 그의 말을 믿게 된 유일한 이유였다.

진지함, 특히 일반 대중에게 이 힘은 정말 믿을 수 없을 정도의 폭발력을 갖는다.

독립적인 사고 능력을 갖춘 사람은 극히 적다. 그것은 마치 에티오피아의 황옥처럼 희귀하다. 그러나 우리 모두는 감정과 정서를 갖고 있고, 연사의 감정에 의해 영향을 받는다. 만약 그가 어떤 것을 진정으로 믿고 또 진심을 담아 말한다면, 비록 맨땅과 재에서 파란 풀이 돋아나게 했다고 우겨대도, 그는 자신의 말을 믿어주는 추종자의 무리를 거느리게 될 것이다. 심지어 그는 뉴욕 시의 세련되고 확실히 성공한 기업인들 중에서조차 동조자를 찾아낼 수 있을 것이다.

일단 청중의 관심과 신뢰를 얻는 데 성공한 연후에 진짜 본격적인 작업이 시작된다. 이제 세 번째 단계는 사실을 진술하고 여러분의 주장이 지닌 장점에 대해 청중을 교육시키는 것이다.

내 주장의 장점을 이해시켜라

이것이 연설의 핵심이고 알맹이다. 바로 여기다 시간의 대부분을 할애해야 한다. 이제 여러분은 명확성에 대해 12장에서 배운 모든 내용, 감동과 확신을 주는 법에 대해 13장에서 배운 것들을 여기에 적용시켜야 한다.

여러분의 철저한 준비가 빛을 발하는 것도 바로 이 부분에서다. 부실한 준비는 여기서 뱅쿼(Banquo, 셰익스피어의 『맥베스』에서 유령이 되어 맥베스를 괴롭히는 인물-역주)의 유령처럼 튀어나와 당신을 조롱할 것이다. 전장에 비유하면 바로 이곳이 최전선이다. 포슈 원수는 이렇게 말했다.

전장에는 따로 연구할 기회가 없다. 이곳에서는 이미 알고 있는 것을 적용할 수 있을 뿐이다. 따라서 철저하게 알고, 그 아는 바를 신속하게 활용하는 것이 중요하다.

이 부분에서는 여러분의 주제에 대해 실제 사용할 수 있는 양보다 훨씬 더 많이 알고 있어야 한다. 『거울 나라의 앨리스』에 등장하는 백기사는 여행을 떠나기 전, 일어날 수 있는 모든 우발적 사태에 대비한다. 그는 밤에 쥐들이 괴롭힐 것을 우려하여 쥐덫을 가져갔고, 길 잃은 벌 떼를 만날 경우를 대비하여 벌통도 마련했다. 만약 백기사가 대중 연설도 그렇게 준비했다면 그는 아마 대성공을 거두었을 것이며, 엄청난 양의 정보로 그의 길을 막아서는 모든 반대를 압도할 수 있었을 것이다. 그는 자기 주제를 충분히 알고 철저하게 기획하여 실패의 가능성을 차단했을 것이다.

패터슨 식 반대 의견 대처법

당신이 특정 기업인 집단을 상대로 그들에게 영향을 미치는 어떤 제안을 할 때, 당신만 그들을 교육시키려 해서는 안 되고, 그들도 당신을 교육시키게 해야 한다. 그들이 무슨 생각을 하고 있는지를 알아내야 한다. 그렇지 않으면 완전히 엉뚱한 과녁을 겨냥하는 꼴이 되기 십상이다. 그들이 자신들의 생각을 표현하게 하고 그들의 반대 의견에 성실히 답변하라. 그러면 그들은 좀 더 너그러운 마음이 되어 당신의 말을 들어줄 것이다. 아래에 내셔널 캐시 레지스터 컴퍼니의 초대 사장인 존 H. 패터슨이 이런 상황에 대처한 방식을 소개한다. 다음은 〈시스템 매거진〉에 실린 그의 기사를 인용한 것이다.

금전등록기의 가격을 올려야 할 사정이 생겼다. 대리점과 영업 담당자들은 이에 반대하며 가격을 원래대로 묶어두지 않으면 영업에 큰 지장이 있을 거라고 주장했다. 나는 그들 모두를 데이턴(Dayton)으로 불러들여 회합을 가졌는데, 내가 그 모임을 주도했다. 내 뒤쪽의 단상 위에는 커다란 종이 한 장과 기록할 사람을 배치해두었다.

나는 사람들에게 가격 인상에 반대하는 이유를 말하도록 요청했다. 그러자 마치 따발총 쏘아대듯 가격을 올리면 안 되는 이유가 거칠게 쏟아져 나왔다. 의견이 나오는 대로 나는 기록자에게 큰 종이에 적도록 지시했다. 첫날은 회의 내내 반대 의견을 모으는 데만 시간을 보냈다. 나는 그들에게 의견 제시를 권유하는 것 외에 아무것도 안 했다. 모임이 끝났을 때 종합해본 결과, 최소한 백여 개의 가격을 올려서는 안 되는 이유가 제시되었다. 제기될 수 있는 모든 이유가 그들 앞에 노출되었고, 그들의 마음속에서는 어떤 변화도 있어서는 안 된다는 쪽으로 결론이 나 있는 것처럼 보였다. 그리고 1차 회의는 거기서 끝났다.

다음 날 아침 나는 반대 의견을 하나하나 지적해가면서 왜 그들 각각의 의견이 부적절한지를 도표와 말을 통해 설명해나갔다. 사람들은 모두 납득을 했다. 어째서 그랬을까? 제기될 수 있는 반대 의견이 모두 분명하게 제시되었고 토론은 그것에 집중되었다. 미결 부분은 하나도 남아 있지 않았다. 우리는 바로 현장에서 모든 것을 해결했다.

그러나 이와 같은 경우에 단지 논쟁을 통해 문제를 해결하는 것만으로는 충분치 못했을 것이라는 게 내 생각이었다. 대리점 사원들의 모임은 참석자 모두가 새로운 의욕으로 충전된 채 끝나야 하는데, 논쟁을 하다보면 등록기 자체와 관련된 문제들이 토론 과정에서 약간 희석될 수도 있을 것이기 때문이었다. 이런 일은 절대 일어나선 안 되었다. 어떤 극적인 마무리가 필요했다. 그래서 나는 회의가 파하기 직전에 100여 명의 사람들이 한 사람씩 무대를 가로질러 행진하게 했다. 각각의 사람은 기(旗)를 한 개씩 들었고, 그 깃발에는 최신 기종의 등록기 부품 그림이 하나씩 그려져 있었다. 마지막 사람이 무대를 가로질렀을 때, 전 인원이 다시 모여 하나의 완전한 기계를 형성하며 대미를 장식했다. 모임은 대리점 사람들이 모두 함께 열렬히 환호하는 것으로 끝이 났다.

욕망과 욕망이 충돌하게 하라

이 방법의 네 번째 단계는 사람을 행동하게 만드는 동기에 호소하는 것이다. 이 지구와 그것에 속한 모든 것들은 우연에 의해서가 아니라 불변의 인과법칙에 따라 움직인다.

세상은 질서 있게 창조되었고, 원자는 서로 조화롭게 행진한다.

이제까지 일어났고 앞으로 일어날 모든 일은 그전에 일어난 어떤 일의 논리적이며 불가피한 결과였고 앞으로도 그럴 것이며, 또 그 후에 일어날 어떤 일의 논리적이고 불가피한 원인이었고 앞으로도 그럴 것이다. 이 원칙은 메디아인들이나 페르시아인들의 법처럼 변하지 않는다. 지진과 요셉의 색동옷, 기러기의 울음, 질트심, 찐 콩과 베이컨을 구운 요리의 가격, 코이누르 다이아몬드, 그리고 시드니의 아름다운 항구가 진실이듯이 이 법칙도 어김없는 진리다. 마치 동전 투입구에 동전을 넣으면 껌이 나오는 것처럼 엄연한 사실이다. 우리가 이것을 인식할 때, 왜 미신이 어리석은 것인지도 명확히 이해할 수 있다. 불변의 자연법칙이 테이블에 둘러앉은 13명의 사람에 의해, 또는 누군가가 거울을 깨뜨린다고 해서 조금이라도 멈춰지거나 변경되거나 영향을 받을 수 있겠는가?

우리가 행하는 의식적이고 의도적인 모든 행동을 일으키는 원인은 무엇인가? 바로 어떤 욕망이다. 이 원칙이 적용되지 않는 유일한 사람들은 정신병원에 갇혀 있는 자들뿐이다. 우리를 움직이게 하는 것은 그리 많지 않다. 우리는 매시간, 매일 밤낮 놀라울 정도로 적은 수의 욕망에 의해 지배된다.

이 모든 것이 의미하는 것은, 만약 우리가 이 동기들이 무엇인지 알고 그것에 호소할 수 있는 충분한 능력이 있다면 우리는 엄청난 힘을 갖게 된다는 사실이다. 현명한 연사는 바로 이것을 하려고 한다. 그러나 미숙한 연사는 맹인처럼 어디로 가는지도 모른 채 목적 없이 길을 더듬는다.

예컨대, 어떤 아버지가 어린 아들이 몰래 담배를 피워왔다는 사실을 알게 되었다고 하자. 아버지는 노발대발하며 아들에게 그 못된 짓을 당장 그만두라고 명하면서 그것이 그의 건강을 해치게 될 거라고 경고한다.

그러나 그 아들은 건강 따위에는 관심이 없으며, 그보다는 담배의 맛과 그것을 피우는 데 따르는 스릴을 즐긴다고 가정해보자. 그러면 어떻게 되겠는가? 아버지의 호소나 위협은 한낱 쇠귀에 경 읽기 꼴이 될 것이다. 왜 그런가? 그것은 아버지가 아들의 주요 행동 동기를 이해하고 그것을 이용하는 지혜가 없기 때문이다. 그는 자신의 동기에 따라서만 움직일 뿐, 아들의 심리는 전혀 꿰뚫지 못하는 것이다.

가령, 이 소년은 학교 육상부에 들어가서 100미터 달리기 대회에 출전하는 등 운동에서 탁월한 능력을 보이기를 간절히 소망할지도 모른다. 만약 그렇다면, 아버지가 자기 생각만 풀어놓지 말고, 아들에게 홉연은 네가 그토록 원하는 운동에 대한 꿈을 실현시키는 데 큰 지장을 줄 것이라며 차근차근 납득시킨다면, 아마 아버지는 목소리 높이지 않고도 완벽하게, 더 약한 욕망을 더 강한 욕망과 충돌시키는 지극히 현명한 방법을 통해 아들로부터 원하는 행동을 이끌어낼 수 있을 것이다. 이와 똑같은 상황이 세계 최대 스포츠 행사 가운데 하나인 옥스퍼드-캠브리지 대학교 보트 경주에서 발생한다. 경기에 참가하는 선수들은 훈련 기간 내내 자발적으로 금연한다. 경기에서 이기는 것과 비교할 때 다른 모든 욕망은 부차적인 것에 불과할 뿐이기 때문이다.

오늘날 인류가 직면한 가장 심각한 문제 가운데 하나는 곤충과의 전쟁이다. 몇 년 전, 일본 정부의 제안으로 수도에 있는 호숫가의 조경을 위해 벚나무를 들여와 심었는데, 그 벚나무를 위해 오리엔탈 과일 나방도 수입되었다. 그런데 이 나방이 세력을 퍼뜨려 동부 몇 개 주들의 과일 작황을 위협했다. 살충제 살포도 별 효과가 없는 듯 보이자 정부는 일본에서 또 다른 곤충을 들여와 퍼뜨린 후 문제의 나방을 잡아먹게 하는 방법을 쓸 수밖에 없었다. 결국 우리의 농업 전문가들은 한 해충이 다른 해충과 충돌하게 하는 전략을 쓴 것이다.

남의 행동을 자극하는 데 능란한 사람도 비슷한 방법을 써서 하나의 동기가 다른 동기와 대립하게 한다. 이 방법은 매우 상식적이고 단순하고 분명해보이므로 거의 보편적으로 사용된다고 생각하기 쉽지만, 실상은 전혀 그렇지 않다. 우리는 이 방법이 활용되는 경우가 아주 드물다고 느끼게 만드는 경우를 자주 보게 된다.

구체적인 예를 들어보겠다. 나는 최근 한 도시의 정오 만찬 클럽에 참석한 적이 있다. 인근 도시의 컨트리클럽 골프장에서 경기에 참여할 사람을 모집하고 있었는데, 이름을 적어낸 사람이 얼마 되지 않았다. 이 클럽 회장은 기분이 좋지 않았다. 자신이 후원하는 행사가 물거품이 되고 그의 체면이 구겨질 판이었다. 그래서 제 딴에는 더 많은 사람이 참석해주도록 호소를 해봤지만, 그 말하는 방식과 태도는 매우 부적절했다. 그 회장은 회원들이 참석해주기를 그가 원한다는 사실에 주로 근거를 두고 자신의 바람을 전달했다. 그것은 전혀 호소라고 할 수가 없었다. 그는 사람의 마음을 능숙하게 다루지 못하고, 그저 자신의 감정만 풀어놓았을 뿐이었다. 담배 피우는 아들 때문에 분노한 아버지처럼 그는 자기가 상대하는 사람들의 욕망을 고려하여 말을 해야 한다는 원칙을 완전히 무시했다.

그럼 그는 어떻게 했어야 할까? 그는 상식을 발휘하여 남에게 얘기하기 전에 먼저 자신과 조용한 대화의 시간을 갖고 이렇게 자문해야 했다. '왜 좀 더 많은 사람들이 골프 모임에 가려 하지 않는가? 아마 시간을 낼 수 없는 사람도 있겠고, 또 어떤 이들은 기차 요금이나 기타 비용 문제 때문에 주저하는 것인지 모른다. 이 문제들을 어떻게 해결해야 할까? 이런 식으로 설득하는 게 좋겠다. 즉, 레크리에이션은 시간 낭비가 아니며 공부 벌레가 꼭 성공하는 것도 아니고, 피곤한 몸으로 6일 일하는 것보다 좋은 컨디션으로 5일 일하는 것이 훨씬 능률적이라고 말이다. 물론 이건 그들도 다 아는 사실이지만, 한 번 일깨워주는 게 좋겠다. 나는 이 행사에 들어가는 적은 비용을 아끼는 것보다 더 중요한 것이 있다는 사실을 지적하고, 이것은 건강과 즐거움에 투자하는 것이란 사실을 알게 해줘야겠다. 그리고 그들의 상상력을 자극하여 골프장을 거니는 자신의 모습, 얼굴을 간질이는 서풍, 발 밑의 푸른 잔디를 떠올리게 하고, 저 무더운 도시에서 그저 돈 몇 푼 더 벌려고 허덕이는 사람들을 측은하게 여기도록 하겠다.'

이렇게 하는 것이 단순히 "여러분이 함께 가즈셨으면 좋겠습니다."라고 말하는 것보다 더 효과적이지 않겠는가?

우리의 행동을 결정짓는 욕망들

우리의 행동을 지배하고 우리가 사람답게 행동하게 만드는 이 기본적인 인간의 욕망들은 무엇일까? 그것들을 이해하고 이용하는 것이 우리의 성공에 그토록 중요하다면, 그러던 몽땅 꺼내 그 위에 불을 비추고 꼼꼼히 검사하고 해부하고 분석해보자.

이 장의 나머지는 그것들에 관한 몇 가지 이야기를 하는 데 할애될 것이다. 이렇게 함으로써 그것들의 의미가 명확해지고 분명히 이해되며 여러분의 뇌리 깊숙한 곳에 새겨질 것이다.

인간을 움직이게 하는 가장 강한 동기들 가운데 하나는 이익에 대한 욕망이다. 오늘 아침에도 수백만 명의 사람들로 하여금 덜 깬 잠을 애써 몰아내고 몇 시간 더 일찍 몸을 일으키게 만든 주범이 바로 이것이다. 이 욕망은 새벽의 단잠과 침대의 포근함보다 더 강한 것이다. 누구나 다 아는 이 욕구의 강렬한 힘에 대해 무슨 달이 더 필요하겠는가?

그런데 돈에 대한 욕구보다 훨씬 더 강한 것이 자기 보호 욕구다. 모든 건강 관련 주장들은 바로 이것에 기초하고 있다. 예컨대 한 도시가 그곳의 건강에 좋은 기후를 광고하고, 식품회사가 자사 제품의 순도와 기력 충전 효과를 강조하며, 약장수가 자신의 만능 약이 치료해줄 그 많은 질병을 열거하고, 낙농업자 조합이 우유는 비타민이 풍부하고 생명 유지에 꼭 필요한 식품이라고 주장하며, 금연협회의 한 연사가 담배의 약 3퍼센트는 니코틴이고 니코틴 한 방울이면 개 한 마리를 죽이며 여덟 방울이면 말 한 마리를 죽일 수 있다고 위협할 때, 이 사람들 모두는 생명을 보존하려는 우리의 근원적인 욕망에 호소하는 것이다.

이 욕망에 대한 호소의 약발이 좀 더 강하게 먹히게 하려면, 그것을 개인적인 차원으로 끌어내려라. 예를 들어, 암이 증가 추세에 있음을 보여주는 통계자료를 인용하지 말고, 그것을 지금 당신 앞에서 당신의 말을 듣고 있는 사람들과 직접 연계시켜라. 가령 이런 식으로 말이다. "지금 이 방에는 30명의 사람들이 있습니다. 의학적 통계에 따르면, 만약 여러분들 모두가 45세까지만 산다고 할 경우, 여러분 중 세 분은 암으로 사망하게 될 것입니다. 그게 누가 될지 궁금하군요. 앞에 앉은 이분이 될지, 그 뒤에 계신 분이 될지, 아니면 저 구석에 앉아 계신 분이 될지 말입니다."

돈에 대한 욕망만큼이나 강력한 것이 남에게 인정받고자 하는 욕구이다. 사실 많은 사람들에게 그것은 돈에 대한 욕망보다 한층 더 강렬하다. 달리 말해, 그것은 자존심, 곧 프라이드로서 나를 지탱해주는 힘이자, 어떤 면에서는 나 자체이다.

프라이드여, 그대의 이름으로 얼마나 많은 범죄가 저질러졌던가? 오랜 세월 동안 중국에서는 수많은 어린 소녀들이 참을 수 없는 고통 속에 비명을 지르면서도 자발적으로 전족의 관행을 따랐다. 그들에게 발을 묶어 자라지 못하도록 명령한 것은 바로 그들의 자존심이었다. 바로 이 순간에도 중앙아프리카 일부 지역에 사는 수천 명의 원주민 여성들은 입술에 나무 원반을 끼고 생활한다. 믿기 힘들겠지만, 이 원반은 여러분이 오늘 아침 음식을 담아 먹었던 접시 크기만 하다. 이 부족 출신의 소녀들은 여덟 살이 되면 입술 바깥쪽을 찢고 그 안에 원반을 끼워 넣는다. 시간이 지나면서 먼저 끼웠던 원반은 점점 더 큰 것으로 교체

된다. 마지막에는 이 무지막지한 장식품이 들어갈 공간을 만들기 위해 치아까지 제거해야 한다. 이 성가신 물건은 그 흑단의 미인들이 명료한 발음을 하는 것을 아예 불가능하게 만들기 때문에 다른 부족 사람들은 그들의 말을 거의 알아들을 수가 없다. 이 여성들이 이 모든 것을 견뎌내고, 심지어는 말을 할 수 없는 고통마저 감내하는 것은, 좀 더 아름답게 보이기 위함이고, 남에게 칭찬 받고 스스로를 높이 평가하며 자신의 프라이드를 만족시키기 위함인 것이다.

우리 문명 세계에 사는 사람들도 그 정도까지는 아니라도, 자존심을 자기 내면의 최고신으로 떠받드는 것은 본질적으로 저들과 크게 다르지 않다. 그러므로 사람들의 프라이드에 호소하는 것은 잘만 하면 가히 TNT에 버금가는 위력을 발휘한다.

여러분은 왜 이 강좌를 듣는지 자문해보라. 남에게 더 낫게 보이고 싶은 바람 때문인가? 감동적인 연설을 하는 데서 오는 내적인 만족감을 원해서인가? 대중 연설가의 자연스런 덕목인 힘과 리더십과 명성에 대한 자부심을 느끼고 싶어서인가?

한 통신판매 잡지의 편집인은 최근의 한 강연에서 영업 서신에 담을 수 있는 온갖 호소 중에서도 프라이드와 이익에 대한 호소만큼 효과적인 것은 없다고 지적했다.

링컨은 이 프라이드 동기에 호소하는 방법으로 소송에서 이긴 적이 있다. 그것은 1847년 테이즈웰 카운티 법정에서의 일이었다. 스노라는 이름의 두 형제가 케이스라는 사람으로부터 멍에를 멘 두 쌍의 소와 쟁기를 구입했다. 그들이 미성년자였음에도 케이스 씨는 그들이 제시한 200달러짜리 공동 어음을 받았다. 그러나 어음 만기일이 다가와 지급을 받으려고 했을 때, 그에게 돌아온 것은 현금이 아니라 조롱이었다. 그래서 그는 링컨을 고용했고 사건을 법정으로 끌고 갔다. 스노 형제들은 자신들은 미성년자이고 케이스 씨도 그 사실을 알면서 어음을 받은 것이라고 진술했다. 링컨은 그들의 주장과 미성년자 법의 유효성을 모두 인정했다. "맞습니다, 신사 여러분. 저도 그렇게 생각합니다." 상대의 문제 제기를 하나하나 순순히 인정해나가는 것으로 보아 그는 마치 소송을 완전히 포기한 듯 보였다. 그러나 자기 차례가 오자 링컨은 12명의 배심원을 향해 이렇게 말문을 열었다.

배심원 여러분, 여러분은 이 소년들이 그들의 인격에 이런 수치와 불명예의 오물을 뒤집어쓴 채 인생을 시작하게 하실 작정이신가요? 인격에 관한 최고의 심판자는 이런 글을 남겼습니다.

'오 하느님, 무릇 인간의 선한 이름은

그 영혼의 귀한 보석입니다.

내 지갑을 훔치는 자는 쓰레기를 훔친 것일 뿐,

그것은 무엇이긴 하지만, 실은 아무것도 아닙니다.

그것은 내 것이었으면서 그의 것이기도 했고, 또 다른 수천 명의 노예였을 뿐입니다.

그러나 내게서 나의 선한 이름을 훔치는 자는

자신을 풍요하게 하지는 못하면서

나를 진정 가난하게 만드는 것을 훔쳐가는 것입니다.'

그리고 링컨은 만약 상대측 변호사의 지각 없는 부추김만 없었어도 이 소년들은 이런 악행의 유혹에 넘어가지는 않았을지 모른다는 사실을 지적했다. 법을 다루는 고귀한 직업이 정의를 촉진하기보다는 어떻게 정의를 파괴하는 데 악용될 수 있는지를 보여준 후, 링컨은 돌아서서 상대측 변호사를 통렬하게 질책했다. 그는 계속 말을 이었다. "배심원 여러분, 이제 이 소년들을 세상 앞에 바로 세우는 일은 여러분의 손에 달려 있습니다." 배심원들이 감히 명백한 부정을 옹호하는 데 자신의 이름과 영향력을 빌려줄 수 있었을까? 그들이 자기 이상에 충실하다면 그럴 수 없을 것이라는 게 링컨의 계산이었다. 링컨은 그들의 자존심에 호소했고, 결국 배심원단은 논의를 위해 자리를 떠날 것도 없이 그 자리에서 빚을 갚아야 한다는 평결을 내렸다.

이 경우 링컨은 배심원들의 타고난 정의감에도 호소했던 것이다. 거의 모든 사람은 천성적으로 정의감을 갖고 있다. 우리는 거리에서 어린 소년이 더 큰 아이에게 괴롭힘 받는 것을 보면 가던 길을 멈추고 그 소년 편에 선다.

인간은 감정의 동물이며 안락과 즐거움을 희구한다. 우리는 커피를 마시며 비단 양말을 신고 극장에 가며 마루가 아니라 침대에서 잔다. 그것은 우리가 이런 것들이 좋다고 논리적으로 사고했기 때문이 아니라, 그것이 편하기 때문이다. 그러므로 여러분이 말하는 대로 하면 사람들의 안락과 즐거움이 증대될 것이라는 사실을 보여줘라. 그러면 여러분은 그들의 강력한 행동 동기를 자극하게 된다.

시애틀이 여타 도시보다 사망률이 가장 낮고 그곳에서 태어난 아이는 장수할 가능성이 가장 높다고 광고했을 때, 이 도시는 어떤 동기에 호소한 것인가? 그것은 애정이라는 동기로서, 아주 강력한 힘을 갖고 있으며 인간 행동의 상당 부분은 여기서 추진력을 얻는다. 애국심이라는 것도 애정과 정감이라는 동기에 그 토대를 두고 있는 것이다.

다른 모든 것이 실패해도 감정에 대한 호소가 행동을 유발하는 데 주효할 때가 있다. 바로 이것이 뉴욕 시의 유명한 부동산 경매인인 조지프 P. 데이의 경험이었다. 그는 바로 감정에 호소하는 방법으로 일생 최대의 거래를 성사시켰다. 직접 그의 입을 통해 사연을 들어보자.

전문적인 지식이 판매의 전부는 아닙니다. 저의 최대 규모의 단일 판매 건을 성사시킬 때, 저는 전문적인 지식은 전혀 사용하지 않았습니다. 저는 브로드웨이 71번지에 있는 건물을 미국 철강회사에 매각하는 문제를 게리 판사와 협상 중이었습니다. 이 건물에는 항상 그 회사 사무실들이 입주해 있었죠. 나는 거래가 다 끝났다고 생각하며 게리 판사를 찾아갔는데, 그때 그는 아주 차분하게, 그러나 매우 단호한 어조로 이렇게 말했습니다.

"데이 선생, 이 근처에 훨씬 더 현대식으로 지어진 건물 하나가 나왔는데, 그것이 우리 목적에 더 부합하는 것 같아요. 마무리 공사가 더 잘 된 건물이죠. 이 건물은 선생도 잘 아시다시피 너무 낡았어요. 내 동료 몇 사람도 어느 모로 보나 이 건물보다는 저쪽 것이 우리에게 더 적합하다고 생각합니다."

5백만 달러짜리 계약이 물 건너갈 참이었죠. 저는 한순간 대답을 안 했고, 게리 판사도 더 이상 말을 잇지 않았습니다. 그는 이미 결정을 내린 듯 했습니다. 만약 그때 바닥에 핀이라도 떨어졌다면 아마 폭탄 터지는 소리처럼 들렸을 겁니다. 저는 대답 대신 이렇게 질문했습니다.

"판사님, 뉴욕에 오셨을 때 첫 사무실이 어디에 있었습니까?"

"바로 여기요. 아니면 저 건너 쪽에 있는 방이었던가."

"이 철강회사가 창업된 곳은 어디였죠?"

"그야 바로 여기 있는 이 사무실들이지요." 그는 대답한다기보다는 생각에 잠긴 듯했어요. 그러고는 곧 자발적으로 말을 이었습니다. "우리 젊은 간부들 일부가 이보다 좀 더 세련된 사무실에서 일했던 적이 있죠. 이곳의 낡은 가구들이 그네들 성에 차지 않았던가 봅니다. 하지만……." 그는 덧붙였다. "지금 그들은 이곳에 한 사람도 없습니다."

이렇게 매매가 성사됐죠. 그 다음 주에 우리는 공식적으로 거래를 종결 지었습니다.

물론 저는 그들에게 제시된 건물이 어떤 건지 알고 있었습니다. 그리고 저는 두 건물의 구조적인 장점을 비교할 수도 있었겠지요. 그러면 게리 판사는 건축의 본질적인 문제를 놓고 아마 제가 아닌 그 자신과 논쟁했을 겁니다. 그 대신에 저는 감정에 호소했던 것이죠.

종교적인 동기

우리를 강력한 힘으로 뒤흔드는 또 다른 형태의 동기들이 있다. 일단 이들을 종교적인 동기라고 불러보겠다. 이때 종교적이라는 의미는 정통 교파의 예배나 어느 특정 종파의 교의와 관련된 것이 아니라, 그리스도가 가르쳤던 아름답고 영원한 진리들, 곧 정의와 용서와 자비, 그리고 남을 섬기고 내 이웃을 내 몸과 같이 사랑하는 마음을 가리키는 것이다.

그 어떤 사람도, 심지어는 자신에게조차 내가 인정 있고 도량이 넓은 사람이 아니라는 사실은 인정하길 꺼려한다. 그래서 누가 이런 심리를 건드려 호소해올 때 우리는 쉽게 움직인다. 그것은 고귀한 영혼을 상징하며, 우리는 그런 심성을 가진 것에 대해 자부심을 느낀다.

오랜 기간 동안 C. S. 워드는 국제 YMCA 위원회의 사무관으로 있으면서 자신의 모든 시간을 협회 건물을 위한 기금 모금 활동에 바쳤다. 내가 지역 YMCA를 위해 천 달러짜리 수표를 발행한다고 해서 그것이 나의 보호 수단이 되는 것도 아니고, 내 재산이나 권력이 증대되는 것도 아니다. 그러나 많은 사람이 그런 일에 참여하는 것은 고상하고 정의롭고자 하는 욕망, 또 남에게 도움이 되고픈 욕망이 속에서 충동질하기 때문이다.

북서부 지역의 한 도시에서 모금 운동을 전개하면서 워드는 교회나 사회운동과는 담을 쌓고 살아온 한 유명 기업인에게 접근했다. 과연 이

기업인이 일주일 동안 자기 사업을 내팽개치고 YMCA 건물 기금 모금 활동에 동참할 수 있을까? 참으로 터무니없는 생각 같았다. 그런데 그는 모금 운동의 개회식에 참석하기로 동의했다. 그리고 그곳에서 워드 씨가 그의 고귀한 정신과 이타주의에 호소한 것에 마음이 크게 움직여 결국 한 주일을 몽땅 열정적인 모금 활동에 바쳤다. 한 주가 채 지나기도 전에 그동안 불경스런 언행으로 악명 높았던 이 사업가는 모금 운동의 성공을 기원하는 단계에까지 이르렀다.

예전에 한 무리의 사람들이 제임스 J. 힐을 찾아가 북서부 지역의 그의 철도 노선을 따라 YMCA를 설립하자고 설득한 적이 있다. 이를 위해서는 상당한 자금이 필요했다. 힐을 약삭빠른 사업가로만 인식한 그들은 어리석게도 그의 돈에 대한 욕망을 자극하는 쪽으로 그들의 설득 논리를 전개했다. 그들은 YMCA 협회가 근로자들의 행복하고 만족스러운 삶에 보탬이 될 것이며, 그의 재산 가치를 높이는 데도 기여할 것이라는 사실을 지적했다.

그러자 힐은 이렇게 대답했다. "여러분은 내가 YMCA를 설립하는 데 협조하게 하는 진정한 동기를 지적하지 않았습니다. 바로 옳은 일을 하는 데 힘이 되고 싶다는 것과 기독교인다운 인격을 배양하고픈 욕망 말입니다."

국경 지역의 영토를 둘러싼 해묵은 분쟁은 1900년에 아르헨티나와 칠레를 전쟁 직전의 상황까지 내몰았다. 전함이 건조되고 무기가 비축되었으며 세금이 증가한 것 외에 많은 분야에서 이 문제를 피로 해결하기 위한 준비로 값비싼 출혈을 해야 했다. 그러던 차에 1900년 부활절에 아르헨티나의 한 주교가 그리스도의 이름으로 간절하게 평화를 호소했다. 그러자 안데스 산맥 너머의 칠레 주교가 이 메시지에 화답했다. 이 주교들은 마을과 마을을 돌며 평화와 형제애를 호소했다. 처음에 그들을 따르던 무리는 여성들뿐이었지만, 나중에는 전 국민이 이 호소에 흔들렸다. 국민들의 탄원과 여론은 결국 양국 정부로 하여금 중재에 나서 서로의 군대를 감축하게 했다. 국경의 요새는 철거되고, 총기들은 녹여져 거대한 청동 그리스도 상으로 다시 태어났다. 오늘도 고고한 안데스 산정 드높이 십자가를 든 이 평화의 왕자 상은 분쟁의 근원지였던 국경 지역을 지키며 우뚝 솟아 있다. 이 조각상의 받침대에는 이런 글이 새겨져 있다.

이 산들이 무너져 먼지로 변한다 해도 칠레와 아르헨티나 공화국 국민들은 그리스도의 발 아래에서 맺은 엄숙한 서약을 잊지 않으리라.

종교적인 감정과 신념에 호소할 때 발휘되는 힘은 이토록 위대한 것이다.

행동을 이끌어내는 법

....

1 관심을 유도하라.

2 신뢰를 얻어라. 그러기 위해서는 성실하고, 제대로 소개 받고, 특정
  주제에 관해 말할 만한 자격을 갖추고, 직접적인 체험을 통해 배운
  내용들을 전해야 한다.

3 전하고자 하는 사실들을 진술하고, 여러분이 내놓은 제안의 장점에
  관해 청중들을 납득시키며, 그들의 이의 제기에 답변하라.

4 인간을 움직이게 만드는 동기들, 즉 이득에 대한 욕망, 자기 보호,
  자존심, 즐거움, 감정, 애정, 그리고 정의와 자비와 용서와 사랑 같
  은 종교적인 이상의 동기에 호소하라.

이런 방법들은 현명하게만 사용되면 공적으로나 사적으로나 연사에게
귀중한 도움이 되며, 영업 서신과 광고 문안을 작성하고 비즈니스 관
련 면담을 이끄는 데도 큰 보탬이 될 것이다.

필자가 자신이 설명해온 방법을 성공적으로 적용했는지 확인해보라.

1 필자는 인간성을 효과적으로 다루는 일의 중요성을 강조하고, 그것
  을 할 수 있는 과학적인 방법이 있다는 사실과 그 방법에 관해 즉시
  논의할 것이라고 말함으로써 여러분의 관심을 끌었는가?

2 필자는 이 시스템이 상식의 법칙에 기초하고 있고, 이 방식을 이용

했으며 수천 명의 다른 사람들에게도 가르쳤다고 말함으로써 여러 분의 신뢰를 얻었는가?

3 필자는 사실들을 명백하게 진술하고, 이 방법의 작동 원리와 장점 에 대해 여러분을 납득시켰는가?

4 필자는 이 방법을 사용함으로써 여러분이 더 큰 힘과 이익을 얻게 되리라는 사실을 납득시켰는가? 이 글을 읽은 후에 여러분은 이 방 법대로 해보려고 노력할 것인가? 다시 말해 필자는 여러분이 실천 할 수 있도록 동기를 유발시켰는가?

16

Improving Your Diction

언어의
마술사가
되는길

"주목을 받으려면 사람들의 귀를 자극해야 한다. 남을 자신의 생각대로 이끌려는 사람이나, 수많은 사람들이 조금이라도 자신의 말에 주의를 기울이게 하려는 사람은 누구든 반드시 명확성, 힘, 그리고 아름다운 언어의 삼박자를 갖추어야 한다."

_우드로 윌슨

"설교의 내용이 무엇이든, 그것은 먼저 설교자 자신 속에 들어 있어야 한다. 명확성, 논리성, 활기, 진지함 등은 설교 내용 속의 사상과 언어의 특질이기 이전에 설교자 자신의 개인적인 덕목이 되어야 한다."

_필립스 브룩스

"말을 잘하는 사람은 대개 보통 사람보다 독서량이 많다. 의식적으로 노력하지 않아도 그들은 다양한 생각과 그것을 표현해주는 말들을 흡수한다. 일류 작가들의 문체와 취향이 그들의 사고와 언어에 스며드는 것이다. 흔히 독서는 어휘력 증대를 위한 가장 효과적인 방법으로 간주된다."

_호프만, 「기업인을 위한 대중 연설」

"당신은 자신의 언어가 신문의 그것처럼 흔하고 뻔하며 단조로운 것이기를 원치 않으리라. 그보다는 자신의 말 한마디 한마디가 암시와 연상, 아름다움과 힘으로 가득하기를 바랄 것이다."

_루퍼스 코트

"힘차고 명확한 언어를 구사하고 싶다면 세계 최고의 문학에 자신을 흠뻑 적셔라."

_린 해럴드 호우 박사

언어의 마술사가 되는 길

⚜ 16 ⚜

얼마 전 직업도 모아둔 돈도 없는 한 영국인이 일자리를 찾아 필라델피아 거리를 전전하고 있었다. 그는 그 도시의 저명한 기업인이던 폴 기번스의 사무실로 찾아가 면담을 청했다. 기번스 씨는 이 불청객을 마뜩잖은 얼굴로 쳐다보았다. 이 사람의 외양이 도대체 그의 마음에 들지 않았다. 걸치고 있는 옷은 낡고 초라했으며, 궁색한 처지에 내몰려 있다는 표시가 몸 전체에 역력했다. 호기심 반, 동정심 반으로 기번스는 면담을 허락했다. 처음에는 잠깐만 말을 들어줄 작정이었지만, 잠깐이 몇 분이 되고 몇 분이 한 시간이 되도록 대화는 계속 이어졌다. 결국 대화는 기번스가 딜론, 리드 언드 컴퍼니(Dillon, Read and Company) 사의 필라델피아 지사장인 롤랜드 테일러에게 전화하는 것으로 끝이 났다. 그리고 그 도시의 유력한 금융가였던 테일러는 이 사람을 점심에 초대한 후 괜찮은 일자리를 마련해주었다. 초라한 몰골에 실패자의 기색이 역력했던 이 영국인이 어떻게 그토록 짧은 시간에 이렇듯 소중한 연줄을 형성할 수 있었을까?

그 비밀은 바로 그의 영어 구사력이었다. 사실 그는 옥스퍼드 대학교 출신으로 어떤 비즈니스 임무를 띠고 이 나라에 들어왔다가 일이 크게 잘못되어 돈도 친구도 없이 길거리에 나앉게 된 처지였다. 그러나 그는 모국어를 매우 정확하고 아름답게 구사했기 때문에 그의 대화 상대자들은 그의 낡은 신발, 후줄근한 외투, 면도도 안 한 얼굴 따위는 곧 잊어버렸다. 그의 언어는 최상의 실업계로 진입할 수 있는 즉석 여권 역할을 했다.

이 사람의 이야기는 다소 특별하기는 하나, 그것은 일반적이고도 기본적인 진실, 즉 우리는 매일 우리가 하는 말에 의해 평가된다는 사실을 잘 보여준다. 우리가 하는 말은 우리의 품격을 드러내고, 보는 눈이 있는 자에게 우리가 어울려온 사람들의 수준을 알려준다. 요컨대 우리가 쓰는 언어는 우리의 교육과 교양 수준을 말해주는 지표가 된다.

우리는 오직 네 가지 방식으로 세상과 접촉한다. 즉, 우리는 무슨 일을 하는가와 남의 눈에 어떻게 보이는가, 그리고 무슨 말을 하며 어떻게 말하는가에 따라 평가되고 분류된다. 그러나 많은 사람들이 학교를 졸업한 뒤 자신의 언어 재산을 증식시키고 의미의 미묘한 차이에 익숙해지며 정확하고 품위 있게 말하려는 의식적인 노력을 기울이지 않은 채 오랜 기간 적지 않은 실수를 저지르며 살아간다. 그들은 그저 사무실이나 길거리에서 흔히 쓰는 닳고 닳은 말들을 습관적으로 사용한다. 그러니 그들의 말이 기품이나 개성을 결여하고 있는 것이나, 정통 발음 원칙을 자주 무시하고 때로는 영문법 자체의 규범까지 파괴하는 것도 어찌 보면 그럴 수 있겠다는 생각이 든다. 나는 심지어 대학교 졸업자들조차 'ain't', 'he don't', 'between you and I' 따위의 표현을 남발하고 있는 것을 들었다(각각 am not/is not, he doesn't, between you and me가 올바른 표현이다.-역주). 학사 학위를 가진 사람들도 이 모양인데, 하물며 경제 사정 때문에 학업을 포기해야 했던 사람들이야 더 말해 뭣하겠는가?

수년 전 나는 어느 오후에 로마의 원형경기장에 몽상에 잠긴 채 서있었다. 그때 한 낯선 사람이 자신을 영국의 식민지 주민이라고 소개하며 내게 접근해서는 자기가 로마에서 경험한 일들을 이야기하기 시작했다. 말을 시작한 지 3분도 지나지 않아 그의 입에서는 'you was', 'I done' 따위의 엉터리 표현들이 튀어나왔다(원래는 'you were', 'I did'가 올바른 표현-역주). 그날 아침 그는 잠자리에서 일어난 후, 자신의 품위를 유지하고 만나는 사람들에게 멋지게 보이기 위해 구두에 광을 내고 옷도 깔끔하고 단정하게 차려입었을 것이다. 그러면서도 그는 자신의 언어 표현에 광을 내고 격조 있는 문장을 구사하려는 시도는 전혀하지 않았다. 이 사람은, 예컨대 여자에게 말을 걸 때 모자를 들어 올리지 않는 것에 대해서는 부끄러워했을 테지만, 언어 문법을 무시하고 분별 있는 청자의 귀를 거북하게 하는 자신의 행태에 대해서는 부끄러워하지도 의식하지도 못했다. 말을 통해 그는 자신의 품격과 수준을 노출시킨 것이다. 결국 그의 형편없는 언어 구사력은 세상 사람들에게 그가 교양인이 아니라는 사실을 적나라하게 드러냈던 셈이다.

30년 넘게 하버드 대학교 총장으로 재직했던 찰스 W. 엘리엇 박사는 이렇게 단언했다. "인간 교육의 필수 요소로서 나는 딱 한 가지 지적인 자질만을 인정한다. 그것은 바로 모국어를 정확하고 품위 있게 구사할수 있는 능력이다." 이것은 매우 중요한 선언이다. 한 번 깊이 음미해보기 바란다.

그러면 어떻게 말과 친해지고 그것을 아름답고 정확하게 구사할 수 있을까? 다행히도 이를 위한 방법에는 신비로운 비책도, 또 이상한 요술 같은 것도 없다. 그것은 공공연한 비밀에 속한다. 링컨은 이 방법을 매우 성공적으로 이용했다. 어떤 미국인도 언어를 이용하여 그처럼 아름다운 무늬를 짜내고 조화로운 산문 음악을 창조해내지 못했다. 변변치 못한 일자무식의 아버지와 특별한 재능도 없던 평범한 어머니의 아들인 링컨은 천성적으로 언어 재능을 타고났던 것일까? 이런 가정을 뒷받침할 만한 증거는 없다. 그가 국회의원으로 선출되었을 때, 그는 워싱턴의 공식 기록부에 자신의 교육을 '결함 있음'이라고 묘사했다. 그의 전 생애를 통틀어 그가 학교에 다닌 기간은 12개월도 채 안 된다. 그의 스승들은 누구였을까? 켄터키의 숲에서 살던 시절에는 자카리아 버니와 칼렙 헤이즐이었고, 인디애나 주의 피전 크릭에서는 아젤 도시와 앤드루 크로포드였다. 이들은 모두 순회 교사들로서 이곳 저곳의 개척 부락을 전전하며 기본적인 읽기, 쓰기, 셈법을 가르쳐주는 대가로 햄과 옥수수를 제공할 만한 학생이 있는 곳이면 어디든 찾아다니며 생계를 해결했다. 그런 교사들로부터도, 또 그의 일상적 환경으로부터도 링컨이 받은 도움은 거의 없었다.

농부와 상인들, 그리고 그가 일리노이 주의 제8사법지구에서 관계한 법률가와 소송인들도 언어를 다루는 재능이 신통치 않기는 마찬가지였다. 그러나 링컨은 자신의 시간을 지적으로 그와 같은 수준이거나 열등한 수준의 사람들과 어울리며 탕진하지 않았다. 그는 지적으로 뛰어난 인물들, 가수들, 당대의 시인들과 친밀한 교분을 맺었다. 그는 번즈와 바이런, 그리고 브라우닝의 시 전체를 암송할 수 있었고, 번즈에 관해서는 강연도 했다. 그는 바이런의 시집을 사무실과 집에다 각각 한 권씩 두고 읽었는데, 사무실에 있던 시집은 하도 손을 많이 타서 그것을 들어올릴 때는 언제나 장편 시 〈돈 후안(Don Juan)〉이 있는 곳이 펼쳐질 정도였다. 심지어는 백악관 시절, 비극적인 남북전쟁의 중압감이 그의 어깨를 짓누르고 얼굴에 깊은 고랑을 파놓을 때조차 그는 잠자리에서 후드의 시집을 펼쳐 들곤 했다. 이따금 한밤중에 잠을 깨서 시집을 열고 특별히 감동적이고 기쁨을 주는 구절을 발견하면, 몸을 일으켜 잠옷만을 걸치고 슬리퍼를 신은 채 가만가만 복드를 지나 비서가 있는 곳까지 간 다음 그에게 그 구절과 함께 여러 편의 시를 읽어주곤 했다. 백악관에 있을 때, 그는 시간을 내어 셰익스피어의 긴 시편을 암송했고, 특정 배우의 읽기 방식을 비판하고 자신의 해석을 덧붙이기도 했다. 그는 배우였던 해킷에게 이렇게 써보냈다. "나도 셰익스피어 희곡 몇 개는 아마 웬만한 아마추어 독자만큼은 섭렵했을 겁니다. 『리어왕』, 『리처드 3세』, 『헨리 8세』, 『햄릿』, 특히 『맥베스』를 많이 읽었지요. 그중에서도 『맥베스』가 단연 으뜸이라 생각됩니다. 정말 대단한 작품이지요."

링컨은 시에 홀린 사람 같았다. 공석에서나 사석에서나 시를 암기하고 암송하는 것뿐 아니라, 심지어는 직접 써보기도 했다. 여동생이 결혼할 때는 자신의 긴 자작시를 암송했다. 중년에는 자작시로 공책 한 권을 채우기도 했지만, 이에 대해 너무 부끄러워하여 가장 가까운 친구에게조차 읽는 것을 허락하지 않았다.

로빈슨은 『문인으로서의 링컨(Lincoln as a Man of Letters)』에서 이렇게 기록했다. "독학으로 공부한 링컨은 진정한 교양의 재료들로 자신의 마음을 채웠다. 그것을 천재성이라 부르든 재능이라 부르든, 그가 지성의 벽돌을 하나씩 쌓아간 과정은 에머튼 교수가 에라스무스의 교육에 대해 묘사한 바와 같다. '그는 이제 학교에는 발길을 끊었다. 그러나 그는 어디서든 어떤 형태로든 효과가 있는 유일한 학습 방법, 즉 쉬지 않고 끊임없이 공부와 연습에 매진하는 방법으로 스스로를 교육시켰다.'"

인디애나 주의 피전 크릭 농장에서 일당 31센트를 받고 도토리를 까거나 돼지를 도살하던 이 어설픈 개척자는 훗날 게티즈버그에서 인간의 입에서 나올 수 있는 가장 아름다운 연설을 창조해냈다. 17만 명이 그곳에서 싸웠고, 7천 명이 전사했다. 링컨이 사망한 직후, 찰스 섬너는 전투의 기억은 잊혀져도 링컨의 연설은 살아남을 것이며, 먼 미래에 이 전투가 기억된다면 그것은 주로 이 연설 덕택일 것이라고 내다보았다. 누가 감히 이 예언의 정확성에 토를 달겠는가? 심지어는 이 세대에 벌써 그 예언은 실현되기 시작하고 있지 않은가? 여러분은 '게티즈버그'라는 말을 들을 때, 그 전투만큼이나 이 연설을 떠올리게 되지 않던가?

에드워드 에버렛은 게티즈버그에서 두 시간 동안 연설했지만, 그가 말한 모든 내용은 그 후 완전히 잊혀졌다. 링컨의 연설 시간은 채 2분도 되지 않았다. 연설 도중 사진사가 그의 사진을 찍으려 했지만, 링컨은 당시의 구식 카메라가 설치된 후 미처 초점을 맞추기도 전에 연설을 끝내버렸다.

링컨의 연설은 불멸의 동판에 새겨져 영어로 쓸 수 있는 가장 아름다운 문장의 표상으로 옥스퍼드 대학교 도서관에 비치되어 있다. 대중 연설을 공부하는 학생은 누구나 다음의 전문을 암기할 수 있어야 한다.

지금부터 87년 전, 우리의 선조들은 이 대륙에서 자유 속에 잉태되고 모든 인간은 평등하게 창조되었다는 명제에 봉헌된 새로운 한 나라를 탄생시켰습니다. 우리는 지금 거대한 내전의 소용돌이에 휩싸여 있으며, 이 나라가, 아니면 그렇게 잉태되고 그렇게 봉헌된 어떤 나라가 과연 오래도록 생명력을 유지할 수 있겠는지를 시험 받고 있습니다. 오늘 우리가 모인 이 자리는 그 전쟁이 벌어졌던 큰 싸움터입니다. 우리는 이 나라를 살리기 위해 목숨을 바친 분들에게 그 싸움터의 일부를 마지막 안식처로 헌납하고자 여기 모였습니다. 우리의 이 행위는 너무도 마땅하고 지당한 일인 것입니다. 그러나 더 큰 의미에서, 이 땅을 봉헌하고 축성하며 신성하게 하는 자는 우리가 아닙니다. 이곳에서 싸웠던, 살아 있거나 전사한 그 용감한 분들이 이미 이곳을 신성한 땅으로 만들었기 때문에 빈약한 우리의 힘으로는 여기에 더 보태고 뺄 것이 없습니다. 세상 사람들은, 오늘 우리가 여기서 한 말을 크게 주목하지도 또 오래 기억하지도 않겠지만, 그 용감한 분들이 이곳에서 행한 일만은 결코 잊지 않을 것입니다. 우리 살아 있는 자들은 여기서 피 흘려 싸운 분들이 이제까지 진행시켜놓은 그 고귀한 미완의 임무와 앞에 남겨진 위대한 과업에 더욱 헌신해야 합니다. 이제 우리 살아남은 자들은 그분들이 최후까지 자신의 모든 것을 다 바쳐가며 지키려 한 그 숭고한 대의에 대한 충성의 마음을 더욱 다잡고, 유명을 달리하신 분들의 죽음이 헛되지 않도록 하며, 이 나라가 하느님의 가호 아래 새로운 자유의 탄생을 보게 하고, 국민의, 국민에 의한, 국민을 위한 정부가 이 지상에서 결코 소멸되지 않도록 할 것을 굳게 다짐하는 바입니다.

흔히 이 연설의 대미를 장식하는 그 마지막 표현은 링컨이 최초로 구상한 것이라고 추정된다. 그러나 정말 그런가? 그의 변호사 동료인 헌돈은 그보다 몇 년 전 링컨에게 시어드어 파커의 연설문집을 주었다. 링컨은 그 책에서 '민주주의란 모든 국민에 대한, 모든 국민에 의한, 모든 국민을 위한 직접적인 자치제도'라는 표현을 읽고 밑줄을 그어두었다. 그런데 시어도어 파커는 사실 그 말을 웹스터에게서 빌려온 것인지도 모른다. 즉, 웹스터는 그보다 4년 전 헤인(Hayne)에 대한 그의 유명한 답변에서 '국민을 위해 만들어지고 국민에 의해 만들어지며 국민에게 책임을 지는 국민의 정부'라는 표현을 썼다. 그러나 웹스터도 그 말을 그보다 약 30여 년 전에 똑같은 생각을 표현한 제임스 먼로 대통령으로부터 차용한 것인지도 모른다. 그러면 제임스 먼로는 그 생각을 어디서 빌어왔을까? 먼로가 태어나기 5백 년 전, 위클리프는 성경 번역본 서문에서 '이 성경은 국민의, 국민에 의한, 국민을 위한 정부를 위한 것'이라고 밝혔다. 그리고 위클리프 시대보다 훨씬 전에, 즉 그리스도 탄생 400년도 더 전에 클레온은 아테네 시민들을 향한 연설에서 '국민의, 국민에 의한, 국민을 위한' 통치자에 대해 이야기했다. 그럼 클레온은 그 생각을 어디에서 따왔을까? 이를 알아내기에는 고대의 안개와 밤의 장막이 너무 짙고 어둡다.

하늘 아래 새로운 것이 얼마나 적은가! 위대한 연사들도 독서에 얼마나 많은 것을 빚지고 있는지 이제 실감하겠는가?

책에 바로 비밀이 있다. 어휘력을 증진시키고 풍부하게 하려는 자는 끊임없이 문학이라는 큰 통 속에 자신의 마음을 담그고 그 안에서 헤엄쳐야 한다. 존 브라이트는 이렇게 말했다. "내가 도서관 앞에 설 때마다 느끼는 유일한 슬픔은, 인생이 너무 짧다는 것과 내 앞에 놓인 이 풍요한 양식을 양껏 만끽할 가능성이 전혀 없다는 사실이다." 브라이트는 15살에 학교를 그만두고 방적 공장에 일하러 갔으며, 그후 다시는 학교에 갈 기회가 없었다. 그러나 그는 당대의 가장 뛰어난 연설가의 한 사람이 되었고, 탁월한 영어 구사력으로 이름을 날렸다. 그는 읽고 연구하고 노트에 베껴 적었으며, 바이런, 밀턴, 워즈워스, 휘티어, 셰익스피어, 그리고 셸리의 긴 시구들을 암기하는 데 진력했다. 그리고 매년 『실락원』을 독파하며 어휘를 늘려갔다.

찰스 제임스 폭스는 자신의 문체를 개선하기 위해 셰익스피어를 큰 소리로 읽었다. 글래드스톤은 자신의 서재를 '평화의 신전'이라 불렀고, 그 안에 1만 5천 권의 장서를 보관했다. 그는 성 어거스틴, 버틀러

주교, 단테, 아리스토텔레스, 그리고 호머의 작품에서 가장 많은 도움을 받았다고 고백했으며, 『일리아드』와 『오디세이』에 흠뻑 취했다. 또한 그는 호머의 시와 그의 시대에 대해 6권의 책도 저술했다.

어린 피트는 그리스어와 라틴어 작품 한두 페이지를 숙독한 후 그것을 모국어로 번역하는 식으로 연습했다. 그는 10년 동안 하루도 안 거르고 이 연습을 했으며, "미리 계획하지도 않고 자기 생각을 정선되고 잘 배열된 말로 표현하는 데 거의 타의 추종을 불허할 정도의 뛰어난 능력을 보였다."

데모스테네스는 투키디데스의 역사서를 직접 손으로 8번이나 베껴 썼다. 그것은 그 유명한 역사가의 장엄하고도 인상적인 화법을 자기 것으로 체득하기 위해서였다. 그 결과는 어땠을까? 그로부터 2천 년 뒤, 우드로 윌슨은 자기 문체를 정련시키기 위해 데모스테네스의 작품을 연구했다. 애스퀴드는 버클리 주교의 작품을 읽는 것이 자기에게는 최고의 훈련이라고 여겼다.

테니슨은 매일 성서를 공부했다. 톨스토이는 복음서의 긴 구절들을 암기할 때까지 읽고 또 읽었다. 러스킨의 어머니는 아들이 하루도 거르지 않고 성서의 긴 장들을 암기하게 하고, 전체 성경의 '음절 하나하나와 까다로운 이름들, 그밖에 모든 것을 창세기서부터 계시록까지' 매년 큰 소리로 독파하게 했다. 러스킨은 자신의 문학적 취향과 문체는 바로 이 훈련과 공부를 통해 형성된 것이라고 밝혔다.

R. L. S.는 영어에서 가장 사랑 받는 이니셜로 알려져 있다. 로버트 루이스 스티븐슨은 본질적으로 작가 중의 작가였다. 그는 자신을 유명하게 만든 그 매혹적인 문체를 어떻게 발전시켰을까? 다행히도 이에 대해서는 그 자신이 직접 비결을 알려주었다.

절묘하게 표현되거나 효과가 적절하고 눈에 띄는 힘이나 유쾌한 개성이 돋보이는, 특별히 마음에 드는 책이나 구절을 만날 때마다 나는 당장 앉아서 그런 특질을 흉내 내려고 한다. 물론 나는 기대에 미치지 못했다. 다시 시도해도 결과는 마찬가지였고 항상 만족스럽지 못했다. 그러나 최소한 나는 이 허망한 몸부림인 듯 보이는 시도를 통해 리듬, 조화, 그리고 부분의 구성과 통합 등의 측면에서 꽤 많은 연습을 할 수 있었다.

그래서 나는 해즐릿, 램, 워즈워스, 토머스 브라운 경, 디포, 호손, 몽테뉴를 열심히 흉내 냈다.

좋든 싫든 그것이 글쓰기를 배우는 방법이고, 이를 통해 이득을 보든 못 보든, 그것이 내 방식이다. 키츠도 바로 그런 식으로 배웠다. 그리고 문학에 대한 세련된 감수성에서 키츠를 따를 자는 없었다.

이런 모방의 과정을 통해 학생은 자신이 도저히 흉내 낼 수 없는 어떤 모델이 존재한다는 사실을 깨닫는다. 여기에 모방의 중요한 의미가 있다. 그가 아무리 노력해도 자신은 실패할 것을 안다. 그러나 또한 실패는 성공으로 가는 유일한 지름길이라는 말도 변함없는 진리다.

이제 이름이나 특정한 이야기는 예를 들만큼 들었다. 비밀은 공개됐다. 링컨은 훌륭한 변호사가 되기를 갈망하는 청년에게 이렇게 써보냈다. "그저 책을 구해서 꼼꼼하게 읽고 공부하는 것이 최선입니다. 첫째도 공부요, 둘째도 공부라는 사실을 잊지 마십시오."

그럼 어떤 책을 읽을까? 우선 아놀드 베넷의 『시간 관리론』으로 시작하라. 이 책은 갑자기 찬물에 풍덩 빠지는 것만큼이나 정신을 번쩍 들게 할 것이며, 여러분에게 가장 흥미 있는 주제, 즉 여러분 자신에 대해 많은 것을 알려줄 것이다. 또 이 책은 여러분이 하루에 얼마나 많은 시간을 낭비하는지, 이 낭비를 어떻게 막아야 하는지, 그리고 그렇게 해서 절약한 시간을 어떻게 활용할 것인지를 말해준다.

토머스 제퍼슨은 이렇게 썼다. "신문을 집어던지고 타키투스와 투키디데스, 그리고 뉴턴과 유클리드를 읽었는데, 기분이 훨씬 좋아졌다." 최소한 신문 읽는 시간을 절반으로 줄이는 정도까지만 제퍼슨의 예를 따름으로써, 당신은 몇 주가 지나면서 더 행복해지고 현명해질 수 있을 것이라 믿지 않는가? 어쨌든 시험 삼아 한 달 동안만 얼마간의 시간을 좀 더 영속적인 가치를 지닌 좋은 책을 읽는 데 투자할 생각은 없는가? 엘리베이터나 차를, 또는 음식이나 약속 시간을 기다리는 동안 뒷주머니에 넣어둔 것을 꺼내 읽어보는 것은 어떨까?

『시간 관리론』을 다 섭렵했으면 같은 작가가 쓴『인간 기계(The Human Machine)』를 읽어보라. 이 책은 인간을 좀 더 현명하게 상대하는 법을 알려주며, 균형 감각과 침착한 성품을 배양하는 데 도움을 줄 것이다. 이 책들을 여기서 추천하는 것은 그 내용 때문만이 아니라, 그것이 전달되는 방식과 함께 당신의 어휘력 향상에 미칠 확실하고도 긍정적인 효과 때문이다.

아래에 소개하는 책들도 유익할 것이다. 프랭 노리스의『문어(The Octopus)』와『함정(The Pit)』은 가히 최고의 미국 소설에 속한다고 할 수 있다. 첫 번째 것은 캘리포니아 주의 밀밭에서 벌어지는 소동과 인간 비극을 다뤘고, 후자는 시카고 상품거래소에서 전개되는 파는 쪽과 사는 쪽 사이의 전쟁을 묘사한다. 토머스 하디의『테스』는 분명 인간이 쓴 가장 아름다운 이야기에 속한다. 뉴웰 드와이트 힐리스의『사회에서의 인간의 가치(A Man's Value to Society)』와 윌리엄 제임스 교수의『교사에게 드리는 말씀(Talks to Teachers)』도 충분히 일독할 가치가 있는 작품들이다. 앙드레 모로아의『아리엘, 셸리의 일생(Ariel, A Life of Shelley)』, 바이런의『차일드 헤럴드의 편력(Childe Harold's

Pilgrimage)』, 그리고 로버트 루이스 스티븐슨의 『당나귀와의 여행 (Travels with a Donkey)』 역시 당신의 도서 목록에 포함시켜야 한다.

또 랠프 왈도 에머슨과 매일 벗하라. 먼저 그의 유명한 첫 에세이인 『자기 신뢰(Self-Reliance)』로 그와 대면하고, 다음과 같은 힘찬 문장들의 속삭임에 귀 기울여라.

그대의 숨어 있는 확신을 이야기하라. 그러면 그것은 보편적인 인식이 되리라. 왜냐하면 항상 가장 안쪽이 가장 바깥쪽이 되며, 우리의 처음 생각은 최후 심판일의 나팔 소리와 함께 우리에게 되돌아올 것이기 때문이다. 마음의 목소리는 서로에게 익숙하나니, 우리가 모세, 플라톤, 밀턴에게서 발견하는 가장 위대한 점은 그들이 책과 전통을 무시했으며, 다른 사람들이 한 말을 그대로 옮기지 않고 자기 자신의 생각을 말했다는 사실이다.

인간은 음유시인이나 현자들의 찬란한 광휘보다 자신의 깊은 내면에서 반짝이는 빛을 탐지하고 바라보는 법을 배워야 한다. 그러나 경솔하게도 그는 자기 생각을 무단 삭제해버린다. 그것이 단지 자기 생각이라는 이유로 그렇게 한다.

모든 천재의 작품에서 우리는 우리 자신의 거부된 생각을 발견한다. 그것은 어떤 거리를 둔 위엄을 가지고 우리에게 돌아온다. 위대한 예술 작품이 우리에게 가르치는 가장 감동적인 교훈은 바로 이것이다. 그들은 아무리 수많은 목소리들이 반대쪽에서 크게 떠들어댄다고 해도 우리 자신의 자연스러운 느낌을 즐겁고도 우직하게 따르라고 가르친다. 그렇게 하지 않으면 당장 내일 어떤 낯 모르는 이가 우리가 항상 생각하고 느껴왔던 것과 정확히 똑같은 내용을 양식과 위엄이 넘치는 목소리로 외쳐댈 것이다. 그러면 우리는 부끄러움을 느끼며 우리 자신의 의견이었던 것을 다른 사람의 입을 통해 듣게 될 것이다.

모든 사람은 교육을 받는 과정에서 다음과 같은 확신에 도달하는 때가 있다. 즉, 질투는 무지이며, 모방은 자살행위이고, 좋든 나쁘든 나 자신은 스스로 책임져야 하며, 광대한 우주는 좋은 것들로 풍성하지만, 곡식 한 알도 땅을 갈고 땀 흘리는 수고를 하지 않으면 나에게 돌아오지 않는다는 확신이다. 자기 안에 내재하는 힘은 사실상 새로운 것이며, 나 외에는 어느 누구도 자신이 무엇을 할 수 있는지 알지 못하고, 실제로 시도해보기 전까지는 나 자신도 모른다.

그러나 우리는 아직도 진정 최고의 작가들은 언급하지 않았다. 그들은 누구일까? 헨리 어빙 경은 그가 생각하는 최고의 책 100권의 목록을 뽑아달라는 부탁을 받았을 때 이렇게 대답했다. "어떤 100권보다 나에게는 성경과 셰익스피어, 이 둘을 연구하는 것이 제일 유익합니다." 헨리 경의 말이 옳다. 이 위대한 영문학의 두 섬물을 흠뻑, 오래, 그리고 자주 들이켜라. 석간신문을 옆으로 치우고 이렇게 말하라. "셰익스피어 씨, 오늘 밤 내게로 와서 로미오와 줄리엣, 그리고 맥베스와 그의 야망에 대해 얘기해줘요."

이렇게 할 때 여러분에게는 무슨 보상이 있을까? 점차로, 의식하지 못하는 사이에, 그러나 불가피하게, 여러분의 언어는 아름다움과 품위로 옷을 갈아입게 될 것이다. 차츰 책 속에 있는 여러분 동료들의 영광과 아름다움, 그리고 위엄이 얼마간 여러분에게 반향을 불러일으키기 시작할 것이다. 괴테는 이렇게 말했다. "어떤 책을 읽고 있는지 내게 말해주시오. 그러면 당신이 어떤 사람인지 얘기해주겠소."

내가 제안한 이 독서 프로그램을 따르는 데는 의지력과 좀 더 세심한 시간 관리 외에는 필요한 것이 거의 없을 것이다.

마크 트웨인의 언어유희

마크 트웨인은 어떻게 언어의 마술사가 되었을까? 청년 시절, 그는 미주리 주에서 네바다 주까지 매우 느리고 정말 고통스러운 역마차 여행을 한 적이 있다. 승객과 말들을 위한 식량과 함께 때로는 물도 실어 날라야 했다. 필요 이상의 무게는 안전에 심각한 위험을 초래할 수도 있었고, 짐에는 온스 단위로 요금을 부과했음에도 마크 트웨인은 산길을 넘을 때나, 타는 듯한 사막을 건널 때나, 산적과 인디언이 득실대는 지역을 지날 때나, 항상 웹스터 대사전을 옆에 끼고 다녔다. 그는 언어의 달인이 되고 싶어했고, 특유의 용기와 상식으로 이 목표를 달성하는 데 필요한 일들을 해나갔다.

피트와 채텀 경은 사전의 전체 페이지와 모든 단어를 하나도 빼놓지 않고 두 번씩 연구했다. 브라우닝도 매일 사전을 탐독하며 그 안에서 가르침은 물론 즐거움을 함께 발견했다. 링컨의 전기 작가 니콜레이와 헤이에 따르면 링컨은 "해질 무렵 자리에 앉으면 글자가 보이지 않을 때까지 사전을 읽었다."고 한다. 이들은 예외적인 경우가 아니다. 이름 있는 작가나 연사는 누구든 이와 똑같은 과정을 밟았다.

우드로 윌슨은 영어를 다루는 솜씨가 매우 능란했다. 그의 글 중 일부, 가령 독일에 대한 선전포고 같은 것은 확실히 문학의 반열에 한 자리를 차지할 만하다. 그가 말을 배열하는 법을 어떻게 배웠는지를 그의 입을 통해 직접 들어보자.

내 아버지는 식구들 중 어느 누구도 부정확한 표현을 사용하지 못하게 하셨다. 자녀들 중 누가 실수라도 할라치면 바로 교정되었고, 생소한 말은 즉시 설명되었으며, 대화할 때 그 말을 사용하도록 함으로써 우리의 기억 속에 깊이 각인되게 했다.

탄탄한 문장 구성력과 언어의 단순한 아름다움으로 자주 이름을 날리던 뉴욕의 한 연사는 최근의 대화 도중에 정확하고 예리한 단어를 선택할 수 있는 능력의 비결이 무엇인지를 털어놓았다. 대화 중이나 글을 읽을 때 생소한 말이 나올 때마다 그는 그것을 수첩에 기록했다. 그리고 잠자리에 들기 직전에 사전을 찾아보고 그 말을 완전히 자기 것으로 만들었다. 만약 낮 동안에 이런 식으로 자료를 모으지 못하면 퍼날드의 『동의어, 반의어, 전치사(Synonyms, Antonyms and Prepositions)』 한두 페이지를 공부하고, 보통 완벽한 동의어로서 서로 바꿔 쓸 수 있는 말들의 정확한 의미를 확인했다. 하루에 새로운 단어 한 개를 익히는 것이 그의 모토였다. 이것은 곧 일 년 동안에 365개의 추가적인 표현 수단을 얻게 된다는 것을 뜻했다. 이 새로운 말들은 작은 수첩에 축적되고, 그 의미는 낮에 틈틈이 검토되었다. 그는 하나의 말을 세 번 사용하면 완전히 자기 것으로 굳어진다는 사실을 알게 되었다.

일상적인 언어 속의 낭만적인 사연

사전을 이용할 때는 낱말의 의미를 확인하는 것뿐 아니라, 그 어원까지도 찾아보라. 그것의 역사나 기원은 흔히 정의 뒤에 괄호 속에 묶여져 표시되어 있다. 여러분이 매일 쓰는 말이 그저 진부하고 닳고 닳은 소리라는 생각은 잠시 접어두라. 깊이 들여다보면 그것들은 특유의 느낌이나 개성을 지니고 있고, 그 속에 낭단적인 사연을 품고 있다. 예컨대, "식료품점에 전화해서 설탕을 주문해라(Telephone the grocer for sugar)."는 지극히 평범한 말을 할 때도 우리는 많은 외국어와 이국 문명에서 빌려온 말들을 사용해야 한다. 텔레폰(telephone, 전화하다)이란 말은 '멀리'를 뜻하는 텔레(tele)와 '소리'를 의미하는 폰(phone)이라는 두 그리스어에서 만들어졌다. 그로서(grocer, 식료품점)란 말은 고대 프랑스어 그로시어(grossier)에서 나왔고, 그 프랑스어는 라틴어 그로세리어스(grossarius)에서 기원한 것이다. 그 뜻은 글자 그대로 하면 '도매로 물건을 파는 사람'이란 뜻이다. 슈거(sugar, 설탕)란 말도 프랑스어에서 온 것이고, 그 프랑스어는 스페인어에서, 그 스페인어는 아랍어에서, 또 그 아랍어는 페르시아어에서 유래했다. 페르시아 말 셰이커(shaker)는 '사탕'을 의미하는 산스크리트어 카카라(carkara)에서 파생된 것이다.

당신은 어떤 회사(company)에서 일하거나 회사를 소유하고 있을지모른다. 컴퍼니(company)는 고대 프랑스어 컴퍼니언(companion)에서 유래했다. 문자 그대로 하면 컴퍼니언은 컴(com, 함께)과 파니스(panis, 빵)가 합쳐진 말이다. 그러니까 당신의 컴퍼니언은 '당신이 함께 빵을 나누는 사람'이고, 실제로 컴퍼니(company)는 함께 빵을 만들려고 하는 사람들이 모인 집단이다. 당신의 봉급(salary)은 말 그대로하면 '소금(salt) 살 돈'을 말한다. 로마의 군인들은 일정 액수의 소금살 돈을 따로 받았는데, 어느 때 한 장난기 심한 사람이 자신의 전체 급료를 샐러리엄(salarium, 소금을 사기 위한 돈)이라고 불러 일종의 속어를 창조했고, 이것이 훗날 품위 있는 영어로 자리 잡게 된 것이다. 여러분이 지금 손에 들고 있는 책(book)은 문자 그대로 하면 너도밤나무(beech)를 의미한다. 오래전에 앵글로색슨 사람들은 너도밤나무나 그목재의 판에 글씨를 긁어 썼다. 여러분 지갑에 들어 있는 달러(dollar)는 문자 그대로는 골짜기(valley)라는 뜻이다. 달러는 16세기에 성 요아킴 계곡(Thaler or dale or valley)에서 처음 주조되었다.

제니터(janitor, 문지기)와 제뉴어리(January, 1월)는 모두 로마에 살았던 에트루리아인 대장장이 이름에서 나온 것인데, 그는 자물쇠와 빗장을 전문적으로 만들었다. 그는 죽은 후에 이교의 신으로 신격화되었으며, 두 개의 얼굴을 지녀 두 방향을 동시에 볼 수 있는 것으로 묘사되었고, 문을 열고 닫는 것과 관련을 갖게 되었다. 그래서 한 해의 끝과 새해의 시작 지점에 위치한 달은 January, 또는 야누스(Janus)의 달이라 불리게 되었다. 그러니까 January나 janitor란 말을 사용할 때, 우리는 예수가 탄생하기 1천 년 전에 살았고 제인(Jane)이라는 이름의 부인을 두었던 한 대장장이의 이름을 기리는 셈이다.

줄라이(July, 7월)는 줄리어스 시저(Julius Caesar)의 이름을 딴 것으로, 아우구스투스(Augustus) 황제는 그에 뒤처지지 않기 위해 그 다음 달을 오거스트(August, 8월)라고 불렀다. 그러나 당시에 8월은 30일밖에 없었다. 그래서 아우구스투스는 줄리어스의 이름을 딴 달보다 더 짧은 달에 자신의 이름을 붙이기를 원치 않았고, 결국 2월에서 하루를 떼다가 그것을 8월에 갖다 붙였다. 이 허영심이 빚어낸 도둑질의 증거는 지금 여러분 집에 걸려 있는 달력에 분명히 드러나 있다. 이만하면 말의 역사를 더듬어 보는 재미도 제법 쏠쏠하지 않은가?

큰 사전에서 다음 낱말들—atlas, boycott, cereal, colossal, concord, curfew, education, finance, lunatic, panic, palace, pecuniary, sandwich, tantalize—의 어원을 찾아보라. 그러면 그것들은 두 배로 다채롭고 두 배로 재미있어질 것이며, 이들을 사용할 때의 흥미나 즐거움도 배가될 것이다.

한 문장을 104번 고쳐 쓰다

의미하는 바를 정확하게 전달하고 생각의 가장 미묘한 차이를 제대로 표현하기 위해 노력하라. 이것은 항상 쉬운 일이 아니다. 경험이 풍부한 작가들에게도 마찬가지다. 파니 허스트는 문장을 50번에서 100번까지 고쳐 쓸 때도 있었다고 내게 말했다. 함께 대화를 나누기 겨우

며칠 전만 해도 그녀는 한 문장을 104번이나 고쳐 썼다고 털어놓았다. 그럼에도 〈코즈모폴리턴 매거진〉이 이야기 한 편당 2천 달러를 제시할 정도로 그녀는 알아주는 작가였다. 마벨 허버트 우르너는 신문사들에 배급될 예정이던 한 단편소설에서 겨우 한두 문장 없애는 데 오후 시간을 모두 다 허비한 적도 있다고 내게 고백했다.

거버너 모리스는 리처드 하딩 데이비스가 올바른 말을 찾기 위해 끊임없이 애쓴 과정을 들려주었다.

그의 소설에 등장하는 모든 표현들은 그가 생각해낼 수 있었던 그 무수한 표현들 중에서도 가차 없고 냉정한 평가를 통해 고르고 또 고른 후, 가장 적합한 것들만을 추려낸 것이다. 각각의 어구와 단락, 페이지, 심지어는 전체 이야기가 수도 없이 고쳐 쓰였다. 그가 작업하면서 근간으로 삼은 것은 제거의 원칙이었다. 가령, 대문 안으로 들어오는 자동차를 묘사하고자 할 경우, 먼저 그는 가장 예리한 관찰자의 눈으로 이 장면과 관련된 사항을 세세한 부분까지 하나도 빠뜨리지 않고 길게 공들여 묘사했다. 그런 연후 자신이 그토록 힘들여 기록한 세부 사항들을 하나씩 삭제해나가는 과정을 시작했다. 각각 삭제를 마친 후에는 '그림이 남아 있는가?' 하고 자문했다. 만약 남아 있지 않으면 자신이 방금 삭제한 내용을 복원하고 다른 어떤 것을 희생시키는 방법으로 실험을 했다. 이런 고되고 힘든 과정이 계속되어 나가다 보면 어느 순간 모든 면에서 완벽한, 얼음처럼 투명하고 빛나는 그림이 하나 남게 되었다. 그의 이야기와 로맨스들은 시종일관 이런 유쾌한 그림들로 장식되었던 것이다.

이 강좌를 듣는 대다수 학생들은 앞에 언급한 작가들처럼 그렇게 절실하고 치열하게 올바른 말을 찾아 나설 시간도 없고 또 그럴 의향도 없을 것이다. 이제까지 든 예들은 여러분에게 성공한 작가들이 적절한 말씨와 표현을 얼마나 중요하게 여기는지를 보여주기 위해, 또 학생들이 영어를 올바로 사용하는 일에 더 많은 관심을 가져주기를 바라는 마음에서 인용한 것이다. 물론 연사가 자신이 전하려는 의미의 미묘한 차이를 정확하게 표현해줄 말을 찾는다면서 연설 중에 말을 더듬는 일은 바람직스럽지 못하다. 다만 그는 일상적인 대화 속에서도 정확한 표현을 찾는 연습을 습관화하여 그것이 무의식적으로 튀어나올 수 있도록 해야 한다. 그러나 실상은 전혀 그렇지 못하다.

밀턴은 8천 단어, 셰익스피어는 1만 5천 단어를 사용했다고 한다. 표준 사전에 기록된 어휘의 수는 45만 정도인 반면, 통계적으로 보통 사람들이 사용하는 단어의 수는 대략 2천 개 수준이라고 한다. 그들은 일정 수의 동사와 그들을 이어 붙일 수 있을 만큼의 연결사, 소수의 명사, 그리고 너무 남발되는 몇 개의 형용사로 언어생활을 꾸려간다. 그는 지적으로 너무 게으르고 먹고사는 일에 너무 골몰하여 정확한 표현을 위한 훈련은 엄두도 못 낸다. 그 결과는 어떨까? 구체적인 예로 답해보겠다. 나는 언젠가 콜로라도의 그랜드 캐니언 가장자리에서 잊을 수 없는 며칠을 보낸 적이 있다. 어느 날 오후에 나는 한 부인이 중국산 차우차우 종 개 한 마리와 관현악 발췌곡, 그리고 어떤 사람의 성격과 그랜드 캐니언 자체를 묘사하는 데 모두 똑같은 형용사를 동원하는 것을 보았다. 그러니까 모두 '아름다운(beautiful)'이란 한 단어로만 묘사되었다.

그녀는 어떤 다른 말을 사용할 수 있었을까? 다음에 로제의 『동의어 사전(Treasury of Words)』에서 뽑은, '뷰티풀(beautiful)'의 동의어로 열거한 단어들을 소개한다. 이 중에서 그녀는 어떤 형용사를 사용했어야 했다고 생각하는가?

아름다운(beautiful), 근사한(beauteous), 잘생긴(handsome), 예쁜(pretty), 사랑스런(lovely), 우아한(graceful), 품위 있는(elegant), 절묘한(exquisite), 섬세한(delicate), 고상한(dainty).

미모의(comely), 고운(fair), 매력적인(goodly), 귀여운(bonny), 멋있는(good-looking), 번듯한(well-favored), 모양 좋은(well-formed), 팔등신의(well-proportioned), 볼품 있는(shapely), 균형이 잘 잡힌(symmetrical), 조화로운(harmonious).

밝은(bright), 눈이 맑은(bright-eyed), 홍안의(rosy-cheeked), 밝은(rosy), 혈색 좋은(ruddy), 꽃다운(blooming), 활짝 꽃핀(in full bloom).

산뜻한(trim), 말끔한(trig), 단정한(tidy), 깔끔한(neat), 맵시 있는(spruce), 말쑥한(smart), 멋진(jaunty), 날씬한(dapper).

찬란한(brilliant), 빛나는(shining), 반짝거리는(sparkling), 눈부신(radiant), 화려한(splendid), 휘황찬란한(dazzling), 타는 듯한(glowing), 윤이 나는(glossy), 매끄러운(sleek), 윤택한(rich), 호화스러운(gorgeous), 최고의(superb), 장려한(magnificent), 웅대한(grand), 훌륭한(fine).

예술적인(artistic), 심미적인(aesthetic), 회화적인(picturesque), 그림 같은(pictorial), 매혹적인(enchanting), 매력적인(attractive), 어울리는(becoming), 장식적인(ornamental).

완벽한(perfect), 흠 없는(unspotted), 티 없는(spotless), 순결한(immaculate), 온전한(undeformed), 깨끗한(undefaced).

쓸 만한(passable), 풍채 좋은(presentable), 꽤 좋은(tolerable), 나쁘지 않은(not amiss).

로제의 『동의어 사전』은 그의 책 『시소러스(Thesaurus)』의 축약판으로 매우 유용하다. 개인적으로 나는 글을 쓸 때마다 이 사전을 옆에 대기시켜 놓고, 경우에 따라 일반 사전보다 열 배나 더 많이 참조한다.

이 사전을 만들기 위해 로제는 오랜 세월 땀 흘리고 수고했지만, 여러분은 싸구려 넥타이 한 개 값이면 그것을 책상 위에 갖다 놓고 평생 부려 먹을 수 있다. 그 책은 책꽂이 위에서 먼지나 뒤집어쓰며 고이 썩어갈 무용지물이 아니라 끊임없이 사용해야 할 도구이다. 글을 쓰거나 말씨를 다듬고 윤을 낼 때, 또는 편지를 구술할 때나 업무 보고서를 작성할 때도 이 책을 활용하라. 매일 이렇게 하다보면 여러분의 어휘력은 두 배, 세 배 증가할 것이다.

틀에 박힌 표현을 삼가라

정확하게 표현하는 것 외에도 신선하고 독창적이 되도록 힘써라. 누구의 눈치도 보지 말고 사물을 내가 본 그대로 표현할 수 있는 용기가 있어야 한다. 예를 들어, 대홍수가 끝나고 얼마 안 있어 한 독창적인 인물이 아주 냉정하고 침착하다는 뜻을 처음으로 '오이처럼 차가운/냉정한(cool as a cucumber)'이란 비유를 사용하여 표현했다. 당시에 이는 매우 새로운 표현이었기 때문에 무척 신선하게 들렸다. 아마 고대 바빌론의 벨사살 왕의 유명한 축제 때까지만 해도 그것은 식후 만찬 연설 때 아주 요긴하게 써먹어도 될 정도로 그 신선한 느낌을 간직하고 있었을지 모른다. 그러나 자신의 독창성에 자부심을 느끼는 사람치고 그 곰팡내 나는 표현을 계속 우려먹을 정도로 뻔뻔하지는 못 할 것이다.

차가움이나 냉정함을 표현하는 직유들을 아래 열거해본다. 이들이 이제는 낡아 너덜너덜해진 그 '오이' 비유만큼 효과적이면서도 훨씬 더 신선하고 새롭게 다가오지 않는가?

개구리처럼 차가운

새벽의 탕파(湯婆)처럼 차가운

탄약 꽂을대처럼 차가운

무덤처럼 차가운

그린란드의 얼음산처럼 차가운

진흙처럼 차가운

거북이처럼 차가운

흩날리는 눈발처럼 차가운

소금처럼 차가운

지렁이처럼 차가운

새벽처럼 차가운

가을비처럼 차가운

여러분의 기분에 따라 달라지겠지만, 차가움이나 냉정함을 표현할 수 있는 여러분 자신의 직유를 만들어보라. 한껏 창의력을 발휘하여 여기에 적어보라.

―처럼 차가운(침착한)

―처럼 차가운(침착한)

―처럼 차가운(침착한)

―처럼 차가운(침착한)

―처럼 차가운(침착한)

나는 미국에서 가장 많은 돈을 버는 것으로 알려진 잡지 연재소설 작가 캐슬린 노리스에게 문체를 어떻게 개선할 수 있는지를 물어본 적이 있다. 그때 그녀는 이렇게 대답했다. "고전의 반열에 오른 산문과 시를 읽고, 자기 글에서 진부하고 상투적인 어구나 표현을 냉정하게 잘라내는 연습이 중요합니다."

한 잡지 편집자는 출판이 의뢰된 이야기에서 틀에 박힌 표현이 두세 개 정도만 눈에 띄어도 더 읽어볼 것도 없이 작가에게 그냥 반송시켰다고 내게 말했다. 표현이 독창적이지 못한 사람은 생각도 별로 독창적이지 못하리라는 것이 그 이유였다.

언어의 마술사가 되는 길

....

1 우리는 오직 네 가지 방식으로 사람들과 접촉한다. 즉, 우리의 행동, 우리의 외모, 우리가 하는 말, 그리고 그 말을 하는 방식, 이 네 가지에 따라 우리는 평가되고 분류된다. 얼마나 자주 우리는 자신이 사용하는 언어에 의해 평가 받았던가? 한 세기의 3분의 1에 해당하는 시기를 하버드 대학교 총장으로 재직했던 찰스 W. 엘리엇은 이렇게 선언했다. "내가 인간 교육의 필수 요소로서 간주하는 유일한 지적인 능력은 모국어를 정확하고 세련되게 구사할 수 있는 능력이다."

2 여러분의 언어는 아주 상당 부분 여러분이 교제하고 있는 인물들의 수준을 반영해준다. 그러므로 링컨의 예를 따라 문학의 대가들과 교우하라. 링컨이 자주 그랬던 것처럼 여러분의 저녁 시간을 셰익스피어와 다른 위대한 시인들, 그리고 산문의 대가들과 함께 보내라. 이렇게 하면 자기도 모르는 사이에, 그리고 불가피하게 여러분의 마음은 풍요로워지고 여러분의 말투에도 함께 교제하는 친구들의 품격이 배어 나오게 될 것이다.

3 토머스 제퍼슨은 이렇게 썼다. "나는 타키투스와 투키디데스, 그리고 뉴턴과 유클리드를 위해 신문을 포기했다. 그리고 그 때문에 더욱 행복해졌다." 제퍼슨의 예를 따르는 것이 어떨까? 신문을 완전히 포기하라는 말은 아니다. 그저 예전 시간의 절반만 할애해서 대충 훑어 넘기라는 말이다. 이렇게 해서 절약한 시간을 영속적인 가치를 지닌 책들을 읽는 데 투자하라. 이런 책을 20~30쪽 정도 찢어서

주머니에 넣고 다니며 틈나는 대로 읽어라.

4 독서할 때는 언제나 사전을 옆에 두고 생소한 말이 나올 때마다 찾아보라. 그 용례를 철저하게 익혀 뇌리에 각인시켜라.

5 여러분이 사용하는 말들의 어원을 연구해보라. 그것들의 역사는 재미있고 지루하지 않으며, 낭만적인 사연으로 충만할 때가 많다. 가령, 봉급(salary)은 어원을 따져보면 '소금 사는 돈(salt money)'이라는 뜻이다. 로마 군인들은 소금 구입 비용을 따로 받았다. 어느 날 어떤 익살꾸러기가 자기 임금을 소금 살 돈이라고 지칭함으로써 일종의 속어를 창조해냈다.

6 진부하고 상투적인 말을 사용하지 달고, 의미를 정확하게 표현하라. 로제의 『동의어 사전』을 책상에 비치해두고 수시로 참조하라. 눈에 보기 좋은 모든 것을 형용사 '아름다운(beautiful)' 하나로만 치장하지 말라. 다른 유사한 어휘를 사용하면 의미를 더 정확하고 신선하며 아름답게 전달할 수 있다. 가령, 이런 단어들을 대용해볼 수 있을 것이다. 우아한(elegant), 절묘한(exquisite), 잘생긴(handsome), 고상한(dainty), 볼품 있는(shapely), 멋진(jaunty), 날씬한(dapper), 눈부신(radiant), 현란한(dazzling), 호화스러운(gorgeous), 최고의(superb), 장려한(magnificent), 그림 같은(picturesque).

7 '오이처럼 냉정한'이란 케케묵은 비유는 삼가라. 새로움을 추구하라. 독창성을 발휘하여 여러분 자신단의 직유를 창조하라.